O PRINCÍPIO DA INAFASTABILIDADE DA JURISDIÇÃO NO DIREITO PROCESSUAL CIVIL BRASILEIRO

MAURÍCIO ANTONIO TAMER
Mestre em Direito pela Pontifícia Universidade Católica de São Paulo.
Graduado em Direito pela Universidade Presbiteriana Mackenzie.
Advogado.

O PRINCÍPIO DA INAFASTABILIDADE DA JURISDIÇÃO NO DIREITO PROCESSUAL CIVIL BRASILEIRO

Rio de Janeiro
2017

1ª edição – 2017

© Copyright
Maurício Antonio Tamer

CIP – Brasil. Catalogação-na-fonte.
Sindicato Nacional dos Editores de Livros, RJ.

T162p

Tamer, Maurício Antonio
　　O princípio da inafastabilidade da jurisdição no Direito Processual Civil Brasileiro / Maurício Antonio Tamer. – 1. ed. – Rio de Janeiro: LMJ Mundo Jurídico, 2017.
296 p.; 24 cm.

Inclui bibliografia e índice
ISBN: 978-85-9524-009-4

1. Processo civil - Brasil 2. Direito processual civil - Brasil. I. Título.

17-40217
　　　　　　　　　CDU: 347.91./95(81)

　　O titular cuja obra seja fraudulentamente reproduzida, divulgada ou de qualquer forma utilizada poderá requerer a apreensão dos exemplares reproduzidos ou a suspensão da divulgação, sem prejuízo da indenização cabível (art. 102 da Lei nº 9.610, de 19.02.1998).

　　Quem vender, expuser à venda, ocultar, adquirir, distribuir, tiver em depósito ou utilizar obra ou fonograma reproduzidos com fraude, com a finalidade de vender, obter ganho, vantagem, proveito, lucro direto ou indireto, para si ou para outrem, será solidariamente responsável com o contrafator, nos termos dos artigos precedentes, respondendo como contrafatores o importador e o distribuidor em caso de reprodução no exterior (art. 104 da Lei nº 9.610/98).

　　As reclamações devem ser feitas até noventa dias a partir da compra e venda com nota fiscal (interpretação do art. 26 da Lei nº 8.078, de 11.09.1990).

Reservados os direitos de propriedade desta edição pela
EDITORA GZ

contato@editoragz.com.br
www.editoragz.com.br

Av. Erasmo Braga, 299 - sala 202 - 2º andar – Centro
CEP: 20020-000 – Rio de Janeiro – RJ
Tels.: (0XX21) 2240-1406 / 2240-1416 – Fax: (0XX21) 2240-1511

Impresso no Brasil por Alvolaser serviços de impressão
Printed in Brazil by Alvolaser serviços de impressão

*Aos meus pais,
Marileide Solange Zuquieri Tamer
e Wilson Tamer*

Agradeço aos meus pais pelo apoio e compreensão incondicionais;

agradeço ao Prof. José Manoel de Arruda Alvim Netto pela orientação, aprendizado e humildade ímpares;

agradeço à Profª. Thereza Alvim e ao Prof. Eduardo Pellegrini de Arruda Alvim pelos ensinamentos e orientações que tanto contribuíram com o trabalho;

agradeço ao Dr. Adílson Paulo Prudente do Amaral Filho pelo exemplo e inspiração diários; e

agradeço a todos que de algum modo incentivaram meus estudos.

"A impossibilidade de acesso à Justiça equivale ao menos, na medida ou espaço em que isso se verifique, à ausência de ordem jurídica válida e atuante."

José Manoel de Arruda Alvim Netto

"O 'acesso' não é apenas um direito social fundamental, crescentemente reconhecido; ele é, também, necessariamente, o ponto central da moderna processualística. Seu estudo pressupõe um alargamento e aprofundamento dos objetivos e métodos da moderna ciência jurídica."

Mauro Cappelletti e Bryant Garth

RESUMO

TAMER, Maurício Antonio. *O princípio da inafastabilidade da jurisdição no direito processual civil brasileiro*, Dissertação de Mestrado em Direito, 2016, 284 p, São Paulo, Pontifícia Universidade Católica de São Paulo.

Estuda o princípio da inafastabilidade da jurisdição no direito processual civil brasileiro, que, inegavelmente, consiste em direito fundamental inerente ao próprio Estado Democrático de Direito, de observância mais que obrigatória e cuja eficácia é irradiada por todo sistema processual civil. O estudo divide-se em quatro partes. São feitas referências iniciais a algumas premissas históricas e a alguns conceitos fundamentais, como a evolução da autotutela ao protagonismo da jurisdição estatal, o conceito de jurisdição, a positivação do preceito da inafastabilidade e a predileção pela denominação *princípio da inafastabilidade da jurisdição*. Na segunda parte, estabelece a natureza jurídica principiológica do instituto e sua condição de direito fundamental, com as características inerentes a essa qualidade. Como conteúdo do princípio, estabelece a garantia de prestação jurisdicional também em caso de ameaça a direito e em relação aos direitos metaindividuais, bem como a garantia de que o exercício da atividade jurisdicional deve ser adequado e efetivo, informado, inclusive, pelos preceitos da instrumentalidade do processo, da técnica processual e do princípio da cooperação. Expõe, também, a distinção entre a inafastabilidade e o direito de ação e o direito de petição, a observância do direito de defesa e todas suas garantias, e a compreensão de como o preceito trabalha com a atividade administrativa. Em um terceiro momento, apresenta a integração principiológica da inafastabilidade com outros princípios, especialmente o devido processo legal, o contraditório, a ampla defesa, a indeclinabilidade da jurisdição, o juiz natural, a imparcialidade, a motivação das decisões judiciais e duração razoável do processo. Por fim, na última parte, explora temas em que a discussão sobre o princípio da inafastabilidade se apresenta, notadamente, a técnica das cláusulas gerais, o julgamento de improcedência liminar, as tutelas provisórias, a distribuição dinâmica do ônus da prova, a ação civil pública, o tema da Justiça Desportiva, a arbitragem, o modelo multiportas, as comissões de conciliação prévia da Justiça do Trabalho e a constitucionalidade dos procedimentos executivos extrajudiciais, da usucapião administrativa e da usucapião extrajudicial.

Palavras-chave: Princípio da inafastabilidade da jurisdição – direito processual civil – premissas históricas e fundamentais – natureza jurídica – conteúdo – integração principiológica - pontos pertinentes e exemplificantes

ABSTRACT

TAMER, Maurício Antonio. *The principle of access to Justice in the brazilian civil procedure law*, Dissertation, Master of Law, 2016, 284 p, São Paulo, Pontifícia Universidade Católica de São Paulo.

Discusses the study of the principle of access to Justice in the brazilian civil procedure law, which is, undeniably, a fundamental right. The study is devided into four parts. Initially, some references are made to historical premises and fundamental concepts, such as the evolution to the protagonism of state jurisdiction, the concept of jurisdiction, the positivization of the principle of access to justice and the predilection for the name used. In the second part, is established the juridical nature of the access to justice and its fundamental right condition, with the features inherents to this quality. As its content, is established the ensuring adjudication also in case of threat to rights and relative to metaindividual rights, as well as ensuring that the exercise of jurisdiction must be adequate and effective, informed by the principle of instrumentality of the process, the procedural technique and the idea of cooperation. Exhibits, also, the distinction between the access to Justice and the rights of action and to petition, the observance of the rights of defense and the understanding of how the rule works with the administrative activity. In a third moment, shows its principled integration with, especially, the due process of law, the adversarial principle and legal defense, the prohibition of non liquet, the natural judge and the impartiality, the motivation of judgments and the reasonable length of proceedings. Finally, in the last part, explores relevant topics where emerges the discussion on the principle of the access to Justice, notedly, the general clauses technique, the preliminary judgment of dismissal, the providences of provisional protection, the dynamic distribution of the burden of proof, the civil public action, the sports courts, the arbitration, the multi-door Courthouse, the preliminary conciliation commision in the labor process and the constitutionality of extrajudicial executive procedures, administrative usucapio and extrajudicial usucapio.

Keywords: Principle of access to Justice – civil procedure law – historical premisses and fundamental concepts – juridical nature – content – principled integration – other relevants topics

SOBRE O AUTOR

MAURICIO ANTONIO TAMER
Advogado associado na Opice Blum, Bruno, Abrusio e Vainzof Advogados Associados, com atuação especializada em Direito Digital e Eletrônico, comércio eletrônico, crimes digitais e fraude, propriedade intelectual, responsabilidade civil e criminal e educação digital. Mestre em Direito Processual Civil pela Pontifícia Universidade Católica de São Paulo (2016). Bacharel em Direito pela Universidade Presbiteriana Mackenzie de São Paulo (2013). Foi Assessor Jurídico em Gabinete no Ministério Público Federal, junto à Procuradoria da República no Estado de São Paulo. Foi advogado no escritório Arruda Alvim e Thereza Alvim Advocacia e Consultoria Jurídica (2016).

Artigos completos publicados em periódicos:

– *Pontos sobre a desconsideração da personalidade jurídica no Código de Processo Civil de 2015*: Conceito, a posição do requerido e outros aspectos processuais. Revista Forense (Impresso), v. 424, p. 255-272, 2017.

– *Oito fundamentos pela constitucionalidade da usucapião extrajudicial estabelecida pelo CPC/2015 diante do princípio da inafastabilidade da jurisdição*. Revista Forense (Impresso), v. 423, p. 455-471, 2016.

– *A ação civil pública e o estudo de alguns temas relevantes*. Revista Brasileira de Direito Processual (Impresso), v. 89, p. 169-195, 2015.

– *Ação civil pública: o estudo de pontos relevantes e sua relação com o princípio da inafastabilidade da jurisdição*. Revista Forense (Impresso), v. 420, p. 259-282, 2015.

– *O princípio da inafastabilidade do controle jurisdicional e direito de ação*. Revista Forense (Impresso), v. 419, p. 167 187, 2014.

PREFÁCIO

Muito nos honra prefaciar esta obra de Maurício Antonio Tamer, *O princípio da inafastabilidade da jurisdição*, que é fruto de dissertação de Mestrado defendida na PUC-SP, sob nossa orientação, no ano de 2016.

A obra começa por analisar, de forma muito bem sucedida, o princípio da inafastabilidade da jurisdição no panorama atual, levando em conta suas origens, fundamentos, natureza jurídica e conteúdo e procedendo ao exame de sua integração com outros princípios que regem o direito processual.

A abordagem das premissas históricas, conceituais e constitucionais é feita a partir de proveitosa revisão da literatura, com uma linguagem clara, acessível a todos os níveis acadêmicos e profissionais no âmbito do direito.

São, portanto, os três primeiros capítulos uma excelente fonte de consulta e pesquisa para aqueles que pretendem conhecer os institutos da ciência processual sob um enfoque crítico e mais atual. E assim é porque o autor fez questão de contemplar tanto institutos tracionais --- como o direito de ação, o direito de petição e a jurisdição --- como preceitos considerados novos no ordenamento processual --- como é o caso do princípio da cooperação ---, lançando sobre eles um olhar contemporâneo, fruto de reflexões doutrinárias e jurisprudenciais amplamente referidas ao longo do texto.

Por fim, o autor enfrenta a complexidade de algumas das principais questões que envolvem a interpretação, a compreensão e a aplicação de alguns institutos. Nesse passo, confronta a inafastabilidade da jurisdição com temas intrincados como a aplicação das cláusulas gerais, a arbitragem, a regulação constitucional da justiça desportiva, a usucapião administrativa (Lei 11.977/2009), o julgamento de improcedência liminar (art. 332 do CPC/15), as tutelas provisórias e a distribuição dinâmica do ônus da prova no CPC/15, bem como alguns institutos afetos ao direito coletivo.

Com esta obra, Maurício Tamer se lança, com destacado mérito, como excelente pesquisador no campo do direito processual civil. Será, certamente, uma carreira promissora, tendo em vista não só as habilidades e o talento do autor, bem como a exauriente dedicação que, pelo convívio diário, pudemos atestar.

Nossos parabéns ao autor e à editora.

São Paulo, 4 de março de 2017.

Arruda Alvim

SUMÁRIO

Sobre o autor XV
Prefácio XVII

INTRODUÇÃO 1
1. PREMISSAS HISTÓRICAS E FUNDAMENTAIS 5
   1.1. Da autotutela ao protagonismo da jurisdição estatal 5
   1.2. Jurisdição: conceito, características e finalidade 14
   1.3. As garantias do Poder Judiciário 23
   1.4. A positivação do princípio da inafastabilidade da jurisdição 25
   1.5. O Projeto de Florença e as três ondas de acesso à Justiça 31
   1.6. A predileção pela denominação *princípio da inafastabilidade da jurisdição* 34

2. O PRINCÍPIO DA INAFASTABILIDADE DA JURISDIÇÃO 39
   2.1. Natureza principiológica 39
   2.2. O artigo 5º, inciso XXXV, da Constituição Federal: uma visão geral 45
   2.3. A inafastabilidade da jurisdição como direito fundamental 49
   2.4. A ameaça de lesão a direito 61
   2.5. Direitos metaindividuais ou coletivos *lato sensu* 63
   2.6. Atividade adequada e efetiva e a instrumentalidade do processo, a técnica processual e a cooperação no Código de Processo Civil de 2015 69
   2.7. Destinatários 88
   2.8. Direito de ação 92
   2.9. Direito de petição 102
   2.10. Direito de defesa 104
   2.11. Inafastabilidade da jurisdição e a atividade administrativa 106
   2.12. Breves conclusões 118

3. INTEGRAÇÃO PRINCIPIOLÓGICA 121
   3.1. Princípio do devido processo legal 121
   3.2. Princípios do contraditório e da ampla defesa 130
   3.3. Princípio da indeclinabilidade da jurisdição 136

3.4. Princípios do juiz natural e da imparcialidade do juiz.. 139
3.5. Princípio da motivação das decisões judiciais.. 144
3.6. Princípio da duração razoável do processo 153
3.7. Breves conclusões.. 157

4. PONTOS PERTINENTES E EXEMPLIFICANTES... 161
4.1. A técnica das cláusulas gerais... 161
4.2. O julgamento de improcedência liminar do pedido... 166
4.3. As tutelas provisórias: o regime do Código de Processo Civil de 2015 e a inconstitucionalidade das leis que impedem a concessão de tais medidas contra a Fazenda Pública.. 173
4.4. O ônus da prova, suas regras de distribuição e a teoria da carga dinâmica da prova disposta no art. 373, §1º, do Código de Processo Civil de 2015................... 185
4.5. A ação civil pública 195
4.6. A Justiça Desportiva prevista no Texto Constitucional 207
4.7. A arbitragem... 210
4.8. A adoção do modelo multiportas pelo Código de Processo Civil de 2015.......... 221
4.9. Negócios jurídicos processuais 224
4.10. As comissões de conciliação prévia na Justiça do Trabalho................................. 232
4.11. Os procedimentos executivos extrajudiciais da Lei de Alienação Fiduciária nº 9.514 de 1997 e do Decreto-Lei nº 70 de 1966 234
4.12 A usucapião administrativa da Lei nº 11.977 de 2009 e a usucapião extrajudicial estabelecida pelo Código de Processo Civil de 2015 251

CONCLUSÃO 257
REFERÊNCIAS 265

INTRODUÇÃO

O presente trabalho tem por objetivo precípuo o estudo do princípio constitucional da inafastabilidade da jurisdição no direito processual civil brasileiro, na tentativa de promover seu destaque teórico enquanto postulado de notória importância e fundamentalidade.

Estabelecido no artigo 5º, inciso XXXV, da Constituição Federal, com amplitude nunca antes vista no ordenamento jurídico nacional, o acesso à jurisdição constitui direito fundamental inerente ao próprio Estado de Direito, de observância mais que obrigatória e cuja eficácia é irradiada por todo sistema processual civil.

Assim, sem qualquer pretensão de esgotar o tema, o trabalho será desenvolvido na tentativa de demonstrar a origem e razões de ser do preceito, de definir sua natureza jurídica e conteúdo, de estabelecer sua integração com os outros princípios que informam a atividade processual e, por fim, de compreender sua influência na interpretação e aplicação de outros institutos jurídicos. Para tanto, o estudo será dividido em quatro grandes partes que, embora dotadas de certa autonomia, se complementam e parecem cooperar de forma significativa com a construção do raciocínio que se propõe.

Em um primeiro momento, o trabalho será dedicado ao estudo de algumas premissas históricas e de alguns conceitos fundamentais.

Inicialmente, será traçada uma breve linha evolutiva entre o mais primitivo meio de solução de conflito conhecido como autotutela até o protagonismo da jurisdição estatal, ou seja, a prevalência ou preponderância da jurisdição exercida pelo Estado, notadamente, pelo Poder Judiciário. Em seguida, passa-se à analise da jurisdição em si considerada, como verdadeiro poder-dever do Estado, seu conceito, suas características e, sobretudo, sua finalidade, bem como as garantias de que gozam aqueles que prestam tal atividade.

Na sequência, na tentativa de contextualizar a previsão jurídica da inafastabilidade da jurisdição, será feito um relato sobre a positivação do preceito no ordenamento, passando pelos primeiros e fundamentais documentos estrangeiros, pelos mais notórios documentos internacionais e pelo histórico constitucional brasileiro, até sua positivação de conteúdo amplo na Constituição Federal de 1988 e no Código de Processo Civil de 2015.

Será feita também referência ao chamado *Projeto de Florença* e suas principais conclusões. Como primeiro projeto institucional dedicado ao debate do tema do acesso à justiça, sua menção bem ilustra alguns pontos que serão discutidos no trabalho. E, ainda nesse primeiro capítulo, procurar-se-á justificar a predileção pela denominação *princípio da inafastabilidade da jurisdição*, considerando que são vários os nomes utilizados pela doutrina e jurisprudência.

Em um segundo momento, colocadas as premissas históricas e conceitos iniciais importantes, o trabalho se voltará para a tentativa de estabelecer a natureza jurídica da inafastabilidade da jurisdição e os principais pontos de seu conteúdo.

Será estudada sua natureza jurídica, isto é, o que o preceito representa do ponto de vista normativo e o papel que exerce no ordenamento jurídico. Mais precisamente, será defendida sua natureza principiológica como resultado da conjugação de conceitos desenvolvidos por juristas notáveis e das características do próprio instituto. Será também colocada sua natureza de preceito constitucional e fundamental do Estado de Direito com o apontamento das características que necessariamente derivam dessa qualidade.

Em relação propriamente ao conteúdo do princípio, será demonstrado que ele preconiza o acesso à jurisdição não só em caso de lesão a direito, mas também quando configurada a ameaça, bem como determina o exercício da atividade jurisdicional também com relação aos direitos metaindividuais, sendo essas as duas principais novidades do dispositivo constitucional.

Em seguida, procurar-se-á demonstrar que o princípio da inafastabilidade não assegura qualquer prestação jurisdicional, mas uma atividade desenvolvida com qualidade, manifestada, fundamentalmente, por meio do binômio adequação e efetividade. Inclusive, será feita referência às concepções da instrumentalidade do processo, da técnica processual e do princípio da cooperação que parecem contribuir com a construção dessa ideia.

Ainda nesse segundo momento, serão analisados outros pontos fundamentais na compreensão do conteúdo da inafastabilidade, especificamente, sua distinção com o direito de ação propriamente dito e com o direito de petição, sua determinação pela observância do direito de defesa e todas as suas garantias e, por fim, a compreensão de como o preceito trabalha com o exercício da atividade administrativa.

A terceira parte, por sua vez, terá como objetivo estudar outros princípios que informam o processo e dão fundamento à inafastabilidade, contribuindo para a busca de um estado ideal de pleno acesso à função jurisdicional adequada e efetiva, ou, que de alguma forma, participam na construção de seu conteúdo, em verdadeira integração principiológica.

O primeiro deles, e não poderia ser diferente, será o princípio do devido processo legal que fundamenta toda a ordem jurídica processual e material, estando enraizado na própria concepção do Estado Democrático de Direito. Como se verá, sua relação com a garantia da inafastabilidade é indissociável. Embora sejam distintos e possuam igual relevância, inclusive sendo a inafastabilidade o grande vetor que permite a aplicação do devido processo legal, seus conteúdos não só se ajustam como por vezes se confundem, não sendo mais possível, em dados momentos, identificar uma separação clara entre eles.

Serão estudados os princípios do contraditório e da ampla defesa sem os quais não há como se falar em desenvolvimento legítimo e constitucional de qualquer jurisdição. Especialmente, têm de ser garantidos meios adequados e efetivos de assegurar o contraditório. Igualmente, o postulado da ampla defesa agrega qualidade à inafastabilidade da jurisdição, de modo que qualquer pessoa que tenha uma pretensão ou um fundamento de defesa deve poder sustentá-los e prová-los de forma consistente e concreta.

Na sequência, o estudo passará para a análise do princípio da indeclinabilidade da jurisdição, como uma das claras manifestações infraconstitucionais da inafastabilidade, e dos princípios do juiz natural e da imparcialidade, de modo que só haverá acesso legítimo à jurisdição se essa for exercida por um juízo previamente constituído, competente e imparcial.

Mais adiante será examinado o princípio da motivação das decisões judiciais que integra indissociavelmente a concepção de inafastabilidade da prestação jurisdicional e o princípio da duração razoável do processo que implica o reconhecimento de que qualquer atividade jurisdicional, além de adequada e efetiva, deve ser também tempestiva.

Por fim, na quarta e última parte, a preocupação estará em entender como o princípio da inafastabilidade da jurisdição influencia a interpretação, compreensão e aplicação de outros institutos jurídicos. Assim, serão explorados alguns temas, dentre muitos possíveis, em que a discussão sobre o postulado se apresenta, que de algum modo se relacionam com o conteúdo de tal postulado constitucional e exemplificam os conceitos até então estudados

Nesse propósito, o primeiro ponto pertinente a ser estudado será a técnica das cláusulas gerais que coloca à disposição do julgador preceitos amplos e relevantes, viabilizando uma prestação jurisdicional mais ajustada ao caso concreto. Em seguida, será estudado o julgamento de improcedência liminar do art. 332 do Código de Processo Civil de 2015 e sua compatibilidade com a garantia da inafastabilidade.

Após, será examinado o tema das tutelas provisórias, inclusive a inconstitucionalidade das disposições que impedem a concessão de medidas antecipatórias em face da Fazenda Pública. Serão também estudados os temas da distribuição dinâmica do ônus da prova e os pontos pertinentes relacionados à ação civil pública.

Na sequência, será pontuado que a exceção constitucional referente à prévia utilização de vias administrativas para resolução de questões desportivas não mitiga o princípio da inafastabilidade e o sistema de jurisdição única adotado pelo ordenamento jurídico brasileiro. Não tem a capacidade de afastar as matérias esportivas da apreciação jurisdicional.

Será estudada a arbitragem que é certamente uma das matérias mais importantes em relação ao princípio da inafastabilidade. Precisamente, procurar-se-á demonstrar sua natureza de verdadeira jurisdição privada e sua plena compatibilidade com o postulado constitucional. Sob a mesma perspectiva, será feita referência ao modelo de multiportas adotado pelo Código de Processo Civil de 2015, aos negócios jurídicos processuais e às comissões de conciliação prévia da Justiça do Trabalho.

Depois, também no intuito de exemplificar o discurso jurídico sobre a inafastabilidade da jurisdição, procurar-se-á demonstrar a constitucionalidade dos procedimentos executivos extrajudiciais, mais notadamente, aqueles previstos na Lei de Alienação Fiduciária nº 9.514 de 1997 e no Decreto-Lei nº 70 de 1966. No mesmo sentido, será defendida a constitucionalidade da usucapião administrativa prevista na Lei nº 11.977 de 2009, também conhecida como Lei Minha Casa Minha Vida, e da usucapião extrajudicial estabelecida pelo Código de Processo Civil de 2015 que introduziu o art. 216-A na Lei de Registros Públicos nº 6.015 de 1973.

Examinados todos esses pontos, espera-se que, ao final, o leitor tenha uma compreensão ampla de como o princípio da inafastabilidade da jurisdição se apresenta no direito processual civil brasileiro.

1
PREMISSAS HISTÓRICAS E FUNDAMENTAIS

1.1. Da autotutela ao protagonismo da jurisdição estatal

Inicialmente, antes de propriamente discorrer sobre o conteúdo do princípio constitucional da inafastabilidade da jurisdição e de outros temas sob seu enfoque, o desenvolvimento do presente trabalho enseja o estudo de algumas premissas históricas e a menção de alguns conceitos fundamentais sobre o tema.

Isso se faz necessário para contextualizar o surgimento e a importância que o postulado assume na ordem jurídica, bem como, sobretudo, para delinear os primeiros contornos do raciocínio que será elaborado. Aliás, a realização de um escorço histórico, ainda que breve, é sempre importante para estabelecer premissas corretas sobre o tema a ser estudado, sob pena de comprometer todo o pensamento subsequente.

Nesse sentido, este primeiro tópico será destinado a traçar uma linha evolutiva entre a autotutela e o protagonismo da jurisdição estatal como formas de solução dos conflitos decorrentes das relações sociais. Notadamente, a evolução deve ser compreendida sob a ótica da prevalência ou preponderância de um sistema em detrimento de outro no ordenamento jurídico, não em caráter de eliminação. Como se verá, nesse ponto e em outros do trabalho, algumas formas perderam muito espaço, mas são conservadas em determinadas situações, como no caso da autotutela, enquanto outras, como a arbitragem, recebem crescente prestígio na legislação. A garantia constitucional da inafastabilidade da jurisdição é reflexo direto dessa evolução.

Aliás, é importante que se diga que a expressão *jurisdição estatal* pode parecer pleonástica em um primeiro momento, já que, para as teorias mais tradicionais, a atividade jurisdicional é aquela exercida tão somente pelo Estado. No entanto, o uso que se faz dela nesse trabalho é intencional, pois há novos posicionamentos admitindo o exercício da jurisdição sem ser pelo Estado, como o notável exemplo da arbitragem que será melhor trabalhado adiante. De todo modo, nesse estudo, a expressão *jurisdição estatal* deve ser compreendida como a jurisdição exercida pelo Poder Judiciário.

Pois bem, esclarecidos esses pontos, a primeira e mais primitiva forma de solução de conflitos que se tem notícia é a autotutela. A compreensão de seu conceito pode ser aferida a partir da análise do próprio vocábulo que é constituído pela junção do prefixo *auto*, que traz a noção de algo realizado por si próprio, e o substantivo *tutela*, que significa defesa, proteção ou amparo. Desse modo, de forma objetiva, a autotutela pode ser entendida como a defesa de algo por si próprio, ou melhor, por meios próprios.

Esse modo de resolver o conflito de interesses se caracteriza fundamentalmente pela imposição da vontade de uma parte sobre a de outra, seja um conflito entre indivíduos, entre grupos ou entre um indivíduo e um grupo. Há, no mínimo, dois interesses que, por alguma razão, se contrapõem, de modo que na autotutela há verdadeira subjugação de um deles pelo uso da força, a qual, por sua vez, deve ser compreendida pela manifestação de qualquer poder de uma das partes que seja capaz de sujeitar a outra, seja na forma física, moral, econômica, religiosa ou outra qualquer.[1]

Nos grupos sociais mais primitivos, cujas instituições de organização social eram singelas ou sequer existentes, a autotutela se destacava em um sistema de índole evidentemente privada.[2] Desse modo, o interesse prevalecente não possuía uma justificativa de ordem racional ou que transparecesse verdadeiro direito da parte, mas refletia somente uma situação de superioridade fática. Sobre o tema, é exemplar a lição de José Manoel de Arruda Alvim Netto, com menção à doutrina italiana e alemã:

---

[1] Francisco Wildo Lacerda Dantas, com a utilização de conceitos mais avançados a teoria geral o processo, explica a autotutela como "a modalidade de solução dos conflitos de interesses - ou de retirada de obstáculo humano à realização do direito – em que se busca superá-lo por meio da ação direta de um ou de ambos envolvidos no conflito, em lugar de recorrer-se à ação dirigida ao Estado-juiz, por intermédio do processo, em que, pela força, uma delas impõe a decisão, de forma coativa à outra." (*Teoria geral do processo (jurisdição, ação (defesa), processo)*, 2ª ed., São Paulo : Método, 2007, p. 146). No mesmo sentido, ensina Daniel Amorim Assumpção Neves que a autotutela "é a forma mais antiga de solução dos conflitos, constituindo-se fundamentalmente pelo sacrifício integral do interesse de uma das partes envolvida no conflito em razão do exercício da força pela parte vencedora. Por 'força' deve-se entender qualquer poder que a parte vencedora tenha condições de exercer sobre a parte derrotada, resultando na imposição de sua vontade. O fundamento dessa força não se limita ao aspecto físico, podendo-se verificar nos aspectos afetivo, econômico, religioso, etc." (*Manual de direito processual civil*, 5ª ed. rev., atual. e ampl., Rio de Janeiro : Forense; São Paulo : Método, 2013, p. 5).

[2] Nesse sentido, explicam Antonio Carlos de Araújo Cintra, Ada Pellegrini Grinover e Cândido Rangel Dinamarco que "Nas fases primitivas da civilização dos povos, inexistia um Estado suficientemente forte para superar os ímpetos individualistas dos homens e impor o direito acima da vontade dos particulares: por isso, não só inexistia um órgão estatal que, com soberania e autoridade, garantisse o cumprimento do direito, como ainda não havia sequer as leis (normas gerais e abstratas impostas pelo Estado ao particulares). Assim quem pretendesse alguma coisa que outrem o impedisse de obter haveria de, com sua própria força e na medida dela, tratar de conseguir, por si mesmo, a satisfação de sua pretensão [...]. A esse regime chama-se *autotutela* (ou autodefesa) e hoje, encarando-a do ponto-de-vista da cultura do século XX, é fácil ver como era precária e aleatória, pois não garantia a justiça, mas a vitória do mais forte, mais astuto ou mais ousado sobre o mais fraco ou mais tímido." (CINTRA, Antonio Carlos de Araújo; GRINOVER, Ada Pellegrini; DINAMARCO, Cândido Rangel. *Teoria geral do processo*. 25ª ed., São Paulo : Malheiros Editores, 2009, p. 27).

Os mais autorizados estudiosos do Direito, nomeadamente de sua evolução, têm como pacífico que o *modo* de satisfação dos interesses, ainda que em conflito, no início das sociedades, era por excelência de índole privada. Vale dizer que a função jurisdicional, tal como hoje a conhecemos, é fruto de evolução histórica, paralela à própria existência e desenvolvimento do Estado, de que é ela uma das expressões mais notáveis. Del Vecchio ensina que 'é fora de dúvida que também no fato primordial da vingança (quer individual, quer coletiva)' – como primitiva forma de solução dos conflitos – já 'transparece certa ideia de igualdades'. Friedrich Lent afirma categoricamente em seu *Direito Processual Civil*: 'a forma originária de realização do direito, foi em todos os povos primitivos a autotutela' [...]. Este sistema – da defesa privada, quer individual, quer coletiva – tinha evidentes desvantagens: 1) a realização da Justiça – mesmo de forma muito elementar – através da autotutela, na realidade provocava, muitas vezes, não a defesa de um verdadeiro direito, mas a prevalência da forma bruta, sem justificativa alguma. Isto porque, o que se arrogava ter direito, quer individualmente quer com seu grupo, poderia ser simplesmente mais forte que seu oponente; 2) em segundo lugar, tal sistema constituía em si mesmo constante ameaça à paz social e ao direito, gerando, assim, um clima de insegurança.[3]

Diante dessas colocações, verifica-se que a autotutela é, certamente, o meio de solução de conflitos que menos se ajusta ao Estado Democrático de Direito e as suas garantias e princípios, inclusive sendo expressamente vedada em alguns momentos.[4] Há, porém, poucos casos em que a autotutela é preservada de forma excepcional,[5] mas sempre passível de posterior revisão jurisdicional.

Outra forma de resolução de conflitos também identificada desde os grupos mais primitivos é a autocomposição. Etimologicamente, mais uma vez o prefixo *auto* indica que a solução se dá pela atitude das próprias partes, por seus próprios meios. Porém, diferentemente do que ocorre na autotutela, na autocomposição não há a imposição da vontade ou subjugação de um dos interesses pela força ou pelo poder, mas a manifestação da liberdade de escolha de uma ou de ambas as partes.

A doutrina aponta ao menos três modalidades de autocomposição classificadas de acordo com o comportamento das partes, a *transação*, a *renúncia* e a *submissão*. Na transação, de forma bilateral, as duas partes cedem em parte de seus interesses para compor uma solução. Na renúncia e na submissão, há uma postura unilateral. Na renúncia ou desistência para alguns autores, a parte titular

---

3 ALVIM, Arruda. *Tratado de direito processual civil*, vol. 1 (arts. 1º ao 6º), 2ª ed., São Paulo : Editora Revista dos Tribunais, 1990, p. 19.

4 É o caso, por exemplo, do crime de exercício arbitrário das próprias razões previsto no art. 345 do Código Penal: "Art. 345. Fazer justiça pelas próprias mãos, para satisfazer pretensão, embora legítima, salvo quando a lei o permite: Pena – detenção, de 15 (quinze) dias a 1 (um) mês, ou multa, além da pena correspondente à violência.".

5 Como exemplos podem ser citados a legítima defesa e o desforço imediato da turbação ou esbulho, dispostos, respectivamente, nos arts. 188, I, e 1.210, §1º, do Código Civil.

do interesse abdica de seu direito para cessar o conflito. Na submissão, uma parte se submete de forma livre e consciente à pretensão da outra, ainda que fosse legítima sua oposição ou resistência.[6]

Desse modo, justamente por refletir a manifestação livre da vontade das partes e não o resultado da imposição da força, a autocomposição se ajusta melhor aos preceitos do Estado Democrático de Direito do que a autotutela, inclusive, suas formas são reconhecidas expressamente em algumas oportunidades pelo ordenamento jurídico. Em especial, destaca-se o disposto no art. 487, III, *a*, do Código de Processo Civil de 2015 que admite, no curso do processo, a extinção do feito com resolução do mérito quando o juiz homologar o reconhecimento da procedência do pedido formulado na ação ou reconvenção, a transação das partes e a renúncia à pretensão formulada na ação ou na reconvenção.

Seguindo a linha evolutiva narrada neste tópico, observa-se que as inseguranças inerentes ao exercício da autotutela e as dificuldades concretas de conseguir a autocomposição proporcionaram, quase que naturalmente, o surgimento de uma nova alternativa para solucionar os conflitos. As partes passaram, então, a submetê-los à determinação de pessoas imparciais e alheias à discussão, as quais eram escolhidas por vários motivos, como por exemplo, um critério etário objetivo ou, ainda, a representação religiosa daquela pessoa no seio da comunidade [7]. Identifica-se, assim, a figura do *arbitramento* como meio de solução dos conflitos,

---

6   Nesse sentido: "Além da autotutela, outra solução possível seria, nos sistemas primitivos, a autocomposição (a qual, de resto, perdura residualmente no direito moderno): uma das partes em conflito, ou ambas, abrem mão do interesse ou de parte dele. São três as formas de autocomposição (as quais de certa maneira, sobrevivem até hoje com referência aos interesses disponíveis): a) *desistência* (renúncia à pretensão); b) *submissão* (renúncia à resistência oferecida à pretensão); c) *transação* (concessões recíprocas). Todas essas soluções têm em comum a circunstância de serem *parciais* – no sentido de que dependem da vontade e da atividade de uma ou de ambas as partes envolvidas". (CINTRA, Antonio Carlos de Araújo; GRINOVER, Ada Pellegrini; DINAMARCO, Cândido Rangel. op. cit., p. 27). Do mesmo modo, é simples e esclarecedor o exemplo: "Marina pretende obter 10, mas Aline só está disposta a pagar 5. Havendo um sacrifício recíproco, as partes podem se autocompor por qualquer valor entre 5 e 10 (transação). Marina, por outro lado, pode abdicar do direito de crédito de 10 (renúncia). Finalmente, Aline poderia, mesmo acreditando ser devedora de apenas 5, pagar a Marina os 10 cobrados (submissão)." (NEVES, Daniel Amorim Assumpção. op. cit., p. 6).

7   "Quando, pouco a pouco, os indivíduos foram-se apercebendo dos males desse sistema [integrado pela autotutela e pela autocomposição], eles começaram a preferir, ao invés da solução *parcial* dos seus conflitos (*parcial* = por ato das próprias partes), uma solução amigável e imparcial através de árbitros, pessoas de sua confiança mútua em quem as partes se louvam para que resolvam os conflitos. Essa interferência, em geral, era confiada aos sacerdotes, cujas ligações com as divindades garantiam soluções acertadas, de acordo com a vontade dos deuses; ou aos anciãos, que conheciam os costumes do grupo social integrado pelos interessados. E a decisão do árbitro pauta-se pelos padrões acolhidos pela convicção coletiva, inclusive pelos costumes." (CINTRA, Antonio Carlos de Araújo; GRINOVER, Ada Pellegrini; DINAMARCO, Cândido Rangel. op. cit., p. 27-28).

no qual ambas as partes, de forma consensual e voluntária, acordavam em delegar a solução a um terceiro por elas escolhido.

É nesse contexto de transição, que os Estados, até então dedicados principalmente à defesa externa do território e da comunidade, começam a assumir essa nova tarefa de resolver os conflitos oriundos das relações sociais. Isso ocorreu, especialmente, pela presença, nas instituições estatais mais prematuras, de pessoas que, por algum motivo, gozavam da confiança dos demais indivíduos do grupo social, como por exemplo, patriarcas das famílias ou sacerdotes. Desse modo, em um primeiro momento, o Estado passou a resolver os conflitos sem qualquer imposição de ordem institucional, mas em razão da manifestação consensual de vontade das partes.[8]

É importante frisar que a evolução entre essas três formas de solução, a autotutela, a autocomposição e o arbitramento não foi observada de forma linear. Não é possível apontar um momento de ruptura na prevalência de uma forma sobre a outra, mas um avanço conforme o grau de organização de cada comunidade.

As partes em conflito, no entanto, dificilmente se autocompunham ou acordavam em submeter o conflito à decisão de um terceiro, prevalecendo a prática da força e a insegurança social. Diante desse quadro, o Estado, com o aperfeiçoamento de suas instituições, passa a impor sua autoridade e o arbitramento, até então facultativo, passa a se tornar obrigatório.

Nesse contexto de evolução, Roma certamente se destaca por sua importância no desenvolvimento da administração da justiça e de procedimentos para a solução dos conflitos, de modo que suas instituições influenciam de forma significativa os ordenamentos jurídicos,[9] sobretudo, nos Estados ocidentais. Sobre toda essa evolução, é única a lição do José Carlos Moreira Alves:

---

[8] Nesse sentido, ensina José Manoel de Arruda Alvim Netto, inclusive com referência à obra Doutrina do Estado de Alexandre Groppali que "Para Groppali, o *Estado* que teria sido formado, principalmente em virtude das guerras, para defesa externa, passou também a intervir na solução dos conflitos de interesses. Fê-lo, inicialmente, agindo apenas como 'pacificador nas questões privadas'. Consagrou-se, então, o costume do arbitramento, segundo o qual os contendores submetiam 'de comum acordo a resolução de suas disputas ao julgamento dos mais velhos'. No arbitramento existe, fundamentalmente, o caráter 'consensual e voluntário' pelo menos, segundo opinião tradicionalmente aceita, no diz respeito à vontade bilateral (de ambos os que conflitam) de se dirigirem a um terceiro, submetendo-se assim à sua decisão para dirimir a contenda." (ALVIM, Arruda. *Tratado...*, p. 19-20).

[9] Assim, enfatiza José Eduardo Carreira Alvim que "O direito processual, como ramo autônomo da ciência do direito, é relativamente recente, tem pouco mais de cem anos, mas o que ele tem de recente, o processo, como método de resolução das lides, tem de antigo; embora apenas em Roma tenha alcançado o seu mais alto grau de evolução [...]. As instituições jurídicas, em geral, evoluíram de tal forma em Roma que até hoje o direito de quase todas as nações cultas do mundo se inspira no direito romano." (ALVIM, José Eduardo Carreira. *Teoria geral do processo*, 16ª ed., Rio de Janeiro: Forense, 2014, p. 19).

Do estudo dos povos primitivos, verifica-se que a tutela nos interesses era, a princípio, feita pelos próprios ofendidos ou, então, pelos grupos a que eles pertenciam – daí, dizer-se que o que havia era a *justiça privada*, e, não, a *justiça pública*, que é distribuída pelo Estado. Só muito mais tarde, e em decorrência de longa evolução, é que se passa da *justiça privada* para a *justiça pública*. Conjectura-se, com base em indícios que chegaram até nós, que essa evolução se fez em quatro etapas: a) na primeira, os conflitos entre particulares são, em regra, resolvidos pela força (entre vítima e ofensor, ou entre os grupos de que cada um deles faz parte), mas o Estado – então incipiente – intervém em questões vinculadas à religião; e os costumes vão estabelecendo, paulatinamente, regras para distinguir a violência legítima da ilegítima; b) na segunda, surge o *arbitramento facultativo*: a vítima, ao invés de usar a vingança individual ou coletiva contra o ofensor, prefere, de acordo com este, ou receber uma indenização que a ambos pareça justa, ou escolher um terceiro (o árbitro) para fixá-la; c) na terceira etapa, nasce o *arbitramento obrigatório*: o facultativo só era utilizado quando os litigantes o desejassem, e, como esse acordo nem sempre existia, daí resultava que, as mais das vezes, se continuava a empregar a violência para a defesa do interesse violado; por isso, o Estado não só passou a obrigar os litigantes a escolherem árbitro que determinasse a indenização a ser paga ao ofensor, mas também a assegurar a execução da sentença, se, por ventura, o réu não quisesse cumpri-la; e, finalmente, na quarta e última etapa, o Estado afasta o emprego da justiça privada, e, através de funcionários seus, resolve os conflitos de interesses surgidos entre os indivíduos, executando, à força se necessário, a sentença. No direito romano, encontramos exemplos que se enquadram em cada uma dessas quatro etapas: da primeira, na pena de talião (vingança privada: olho por olho, dente por dente), estabelecida ainda na Lei das XII Tábuas; da segunda, durante toda evolução do direito romano, pois sempre se admitiu que os conflitos individuais fossem resolvidos por árbitros escolhidos, sem a interferência do Estado, pelos litigantes; da terceira, nos dois primeiros sistemas de processo civil romano – o das *legis actiones* e o *per formulas*; e da quarta, no terceiro desses sistemas – a *cognitio extraordinária*.[10]

Como se observa na brilhante lição de José Carlos Moreira Alves citada, a doutrina aponta três sistemas principais de solução de conflitos no Estado Romano: as ações da lei ou *legis actiones*, o processo formulário ou *per formulas* e o processo extraordinário ou *cognitio extraordinaria*. O breve estudo de cada um deles é oportuno, pois ilustra bem o início da assunção da atividade jurisdicional pelo Estado.

O sistema das ações da lei, primeiro e mais antigo dos sistemas de processo civil romano, foi caracterizado e nomeado dessa forma justamente por se desenvolver a partir de ações estabelecidas em rol taxativo em lei, como, por exemplo, a *actio sacramenti*. A resolução do conflito, nesse sistema, se desenvolvia em duas etapas claras em uma dinâmica conhecida como *ordo iudiciorum privatorum*. Uma primeira instância *in iure* onde, após as solenidades, um magistrado funcionário do Estado, nomeava alguém de fora do Estado como um juiz popular. Depois, em

---

10 ALVES, José Carlos Moreira. *Direito romano*, vol. 1, 2ª ed. rev. e acresc., Rio de Janeiro : Editor Borsoi, 1967, p. 195-196.

uma segunda instância *apud iudicem*, as provas eram produzidas e esse juiz popular resolvia o conflito por meio de uma decisão conhecida como *setentiam dicere*.

O sistema do processo formulário, desenvolvido na sequência, preservou a dinâmica do *ordo iudiciorum privatorum*, com a submissão do conflito primeiro a um magistrado do Estado e depois a um juiz popular. No entanto, foram verificadas algumas diferenças, em especial, a menor formalidade, a maior celeridade, a utilização de um documento escrito conhecido como *formula* reduzindo o caráter estritamente oral do procedimento e a maior atuação do magistrado no processo.

O terceiro sistema do processo extraordinário teve início na solução de questões administrativas e criminais, porém paulatinamente houve o abandono no modelo formulário e a *cognitio extraordinaria* passou também a ser aplicada na resolução de conflitos de caráter cível, notadamente a partir do século III d.C.

A principal mudança trazida por esse novo sistema, interessante a este trabalho, é a extinção da dinâmica bifásica do *ordo iudiciorum privatorum*, de modo que todo o processo passou a correr diante de um funcionário do Estado. Aliada a essa nova dinâmica o processo se desvincula do direito privado e passa a ser regido por normas de direito público, desaparece a figura do arbitramento, surge a possibilidade de recurso da sentença a funcionários superiores do Estado e de emprego da força pública para executar a decisão.

Quanto ao processo civil romano e a resolução de conflitos, é importante frisar, ainda, que o Estado Romano não conheceu o sistema de separação de poderes consagrado modernamente. Os magistrados judiciários romanos além da solução dos conflitos, cumulavam funções administrativas e até militares.[11]

Outros sistemas de direito processual sucederam esses desenvolvidos no Estado Romano, em especial após o período de invasões dos povos germânicos ou bárbaros. Aliás, as bases do processo moderno estão, fundamentalmente, na junção do existia em Roma e o que era aplicado por esses povos.

A doutrina classifica esses novos sistemas e a evolução histórica do processo civil na forma de períodos, dividindo-os pela eleição de alguns marcos importantes. Assim, de uma maneira geral, após o período romano, podem ser citados o período do processo civil romano-barbárico do ano 568 ao ano 1100 aproximadamente, o período da elaboração do chamado processo comum até o ano 1500, o período moderno até o ano 1868, quando foi publicada obra de Oskar Von Bülow intitulada *Teoria das Exceções Processuais e Pressupostos Processuais*,[12] e, por fim, o período contemporâneo de 1868 até hoje, com mudanças relevantes nos últimos trinta anos.

---

11 Todas as referências feitas neste estudo sobre o processo civil romano tiveram por base a obra de José Carlos Moreira Alves de 1967 relacionada na nota nº 10, sendo interessante a leitura da obra, em especial o constante nos capítulos XVII a XX de sua Parte Geral.

12 Em alemão, o título original é *Die Lehre von den Prozesseinreden und die Prozessvoraussetzungen* (ALVIM, José Eduardo Carreira. op. cit., p. 26).

Especialmente em relação ao tema deste trabalho, com relação à titularidade do exercício dos atos de solução dos conflitos, pode se destacar: a atuação de juízes populares conhecidos como *scabini* que assessoravam os condes durante a fase franca do período romano-barbárico; o aumento da jurisdição eclesiástica na fase feudal seguinte do mesmo período; os tribunais eclesiásticos na fase dos *pós--glossadores* do processo comum na região da atual Itália; a constituição em 1495 de um órgão jurisdicional supremo na região da atual Alemanha, conhecido como *Reichskammergericht*; e, no particular interesse do Brasil, a vigência das ordenações filipinas com uma estrutura processual avançada para época.[13]

De todo modo, o que se observa é a evolução dos sistemas de solução de conflitos rumo à prevalência nítida da jurisdição estatal, protagonismo esse, aliás, que teve como marco fundamental a consolidação do Estado de Direito e da teoria da tripartição dos poderes, notadamente por definirem o Poder Judiciário como um poder independente.

Em linhas gerais, a consolidação do Estado de Direito e da ordem jurídica que lhe acompanhou demonstrou profunda evolução, assegurando mais direitos do que qualquer outra sociedade anterior. Tal fenômeno teve, entre outras consequências, a necessidade de racionalização do Poder Estatal, representada, em especial, pela teoria da tripartição dos poderes.

Embora parte da doutrina aponte que a teoria foi sugerida anteriormente por Aristóteles, teve inicial destaque na Inglaterra, na Constituição dos Estados Unidos e nas bases conceituais da Revolução Francesa, principalmente pela difusão do tema por Montesquieu. Em que pesem as diferenças nesses países, a teoria da tripartição consolidou, na essência, o Poder Judiciário como um sistema especializado de controle dos atos dos outros Poderes e, em última análise, consolidou a resolução dos conflitos pelo Estado, marcando nitidamente o protagonismo da jurisdição estatal.[14]

---

13 Sobre a evolução histórica do direito processual civil, consultar o *Manual de Direito Processual Civil* de José Manoel de Arruda Alvim Netto, de onde foram retiradas as informações deste trabalho, em especial o capítulo I da Primeira Parte.

14 Ensina José Manoel de Arruda Alvim Netto que: "O Estado-de-direito foi, possivelmente, o mais útil elemento à compreensão do fenômeno jurídico positivo e ao desenvolvimento da ciência jurídica [...] O Estado moderno – Estado-de-direito – se caracteriza pela circunstância de sua ordem jurídica, depois de admirável evolução, assegurar os direitos, mais do que em qualquer outro tipo de sociedade anterior. A submissão da soberania a uma disciplina jurídica oriunda do corpo social, através de uma vontade idoneamente manifestada, denominam os autores de racionalização do poder. O problema da racionalização do poder, estudado do ponto de vista histórico-jurídico, afigura-se-nos encontrar seu termo inicial decisivo na conhecida teoria da tripartição dos poderes [...]. Apesar das diferenças existentes entre o sistema inglês e o francês, inegavelmente foi o problema das funções estatais cujo modelo histórico e concreto extraiu--se da Inglaterra e cuja difusão se deveu a Montesquieu, que sensibilizou a todos a respeito do assunto [...] o fato histórico indiscutível e, portanto, o dado básico do problema, é o de que a tripartição dos poderes consistiu, historicamente, no mais perfeito instrumento de constru-

A tripartição dos poderes passou, então, a constituir um verdadeiro dogma constitucional,[15] sendo preservada nas Constituições posteriores que garantem o Estado de Direito, inclusive, com a previsão de um Poder Judiciário independente e dotado de garantias constitucionais que assegurem o exercício livre e imparcial da jurisdição.

Exposto tudo isso e encerrando este tópico, observa-se a evolução dos meios de solução dos conflitos sociais, desde a prevalência da autotutela nos grupos mais primitivos até o protagonismo da jurisdição estatal consolidado pelo Estado de Direito, compreendida essa na jurisdição exercida pelo Poder Judiciário.

Diante dessa concentração pelo Estado do exercício da jurisdição, a consequência necessária e lógica é que os diplomas jurídicos assegurem às pessoas o acesso à solução dos conflitos, como será melhor delineado adiante. Em outros termos, a inafastabilidade da jurisdição é reflexo direto de toda a evolução esculpida neste ponto. Nesse sentido, é a preciosa lição de Francisco Cavalcanti Pontes de Miranda:

> Desde que o Estado eliminou e proibiu a *justiça de mão própria*, monopolizando a distribuição da justiça, salvo pouquíssimas exceções àquela eliminação ou a esse monopólio (*e. g.*, juízo arbitral), tinha de prometer e assegurar a proteção dos que precisassem de justiça, isto é, prometer e assegurar a *pretensão à tutela jurídica*. Toda técnica legislativa, administrativa e judiciária se empenha no cumprimento desse propósito. Com isso, o Estado realiza o direito objetivo e pacifica. O Poder Judiciário foi criado para isso e o processo judiciário tem por fim organizar a provocação e a prestação da justiça. Se a incidência das regras jurídicas, criando os direitos, os deveres, as pretensões, as obrigações, as ações e exceções, bastasse à realização da justiça, não se precisaria da justiça privada, nem da justiça estatal. Mas a incidência só se passa no mundo do pensamento, embora impecavelmente

---

ção do Estado-de-direito (Legislativo, Executivo e Judiciário)". (ALVIM, Arruda. Da Jurisdição – Estado-de-direito e função jurisdicional. *Doutrinas Essenciais de Processo Civil*, vol. 2, p. 331, Out.2011, p. 2-3).

15 Já na Declaração dos Direitos do Homem e do Cidadão de 1789, documento emblemático da Revolução Francesa, constou em seu art. 16 que "A sociedade em que não esteja assegurada a garantia dos direitos nem estabelecida a separação dos poderes não tem Constituição.". No mesmo sentido, ensina José Afonso da Silva, inclusive sobre a origem da teoria, que: "O princípio da separação dos poderes já se encontra sugerido em Aristóteles, John Locke e Rousseau, que também conceberam uma doutrina da separação dos poderes, que, afinal, em termos diversos, veio a ser definida e divulgada por Montesquieu. Teve objetivação positiva nas Constituições das ex-colônias inglesas da América, concretizando-se em definitivo na Constituição dos Estados unidos de 17.9.1787. Tornou-se, com a Revolução Francesa, um dogma constitucional, a ponto de o art. 16 da Declaração dos Direitos do Homem e do Cidadão de 1789 declarar que não teria constituição a sociedade que não assegurasse a separação dos poderes, tal a compreensão de que ela constituiu técnica de extrema relevância para a garantia dos Direitos do Homem, como ainda o é." (SILVA, José Afonso da. *Curso de direito constitucional positivo*, 36ª ed. rev. e atual., São Paulo : Malheiros Editores, 2013, p. 111).

aconteça; e os homens e o próprio Estado nem sempre apreendem, em seus pormenores, em sua inteireza, aqueles direitos, deveres, pretensões, obrigações, ações e exceções – razão por que se tem de proceder à aplicação (*ad, plicare*, por nas dobras, *plica*, provavelmente depois de abri-las, de *ex-plicare*), quando à incidência não corresponde à realidade da vida.[16]

1.2. Jurisdição: conceito, características e finalidade

No tópico anterior, foi traçada uma breve linha evolutiva dos meios de solução de conflito, desde a prevalência da autotutela nas comunidades mais primitivas até o protagonismo da jurisdição exercida pelo Poder Judiciário e concentrada em âmbito estatal. Neste ponto, seguindo o intuito de estabelecer algumas premissas e conceitos fundamentais para o desenvolvimento do trabalho, será analisada, propriamente, a jurisdição, seu conceito, suas características, e, principalmente, sua finalidade no contexto social e jurídico.

O vocábulo *jurisdição*, etimologicamente, surge em um primeiro momento da junção dos termos latinos *ius* e *dicere*[17] e depois da palavra romana *iurisdictio*, expressões essas que, em uma análise semântica simples, significam *dizer o direito*. Embora essa referência seja importante e deva ser sempre enfatizada, ela não é suficiente. Por essa e outras razões, a doutrina vai além da origem etimológica do termo e propõe vários conceitos para jurisdição.[18]

Sem detalhar tais conceitos e sem qualquer pretensão de esgotar o tema, serão a seguir estudados os principais pontos colocados pela doutrina, na tentativa de delinear, ao final deste tópico, um mínimo essencial de compreensão desse fenômeno conhecido por jurisdição.

Pois bem. Para a análise de qualquer instituto jurídico, convém estudar, inicialmente, sua natureza jurídica, ou seja, o que o instituto representa no ordenamento jurídico. É nesse contexto que surge o primeiro aspecto relevante do estudo do fenômeno jurisdicional, se a jurisdição constitui um poder do Estado, um dever ou se apresenta os dois aspectos simultaneamente.

Ainda que de forma implícita, os três posicionamentos são verificados. Há um primeiro entendimento que enfoca o estudo do conceito de jurisdição enquanto um dever do Estado. Na formatação do Estado de Direito, com fundamentos constitucionais sólidos, o Estado tem o dever constitucional de solucionar os

---

[16] MIRANDA, Pontes de. *Tratado das ações – Tomo I: Ação, classificação e eficácia*, São Paulo : Editora Revista dos Tribunais, 1970, p. 231.

[17] "A palavra *jurisdição* vem do latim *ius* (direito) e *dicere* (dizer), querendo significar a 'dicção do direito'". (ALVIM, José Eduardo Carreira. op. cit., p. 64). Há referência na doutrina a outros termos em latim, mais na essência, a semântica da locução permanece intacta.

[18] Sobre o tema, indica-se a leitura do livro *Teoria geral do processo (jurisdição, ação (defesa), processo* de Francisco Wildo Lacerda Dantas que, independentemente do conceito por ele adotado, relata ampla pesquisa das posições doutrinárias sobre a jurisdição.

conflitos sociais, promover a pacificação social e garantir a aplicabilidade concreta dos enunciados definidos na legislação, no direito objetivo. Ada Pellegrini Grinover pode ser referenciada como exemplo.[19] Em contrapartida, há uma outra posição que enfatiza o conceito de jurisdição como poder estatal, como bem ilustra trecho da obra de Cândido Rangel Dinamarco, exemplo dessa segunda compreensão:

> Tal é a *jurisdição*, função exercida pelo Estado através de agentes adequados (os juízes), com vista à solução imperativa de conflitos interindividuais ou supra-individuais e aos demais escopos do sistema processual [...]. Conceitua-se a jurisdição, a partir dessas premissas, como *função do Estado destinada à solução imperativa de conflitos e exercida mediante a atuação da vontade do direito em casos concretos*. Falar em solução *imperativa* é pressupor a presença do *poder estatal*. O Estado persegue os objetivos do processo com fundamento em sua própria *capacidade de decidir imperativamente e impor decisões* (definição de poder estatal, segundo a ciência política), sem a necessidade de anuência dos sujeitos. A situação destes, perante o Estado que exerce a jurisdição, é de *sujeição* – conceituada esta como impossibilidade de evitar os atos alheios ou furta-se à sua eficácia [...]. Consequência direta e óbvia da inserção da jurisdição no campo do poder estatal é sua *inevitabilidade*, que outra coisa não é senão a inevitabilidade do próprio Estado ou do poder estatal como um todo, proclamada pela ciência política. O poder estatal não é exercido na medida em que o desejem ou aceitem os particulares, mas segundo os desígnios e decisões do próprio Estado, expressos pelos agentes regularmente investidos. A relação de *autoridade e sujeição*, existente entre o Estado e os particulares, é o fator legitimante da inevitabilidade do poder estatal e de seu exercício.[20]

Esse embate de posições é recorrente, o que demonstra a validade de ambas do ponto de vista racional. Porém, em uma leitura critica dessas posições, parece ser mais correta a terceira concepção que ajusta o essencial das outras duas, compreendendo a jurisdição como um fenômeno que, ao mesmo tempo, manifesta um poder e um dever do Estado.[21]

---

19   Ada Pellegrini Grinover resume com precisão essa ideia: "O Estado de direito só pode atingir seu real coroamento através desses instrumentos processual-constitucionais de tutela dos direitos fundamentais do homem." (*Os princípios constitucionais e o Código de Processo Civil*, São Paulo : Bushatsky, 1975, p. 6).

20   DINAMARCO, Cândido Rangel. *Instituições de direito processual civil*, vol. 1, 6ª ed. rev. e atual., São Paulo : Malheiros Editores, 2013, p. 315-318.

21   Nesse sentido, ensina José Eduardo Carreira Alvim, inclusive com menção às doutrinas de Francesco Carnelutti e Alfredo Lopes da Costa, que "Não é pacífico, na doutrina, sobre ser a jurisdição um *poder*, um *dever*, ou as duas coisas ao mesmo tempo. Os que concebem a jurisdição como um poder só assinalam um dos seus aspectos, pois não se trata somente de um conjunto de poderes, senão também um conjunto de deveres dos órgãos jurisdicionais. Carnelutti vislumbrava na jurisdição um duplo aspecto, de poder e de obrigação do Estado-juiz; tendo Lopes da Costa visto nela um poder dever do Estado-juiz de declarar e realizar o direito." (ALVIM, José Eduardo Carreira. op. cit., p. 64). No mesmo sentido, ensina Athos Gusmão Carneiro ser possível "conceituar a Jurisdição como *o poder (e o dever) de declarar a lei que*

De fato, a jurisdição estatal, ou como será adiante explicado, a *função jurisdicional* é uma das formas fundamentais de manifestação do poder do Estado, ao lado das funções legislativa e administrativa.[22] Nesse sentido, possui verdadeiros aspectos de poder estatal, notadamente solucionando os conflitos sociais que lhe são apresentados com imperatividade e autoridade, sujeitando às suas decisões os particulares e os entes estatais titulares das outras funções, inclusive, se for o caso, utilizando-se de mecanismos de coerção. Aliás, esse exercício com autoridade não deve ser confundido com o exercício autoritário ou arbitrário, já que a função jurisdicional estatal, conquanto demonstre o poder do Estado, deve ser realizada em pleno respeito aos princípios e garantias fundamentais.

Ao mesmo tempo em que manifesta o poder Estatal, a função jurisdicional constitui verdadeiro dever constitucional do Estado.[23] Como será melhor estudado adiante, em capítulo dedicado à análise do conteúdo do princípio da inafastabilidade, tema deste trabalho, a Constituição ao garantir, em seu art. 5º, XXXV, o acesso à função jurisdicional, cria um dever do Estado de oferecer respostas efetivas e adequadas às demandas que lhe são dirigidas.[24]

---

incidiu e aplicá-la, coativa e contenciosamente, aos casos concretos." (CARNEIRO, Athos Gusmão. Jurisdição – noções fundamentais, *Revista de Processo*, vol. 19, p. 9, jul.1980, p. 1). Ainda, explica Rogério Lauria Tucci que: "Na esteira de generalizado entendimento doutrinário, temos a jurisdição como poder-dever de realização do Direito, específico dos órgãos do Poder Judiciário [...] a jurisdição como poder-dever concedido aos agentes do Poder Judiciário - juízes e tribunais - para, no exercício de função em lei definida, e mediante atividade substitutiva da dos membros da comunhão social, realizar o Direito aplicável, a uma pretensão ou a um conflito de interesses de alta relevância social." (TUCCI, Rogério Lauria. Jurisdição, ação e processo civil (subsídios para a teoria geral do processo civil), *Revista de Processo*, vol. 52, p. 7, Out.1988, p. 1).

22 "Essa função de julgar a lide ou pretensão, dando a cada um o que é seu, constitui a *jurisdição*. No Estado moderno, ela é atribuída a órgãos do poder público [...] e figura, na doutrina tradicional, ao lado da legislação e da administração, como uma das funções fundamentais da vida estatal." (MARQUES, José Frederico. *Instituições de Direito Processual Civil*, vol. 1, 1ª ed. atual., Campinas : Editora Millennium, 2000, p. 257). Também é elucidativa a lição de Luiz Fux: "O Estado, como garantidor da paz social, avocou para si a solução monopolizada dos conflitos intersubjetivos pela transgressão à ordem jurídica, limitando o âmbito da autotutela. Em consequência, dotou um de seus Poderes, o Judiciário, da atribuição de solucionar os referidos conflitos mediante a aplicação do direito objetivo, abstratamente concebido, ao caso concreto." (*Curso de direito processual civil*, Rio de Janeiro : Forense, 2004, p. 41).

23 Nesse sentido, pontua André Ramos Tavares que o princípio da inafastabilidade "é um dos pilares sobre o qual se ergue o Estado de Direito, pois de nada adiantariam leis regularmente votadas pelos representantes populares se, em sua aplicação, fossem elas desrespeitadas, sem que qualquer órgão estivesse legitimado a exercer o controle de sua observância." (*Curso de direito constitucional*, 11ª ed. rev. e atual., São Paulo : Saraiva, 2013, p. 584).

24 "Tem, assim, o autor, por meio do direito subjetivo de ação que lhe foi conferido amplamente pelo Estado, um direito em face do próprio Estado, e, correlatamente, existe um dever da parte deste para o indivíduo de lhe prestar tutela (v. art. 5º, XXXV, da CF/1988). [...] Como outro princípio de relevância atinente à jurisdição (v. art.), devemos mencionar a indeclinabilidade

Aliás, o Código de Processo Civil de 2015 reconhece essa importância e adota expressamente em seu artigo 3º que "Não se excluirá da apreciação jurisdicional ameaça ou lesão a direito.". Igualmente, é expresso em determinar a indeclinabilidade da jurisdição, dispondo seu art. 140 que "O juiz não se exime de decidir sob a alegação de lacuna ou obscuridade do ordenamento jurídico." No mesmo sentido, ainda, é a previsão do art. 4º da Lei de Introdução às Normas do Direito Brasileiro: "Quando a lei for omissa, o juiz decidirá o caso de acordo com a analogia, os costumes e os princípios gerais de direito."[25] Veda-se o *non liquet*, ou seja, há o dever daquele que está constitucionalmente investido na função jurisdicional de fornecer uma resposta àqueles que lhe dirigiram uma pretensão, temática essa que será mais bem tratada no item 3.3 desse trabalho.

Pode se dizer, assim, que a função jurisdicional configura notável poder-dever do Estado.

Parte importante da doutrina, nesse contexto, entende que a jurisdição é, ao mesmo tempo, poder, função e atividade. *Poder* pela capacidade de decidir imperativamente e impor decisões. Como *função* em razão do dever que o Estado tem de promover a pacificação dos conflitos. E, por fim, como *atividade* porque a jurisdição se manifesta por meio de uma série de atos complexos e coordenados por um processo legitimamente estruturado.[26] Observa-se, nessa segunda classificação, que os aspectos poder e função propostos corroboram com o até então afirmado de que a jurisdição é poder-dever.

Ainda sobre a natureza jurídica da jurisdição, parece ser mais correta a expressão *função jurisdicional* em vez de *poder jurisdicional*. A jurisdição é uma das manifestações do Poder e da soberania do Estado, como bem explica José Manoel de Arruda Alvim Netto: "entendemos ser o Poder uno, subdividido, porém, em funções. Afigura-se-nos, dessa forma, mais apropriado falarmos

---

da prestação jurisdicional [...]. Se o inciso XXXV do art. 5º da CF/1988 enseja a todos os que estão sob a égide da jurisdição brasileira o direito de a ela terem acesso, segue-se que esta há sempre de manifestar-se sobre os pedidos que lhe são endereçados, embora este direito não se confunda com a outorga da proteção pleiteada por aquele que teve a iniciativa de propor a ação." (ALVIM, Arruda. *Manual...*, p. 206 - 207).

25 Sobre o tema, ainda, é importante a citação do Código Civil Francês, que já em 1804, previu em seu art. 4º a culpa do juiz caso se negasse a julgar: "O juiz que se recusa a julgar, sob o pretexto de silêncio, obscuridade ou insuficiência da lei pode ser processado como culpado de denegação de justiça.".

26 "Que ela é uma função do Estado e mesmo monopólio estatal, já foi dito; resta agora, a propósito, dizer que a jurisdição é, ao mesmo tempo, *poder, função e atividade*. Como poder, é manifestação do poder estatal, conceituado como capacidade de decidir imperativamente e impor decisões. Como função, expressa o encargo que têm os órgãos estatais de promover a pacificação de conflitos interindividuais, mediante a realização do direito justo e através do processo. E como atividade ela é o complexo de atos do juiz no processo, exercendo o poder e cumprindo a função que a lei lhe comete." (CINTRA, Antonio Carlos de Araújo; GRINOVER, Ada Pellegrini; DINAMARCO, Cândido Rangel. op. cit., p. 147).

em função jurisdicional, uma vez que esta é, efetivamente, uma das facetas da soberania."[27]

Exposta a natureza jurídica da função jurisdicional, passa-se ao estudo de suas principais características. A primeira e talvez a mais emblemática é a índole *substitutiva* da jurisdição, ou seja, os atos jurisdicionais substituem as atividades das partes.

No exercício da função jurisdicional, há a leitura do direito material no contexto do caso concreto, sendo identificadas as atividades ou os comportamentos previstos na ordem jurídica para cada parte, em razão do suporte fático e jurídico demonstrado em determinado caso.[28] A decisão jurisdicional, assim, determina o cumprimento daquela atividade ou comportamento, após a compreensão de que são devidos no caso em concreto. Ao lado disso, o exercício da função jurisdicional também proporciona o reconhecimento estatal de determinada situação de fato já caracterizada, ou ainda, providencia a constituição de uma nova situação jurídica, nos moldes previstos no direito objetivo.[29] Inclusive, são essas três formas

---

27 ALVIM, Arruda. Da Jurisdição..., p. 11).

28 Assim, explica José Carlos Barbosa Moreira que: "O exercício da função jurisdicional visa à *formulação* e à *atuação prática* da norma jurídica concreta que deve disciplinar determinada situação. Ao primeiro aspecto dessa atividade (*formulação* da norma jurídica concreta) corresponde o *processo de conhecimento* ou *de cognição*; ao segundo aspecto (*atuação prática* da norma jurídica concreta), o *processo de execução*." (*O novo processo civil brasileiro: exposição sistemática do procedimento*, 11ª ed. rev. e atual., Rio de Janeiro, Forense, 1992, p. 3).

29 A doutrina de Cândido Rangel Dinamarco elucida bem o tema: "Pelo aspecto técnico a atividade jurisdicional é sempre *substitutiva* das atividades dos sujeitos envolvidos no conflito, a quem a ordem jurídica proíbe atos generalizados de autodefesa. Seja quando o sujeito aspira a um bem negado pela pessoa que lho podia dar (p.ex., pretensão a uma soma de dinheiro *etc.*), seja nos casos em que o processo é o único caminho para obtê-lo (anulação de casamento), a atividade jurisdicional é sempre substitutiva de alguma atividade das pessoas. Os atos proibidos pela autotutela são substituídos pela atividade do juiz que, serenamente e com imparcialidade, verifica se o sujeito tem ou não razão e, por ato seu, propicia-lhe a obtenção do bem na primeira hipótese. A jurisdição é diferente da atividade vedada ao autor, justamente por seu caráter imparcial e pela final imperatividade de que se reveste. Tendo ele razão, o exercício da jurisdição pelo juiz propicia-lhe o bem em substituição à atividade omitida pelo réu ou proibida a ele. Se a razão estiver com o réu, à resistência deste o Estado acrescenta a sua própria, vedando ao autor novos atos de tentativa de obter o bem (coisa julgada). De todo modo, dá-se sempre a substituição *de atividades* de todas as partes pela atividade jurisdicional do Estado. O caráter substitutivo está presente ainda quando um dos sujeitos litigantes é o próprio Estado." (DINAMARCO, Cândido Rangel. *Instituições...*, vol. 1, p. 316-317). Com igual propriedade, ensina José Manoel de Arruda Alvim Netto: "Afigura-se-nos que a função jurisdicional é de índole substitutiva. Se ela se destina a solucionar um conflito de interesses, tal como tenha sido trazido ao Estado-juiz, sob a forma e na medida da lide, deverá este afirmar, sentenciando, a existência de uma vontade concreta da lei, favoravelmente àquela parte que seja merecedora da proteção jurídica. Essa prestação jurisdicional, que soluciona a lide, para que seja realizada com eficácia imutável, terá que ter validade absoluta, porquanto, se não a tivesse, ainda, e de certa forma, perduraria o conflito e não teria havido substitutividade. Desta forma, em virtude

de atuar que dão suporte à classificação trinaria das sentenças, correspondendo, respectivamente, às sentenças condenatórias, declaratórias e constitutivas.

Além disso, com relação à substutividade da jurisdição, autorizada doutrina a identifica como principal característica que distingue a função jurisdicional das outras duas funções do Estado,[30] razão pela qual a jurisdição também é denominada como *atividade secundária*, isto é, a jurisdição desempenha um papel que deveria ter sido primariamente exercida pelos próprios sujeitos da relação jurídica.

Uma segunda característica relevante, é que a função jurisdicional é, ou melhor, deve ser realizada por *um terceiro desinteressado do conflito e imparcial*, alguém integrante do órgão do Poder Judiciário em plena investidura do cargo ou que, por disposição de lei, possua legitimidade para atuar no julgamento.[31] Não por outra razão a lei veda a atuação de terceiro impedido ou suspeito, seja tendo interesse no objeto do conflito ou relação com as partes envolvidas. Com o bem explica José Miguel Garcia Medina "impõe-se, ao agente que desempenha esta função, atuar com *imparcialidade*, não podendo ter interesse em que o conflito seja solucionado em favor desta ou daquela parte."[32]

Outra característica importante da função jurisdicional é que ela, em regra, é *inicialmente inerte*, ou seja, o órgão ou pessoa que julgará o conflito só o fará após a legítima manifestação dos interessados. A doutrina identifica pelo menos três razões para justificar a inércia da jurisdição. A primeira delas é que o início de julgamento de ofício, no mínimo, colocaria em dúvida a imparcialidade do julgador. A segunda é a contrariedade com a própria finalidade da jurisdição em pacificar os conflitos, assim o início do julgamento de ofício poderia fomentar um conflito até

---

da atividade jurisdicional, o que ocorre, em regra, é a substitutividade de uma atividade/vontade privada por uma atividade pública, que é a 'vontade da lei' a imperar." (ALVIM, Arruda. *Manual...*, p. 199-200).

30 "Evidentemente tem-se que distinguir a atividade jurisdicional da administrativa e da legislativa. As duas últimas, especialmente a administrativa, consistem numa atuação em conformidade com a lei, mas são nitidamente diversas da atividade jurisdicional, pois esta é atividade secundária ou substitutiva, ao passo que tanto a administrativa, quanto a legislativa são primárias. O que caracteriza especificamente a atividade jurisdicional é a sua função de substitutividade, ou seja, a sua natureza de atividade secundária, a qual produz efeito numa outra atividade que não ocorreu, e, por causa dessa inocorrência. Em quem diz atividade substitutiva, dota a sentença, síntese da atividade jurisdicional, de imutabilidade, uma vez que se não existisse imutabilidade não haveria, realmente, substituição." (ALVIM, Arruda. *Tratado...*, p. 194).

31 Em crescente tendência, têm-se compreendido pela possibilidade da jurisdição ser exercida pelo árbitro legalmente constituído nos termo da Lei 9.307 de 1996, tema esse que será mais bem analisado adiante. Sobre a investidura, explica Francisco Wildo Lacerda Dantas: "Esse é o primeiro princípio que usualmente se enuncia. Corresponde à garantia de que a jurisdição somente será exercida por quem tenha sido regularmente investido na autoridade de juiz." (op. cit., p. 123).

32 MEDINA, José Miguel Garcia. *Novo Código de Processo Civil comentado : com remissões e notas comparativas ao CPC/1973*, São Paulo : Editora Revista dos Tribunais, 2015, p. 253.

então não verificado entre os interessados. E, por fim, a terceira razão da inércia inicial está na possível frustração de outros meios de solução de conflitos ou equivalentes jurisdicionais que poderiam de forma mais adequada e célere encerrar o embate de interesses.[33]

A quarta característica fundamental da função jurisdicional é *sua aptidão de definitividade*, a qual é intimamente relacionada com sua índole substitutiva. As decisões proferidas no exercício da jurisdição, notavelmente as que resolvem o mérito, têm de ter validade absoluta, o que garante a efetiva substituição dos atos das partes por aquilo que for determinado jurisdicionalmente.[34] Entender o contrário seria afirmar que as decisões jurisdicionais poderiam ser revistas de forma sucessiva, o que, fatalmente, levaria à perpetuação do conflito e à inutilidade da função jurisdicional. Por essa razão, o ordenamento jurídico assegura, em regra, a definitividade do decidido por meio da chamada *coisa julgada material*.[35]

---

[33] Ensinam Antonio Carlos de Araújo Cintra, Ada Pellegrini Grinover e Cândido Rangel Dinamarco que "O exercício espontâneo da atividade jurisdicional acabaria sendo contraproducente, pois a finalidade que informa toda a atividade jurídica do Estado é a pacificação social e isso viria em muitos casos a fomentar conflitos e discórdias, lançando desavenças onde elas não existiam antes. Há outros métodos reconhecidos pelo Estado para a solução de conflitos (conciliação endo ou extraprocessual, autocomposição e, excepcionalissimamente, autotutela [...] e o melhor é deixar que o Estado só intervenha, mediante o exercício da jurisdição, quando tais métodos não tiveram surtido efeitos. Além disso, a experiência ensina que quando o próprio juiz toma a iniciativa do processo ele se liga psicologicamente de tal maneira à ideia contida no ato de iniciativa, que dificilmente teria condições para julgar imparcialmente." (CINTRA, Antonio Carlos de Araújo; GRINOVER, Ada Pellegrini; DINAMARCO, Cândido Rangel. op. cit., p. 150-151).

[34] Nesse sentido, é a precisa lição de José Manoel de Arruda Alvim Netto: "Essa prestação jurisdicional – que soluciona a controvérsia – para que seja realizada com eficácia, terá que ter validade absoluta, porquanto, se não a tivesse, ainda perduraria o conflito. Desta forma, em virtude da atividade jurisdicional, o que ocorre é a substituição de uma atividade privada por uma atividade pública. Todavia, para que efetivamente tal substituição ocorra de uma forma segura, eficiente e imutável, necessário se faz a existência de um atributo, ou uma qualidade a ser agregada a essa atividade substitutiva, que é, precisamente, a *qualidade de imutabilidade da sentença*. [...] Certamente, poder-se-ia conceber, teoricamente, a criação de um sistema jurídico, onde não houvesse coisa julgada, admitindo-se, muitas vezes, a revisão das sentenças, através de outros processos perante o próprio Judiciário. Por certo, mesmo nessa concepção assim imaginada, haveria respeito às decisões do Judiciário, dado que somente ele é que poderia retirar a eficácia de suas decisões. No entanto, uma tal concepção 'funcional' do Judiciário faria com que o mesmo deixasse de proporcionar *segurança*, pois, sucessivamente, reveria suas manifestações, com o que, aquilo que era *certo* ontem, não o será hoje. [...] Ao invés de a atividade jurisdicional proporcionar estabilidade, seria fator de instabilidade do sistema." (ALVIM, Arruda. *Tratado*..., p. 193-194).

[35] "Das funções realizadas pelo Estado é a jurisdição a única dotada do predicado de definitividade, caracterizado pela imunização dos efeitos dos atos realizados. Os primeiros destinatários dessa definitividade são as próprias partes, que ficam adstritas aos resultados do processo. Não se exclui dessa regra sequer o próprio Estado, quando parte neste [...]. O mais elevado grau de imunidade a futuros questionamentos, outorgado pela ordem jurídica, é a autoridade da *coisa julgada material* (DINAMARCO, Cândido Rangel. *Instituições*...vol. 1..., p. 320).

Além de tais características, parece importante dizer que a função jurisdicional, na concepção da doutrina mais clássica, é composta por cinco elementos: a *notio*, a faculdade de conhecer o conflito, decidir uma controvérsia ou, ainda, ordenar os atos a serem praticados; a *vocatio*, a faculdade de fazer comparecer em juízo todos cuja participação seja útil ao processo; a *coertio*, o direito do julgador fazer-se respeitar e de reprimir eventuais ofensas recebidas em razão do exercício da atividade jurisdicional; a *iudicium*, o poder de decidir e sentenciar; e a *executio*, o poder do Estado de tornar obrigatório e coativo o cumprimento às decisões. Modernamente, a doutrina reúne tais elementos em nova classificação, sendo a função jurisdicional compreendida nos *poderes de decisão, de coerção e de documentação*.[36]

Analisadas a natureza jurídica e as principais características da função jurisdicional, passa-se ao exame de dois pontos igualmente relevantes: a finalidade da jurisdição e a titularidade do seu exercício. Aliás, esse dois pontos possuem especial destaque no estudo do princípio da inafastabilidade da jurisdição a ser desenvolvido e estão, como se verá, intimamente relacionados.

Pois bem. A finalidade da função jurisdicional pode ser compreendida a partir da evolução dos meios de solução dos conflitos e de suas características. Consiste, assim, no dever, notavelmente constitucional, de pacificar os conflitos que surgem no seio social, por meio da promoção efetiva e adequada de enunciados de direito material, com fundamento na análise do suporte fático e jurídico do caso em concreto e em apreciação.

A jurisdição, como já referido, atua como atividade secundária em complementação à função legislativa. Tem a finalidade de assegurar a ordem e a segurança que, em um primeiro momento, não foram alcançadas só com as disposições de direito objetivo, seja, por exemplo, pela existência de lacunas nesse sistema ou, ainda, pela influência de outros fatores que levaram a comportamentos contrários aos previstos.[37] Sobre o escopo da função jurisdicional é elucidativa a lição de Antonio Carlos de Araújo Cintra, Ada Pellegrini Grinover e Cândido Rangel Dinamarco, em especial pelos objetivos sociais que a jurisdição representa:

> Ao criar a jurisdição no quadro de suas instituições, visou o Estado a garantir que as normas de direito substancial contidas no ordenamento jurídico efetivamente conduzam aos resultados enunciados, ou seja: que se obtenham, na experiência concreta, aqueles precisos resultados que o direito material preconiza. E assim, através do

---

36 ALVIM, José Eduardo Carreira. op. cit., p. 71.

37 "A *jurisdição* é uma atividade complementar da legislativa, cuja existência seria dispensável se os preceitos legais fossem voluntariamente cumpridos pelos seus destinatários, mas acontece que não são, em virtude da diversidade de interesses em lide. Com a *jurisdição*, o Estado-juiz garante a sua autoridade de Estado-legislador, fazendo com que se realizem, no mundo dos fatos, as consequências práticas dos preceitos enunciados pelas normas de direito." (ALVIM, José Eduardo Carreira. op. cit., p. 65).

exercício da função jurisdicional, o que busca o Estado é fazer com que se atinjam, em cada caso concreto, os objetivos das normas de direito substancial. Em outras palavras, o escopo jurídico da jurisdição é a atuação (cumprimento, realização) das normas de direito substancial (direito objetivo) [...]. A afirmação de que através da jurisdição o Estado procura a realização do direito material (escopo jurídico do processo), sendo muito pobre em si mesma, há de coordenar-se com a ideia superior de que os objetivos buscados são, antes de mais nada, objetivos sociais: trata-se de garantir que o direito objetivo material seja cumprido, o ordenamento jurídico preservado em sua autoridade e a paz e ordem na sociedade favorecidas pela imposição da vontade do Estado. O mais elevado interesse que se satisfaz através do exercício da jurisdição é, pois, o interesse da própria sociedade (ou seja, do Estado enquanto comunidade).[38]

É nesse contexto que o tema da titularidade do exercício da função jurisdicional deve ser compreendido. A doutrina mais conservadora coloca a jurisdição como de exercício exclusivo do Estado, inclusive, sua concepção como *função do Estado* representa elemento constante na construção do conceito mais tradicional.

De forma diversa, existe uma visão mais arrojada e vanguardista, com a qual concorda este trabalho, no sentido de que a função jurisdicional passa por uma mudança de paradigma. Há o crescente reconhecimento de novas possibilidades de solução de conflitos igualmente legítimas e até mais adequadas:

O que se preconiza atualmente é que o Estado não é o único – e, algumas vezes, sequer é o mais adequado ente vocacionado para esta função [jurisdicional], que pode muito bem ser exercida por particulares, algumas vezes com resultados mais proveitosos do que aqueles obtidos no âmbito do Judiciário. Não se trata de destituição do poder estatal para solucionar conflitos e, menos ainda, de inobservância ao princípio da inafastabilidade da apreciação jurisdicional; o poder-dever do Estado remanesce.[39]

Essa discussão será mais bem explorada adiante, mas cabe aqui lembrar que o protagonismo Estatal na solução de conflitos ou a concentração de tal tarefa pelo Poder Judiciário surgiu, como visto, da insegurança inerente ao exercício da autotutela e da dificuldade fática de realização da autocomposição. Esse sistema se desenvolveu, à época, como meio mais efetivo e adequado à solução dos conflitos.

No entanto, a partir do momento em que, o Poder Judiciário não consegue com exclusividade solucionar adequadamente determinados conflitos que são colocados a sua apreciação, seja, por exemplo, em razão da morosidade dos procedimentos ou por falta de conhecimentos específicos de seus operadores, o Estado deve criar e proporcionar outros mecanismos que melhor desenvolvam a função

---

38 CINTRA, Antonio Carlos de Araújo; GRINOVER, Ada Pellegrini; DINAMARCO, Cândido Rangel. op. cit., p. 149.
39 ALVIM, Arruda. *Manual...*, p. 203.

jurisdicional. Nesse sentido, é o questionamento formulado por Flávia Pereira Ribeiro:

> Ao que parece, o sentido contemporâneo da palavra jurisdição deve estar desconectado da noção de Estado e repousar em um plano mais largo, abrangendo outras formas de resolução de conflitos, em tempo razoável e de forma justa. Ao que parece, desde a aprovação da Lei da Arbitragem não há mais espaço para essa extrema valorização da tutela estatal via Poder Judiciário, ainda que se tenha em mente que o poder de império, de acordo com a referida lei, remanesce nas mãos do Estado. Será que dentro de um contexto no qual o Poder Judiciário vem falhando na sua missão de bem prestar a tutela jurisdicional adequada, a aplicação prática e material do direito deve ser considerada manifestação intrínseca e indissociável do órgão judicial?[40]

Devem ser desenvolvidos novos mecanismos que melhor se ajustem à natureza dos conflitos sociais, em prol da segurança jurídica e da melhor aplicação dos enunciados de direito material, ainda que isso implique mudança de titularidade.

Assim, concluindo o objetivo do presente tópico, a jurisdição ou função jurisdicional, em seu mínimo essencial, pode ser conceituada como principal meio de solução dos conflitos que constitui poder-dever do Estado, de índole substitutiva, que atua em complementação à função legislativa, inicialmente inerte, exercida por um terceiro imparcial ao conflito, com aptidão de definitividade e cuja titularidade de exercício, nos paradigmas contemporâneos, não é de inteira exclusividade do Poder Público.

1.3. As garantias do Poder Judiciário

Outro tema relacionado à inafastabilidade da jurisdição e importante de ser examinado nesse momento inicial do trabalho é o atinente às garantias do Poder Judiciário. No primeiro tópico deste capítulo, foi colocada uma breve evolução dos meios de solução de conflitos, desde a autotutela até o que se chamou de protagonismo da jurisdição estatal, compreendida essa expressão na prevalência do exercício da jurisdição pelo Estado, conforme explicado anteriormente.

De todo modo, a função jurisdicional é exercida fundamentalmente pelo Poder Judiciário, em especial em razão da disposição de poderes e organização estatal estabelecidas na Constituição. Para tanto, o Judiciário e as pessoas que por ele atuam devem gozar de garantias que lhes assegurem independência e

---

40 RIBEIRO, Flávia Pereira. Desapego à tradicional visão da "jurisdição" e da "inafastabilidade do controle jurisdicional", In AURELLI, Arlete Inês [coord.] et al, *O Direito de estar em juízo e a coisa julgada : estudos em homenagem a Thereza Alvim*, São Paulo : Editora Revista dos Tribunais, 2014, p. 173-174.

imparcialidade,[41] notadamente considerando a natureza de substitutividade da jurisdição, seja na resolução de conflitos concretos, seja no controle dos atos dos outros dois Poderes Executivo e Legislativo. A construção desse raciocínio é muito bem explicada por Gilmar Ferreira Mendes:

> A Constituição de 1988 confiou ao judiciário papel até então não outorgado por nenhuma outra Constituição. Conferiu-se autonomia institucional, desconhecida na história de nosso modelo constitucional e que se revela, igualmente, singular ou digna de destaque também no plano do direito comparado. Buscou-se garantir a autonomia administrativa e financeira do Poder Judiciário. Assegurou-se a autonomia funcional dos magistrados. [...] As garantias do Poder Judiciário, em geral, e do magistrado, em particular, destinam-se a emprestar a conformação de independência que a ordem constitucional pretende outorgar à atividade judicial. Ao Poder Judiciário incumbe exercer o último controle da atividade estatal, manifeste-se ela por ato da Administração ou do próprio Poder Legislativo (controle de constitucionalidade). Daí a necessidade de que, na sua organização, materialize-se a clara relação de independência do Poder Judiciário e do próprio juiz em relação aos demais Poderes ou influências externas.[42]

A independência e imparcialidade do Poder Judiciário, nesse sentido, são dois dos pilares fundamentais de legitimação do regular desenvolvimento da função jurisdicional pelo Estado. Não por outra razão, são assegurados os princípios do juiz natural e da imparcialidade do juiz.

Nesse contexto, a Constituição preconiza a independência do Poder Judiciário pela disposição de preceitos de duas ordens, as garantias relacionadas diretamente ao Judiciário como instituição e as garantias dedicadas aos magistrados que personificam a atividade jurisdicional estatal, também chamadas pela doutrina, respectivamente, como garantias *institucionais* e garantias *dos membros*.

Ao Judiciário como instituição, são asseguradas a autonomia funcional, a autonomia administrativa e a autonomia financeira, por meio das quais o Poder Judiciário se auto-organiza e se consolida como Poder independente. Como exemplos, podem ser citados a elaboração dos regimentos internos dos tribunais, o exercício da atividade correcional, a promoção de concursos públicos para prover seus cargos funcionais e a elaboração de propostas orçamentárias dentro dos limites constitucionais.[43]

---

41 "A independência do Judiciário (da Justiça). A Justiça a que nos referimos é aquela realizada pelo Poder Judiciário, constitucionalmente independente, isto é, aquele onde os magistrados que o compõem podem aplicar a lei de forma imparcial. Em nosso Direito Constitucional vigente, gozam, os juízes, de garantias asseguradoras de sua independência [...]. Estas garantias asseguram indiretamente a *operatividade* da regra que estabelece a independência do Poder Judiciário." (ALVIM, Arruda. *Manual ...*, p. 209).

42 MENDES, Gilmar Ferreira. BRANCO, Paulo Gustavo Gonet. *Curso de direito constitucional*. 9ª ed. rev. e atual., São Paulo : Saraiva, 2014, p. 946-947.

43 FERNANDES, Bernardo Gonçalves. *Curso de direito constitucional*, 6ª ed., rev., ampl. e atual., Salvador : Editora Juspodivm, 2014, p. 925-927.

Além dessas garantias institucionais, o art. 95 da Constituição Federal assegura três garantias aos juízes: a vitaliciedade, a inamovibilidade e a irredutibilidade de subsídios.

A vitaliciedade consiste no direito adquirido pelos magistrados, após dois anos de exercício efetivo da magistratura, de serem destituídos do cargo tão somente por decisão judicial transitada em julgado. No caso dos magistrados que atuam nos tribunais, o requisito temporal não é necessário, sendo verificada a vitaliciedade desde a posse no respectivo órgão. A inamovibilidade, por sua vez, garante que os juízes somente podem ser removidos ou promovidos por iniciativa própria, limitando, sobretudo, pressões políticas externas. Por fim, a irredutibilidade de subsídios preconiza, na essência da expressão, que as remunerações dos magistrados não poderão ser diminuídas. Há discussão se essa irredutibilidade é jurídica ou real, adequada à correção monetária, porém de todo modo o preceito visa blindar os juízes de preocupações nesse sentido.[44]

São essas, portanto, as principais garantias dispostas no ordenamento jurídico brasileiro e cuja referência é pertinente a este trabalho, em especial por assegurarem a legitimidade do exercício da função jurisdicional.

1.4. A positivação do princípio da inafastabilidade da jurisdição

Apresentada uma breve linha evolutiva sobre os meios de solução dos conflitos e elementos que permitem uma compreensão da função jurisdicional, bem como as garantias que permitem a atuação independente do Poder Judiciário, passa-se a outra parte importante na exposição das premissas históricas e fundamentais. Este tópico será dedicado, assim, a relatar a previsão do postulado da inafastabilidade da jurisdição no direito positivo inicialmente em cenário internacional e, após, propriamente no direito brasileiro.

Parte da doutrina aponta que a primeira previsão do princípio da inafastabilidade remonta à *Magna Charta Libetarium* ou Magna Carta das Liberdades apresentada no ano de 1215 na Inglaterra pelo rei conhecido como João Sem-Terra ao

---

44 Eduardo Pellegrini de Arruda Alvim é muito feliz na explicação dessas três garantias: "A *vitaliciedade*, adquirida em primeiro grau após dois anos de exercício da função jurisdicional, garante ao magistrado o direito ao cargo, salvo se perder essa qualidade por sentença judicial com trânsito em julgado (art. 95, I, parte final, da CF), ou seja, o magistrado não pode perder o cargo senão por decisão judicial transitada em julgado. Mesmo antes dos dois anos, o juiz só perderá o cargo por deliberação do tribunal a que estiver vinculado (art. 95, I, da CF). A *inamovibilidade* assegura ao juiz o direito de não ser remanejado, devendo ser interpretada da forma mais ampla possível, assegurando ao magistrado, inclusive, o direito de recusar uma promoção que lhe seja acenada. [...] A *irredutibilidade de subsídios*, por sua vez, visa assegurar a independência econômica do magistrado." (ALVIM, Eduardo Arruda, *Direito processual civil*, 5ª ed. rev., atual. e ampl., São Paulo : Editora Revista dos Tribunais, 2013, p. 61).

clero, cujo artigo 40 declarou genericamente: "Não venderemos, nem recusaremos, nem protelaremos o direito de qualquer pessoa a obter justiça."[45]

Durante o período marcado pelas chamadas revoluções liberais, a Declaração dos Direitos do Homem e do Cidadão de 1789 previu em seu art. 16 que "A sociedade em que não esteja assegurada a garantia dos direitos nem estabelecida a separação dos poderes não tem Constituição.", o que de forma indireta pode ser compreendido como uma previsão, ainda que tímida, da garantia à inafastabilidade. Como já colocado neste trabalho, a tripartição de poderes assumiu, desde então, a condição de verdadeiro dogma constitucional, inclusive dando ensejo à previsão de um Poder Judiciário independente e dotado de garantias constitucionais que assegurem o exercício livre e imparcial da jurisdição. No mesmo contexto, pode ser compreendida a sistemática sobre o Poder Judiciário exposta na Constituição dos Estados Unidos promulgada em 1787.

De forma um pouco mais específica, a doutrina aponta como primeiras previsões do princípio da inafastabilidade as disposições da Constituição da República de Weimar de 1919 e a Constituição do Reino de Würtemberg do mesmo ano, unidade territorial que intergrava o antigo Império Alemão. A Constituição de Weimar previu em seu art. 105, 2ª alínea que "ninguém poderá ser subtraído ao seu juízo legal" e a Constituição de Würtemberg dispôs em seu §95 que "o recurso aos juízes não se pode fechar aos cidadãos que se creem lesados em direito privado, que assente em título particular, por ato do Poder Público".[46]

No mesmo sentido, pode ser mencionada a Constituição Italiana de 1948 que prevê em seu artigo 24 que "todos podem *agir em juízo para a defesa dos próprios direitos e interesses legítimos*".[47]

Ainda em cenário internacional, são vários os diplomas jurídicos que asseguram o princípio da inafastabilidade da jurisdição, inclusive inserido no contexto de proteção aos direitos fundamentais.

A Declaração Universal dos Direitos Humanos de 1948, nesse sentido, prevê em seu artigo X que "Todo ser humano tem direito, em plena igualdade, a uma justa e pública audiência por parte de um tribunal independente e imparcial, para decidir sobre seus direitos e deveres ou do fundamento de qualquer acusação criminal contra ele.".

---

45 TERHORST, Danyelle Bezerra. *O acesso à justiça e o poder judiciário*, Trabalho publicado nos Anais do XVIII Congresso Nacional do CONPEDI, realizado em São Paulo – SP nos dias 04, 05, 06 e 07 de novembro de 2009.

46 GRINOVER, Ada Pellegrini. *As garantias constitucionais do direito de ação*. São Paulo : Editora Revista dos Tribunais, 1973, p. 133.

47 No texto original em italiano: "tutti possono agire in giudizio per la tutela dei propri diritti e interessi legittimi,".

A Convenção Europeia dos Direitos do Homem de 1950 dispõe, em seu artigo 6º, item 1, que "Qualquer pessoa tem direito a que a sua causa seja examinada, equitativa e publicamente, num prazo razoável por um tribunal independente e imparcial, estabelecido pela lei".

Igualmente, prevê o Pacto Internacional de Direitos Civis e Políticos de 1966, em seu artigo 14, item 1, que "Todas as pessoas são iguais perante os tribunais e as cortes de justiça. Toda pessoa terá o direito de ser ouvida publicamente e com as devidas garantias por um tribunal competente, independente e imparcial, estabelecido por lei".

Do mesmo modo, é a previsão do artigo 8º, item 1, da Convenção Americana sobre Direitos Humanos de 1969, conhecido como Pacto São José da Costa Rica: "Toda pessoa tem o direito a ser ouvida, com as devidas garantias e dentro de um prazo razoável, por um juiz ou tribunal competente, independente e imparcial, estabelecido anteriormente por lei".

No mesmo sentido, ainda, dispõe a Carta de Direitos Fundamentais da União Europeia reafirmada em 2010, em seu artigo 47 que:

> Direito à ação e a um tribunal imparcial. Toda a pessoa cujos direitos e liberdades garantidos pelo direito da União tenham sido violados tem direito a uma ação perante um tribunal nos termos previstos no presente artigo. Toda a pessoa tem direito a que a sua causa seja julgada de forma equitativa, publicamente e num prazo razoável, por um tribunal independente e imparcial, previamente estabelecido por lei. Toda a pessoa tem a possibilidade de se fazer aconselhar, defender e representar em juízo. É concedida assistência judiciária a quem não disponha de recursos suficientes, na medida em que essa assistência seja necessária para garantir a efetividade do acesso à justiça.

Como se observa, a previsão da inafastabilidade da jurisdição é acompanhada, em boa parte das vezes, pela garantia a um tribunal independente, constituído previamente e imparcial, características essas que estruturam os já mencionados princípios do juiz natural e da imparcialidade do juiz. Tais postulados, por se harmonizarem de forma importante com a garantia da inafastabilidade, serão oportunamente analisados neste trabalho.

No Direito brasileiro, ao seu turno, é possível dizer que a previsão do princípio da inafastabilidade da jurisdição acompanhou a sua própria evolução no contexto internacional, assumindo contornos específicos e caráter de garantia constitucional somente no texto da Constituição de 1946, com influência certa das Constituições de Weimar e Würtemberg já mencionadas. Porém, ainda que de forma indireta ou até implícita, o acesso ao Poder Judiciário foi, ao menos, previsto anteriormente.

A primeira Constituição brasileira, outorgada em 1824, não dispôs expressamente sobre o acesso à função jurisdicional, o que se compreende, sobretudo, pelo contexto político e jurídico em que seu texto foi formulado. Previu, tão somente, o

Poder Judiciário como um dos quatro Poderes reconhecidos (art. 10) e disciplinou uma estrutura mínima para o julgamento de causas cíveis e criminais (art. 151 e seguintes).[48]

A Constituição de 1891 que inaugurou o regime republicano no Brasil também previu o Poder Judiciário como um dos três Poderes representantes da soberania nacional (art. 15), dedicando a seção específica às disposições sobre a nomeação de magistrados e distribuição de competências. Além disso, em seu art. 72, constava um rol de *declaração de direitos*, em que se assegurava o direito de plena defesa aos acusados (§16), a garantia ao *habeas corpus* (§22) e a instituição do Tribunal do Júri (§31). Direitos esses que foram mantidos pela Emenda Constitucional nº 3 de 1926.

Curiosa é a previsão do §9º que dispunha: "É permitido a quem quer que seja representar, mediante petição, aos Poderes Públicos, denunciar abusos das autoridades e promover a responsabilidade de culpados.". Esse dispositivo não garantiu a inafastabilidade da jurisdição, mas sim o chamado *direito de petição*. No entanto, a doutrina e a jurisprudência à época reconheciam o direito de acesso à função jurisdicional, sendo significativo observar que o Código Civil de 1916, nesse sentido, previu em seu artigo 75 que "A todo o direito corresponde uma ação que o assegura."[49]

A Constituição de 1934, igualmente, não chegou a garantir expressamente o princípio da inafastabilidade. Manteve a tripartição de Poderes (art. 3º) e a organização do Poder Judiciário, com a devida distribuição de competências (art. 63 e seguintes), porém vedou expressamente a apreciação judicial de causas exclusivamente políticas (art. 68).

Em seu art. 113, foi previsto um rol extenso de garantias e direitos individuais, dentre os quais a garantia à coisa julgada (nº 3), o direito de petição (nº 10), a garantia ao *habeas corpus* (nº 23), o direito dos acusados à ampla defesa (nº 24), a garantia de ser processado e sentenciado por autoridade competente devidamente prevista (nº 26) e o direito à concessão de mandado de segurança (nº 33). Destaca-se a previsão do nº 37 de que "Nenhum juiz deixará de sentenciar por motivo de omissão na lei. Em tal caso, deverá decidir por analogia, pelos princípios gerais do direito ou por equidade." enunciando, em sede constitucional, a característica de indeclinabilidade da jurisdição. No mais, foi prevista no art.

---

48 Sobre a Constituição do Império ensina Ada Pellegrini Grinover que "na Carta do Império, que entre as garantias arroladas no art. 179, assegurava, no inciso 12, a independência do Poder Judiciário, determinando que 'nenhuma autoridade poderá avocar as causas pendentes, sustá-las ou fazer reviver os processos findos'. Somente embrionário se apresenta o preceito, assim enunciado, com relação à inafastabilidade da proteção judiciária; não se dirigia ao Poder Legislativo, não chegava a representar um comando que fortificasse a unidade da jurisdição; e por isso mesmo não pode evitar que, na vigência da Constituição do Império, perdurasse o conteúdo administrativo (*As garantias...*, p. 133-134).

49 GRINOVER, Ada Pellegrini. *As garantias...*, p. 135.

179 a possibilidade de declaração de inconstitucionalidade de lei ou ato do Poder Público pela maioria absoluta dos juízes atuantes nos tribunais.

Em 1937, foi outorgada nova Constituição que instituiu novo período constitucional no Brasil que ficou conhecido como Estado Novo. De essência claramente autoritária, o novo diploma não ampliou ou inovou significativamente no tratamento do tema do acesso à função jurisdicional. Nesse sentido, pode se destacar a competência da União para legislar sobre direito processual e consequentemente disciplinar o exercício da jurisdição (art. 16, XVI) e a organização do Poder Judiciário e a distribuição de competências (art. 90 e seguintes). No mais, ressalta-se novamente a vedação da apreciação judicial de causas exclusivamente políticas (art. 94) e possibilidade de declaração de inconstitucionalidade de lei ou ato do Poder Público (art. 96).

Após esse período, surge a Constituição de 1946 com fundamental papel de restabelecer as bases democráticas no país. Seu texto previu um extenso rol de direitos e garantias individuais com destaque para a inafastabilidade da função jurisdicional. Pela primeira vez, esse princípio é positivado em patamar constitucional, assumindo verdadeiro caráter de garantia, condição essa que não tinha sido alcançada até então no direito brasileiro.

Nesse sentido, dispôs o art. 141, §4º: "A lei não poderá excluir da apreciação do Poder Judiciário qualquer lesão de direito individual.", significando importante avanço, embora não tivesse atingindo, ainda, o conteúdo que o princípio assumiu a partir da Constituição de 1988. Segundo Ada Pellegrini Grinover, a Constituição de 1946 "pôs em regra jurídica explícita o que se teria obtido, através dos intérpretes, em regra jurídica não escrita."[50]

Além da garantia expressa da inafastabilidade da função jurisdicional, cumpre destacar a previsão do Poder Judiciário como um poder independente (art. 36), sua organização e distribuição de competências (art. 94 e seguintes), bem como os demais direitos elencados no art. 141, em especial, o princípio do juiz natural (§26 e §27) e a assistência judiciária aos necessitados (§35).

---

50   A autora ainda relata minúcias sobre o debate travado à época na Constituinte: "O debate, na Constituinte de 1946, travou-se entre os contrários à explicitação do princípio e o seus adeptos. [...] Hermes Lima propôs a supressão, por "ser evidente que nada há que impeça os tribunais de tomarem conhecimento de assunto relativo a direito"; Nereu Ramos declara-se contrário ao dispositivo, que considera muito amplo e passível de graves e imprevisíveis consequências; Agamenon Magalhães frisa que um dispositivo excrescente não deve figurar no texto, e é este o caso do inciso 4º; mas aceita a redação do artigo, apresentada por Prado Kelly, substituindo 'qualquer assunto relativo a direito' por 'nenhuma violação de direito'. [...] Masagão, Prado Kelly, Ivo de Aquino, Aliomar Baleeiro batem-se pela explicitação do princípio, argumentando com a lei, anterior à ditadura, que havia retirado da apreciação do Poder Judiciário os casos de reajustamento econômico; com o Tribunal Marítimo Administrativo e o Conselho de Contribuintes: para evitar esta impregnação do espírito do direito administrativo e do contencioso administrativo, importados de países europeus, seria conveniente que se deixasse expresso o princípio da inafastabilidade do controle judiciário." (GRINOVER, Ada Pellegrini. *As garantias...*, p. 136-137).

Após o período de vigência da ordem constitucional posta pela Constituição de 1946, teve início novo regime de exceção a partir de 1964, fragilizando os fundamentos democráticos no país e os direitos até então conquistados.

Inicialmente, a Constituição de 1967 manteve uma série de previsões relativas ao acesso à função jurisdicional, dentre as quais pode se destacar a independência do Poder Judiciário (art. 6º), sua organização e distribuição de competências (art. 107 e seguintes), o controle de constitucionalidade (art. 111) e a inafastabilidade da jurisdição, mantendo a redação da Constituição anterior, dispondo no art. 150, §4º: "A lei não poderá excluir da apreciação do Poder Judiciário qualquer lesão de direito individual.". No entanto, já com um caráter evidentemente antidemocrático, dispôs em seu artigo 173 que "Ficam aprovados e excluídos de apreciação judicial os atos praticados pelo Comando Supremo da Revolução de 31 de março de 1964.".

Em 1968, os últimos resquícios democráticos foram de vez afastados. Em 13 de dezembro daquele ano foi imposto o Ato Institucional nº 5 que, de forma totalitária, previu em seu art. 11: "Excluem-se de qualquer apreciação judicial todos os atos praticados de acordo com este Ato institucional e seus Atos Complementares, bem como os respectivos efeitos.". Com igual conteúdo autoritário, foi a previsão de seu art. 10: "Fica suspensa a garantia de habeas corpus, nos casos de crimes políticos, contra a segurança nacional, a ordem econômica e social e a economia popular.".

No ano seguinte, a Emenda Constitucional nº 1 de 1969 manteve a ilegítima limitação ao acesso à função jurisdicional, perpetuando a antidemocracia do texto da Constituição de 1967 e do Ato Institucional nº 5. Nesse sentido, dispuseram os artigos 181 e 182 da Emenda, respectivamente, que "Ficam aprovados e excluídos de apreciação judicial os atos praticados pelo Comando Supremo da Revolução de 31 de março de 1964" e "Continuam em vigor o Ato Institucional nº 5, de 13 de dezembro de 1968, e os demais Atos posteriormente baixados.".

Sobre esse período de exceção, é ímpar a lição de Nelson Nery Júnior:

> Em passado recente tivemos episódio histórico que envergonhou o direito brasileiro, a exemplo do que ocorreu no sistema jurídico dos Estados totalitários da primeira metade deste século [século XX], que proibiam o acesso à justiça por questões raciais. Trata-se da edição do Ato Institucional 5, de 13.12.1968, outorgado pelo Presidente da República – que para tanto não tinha legitimidade -, que, em seu art. 11, dizia: "Excluem-se de qualquer apreciação judicial todos os atos praticados de acordo com este Ato Institucional e seus Atos Complementares, bem como os respectivos efeitos." Este AI 5 violou a CF/1967 150, §4º, cuja redação foi repetida pela EC 1/69. Por essa emenda, entretanto, AI foi "constitucionalizado", pois a CF/1969 181 e 182 (EC 1/69 à CF/1967) diziam excluírem-se da apreciação do Poder Judiciário todos os atos praticados pelo comando da revolução de 31.3.1964, reafirmada a vigência do AI 5 (CF/1969 182). Nada obstante a CF/1969 181 e 182 mencionarem a exclusão de apreciação, pelo Poder Judiciário, de atos praticados com fundamento no AI 5 e demais atos institucionais, complementares e adicionais, praticados pelo comando da revolução, estas duas normas eram *inconstitucionais*.

Isto porque ilegítimas, já que outorgadas por quem não tinha competência para modificar a Constituição, estavam em contradição com normas constitucionais de grau superior (direitos e garantias individuais) e infringiam direito supralegal positivado no texto constitucional (direito de ação).[51]

Superado esse período de exceção, a Constituição Federal de 1988, com a consolidação de extenso rol de direitos e garantias, restituiu os fundamentos democráticos do Estado brasileiro.

Nesse contexto, a garantia da inafastabilidade da função jurisdicional não só foi retomada como assumiu amplitude até então não vista no ordenamento jurídico brasileiro. Assim, dispõe o artigo 5º, XXXV que "A lei não excluirá da apreciação do Poder Judiciário lesão ou ameaça a direito.". Além disso, podem ser destacadas a garantia à coisa julgada (art. 5º, XXXVI), a vedação a juízos ou tribunais de exceção (5º, XXXVII), o devido processo legal (5º, LIV) o direito ao contraditório e ampla defesa (5º, LV) e a previsão do controle de constitucionalidade.

Além da Constituição Federal, o Código de Processo Civil de 2015 consagra de uma vez a importância do postulado da inafastabilidade no ordenamento jurídico brasileiro. Não só determina, em seu artigo inaugural, que o "o processo civil será ordenado, disciplinado e interpretado conforme os valores e as normas fundamentais estabelecidos na Constituição da República Federativa do Brasil", como assegura expressamente em seu art. 3º que: "Não se excluirá da apreciação jurisdicional ameaça ou lesão a direito.".

Assim, traçado esse breve escorço histórico sobre a previsão do princípio da inafastabilidade da função jurisdicional no direito positivo, observa-se que sua disposição nos textos normativos acompanhou o reconhecimento crescente dos direitos humanos e das garantias individuais. No Brasil, notadamente, o postulado apresenta correlação direta com os limites democráticos do regime da época, assumindo feição constitucional de garantia inerente ao Estado Democrático de Direito.

1.5. O Projeto de Florença e as três ondas de acesso à Justiça

Seguindo ainda o propósito de estudar algumas referências históricas e conceitos importantes sobre o princípio da inafastabilidade da função jurisdicional, é importante a menção ao chamado *Projeto de Florença* e de suas principais conclusões. Coordenado pelo jurista italiano Mauro Cappelletti e pelo jurista norte americano Bryant Garth entre 1973 e 1978, foi o primeiro projeto institucional dedicado ao debate do tema do acesso à justiça.

O projeto consistiu, fundamentalmente, no intercâmbio de experiências relacionadas à inafastabilidade da função jurisdicional que já haviam sido estudadas

---

51 NERY JÚNIOR, Nelson. *Princípios do processo na Constituição Federal : (processo civil, penal e administrativo)*, 11ª ed. rev., ampl. e atual., São Paulo : Editora Revista dos Tribunais, 2013, p. 186-187.

e implementadas nos Estados participantes. Para tanto, com o intuito de identificar mecanismos que melhor viabilizassem o acesso à função jurisdicional, foram apresentados relatórios por juristas de cada país com as práticas de sucesso e outras que não obtiveram o êxito esperado.[52]

Como parte dos trabalhos conclusivos, foi elaborado ensaio inicial pelos referidos autores, que em 1988 foi editado como livro no Brasil com o título *Acesso à Justiça*, tornando-se obra de referência sobre o tema.[53]

Pois bem. Além de mencionar a realização do Projeto de Florença, o mais importante de ser apontado neste momento inicial é a proposta de classificação elaborada pelos autores para identificar o progresso dos mecanismos dedicados ao melhor acesso à justiça. Mauro Cappelletti e Bryant Garth, no relatório inicial do projeto e a partir do material colhido até ali, classificaram tais soluções de forma cronológica, dividindo os mecanismos em três grupos identificados de acordo com seus enfoques principais. Esses três grupos foram então denominados como *ondas de acesso à justiça* e ilustram bem a evolução jurídica do tema. Sobre isso, nada mais apropriado do que citar trecho do próprio relatório dos autores elaborado à época:

> O recente despertar de interesse em torno do acesso efetivo à Justiça levou a três posições básicas, pelo menos nos países do mundo Ocidental. Tendo início em 1965, estes posicionamentos emergiram mais ou menos em sequência cronológica. Podemos afirmar que a primeira solução para o acesso – a primeira "onda" desse movimento novo – foi a *assistência judiciária*; a segunda dizia respeito às reformas tendentes a proporcionar *representação jurídica para os interesses "difusos"*, especialmente nas áreas da proteção ambiental e do consumidor; e o terceiro – e mais recente – é o que propomos a chamar simplesmente *"enfoque de acesso à justiça"*

---

[52] Sobre o Projeto de Florença, é oportuna a narrativa de Dierle José Coelho Nunes e Ludmila Teixeira: "No curso da década de 70, crescia a literatura questionando a capacidade de advogados e juízes, assim como dos procedimentos judiciais para se adaptarem aos novos direitos (sociais e difusos) emergentes, além de polemizarem os já recorrentes problemas de lentidão, custo e enorme formalismo de alguns procedimentos judiciais. Seguindo essa tônica, o movimento pela socialização processual encontra seu ápice na idealização e realização de um enorme projeto de pesquisa patrocinado pela Fundação Ford, conjuntamente com o Conselho Nacional de Pesquisa da Itália. Esse projeto de pesquisa patrocinado pela Fundação Ford, conjuntamente com o Conselho Nacional de Pesquisa da Itália, intitulado 'Projeto Florença de acesso à Justiça' foi levado a cabo a parti de 1973 – cujos resultados foram publicados em 1978, em 4 volumes – , sob direção de Mauro Cappelletti. Envolveu 23 países, que, representados por grandes juristas nacionais, responderam a um questionário e prepararam um relatório, que apontou as chagas e possíveis soluções técnicas para os problemas de seus sistemas jurídicos. Esse Projeto e o decorrente 'movimento pelo acesso à Justiça' desenvolveu um enorme compartilhamento de experiências envolvendo aqueles inúmeros países, passando a servir de base para os movimentos reformistas a partir de então." (NUNES, Dierle. TEIXEIRA, Ludmila. Por um acesso à justiça democrático: primeiros apontamentos, *Revista de Processo*, vol. 217, p. 75, Mar.2013).

[53] CAPPELLETTI, Mauro. GARTH, Bryant. *Acesso à Justiça*. Tradução de Ellen Grace Northfleet, Porto Alegre : Fabris, 1988.

porque inclui os posicionamentos anteriores, mas vai muito além deles, representando, dessa forma, uma tentativa de atacar as barreiras ao acesso de modo mais articulado e compreensivo.[54]

A primeira onda de acesso à justiça, como se verifica, é identificada pelo conjunto de propostas e mecanismos jurídicos voltados à assistência judiciária para as pessoas que tem dificuldades em custear os serviços de um profissional habilitado, em especial o advogado. É notório que os ordenamentos jurídicos são formados, em sua maior parte, por leis complexas, com linguagem técnica e específica. Isso enseja a atuação de pessoas dotadas de conhecimento especializado, cuja remuneração é mais alta, seja na orientação consultiva, seja, principalmente, no curso dos processos. Não por outra razão os ordenamentos jurídicos valorizam a capacidade postulatória e a Constituição Federal é expressa em determinar em seu art. 133 que "O advogado é indispensável à administração da justiça".

Isso, por certo, é um fator limitador do acesso à justiça ou, na concepção deste trabalho, da máxima eficácia da inafastabilidade da função jurisdicional. Por essa razão, a primeira onda se caracterizou por uma fase de desenvolvimento de novos mecanismos jurídicos e sociais que viabilizassem a atuação de profissional especializado em favor de pessoas desprovidas de recursos para arcar com os custos.

Como exemplo, o relatório do Projeto de Florença aponta que de 1919 a 1923, na Alemanha, teve início um sistema de remuneração pelo Estado dos advogados que fornecessem a assistência judiciária. Outro exemplo foi o sistema de assistência judiciária introduzido na França em 1972 pelo qual os custos dos honorários também eram suportados pelo Estado.

A segunda onda de acesso à justiça identificada por Mauro Cappelletti e Bryant Garth corresponde ao grupo de mecanismos jurídicos que enfrentaram o problema da representação dos interesses transindividuais, metaindividuais ou coletivos *lato sensu*, dispostos no Brasil como difusos, coletivos ou individuais homogêneos. Em especial esse segundo movimento se concentrou, ao menos inicialmente, na problemática dos interesses difusos, compreendidos esses como aqueles cuja titularidade pertence a pessoas indeterminadas ou indetermináveis e que têm um objeto de natureza indivisível, como por exemplo, o direito ao meio ambiente.

Segundo o relatório, a necessidade de tutela jurisdicional dos direitos difusos levou a reconsideração de alguns conceitos tradicionais do direito processual civil e sobre a forma que se desenvolve a atividade jurisdicional. Os procedimentos que bem funcionavam na solução de controvérsias entre indivíduos passaram a não se adequar aos interesses de ordem difusa.[55] Como exemplos mais notórios dessa segunda fase, podem ser citadas as mudanças na concepção de legitimidade *ad*

---

54 CAPPELLETTI, Mauro. GARTH, Bryant. op. cit., p. 31.
55 CAPPELLETTI, Mauro. GARTH, Bryant. op. cit., p. 49-50.

causam, ante a dificuldade de que todos os indivíduos atingidos participassem do processo, e as modificações atinentes ao conceito da coisa julgada.

A terceira onda de acesso à justiça, por sua vez, é caracterizada como uma releitura das medidas implementadas até então nas ondas anteriores. Consistiu, à época de realização do projeto, em um movimento que se preocupou em dar continuidade no desenvolvimento de mecanismos dedicados ao melhor acesso à função jurisdicional e a solução de conflitos, sem, contudo, ignorar os avanços conquistados anteriormente. Como os próprios autores definiram:

> O fato de reconhecermos a importância dessas reformas não deve impedir-nos de enxergar os seus limites.[...] O novo enfoque de acesso à Justiça, no entanto, tem alcance muito mais amplo. [...] Ela centra sua atenção no conjunto geral de instituições e mecanismos, pessoas e procedimentos utilizados para processar e mesmo prevenir disputas nas sociedades modernas. Nós o denominamos "o enfoque do acesso à Justiça" por sua abrangência. Seu método não consiste em abandonar as técnicas das duas primeiras ondas de reforma, mas em tratá-las como apenas algumas de uma série de possibilidades para melhorar o acesso.[56]

Essas foram as três ondas de acesso à justiça propostas por Mauro Cappelletti e Bryant Garth e identificadas no Projeto de Florença. A primeira voltada para a assistência judiciária, a segunda dedicada à melhor tutela dos direitos transindividuais e a terceira preocupada na continuidade no desenvolvimento desses mecanismos e de outros com o mesmo propósito.

No mesmo sentido dessa classificação, cabe mencionar, ainda neste momento inicial, alguns obstáculos ao acesso à justiça reconhecidos pelo relatório do projeto. Com destaque, foram apontadas as custas judiciais, especialmente em razão da baixa previsibilidade dos riscos em demandar judicialmente, dos altos honorários advocatícios, da demora dos procedimentos e da inviabilidade econômica para as partes em ajuizar pequenas causas. Apontou-se, também, dificuldades referentes às próprias realidades das partes, como por exemplo, a diferença entre *litigantes eventuais e habituais*. Foram reconhecidos, ainda, os problemas relacionados aos direitos transindividuais. Essas circunstâncias serão melhor delineadas oportunamente.

Verifica-se, portanto, a importância do Projeto de Florença e dos preceitos desenvolvidas à época de sua realização, quem bem ilustram alguns pontos inerentes ao estudo da inafastabilidade da função jurisdicional.

1.6. A predileção pela denominação *princípio da inafastabilidade da jurisdição*

Antes de encerrar este primeiro capítulo, cabe fazer uma rápida justificativa pela escolha da denominação *princípio da inafastabilidade da jurisdição*. O escopo

---

[56] Ibidem, p. 31.

deste estudo não é, por certo, oferecer críticas às várias locuções estabelecidas pela doutrina e jurisprudência para nomear tal preceito, mas sim investigar a fundo seu conteúdo e outros temas a ele relacionados.

Flávio Antonio Esteves Galdino, em artigo de muita propriedade, explora essa problemática em relação às várias denominações empregadas para definir o princípio da inafastabilidade, identificando, não só seis, mas quatorze expressões diferentes. O autor, inclusive, propõe um critério histórico para diferenciá-las, de acordo com o destaque que princípio recebeu:

> A esse propósito – da denominação –, a pesquisa revelou intensa e externa promiscuidade no uso das palavras. Abstraindo aqui da utilização eventualmente indevida e indiferente das expressões "garantia" e "princípio", o mesmo fenômeno é designado por pelo menos quatorze expressões, adiante identificadas através de pelo menos uma respeitável fonte: (1) Princípio da inafastabilidade do controle jurisdicional (ou judicial), (2) princípio da universalidade da jurisdição, (3) princípio da indeclinabilidade da jurisdição'(4) princípio da ubiquidade da jurisdição, (5) princípio do acesso à justiça, (6) princípio da acessibilidade ampla (ou do amplo acesso à justiça), (7) princípio do livre acesso à jurisdição estatal (ou ao Poder Judiciário), (8) regra da plenitude do acesso à jurisdição, (9) direito constitucional à jurisdição, (10) princípio da proteção judiciária, (11) princípio da irrecusabilidade da jurisdição, (12) princípio da inevitabilidade da função jurisdicional, (13) princípio da plenitude da função judicante do Estado e (14) princípio da utilidade da jurisdição. [...] Essa dispersão de termos designativos produz confusão desnecessária e indesejável [...]. Assim também, embora não seja possível impedir que a "originalidade" de insignes autores produza vários nomes, o estudo fez opção pelas designações mais frequentes e que pareceram designar mais adequadamente os períodos e fenômenos.[57]

No entanto, para fins acadêmicos, é oportuno explicar o nome escolhido neste trabalho, já que se encontram, pelo menos, seis expressões mais frequentes: *garantia do direito de ação, princípio do acesso à justiça, princípio da proteção judiciária, princípio da inafastabilidade do controle jurisdicional, princípio da ubiquidade da jurisdição* e *princípio da inafastabilidade da jurisdição.*[58]

Além disso, é também oportuno dizer que fatalmente e até para uma melhor redação, evitando-se a redundância, as referidas expressões serão escritas como

---

57 GALDINO, Flávio. A evolução das ideias de acesso à justiça. In: SARMENTO, Daniel. GALDINO, Flávio (orgs.), *Direitos fundamentais: estudos em homenagem ao professor Ricardo Lobo Torres*, Rio de Janeiro: Renovar, 2006, p. 435-438.

58 Como exemplos podem ser citados: Ada Pellegrini Grinover utiliza da expressão *garantia do direito de ação*; Mauro Cappelletti, Aluísio Gonçalves de Castro Mendes, Rodolfo de Camargo Mancuso, Carlos Alberto de Salles, Dierle José Coelho Nunes e Patrícia Miranda Pizzol empregam a expressão *princípio do acesso à justiça*; Gilmar Ferreira Mendes e Bernardo Gonçalves Fernandes fazem referência ao *princípio da proteção judiciária*; Nelson Nery Júnior emprega a expressão *princípio da inafastabilidade do controle jurisdicional*.

equivalentes em alguns momentos, porém é sempre importante ter consciência das diferenças aqui apontadas.

Inicialmente cabe chamar atenção para utilização do termo *princípio* que, embora possa ser lida de forma natural, é de suma importância. Essa opção, como será melhor explicado no capítulo seguinte, se justifica pela própria natureza jurídica do instituto, ou seja, o que ele representa no plano normativo e, especialmente, no ordenamento jurídico constitucional e processual.

Pois bem. Pode se iniciar a justificação da denominação escolhida pela diferença em relação à expressão *garantia do direito de ação*. Seu emprego, por certo, não é errado, porém pode conduzir o jurista menos atento a uma compreensão equívoca do instituto. Há uma distinção entre a inafastabilidade da jurisdição e o direito de ação em sua essência processual.

Em linhas gerais, já que o tema será mais bem explorado, o princípio da inafastabilidade assegura o exercício da atividade jurisdicional ou uma manifestação sobre a pretensão, ainda que seja para dizer que ela não pode ser apreciada. Já o direito de ação, consubstanciado após o preenchimento de suas condições possibilita uma solução de mérito por parte daquele que está investido na função jurisdicional. A falta dessa compreensão, por exemplo, pode levar a desvirtuada percepção de eventuais inconstitucionalidades. Aliás, é em razão dessa distinção que parte da doutrina interpreta o princípio da inafastabilidade da jurisdição como o *direito de ação em plano constitucional*.

A segunda denominação a ser mencionada é a de *princípio do acesso à justiça*. A principal diferença, ao que parece, está no seu conteúdo. Seus termos agregam fortes aspectos materiais e até axiológicos, dependendo, em especial, da própria compreensão do conceito de *Justiça*.

A locução *acesso à justiça* assume conteúdo mais amplo e até engloba o próprio princípio da inafastabilidade da jurisdição de índole eminentemente processual. Isso é perceptível na leitura da doutrina especializada que trabalha o acesso à justiça com base no ordenamento jurídico como um todo e, também, em mecanismos econômicos e sociológicos.[59] No entanto, mesmo existindo essa distinção, é importante dizer que ela não implicará o abandono dos aspectos materiais do acesso à justiça por este trabalho. Em muitos momentos, a diferença das duas expressões é representada por uma linha muito tênue, quase imperceptível para fins acadêmicos.

O terceiro nome a ser diferenciado é a expressão *princípio da proteção judiciária*, de uso muito comum pela doutrina constitucional. O termo *proteção* traz em si a ideia de amparo, resguardo e tutela. Seu uso pode implicar a errônea percep-

---

59   Isso é perceptível no próprio conteúdo apontado no já referido Projeto de Florença e na obra de Mauro Cappelletti e Bryant Garth. Do mesmo modo, é a leitura que se extrai da obra *Acesso à justiça : condicionantes legítimas e ilegítimas* de Rodolfo de Camargo Mancuso, Editora Revista dos Tribunais, 2011.

ção de que o princípio, ora em estudo, assegura necessariamente a procedência da pretensão ou do direito alegado pela parte, sobretudo pelo demandante.

O princípio da inafastabilidade da jurisdição garante o exercício da atividade jurisdicional e não a solução do conflito ou o desfecho positivo para a parte autora, como o uso da expressão *proteção judiciária* pode transparecer. Como será visto mais a frente, há uma diferença técnica importante entre prestação jurisdicional e tutela jurisdicional, a prestação caracterizada pela apreciação do órgão jurisdicional e a tutela caracterizada pela efetiva e adequada proteção ao direito. Além disso, o princípio não se limita às pretensões do autor, mas também garante o exercício do contraditório e da ampla defesa daquele que foi demandado.

Seguindo o raciocínio de justificação da denominação escolhida, passa-se à análise da expressão *inafastabilidade do controle jurisdicional*, cuja diferença é realmente muito pequena e está tão somente na utilização do termo *controle*. Isso se deve, sobretudo, ao desenvolvimento da própria função jurisdicional que, em dado momento, surgiu como importante mecanismo de controle dos atos administrativos, como ainda o é em determinados casos. Esse controle ou fiscalização, porém, de atos administrativos ou de outra natureza não ocorre necessariamente, consistindo a função jurisdicional em algo mais amplo. Assim, a utilização da expressão *controle jurisdicional* pode indevidamente limitar o alcance do instituto.

O último nome a ser diferenciado é a expressão *princípio da ubiquidade da justiça ou da jurisdição*, a qual, ao que parece, apresenta maior proximidade com a denominação escolhida neste trabalho. O termo *ubiquidade*, em sua acepção semântica, indica a onipresença da função jurisdicional, isto é, o fato de estar presente em todas as situações necessárias. De fato, em razão da referida proximidade, é difícil encontrar alguma distinção. No entanto, se pensada a fundo, ao lado das características da jurisdição, as palavras *ubiquidade* e *onipresença* podem levar à compreensão equivocada de que o órgão jurisdicional deve, em regra, intervir sem ser provocado, esquecendo que sua atividade tem de ser inicialmente inerte, como já foi estudado.

Por todas essas razões e encerrando este capítulo de considerações iniciais, justifica-se a preferência pela denominação *princípio da inafastabilidade da jurisdição*, sem que as outras expressões utilizadas pela doutrina e jurisprudência, vale reforçar, sejam consideradas erradas ou inválidas.

2
O PRINCÍPIO DA INAFASTABILIDADE DA JURISDIÇÃO

No capítulo anterior e inaugural deste trabalho, foram narradas algumas premissas históricas importantes e estudados alguns conceitos fundamentais sobre o tema, notadamente para contextualizar o surgimento do postulado da inafastabilidade da jurisdição e sua importância na ordem jurídica.

Assim foi traçada uma breve linha histórica da evolução dos meios de solução dos conflitos desde a autotutela até o protagonismo da jurisdição estatal. Foram estudados, também, o conceito, as principais características e a finalidade da função jurisdicional e as garantias do Poder Judiciário.

Foram mencionadas, ainda, as principais previsões da inafastabilidade no direito positivo, em notáveis documentos internacionais e nas Constituições brasileiras, caracterizando sua feição de garantia constitucional inerente ao Estado Democrático de Direito. Além disso, foi feita referência ao Projeto de Florença e a sua importância no desenvolvimento do tema, bem como se procurou justificar a predileção deste trabalho pela denominação utilizada.

Posto isso, neste segundo capítulo, a obra se dedicará a tentar estabelecer, propriamente, o conteúdo do princípio da inafastabilidade da jurisdição.

2.1. Natureza principiológica

O objetivo de delinear o conteúdo da inafastabilidade da função jurisdicional provoca, inicialmente, o estudo sobre sua natureza jurídica, isto é, qual seu papel no ordenamento jurídico. Sua força normativa é incontestável, o que, no pensamento metodológico mais recente e contemporâneo, dentro dos fins a que esse trabalho se propõe, reduz em duas as possibilidades de classificação do instituto: como *regra* ou como *princípio*.

A distinção entre regras e princípios, bem como a discussão sobre a força normativa dos princípios, há muito são preocupações da ciência jurídica,[1] assim

---

[1] Exemplo disso é o levantamento desenvolvido por Ricardo Guastini que identifica em sua obra *Dalle Fonti alle Norme*, pelo menos, seis utilizações diferentes para o termo *princípio*, conforme bem narra Paulo Bonavides: "Deveras útil é a investigação doutrinária feita por Ricardo Guastini, que recolheu da jurisprudência e de juristas diversos seis distintos conceitos de 'princípios', todos vinculados a disposições normativas e assim enunciados: Em primeiro lugar, o vocábulo 'princípio', diz textualmente aquele jurista, se refere a normas (ou a disposições que

como os conteúdos de *normas, garantias* e *direitos*². O estudo aprofundado e crítico desses temas, certamente, seria pretensioso, razão pela qual não será adotada uma conceituação definitiva. Porém, ao que parece da leitura de alguns conceitos desenvolvidos por juristas notáveis, a inafastabilidade da jurisdição possui natureza principiológica.

Humberto Bergmann Ávila, em sua a obra intitulada *Teoria dos Princípios da Definição à Aplicação dos Princípios Jurídicos* de renomado destaque doutrinário, utiliza três critérios: *o critério da natureza do comportamento prescrito, o critério da natureza da justificação exigida* e *o critério da medida de contribuição para a decisão*³. A análise desses critérios é oportuna, pois contribuem de forma significativa na determinação da natureza jurídica da inafastabilidade.

Pelo critério do comportamento prescrito, o autor distingue as regras dos princípios pelo modo como prescrevem o comportamento. Assim, as regras são imediatamente descritivas, ou seja, descrevem uma conduta a ser adotada a partir da qual estabelecem obrigações, permissões e proibições. Os princípios, por sua vez, são normas imediatamente finalísticas, em vez de descrever condutas e consequências, estabelecem *um estado das coisas* ou *um fim juridicamente relevante* a ser buscado e realizado mediante a adoção de determinados comportamentos. Explica o autor:

---

exprimem normas) providas de um alto grau de generalidade. Em segundo lugar, prossegue Ricardo Guastini, os juristas usam o vocábulo 'princípio' para referir-se a normas (ou a disposições que exprimem normas) providas de um alto grau de indeterminação e que por isso requerem concretização por via interpretativa, sem a qual não seriam suscetíveis de aplicação a casos concretos. Em terceiro lugar, afirma ainda o mesmo autor, os juristas empregam a palavra 'princípio' para referir-se a normas (ou disposições normativas) de caráter 'programático'. Em quarto lugar, continua aquele pensador, o uso que os juristas às vezes fazem do termo 'princípio' é para referir-se a normas (ou a dispositivos que exprimem normas) cuja disposição hierárquica das fontes de Direito é muito elevada. Em quinto lugar – novamente Guastini – 'os juristas usam o vocábulo princípio para designar normas (ou disposições normativas) que desempenham uma função 'importante' e 'fundamental' no sistema jurídico ou político unitariamente considerado, ou num ou noutro subsistema do sistema jurídico conjunto (o Direito Civil, o Direito do Trabalho, o Direito das Obrigações). Em sexto lugar, finalmente, elucida Guastini, os juristas se valem da expressão 'princípio' para designar normas (ou disposições que exprimem normas) dirigidas aos órgãos de aplicação, cuja específica função é fazer a escolha dos dispositivos ou das normas aplicáveis nos diversos casos." (*Curso de direito constitucional*. 28ª ed. atual., São Paulo : Malheiros Editores, 2013, p. 266-267).

2   Em alguns momentos deste trabalho, será utilizada a locução *garantia da inafastabilidade*, no entanto, isso não implicará entrar na discussão sobre diferenças terminológicas. Em tais oportunidades, parece que a definição de garantia apresentada por Luís Roberto Barroso bem explica o termo: "A *garantia* importa na existência de mecanismos institucionais e jurídicos aptos a assegurar o cumprimento da norma ou a impor consequências em razão do seu descumprimento." (*Curso de direito constitucional contemporâneo: os conceitos fundamentais e a construção do novo modelo*, 4ª ed., São Paulo : Saraiva, 2013, p. 212).

3   ÁVILA, Humberto. *Teoria dos princípios da definição à aplicação dos princípios jurídicos*. 15ª ed. rev., atual. e ampl., São Paulo: Malheiros Editores, 2014, p. 95-102.

Com efeito, os princípios estabelecem um estado ideal de coisas a ser atingido (*state os affairs, Idealzustand*), em virtude do qual deve o aplicador verificar a adequação do comportamento a ser escolhido ou já escolhido para resguardar tal estado das coisas. Estado das coisas pode ser definido como uma situação qualificada por determinadas qualidades. O estado das coisas transforma-se em *fim* quando alguém aspira conseguir, gozar ou possuir as qualidades presentes naquela situação. Por exemplo, o princípio do Estado de Direito estabelece estados de coisas, como a existência de responsabilidade (do Estado), de previsibilidade (da legislação), de equilíbrio (entre interesses públicos e privados) e de proteção (dos direitos individuais), para cuja realização é indispensável a adoção de determinadas condutas, como a criação de ações destinadas a responsabilizar o Estado, a publicação com antecedência da legislação, o respeito à esfera privada e o tratamento igualitário. Em fim, os princípios, ao estabelecerem fins a serem atingidos, exigem a promoção de um estado das coisas – bens jurídicos – que impõe condutas necessárias à sua preservação ou realização. Daí possuírem caráter deôntico-teleológico: *deôntico*, porque estipulam razões para a existência de obrigações, permissões ou proibições; *teleológico*, porque as obrigações, permissões e proibição decorrem dos efeitos advindos de determinado comportamento que preservam ou promovem determinado estado de coisas. Daí afirmar-se que os princípios são *normas-do-que-deve-ser* (ought-to-be-norms): seu conteúdo diz respeito a um estado ideal de coisas (*state of affairs*).[4]

Essa concepção de que os princípios prescrevem a *promoção de um estado ideal de coisas* parece se ajustar bem à ideia de inafastabilidade da função jurisdicional. O art. 5º, XXXV, da Constituição Federal ao dispor que "a lei não excluirá da apreciação do Poder Judiciário lesão ou ameaça a direito" e o art. 3º do Código de Processo Civil de 2015, no mesmo sentido, preconizam que nenhuma lesão ou ameaça a direito deixará de ser apreciada, isto é, preconiza um estado ideal das coisas a ser buscado de pleno acesso à jurisdição ou, em outros termos, determina a perseguição de *uma função jurisdicional inafastável*. Todos os outros comportamentos, sejam legislativos, sejam jurisdicionais ou, ainda, sociais, devem ser compreendidos sob essa leitura. Não há somente a descrição imediata de um comportamento e suas consequências.

O segundo critério da natureza da justificação exigida distingue as regras dos princípios em razão do modo de justificação necessário à sua aplicação. As regras, por descreverem um comportamento e suas consequências, terão sua aplicação justificada mediante a explicação da correspondência entre o contexto fático e a descrição normativa.

No caso dos princípios, por outro lado, o elemento finalístico prevalece sobre o descritivo, como já colocado. A justificação de sua aplicação no caso em concreto não ocorrerá só pela demonstração da subsunção dos fatos às descrições normativas, mas principalmente pela interpretação sobre os efeitos de determinados fa-

---

4   ÁVILA, Humberto. op. cit., p. 95-96.

tos, se eles contribuíram ou não para a realização do estado ideal das coisas e do fim juridicamente relevante.

Como exemplo dessa concepção, pode se pensar no princípio do contraditório que preconiza, sobretudo, um estado ideal de igualdade de oportunidades das partes litigantes no processo. Assim, o exame sobre determinada situação ao longo da relação processual, no sentido de determinar se ela viola ou não o contraditório, passará pela análise dos seus efeitos, isto é, se contribuem ou não para a promoção da igualdade das partes.

O terceiro critério da medida de contribuição para a decisão diferencia as regras e os princípios pelos modos diferentes que contribuem para a decisão adotada. Segundo o autor, as regras, por traçarem comportamentos e consequências, possuem pretensão terminativa ou de gerar uma solução específica para o caso que se enquadra no comportamento prescrito. Os princípios, ao seu turno, por delinearem um fim a ser atingido, possuem uma pretensão de complementariedade no raciocínio, de orientação na tomada de decisão.

Embora não seja a área sob a qual se debruçam estes estudos, o direito penal fornece um exemplo que ilustra muito bem esse terceiro critério. Dispõe o princípio da fragmentariedade que o direito penal só deve se ocupar de ofensas realmente graves a bens jurídicos tutelados. Pois bem, pode-se pensar no crime de furto, cuja tipicidade se dá pela subtração da coisa com o ânimo de possuí-la e cuja consequência é a pena de 1 a 4 anos de reclusão. Essa é a regra, com um comportamento prescrito e uma consequência. Nesse contexto, se, em um caso concreto, determinado indivíduo subtrai dez reais de um empresário milionário aquele que tiver de decidir terá de analisar as regras e os princípios que normatizam a situação. Assim, no critério de contribuição para a decisão, mesmo existindo uma regra que *determina de forma imediata* a punição pelo crime contra o patrimônio, há o princípio da fragmentariedade que pode contribuir de forma *complementar* na decisão, conduzindo à absolvição em razão da pequena ofensividade dos fatos.

Por esses três critérios de distinção estabelecidos por Humberto Bergmann Ávila, a inafastabilidade da jurisdição, ao que parece, melhor se ajusta ao conceito de princípio do que à definição de regra. Nesse sentido, a inafastabilidade determina a busca por um estado ideal das coisas caracterizado por uma função jurisdicional inafastável. Sua aplicação é justificada não só pela subsunção dos fatos à descrição normativa, mas pela verificação se os fatos e os dispositivos analisados contribuem para o acesso à jurisdição ou não. Além disso, por delinear um fim a ser atingido, a inafastabilidade contribui diretamente e de forma complementar no raciocínio decisório.

Seguindo a análise do que a doutrina propõe, José Joaquim Gomes Canotilho expõe outros critérios para diferenciar regras e princípios:

> Saber como distinguir, no âmbito do superconceito norma, entre regras e princípios, é uma tarefa particularmente complexa. Vários são os critérios sugeridos. *a) Grau de abstracção:* os *princípios* são normas com um grau de abstracção relativamente

elevado; de modo diverso, as *regras* possuem uma abstracção relativamente reduzida. *b) Grau de determinabilidade* na aplicação do caso concreto: os *princípios*, por serem vagos e indeterminados, carecem de mediações concretizadoras (do legislador, do juiz), enquanto as *regras* são susceptíveis de aplicação directa. *c) Carácter de fundamentalidade* no sistema das fontes de direito: os *princípios* são normas de natureza estruturante ou com um papel fundamental no ordenamento jurídico devido à sua posição hierárquica no sistema das fontes (ex.: princípios constitucionais) ou à sua importância estruturante dentro do sistema jurídico (ex.: princípio do Estado de Direito). *d) "Proximidade da ideia de direito:* os *princípios* são "standards" juridicamente vinculantes radicados nas exigências de "justiça" (Dworkin) ou na "ideia de direito" (Larenz); as *regras* podem ser normas vinculativas com um conteúdo meramente funcional.[5]

Esses critérios também apontam a natureza principiológica da inafastabilidade da jurisdição, notadamente, por preconizar a busca por um estado ideal de jurisdição inafastável, indicando a necessidade de medidas que viabilizem esse objetivo, e pelo papel que o instituto assume no ordenamento jurídico brasileiro de postulado fundamental inerente ao Estado Democrático de Direito, como já estudado no capítulo anterior.

Paulo Bonavides, seguindo o raciocínio, também distingue regras e princípios no plano normativo, inclusive entende que os princípios estão em uma posição de supremacia material sobre as regras, pela carga valorativa que agregam.[6] Ao que parece, a inafastabilidade tem essa característica de superioridade, seja por estar prevista em plano constitucional, seja por constituir reflexo direto de toda uma evolução que concentrou no Estado a tarefa de resolver os conflitos sociais.

A inafastabilidade prevalece sobre as regras, as quais serão interpretadas e, eventualmente, consideradas inconstitucionais, o que, nessa leitura feita, lhe atribui características principiológicas. Inclusive isso é um dos sentidos preconi-

---

5 CANOTILHO, J.J. Gomes. *Direito constitucional e teoria da constituição*, 7ª ed., 6 reimp., Coimbra, Portugal : Edições Almedina, 2003, p. 1.160.

6 Segundo o autor "não há distinção entre princípios e normas, os princípios são dotados de normatividade, as normas compreendem regras e princípios, a distinção relevante não é, como nos primórdios da doutrina, entre princípios e normas, mas entre regras e princípios, sendo as normas o gênero, e as regras e os princípios a espécie. Daqui já se caminha para o passo final da incursão teórica: a demonstração do reconhecimento da superioridade e hegemonia dos princípios na pirâmide normativa; supremacia que não é unicamente formal, mas sobretudo material, e apenas possível na medida em que os princípios são compreendidos e equiparados e até mesmo confundidos com os valores, sendo, na ordem constitucional dos ordenamentos jurídicos, a expressão mais alta da normatividade que fundamenta a organização do poder [...]. A importância vital que os princípios assumem para os ordenamentos jurídicos se torna cada vez mais evidente, sobretudo se lhes examinarmos a função e presença no corpo das Constituições contemporâneas, onde aparecem como pontos axiológicos de mais alto destaque e prestígio com que fundamentar na Hermenêutica dos tribunais a legitimidade dos preceitos da ordem constitucional." (BONAVIDES, Paulo. op. cit., p. 298-299).

zados pelo art. 5º, XXXV, da Constituição que, ao determinar que a "lei não excluirá da apreciação do Poder Judiciário", não só condiciona a atuação do Poder Legislativo, como determina que qualquer regra será interpretada em benefício do acesso, daquele estado ideal das coisas representado por uma função jurisdicional inafastável.

Além dos autores já mencionados, há outros conceitos que também contribuem com a proposta deste tópico.

Jean Boulanger, por exemplo, professor da Faculdade de Direito de Lille, na França, já propunha em 1950, uma distinção entre princípios e regras. Segundo ele, os princípios comportam uma série indefinida de aplicações, contendo um grande número de situações que a prática exige e, ainda, representa o espírito de uma legislação [7]. Essa ideia é interessante, já que o acesso à função jurisdicional é um dos institutos responsáveis por orientar todo regramento procedimental de resolução dos conflitos.

O autor alemão Robert Alexy, cuja obra tem destaque pela investigação das categorias normativas, dentre outros temas, é alvo de críticas e elogios. Sem entrar nessa seara, o autor de forma notável conceitua os princípios como *mandados de otimização* os quais "ordenam que algo seja realizado na maior medida possível, dentro das possibilidades jurídicas e reais existentes".[8] Essa concepção em muito se assemelha à ideia de buscar um estado ideal das coisas e também se ajusta na compreensão da inafastabilidade.

Nelson Nery Júnior, por sua vez, em sua obra *Princípios do Processo na Constituição Federal* trabalha de forma precisa os vários conceitos de princípios, inclusive apontando seus aspectos positivos e negativos. Ao final, conceitua os princípios constitucionais e, dentre eles a inafastabilidade da função jurisdicional como "preceitos constitucionais que englobam e sistematizam os principais e mais elementares *direitos fundamentais* a serem observados na realização e no desenrolar de todo e qualquer processo".[9]

Em continuidade ao raciocínio, o conceito de Celso Antônio Bandeira de Mello também tem encontrado muita aceitação no meio jurídico. Segundo o autor:

> Princípio é, pois, por definição, mandamento nuclear de um sistema, verdadeiro alicerce dele, disposição fundamental que se irradia sobre diferentes normas, compondo-lhes o espírito e servindo de critério para a exata compreensão e inteligência delas, exatamente porque define a lógica e a racionalidade do sistema normativo, conferindo-lhe a tônica que lhe dá sentido harmônico.[10]

---

7   BONAVIDES, Paulo. op. cit., p. 276-277.
8   NERY JÚNIOR, Nelson. *Princípios...*, p. 29.
9   Idem, p. 39.
10 MELLO, Celso Antônio Bandeira de. *Curso de direito administrativo*, 30ª ed. rev. e atual., São Paulo : Malheiros Editores, 2013, p. 54.

No mesmo sentido, é o conceito apresentado pelo autor espanhol Andrés de la Oliva Santos, para quem os princípios são *aquellos critérios, que, em uma analogia de mayor o menor intensidade, merecen tal denominación por su índole radical y generadora de características intrínsecas o nucleares de los processos.*[11]

Igualmente, Luís Virgílio Afonso da Silva distingue regras e princípios, conceituando-os como "*as normas mais fundamentais do sistema*, enquanto as regras costumam ser definidas como uma concretização desses princípios e teriam, por isso, caráter mais instrumental e menos fundamental."[12]

Miguel Reale, também atribui caráter de fundamentalidade aos princípios e os define como *verdades fundantes* de um sistema de conhecimento, como "enunciações normativas de valor genérico, que condicionam e orientam a compreensão do ordenamento jurídico, quer para sua aplicação e integração, quer para a elaboração de novas normas."[13] A inafastabilidade da função jurisdicional afigura-se com essa qualidade de mandamento nuclear. Está ao lado de outros postulados, como o devido processo legal, na condição de alicerce do sistema de direito processual e do próprio Estado de Direito.

Pois bem, concluindo este tópico, observa-se que existem muitas propostas dedicadas à conceituação dos princípios e à sua distinção com relação às regras. No entanto, ao que parece da essência de tudo que foi colocado, é possível concluir pela natureza principiológica da inafastabilidade da função jurisdicional, fundamentalmente por possuir esse significado mais importante de determinar a busca por um estado ideal das coisas, representado por uma situação de pleno acesso ou de uma jurisdição inafastável, em que as pessoas têm à disposição meios para as soluções efetivas e adequadas dos conflitos.

2.2. O artigo 5º, inciso XXXV, da Constituição Federal: uma visão geral

Demonstrada a natureza principiológica da inafastabilidade da função jurisdicional, passa-se propriamente à análise de seu conteúdo e suas características. Para tanto, é imprescindível analisar o disposto no art. 5º, inciso XXXV, da Constituição Federal que constitui o principal fundamento do princípio da inafastabilidade no ordenamento jurídico brasileiro e segundo o qual "a lei não excluirá da apreciação do Poder Judiciário lesão ou ameaça a direito". O preceito, dada sua importância, é repetido expressamente pelo art. 3º do Código de Processo Civil de

---

11   No vernáculo, os princípios seriam critérios que em uma analogia de maior ou menor intensidade, merecem essa denominação por sua índole fundamental e geradora de características intrínsecas ou nucleares dos processos. (OLIVA, Andrés de la. FERNÁNDEZ, Miguel Angel. *Derecho procesal civil*, vol. 1, Madrid : Editorial Centro de Estudios Ramon Areces, 1990, p. 107).

12   Idem, p. 31.

13   REALE, Miguel. *Lições preliminares de direito*. 27ª ed. ajustada ao novo código civil, São Paulo: Saraiva, 2007, p. 303-304.

2015. Assim, será traçado uma visão geral sobre o dispositivo neste tópico e, nos itens seguintes, seu conteúdo será melhor examinado.

A primeira característica atinente ao conteúdo da inafastabilidade da jurisdição pode ser compreendida da observação topológica de sua previsão jurídica, ou, em outras palavras, da posição que ela ocupa no ordenamento.

Primeiramente, embora pareça ser uma obviedade, é importante ressaltar que o princípio está expressamente previsto no texto constitucional, o que, por si, já aponta sua alta relevância e sua posição de supremacia normativa. No mesmo sentido, o art. 5º inaugura o Título II da Constituição nomeado *Dos Direitos e Garantias Fundamentais* e constitui o Capítulo I intitulado *Dos Direitos e Deveres Individuais e Coletivos*. Diante disso, é notório que a inafastabilidade da função jurisdicional assume caráter de direito fundamental.

Várias são as nomenclaturas utilizadas pela doutrina para definir esses direitos e deveres com alto grau de importância no ordenamento e com presença constitucional inegável, nesse sentido, além da expressão *direito fundamental*, são também utilizadas as locuções *direitos do homem* e *direitos humanos*.[14]

Independentemente da terminologia adotada, o importante é que, na essência, a inafastabilidade apresenta esse caráter de fundamentalidade no ordenamento jurídico. Isso atribui ao seu conteúdo uma série de consequências que serão melhor delineadas no item seguinte, como por exemplo, a impossibilidade de ser retirada do ordenamento por força de emenda constitucional (art. 60, § 4º, da CF).

Esse critério topológico, embora muito importante, não é definitivo ou imune a argumentos contrários que tentem desconstruir a ideia de fundamentalidade de algum dispositivo inserido no rol do art. 5º da Constituição. No entanto, especialmente em relação ao acesso à jurisdição, essa sua característica de fundamentalidade transcende o fato de estar localizado no texto constitucional. Essa ideia poderia ser compreendida ainda que a inafastabilidade estivesse disposta em outra parte da Constituição ou até de forma implícita, seja por sua íntima ligação com

---

14 Sobre o uso dos termos, é muito proveitosa a lição de Bernardo Gonçalves Fernandes: "É muito comum encontrar obras que tomem como sinônimas as expressões 'direitos fundamentais' e 'direitos humanos'. Entendemos, com auxílio das lições de Perez Luño [constitucionalista espanhol], que o último termo acaba atraindo uma carga semântica (de significação) muito aberta e, por isso mesmo, muitas vezes associada a conteúdos divergentes. Assim, não é difícil encontrar, por exemplo a associações entre 'direitos humanos' ou 'direitos do homem' e os direitos naturais. Isso se deve à força da tradição jusnaturalista, que concebia nos direitos humanos ou 'direitos do homem' a forma materializada (quer por Deus, quer pela razão humana) dos chamados direitos naturais. [...] Já o termo 'direitos fundamentais', por sua vez, aparece na França do século XVIII, no curso do movimento político-cultural que levou à Declaração dos Direitos do Homem e do Cidadão. [...] Porém, certo é que, na doutrina à qual filiamos, a leitura mais recorrente e atual sobre o tema, é aquela que afirma que os 'direitos fundamentais' e os 'direitos humanos' se separariam apenas pelo plano de sua positivação, sendo, portanto, normas jurídicas exigíveis, os primeiros no plano interno do Estado, e os segundos no plano do Direito Internacional." (op. cit., p. 306-307).

o devido processo legal, a qual será melhor delineada adiante, seja pela evolução histórica do preceito, já narrada neste trabalho, que lhe agrega uma feição inerente ao próprio Estado de Direito.

Outro aspecto fundamental que se depreende do texto do art. 5º, XXXV, é a determinação constitucional pela proteção do direito em caso de lesão ou ameaça. Essa expressão *direito* parece ter sido empregada pelo constituinte não só com o conteúdo de *direito subjetivo*, mas também para a tutela jurisdicional do direito objetivo, que, nesse caso, pode ser compreendida como a proteção da ordem jurídica pelo Poder Judiciário.

Direito objetivo, em linhas gerais, é o conjunto de normas que regulam determinados comportamentos humanos de forma abstrata e genérica. O *direito subjetivo*, por sua vez, é aquele atribuído a determinados indivíduos, a grupos ou à coletividade, após verificada a correspondência entre fatos ligados a esses sujeitos e as hipóteses dispostas previamente no direito objetivo. Ou seja, o direito objetivo é pressuposto do direito subjetivo que é atribuído a uma pessoa de forma particular, a qual se enquadra faticamente na situação prevista em lei.[15]

O direito subjetivo pode ser apreendido, então, pelo resultado do alinhamento entre as normas extraídas das regras e princípios que compõe o direito objetivo e as situações de fato que envolvem determinadas pessoas ou determinada coletividade. O direito subjetivo é compreendido nesse instante de coincidência ou subsunção. Sobre o tema, é ímpar a mensagem passada por Karl Engisch:

> O Direito objectivo é a ordem jurídica, o conjunto das normas ou regras jurídicas que nós há pouco concebemos como imperativos. O direito subjectivo é o poder ou legitimação conferida pelo Direito [...] a concessão de direitos subjectivos é, no fundo, um modo de falar sobre uma constelação de imperativos entrelaçados de uma forma especial. Mas note-se bem que os direitos subjectivos não brotam do sol por toda a parte em que algo é ordenado (prescrito) pelo Direito, mas tão-somente lá onde os imperativos jurídicos estão conformados e coordenados de maneira tal que deles resultam aquelas posições de privilégio.[16]

---

15 Nesse sentido, é precisa a lição de José Manoel de Arruda Alvim Netto: "Pode-se definir o direito objetivo como sendo a regulamentação dos comportamentos humanos, por meio de normas gerais e abstratas, apontando os referenciais e traçando os limites do que está de acordo e do que não está de acordo com essa mesma ordenação, e respectivas consequências, quer na hipótese dos comportamentos lícitos, quer na dos ilícitos. [...] O direito objetivo, assim e sinteticamente, constitui-se num quadro definidor das situações juridicamente tuteláveis, desde que ocorrentes os pressupostos aí mesmo definidos. [...] O direito subjetivo supõe o direito objetivo. [...] O direito subjetivo, ao contrário, é particular e concreto; pertence a indivíduos determinados e a estes é atribuído concretamente, em virtude da ocorrência de um ou mais fatos descritos pelo direito objetivo" (ALVIM, Arruda. *Manual...*, p. 400-401).

16 ENGISCH, Karl. *Introdução ao pensamento jurídico*, trad. J. Baptista Machado, 9ª ed., Lisboa : Fundação Calouste Gulbenkian, 2004, p. 41 e 44.

Nesse sentido, ao que parece, o princípio da inafastabilidade da jurisdição assegura não só a proteção do direito subjetivo lesado ou ameaçado, como também a integridade da legalidade e da ordem jurídica. Aliás, parte renomada da doutrina pontua que a inafastabilidade garante a ordem jurídica justa.[17]

Nesse contexto, ainda, de preservação do direito objetivo podem ser citados o controle concentrado por meio de processos objetivos e o controle de legalidade dos atos administrativos.[18] Não por outra razão, como já foi referido neste estudo, há doutrinadores que se utilizam da expressão *controle jurisdicional* para denominar o princípio da inafastabilidade.

Uma terceira menção importante referente ao panorama propiciado pelo art. 5º, inciso XXXV, da Constituição é a garantia da inafastabilidade tanto em caso de efetiva lesão a direito, como em caso de ameaça de que isso ocorra. Há uma determinação constitucional expressa, assim, de que a atuação jurisdicional poderá ocorrer *a posteriori* diante do interesse jurídico já atingido, na resolução de um conflito de interesses já instalado, mas também de forma preventiva, o que refletirá na viabilização dos mecanismos de tutela provisória, compreendida essa na terminologia empregada pelo Código de Processo Civil de 2015.

Tem-se, assim, uma disposição textual que coaduna e busca otimizar a principal finalidade da função jurisdicional, consistente, como visto, no dever, notavelmente constitucional, de pacificar os conflitos que surgem no seio social. Assim, a Constituição determina expressamente não só a resolução do conflito, como o agir antecipado da jurisdição, quando devidamente provocada, na tentativa de evitar esse quadro.

Ainda em referência a esse quadro geral que se extrai do texto constitucional, cabe tecer breves comentários sobre o alcance da expressão *apreciação do Poder Judiciário*.

Apreciar, semanticamente, pode significar *julgar*, *considerar* e *avaliar*. Isso tecnicamente agrega um conceito amplo de atuação da função jurisdicional. A apreciação realizada pelo ente jurisdicional se dá tanto com o efetivo julgamento do mérito da lide, como com a mera consideração da demanda proposta. Assim, como será melhor examinado adiante, ainda que ausentes as condições da ação e o julgamento de mérito não for possível, existiu atividade jurisdicional, harmonizando a disposição constitucional com os mecanismos de viabilidade processual.

Do mesmo modo, na concepção entendida neste trabalho, o exercício jurisdicional extrapola a titularidade exclusiva do Poder Judiciário, notadamente após o reconhecimento da constitucionalidade da Lei nº 9.307 de 1996, conhecida como Lei da Arbitragem. Assim, embora o art. 5º faça referência tão somente ao Poder Judiciário, devem ser igualmente reconhecidos outros mecanismos que, dentro da

---

17 Nesse sentido, se posicionam, por exemplo, Antonio Carlos de Araújo Cintra, Ada Pellegrini Grinover e Cândido Rangel Dinamarco (op. cit., p. 39-40).

18 ALVIM, Arruda. *Manual...*, p. 228.

permissão constitucional, melhor se ajustem à natureza dos conflitos sociais e melhor exerçam a função jurisdicional, ainda que isso implique mudança parcial da titularidade do Estado.

2.3. A inafastabilidade da jurisdição como direito fundamental

Nos dois tópicos anteriores, foram estudadas algumas razões pelas quais a inafastabilidade da jurisdição, ao que parece, possui a natureza de princípio, bem como o contexto geral proposto pelo art. 5º, inciso XXXV, da Constituição Federal, e reafirmado pelo art. 3º do Código de Processo Civil de 2015. Passa-se, então, ao exame de pontos mais específicos a respeito do princípio da inafastabilidade da função jurisdicional, no intuito de formular uma proposta sobre seu o conteúdo e apontar as suas características mais notáveis.

O acesso à jurisdição constitui um direito fundamental e nessa condição deve ser compreendido. Como visto, assume essa qualidade, especialmente, pela posição que ocupa no ordenamento jurídico brasileiro, por sua evolução histórica, constituindo preceito inerente ao próprio Estado de Direito e por sua íntima ligação com o princípio do devido processo legal.

Nesse sentido, por exemplo, a inafastabilidade pode ser compreendida nas concepções da *Teoria dos Direitos Fundamentais* de Robert Alexy.[19] Na obra, é reconhecida a existência de uma categoria de direitos fundamentais que preconiza um dever de prestação por parte do Estado, os quais são denominados como *direitos a ações estatais positivas* ou *direitos a prestações em sentido amplo*. São direitos que gozam do chamado *status positivo*, em contraponto aos direitos de defesa de *status negativo*, ou seja, aqueles direitos de proteção dos indivíduos contra interferências ilegítimas do Poder Público.

Nesse grupo de direitos a ações estatais positivas, o autor alemão também reconhece três subcategorias: os *direitos à proteção*, os *direitos à organização e procedimento* e os *direitos à prestação em sentido estrito* ou *direitos fundamentais sociais*. Conceitua o autor:

> Por "direitos a proteção" devem ser aqui entendidos os direitos do titular de direitos fundamentais em face do Estado a que este o proteja contra intervenções de terceiros. Direitos à proteção podem ter os mais diferentes objetos. [...] Não são apenas a vida e a saúde os bens de serem protegidos, mas tudo aquilo que seja digno de proteção a partir do ponto de vista dos direitos fundamentais [...] Não menos diversificadas são as possíveis formas de proteção. Elas abarcam, por exemplo, a proteção por meio de normas de direito penal, por meio de normas de responsabilidade civil, por meio de normas de direito processual, por meio de atos administrativos e por meio de ações fáticas. O que há de comum em meio a essa diversidade é o fato de

---

19 ALEXY, Robert. *Teoria dos direitos fundamentais*. trad. de Virgílio Afonso da Silva, São Paulo : Malheiros Editores, 2008.

> que os direitos a proteção são direitos subjetivos constitucionais a ações positivas fáticas ou normativas em face do Estado. [...] A cláusula "organização e procedimento" descreve de forma extremamente ambígua o objeto desses direitos [...]. A razão para a relativa atecnicidade na utilização da fórmula é facilmente identificável. O espectro daquilo a se faz referência [*direitos a organização e procedimento*] é bastante amplo. [...] Procedimentos são sistemas de regras e/ou princípios para a obtenção de um resultado. [...] Esse conceito amplo de procedimento engloba tudo o que está incluído na fórmula "realização e asseguração dos direitos fundamentais por meio de organização e procedimento". [...] Direitos a procedimentos podem ser tanto direitos à criação de determinadas normas procedimentais quanto direitos a uma determinada "interpretação e aplicação concreta" de normas procedimentais. [...] Direitos à prestação em sentido estrito são direitos do indivíduo, em face do Estado, a algo que o indivíduo, se dispusesse de meios financeiros suficientes e se houvesse uma oferta suficiente no mercado, poderia também obter de particulares.[20]

Assim, em linhas gerais, *direitos à proteção*, na concepção de Robert Alexy, são direitos que asseguram aos cidadãos proteção ou guarida por parte do Estado, seja em razão de atos de terceiros, seja por conta de atos do próprio Poder Público. Essa proteção se dará mediante uma postura positiva do Estado, como por exemplo, o estabelecimento de regras e princípios que tutelem determinado bem. *Direitos à organização e procedimento* são direitos a elaboração de sistemas de regras e princípios que viabilizem determinado resultado ou direito de caráter fundamental ou, ainda, que preconizem determinada interpretação ou aplicação de acordo com o direito fundamental que fornece sustentação a tais sistemas. *Direitos à prestação em sentido estrito* são direitos que devem, igualmente, ser garantidos pelo Estado, mas que os indivíduos, caso possuíssem condições econômicas, poderiam conseguir por meios próprios.

A inafastabilidade da função jurisdicional, enquanto direito fundamental, encontra base conceitual em pelo menos duas dessas subcategorias. Pelas características da jurisdição já estudadas neste trabalho e pela importância que o princípio assume, seu conteúdo se relaciona, simultaneamente, com as concepções de *direitos à proteção* e de *direitos à organização e procedimento*. Nesse sentido, aliás, o próprio Robert Alexy, criticando o fato da doutrina se ater aos direitos materiais, reconhece o acesso à justiça como direito fundamental:

> A despeito de a Constituição conter direitos fundamentais diretamente relacionados a procedimentos – os direitos fundamentais ligados ao acesso à Justiça (arts. 19, § 4º; 101, § 1º; 103, § 1º; e 104) [dispositivos referentes à Constituição Alemã] – e a despeito da ampla utilização do princípio do Estado de Direito para fundamentar exigências de criação e de configuração de procedimentos, o denominador comum na jurisprudência é atribuir direitos a procedimentos aos direitos fundamentais materiais.[21]

---

20   ALEXY, Robert. op. cit., p. 450, 472-474 e 499.
21   ALEXY, Robert. op. cit., p. 475.

Assim, na classificação reconhecida por Alexy, a inafastabilidade da jurisdição pode ser compreendida como um *direito à proteção* por preconizar uma ação positiva do Estado ou de quem esteja legitimamente investido na função jurisdicional de solucionar adequadamente o conflito em caso de lesão ou ameaça a direito.[22]

Pode, igualmente, ser compreendida na concepção de *direito à organização e procedimento*. Nesse caso, ao que parece, o acesso à jurisdição assume uma dupla feição, podendo ser o meio para a proteção de outros direitos fundamentais ou o próprio fim almejado juridicamente.

Por um lado, o direito à inafastabilidade determina a sistematização de regras e princípios, que, em atuação normativa conjunta, promovem os ideais de organização e procedimento, permitindo a persecução de outros direitos igualmente fundamentais.[23] Assume a condição de instrumento principiológico para a tutela de outros direitos fundamentais. Nesse sentido, por exemplo, o direito fundamental de propriedade só poderá ser efetivamente tutelado pelo Estado se esse desenvolver normas de organização e procedimento que terão o princípio da inafastabilidade como um dos principais parâmetros.[24]

---

[22] Nesse mesmo sentido, é a perspectiva constitucional explicada por Lênio Luiz Streck: "A rigidez da Constituição ataca de maneira decisiva as convicções revolucionárias acerca da infalibilidade do legislador que encara a vontade geral; ou aquela, conexa, da possibilidade de modificar ilimitadamente a Constituição mesma por parte do povo soberano. Porém, ao mesmo tempo, a presença da Constituição como norma diretiva fundamental torna necessária a definição de deveres substanciais dos poderes públicos que transcendem a mera defesa e garantia de direitos e liberdades. A doutrina do constitucionalismo já não pode ser somente a doutrina do governo limitado, senão também doutrina dos deveres do governo, como é o caso dos direitos sociais em relação ao valor constitucional de igualdade a promover e realizar. Numa palavra: Constituição consiste, precisamente, no dizer de Ferrajoli, neste sistema de regras, substanciais e formais, que têm como destinatários os mesmos titulares do poder." (*Jurisdição constitucional e decisão jurídica*, 4ª ed., São Paulo : Editora Revista dos Tribunais, 2014, p. 112-113).

[23] Assim explica Luiz Guilherme Marinoni: "O direito de ação cobre a multifuncionalidade dos direitos fundamentais, ou seja, pode ser utilizado conforme as necessidades funcionais dos direitos fundamentais. Portanto, é um direito que se coloca sobre todas essas funções e, na verdade, sobre todos os direitos fundamentais materiais. É que os direitos fundamentais materiais dependem, em termos de efetividade, do direito de ação. [...] O direito de ação é um direito fundamental processual, e não um direito fundamental material, como são os direitos de liberdade, à educação e ao meio ambiente. Portanto, ele pode ser dito o mais fundamental de todos os direitos, já que imprescindível à efetiva concreção de todos eles." (MARINONI, Luiz Guilherme. *Teoria geral do processo*, 8ª ed., rev. e atual., São Paulo : Editora Revista dos Tribunais, 2014, p. 216-217).

[24] Sob essa perspectiva, Luiz Guilherme Marinoni ensina que "O direito ao processo justo é um direito de natureza *processual*. Ele impõe *deveres organizacionais* ao Estado na sua função *legislativa, judiciária e executiva*. É por essa razão que se enquadra dentro da categoria dos direitos à organização e ao procedimento." (SARLET, Ingo Wolfgang, MARINONI, Luiz Guilherme, MITIDIERO, Daniel. *Curso de direito constitucional*, 2ª ed., São Paulo : Editora Revista dos Tribunais, 2014, p. 705).

Na sua segunda feição, em vez de instrumento, a inafastabilidade constitui o próprio direito fundamental a ser garantido. Nesse caso, é a coordenação normativa dos direitos à organização e procedimento que viabilizam o acesso amplo à função jurisdicional.[25] As normas processuais, as normas de estruturação dos entes jurisdicionais, a Lei de Arbitragem e a Lei de Mediação parecem ser os maiores exemplos dessa sistemática.

Aliás, o Código de Processo Civil de 2015 deve ser compreendido sob essa perspectiva. Uma das leituras que lhe deve ser emprestada, é a de que se trata de instrumento idôneo para observância do princípio da inafastabilidade e de outros direitos fundamentais no processo civil brasileiro.[26] Não que esses, em si consi-

---

25 É nesse sentido, inclusive, que Cândido Rangel Dinamarco define a inafastabilidade da função jurisdicional ou acesso à jurisdição como princípio-síntese e objetivo final: "As *promessas e limitações* residentes nas diversas garantias constitucionais e interligadas pelo fio condutor que é o devido processo legal têm um só e único objetivo central, que é o *acesso à justiça*. O processo justo, celebrado com meios adequados e produtor de resultados justos, é o portador de tutela jurisdicional a quem tem razão, negando proteção a quem não a tenha. Nem haveria justificativa para tanta preocupação com o processo, não fora para configurá-lo, de aperfeiçoamento em aperfeiçoamento, como autêntico instrumento de condução à *ordem jurídica justa*. Tal é o que se propõe quando se fala em *processo civil de resultados*." (*Instituições...*, vol. 1..., p. 253). No mesmo modo, pontua Flávio Luiz Yarshell: "Não obstante o papel desempenhado pelos diferentes princípios e, especialmente, a relação que os une, o postulado aqui tratado antecede os demais, sob o prisma lógico. O mesmo Estado que impede a autotutela – salvo casos excepcionais – é aquele que deve garantir que nenhuma alegação de lesão ou ameaça de lesão a direito pode ser subtraída do conhecimento do Poder Judiciário (CF, art. 5.º, XXXV). Sem essa garantia não haveria como verdadeiramente chegar-se às demais porque o processo nasce pelo exercício do poder ou do direito de provocar o exercício da jurisdição." (*Curso de direito processual civil*, 1ª ed., São Paulo : Marcial Pons, 2014, p. 78). Igualmente, José Roberto dos Santos Bedaque ensina que: "Todas as garantias constitucionais visam a assegurar, em última análise, a eficácia do princípio da inafastabilidade do controle jurisdicional, a fim de que o direito de ação não signifique mero acesso formal aos órgãos do Poder Judiciário. É preciso que o titular de um direito lesado ou ameaçado possa obter a efetiva e tempestiva proteção estatal, pela via do processo jurisdicional." (*Tutela cautelar e tutela antecipada: tutelas sumárias e de urgência (tentativa de sistematização)*, 5ª ed., rev. e ampl., São Paulo : Malheiros Editores, 2009, p. 81-82).

26 Sobre isso, são precisos os apontamentos feitos por Hermes Zaneti Júnior segundo o qual "*o direito processual civil exerce papel determinante, por ser direito fundamental, compartilhando, em essência, a natureza democrática. O que se pretende afirmar é que a nova ótica constitucional e o novo direito processual seguem a lógica da participação em contraditório, da racionalidade prática procedimental. Defende-se aqui o direito fundamental à organização e ao procedimento como direito positivo ativo frente ao Estado e aos demais órgãos de atuação do poder na sociedade democrática. Significa aceitar seu papel de status activus processualis – provocatório e liberal – como direito fundamental frente ao Estado.*" (ZANETI JÚNIOR, Hermes. *A constitucionalização do processo: o modelo constitucional da justiça brasileira e as relações entre processo e constituição*, 2ª ed. rev., ampl. e alterada, São Paulo : Atlas, 2014, p. 138). No mesmo sentido, explica José Manoel de Arruda Alvim Netto: "As preocupações que levaram às novidades do CPC/2015 são decorrentes do atual estágio em que se encontra a Administração

derados, não tenham força e eficácia suficiente para serem considerados e aplicados na interpretação de todo ordenamento jurídico, mas é preciso reconhecer que o Código de 2015 assume papel notável nessa tarefa, inclusive com seu capítulo inaugural todo dedicado às *normas fundamentais do processo civil*.

No mesmo sentido, nas palavras de Hermes Zaneti Júnior, homenageia-se, assim, a *unidade da Constituição*, afastando um *falso paradoxo* entre direito processual da Constituição e direito processual infraconstitucional:

> Todo processo é público. Todo processo é constitucional. Se todos os ramos do direito servem-se, na velha expressão de Pellegrini-Rossi, da seiva do direito constitucional, como os galhos e ramos de uma árvore, não há como afirmar a existência de um processo que não seja constitucional. Todos os direitos são fruto de uma herança genética que no Estado Democrático Constitucional os conforma e justifica. Não se pode admitir que ocorra, portanto, qualquer contrariedade entra a Constituição, sua ideologia democrática e o processo civil legislado infraconstitucionalmente, muito menos o praticado no fórum e nos altos pretórios. *Não há um direito processual da Constituição e um direito processual da lei*. Esse é um *falso paradoxo*. Todo processo judicial ou de direito é processo constitucional. Trata-se de uma evidente homenagem à unidade do ordenamento jurídico que, no Estado Democrático Constitucional, revela-se na *unidade da Constituição*.[27]

Sobre isso, Humberto Theodoro Júnior, Dierle José Coelho Nunes, Alexandre Melo Franco Bahia e Flávio Quinaud Pedron, em obra de leitura fundamental sobre o Código de Processo Civil de 2015 intitulada *Novo CPC – Fundamentos e Sistematização*, introduzem o estudo enaltecendo a importância dos direitos fundamentais na compreensão do novo diploma:

---

da Justiça no Brasil. O anseio por um sistema processual mais célere e efetivo, em um contexto em que a teoria do direito e da argumentação jurídica encontram-se em avançado desenvolvimento, resultou em um código que chama para si responsabilidades de natureza *programática*, não somente técnica ou procedimental. O CPC/2015 é notadamente uma lei que, para dar coesão a si mesma, aposta na estruturação de *princípios* ou *normas fundamentais*, que devem servir à interpretação de todo o direito processual. Por esse motivo, os 12 primeiros artigos do CPC/2015 encontram-se sob a rubrica de *normas fundamentais do processo civil*. Fundamentais no sentido de que, como as normas constitucionais, são a síntese ou a matriz de todas as restantes disposições da lei, sendo que estas devem poder ser sempre direta ou indiretamente reconduzidas àquelas." (ALVIM, Arruda. *Novo contencioso cível no CPC/2015*, São Paulo : Editora Revista dos Tribunais, 2016, p. 47-48). Ou, ainda, como define Humberto Theodoro Júnior, o CPC/15 propõe uma *amarração pedagógica* entre o direito processual e a Constituição (THEODORO JÚNIOR, Humberto. *de Direito Processual Civil – Teoria geral do direito processual civil, processo de conhecimento e procedimento comum – vol. I*, 56. ed. rev., atual. e ampl., Rio de Janeiro : Forense, 2015, p. 67).

27 ZANETI JÚNIOR, Hermes. *A constitucionalização do processo...*, p. 162. Ou, como também pontua José Manoel de Arruda Alvim Netto, o CPC/15 tem como linha mestra de trabalho "tornar o sistema processual mais rente à Constituição". (ALVIM, Arruda. *Novo contencioso...*, p. 48).

> O Novo CPC somente pode ser interpretado a partir de suas premissas, de sua unidade, e especialmente de suas normas fundamentais, de modo que não será possível interpretar/aplicar dispositivos ao longo de seu bojo sem levar em consideração seus princípios e sua aplicação dinâmica (substancial). [...] o Novo CPC implementa um sistema comparticipativo/cooperativo pautado nos direitos fundamentais dos cidadãos e no qual todos os sujeitos processuais assumem responsabilidades e possibilidades de interlocução ativa.[28]

Igualmente, pontuam Luiz Guilherme Marinoni, Sérgio Cruz Arenhart e Daniel Francisco Mitidiero:

> Dentro do Estado Constitucional, um Código de Processo Civil só pode ser compreendido como um esforço do legislador infraconstitucional para densificar o direito de ação como direito a um processo justo e, muito especialmente, como um direito à tutela jurisdicional adequada, efetiva e tempestiva. O mesmo vale para o direito de defesa. Um Código de Processo Civil só pode ser visto, em outras palavras, como uma *concretização* dos direitos fundamentais processuais civis previstos na Constituição. O papel que qualquer codificação atual pode aspirar dentro da ordem jurídica é o de *centralidade* – vale dizer, consistir em eixo a partir do qual se articulam os vários institutos de determinado ramo do direito, dando-lhes um *sentido comum mínimo*. Um Código contemporâneo é antes de tudo um Código central. No Estado Constitucional, a *ordem* e a *unidade* do direito processual civil estão asseguradas pela Constituição e, muito especialmente, pelos direitos fundamentais processuais civis que compõem o nosso modelo de processo justo. É a partir daí que devemos construir interpretativamente o *sistema* do processo civil brasileiro. [...] Daí que é imprescindível para compreensão do novo Código a sua leitura a partir da cultura do Estado Constitucional, tornando-o um instrumento idôneo para servir à prática sem descurar das imposições que são próprias da ciência jurídica, como necessidade de ordem e unidade, sem as quais não há como se falar em sistema nem tampouco cogitar da *coerência* que lhe é essencial. Isto quer dizer que o Código deve ser pensado a partir de sua *finalidade* e de *eixos temáticos fundados em sólidas bases teóricas*. Isso quer dizer que é preciso imprimir ao Novo Código uma linha teórica para sua adequada compreensão. Não basta o simples intuito pragmático. É a partir da sua inspiração teórica que se pode surpreender a sua unidade. Fora daí, corre-se o grave risco de ler-se o Código sem ter presente seus compromissos constitucionais – sem nele surpreender o nosso *sistema constitucional densificado*.[29]

Gilmar Ferreira Mendes, de modo semelhante, também entende a inafastabilidade como um direito fundamental, na qualidade de um *direito à prestação*

---

28 THEODORO JÚNIOR, Humberto, NUNES, Dierle, BAHIA, Alexandre Melo Franco, PEDRON, Flávio Quinaud. *Novo CPC – Fundamentos e sistematização*, 2ª ed. rev., atual. e ampl., Rio de Janeiro: Forense, 2015, p. 19-20.

29 MARINONI, Luiz Guilherme, ARENHART, Sérgio Cruz, MITIDIERO, Daniel. *Novo curso de processo civil : teoria do processo civil*, vol. 1, São Paulo : Editora Revista dos Tribunais, 2015, p. 570-571.

jurídica. Em outras palavras, um direito a uma prestação do Estado que dê vida ou garanta os direitos fundamentais.[30] De modo muito próximo, esclarece Flávio Antonio Esteves Galdino que:

> O acesso à justiça vem sendo caracterizado como direito fundamental, com determinadas nuances que integram o próprio mínimo existencial – tido como fundamental em razão de ser considerado indispensável para a efetivação de outros direitos fundamentais.[31]

Além dos autores já citados, é de grande relevância a doutrina de George Marmelstein Lima:

> Os direitos fundamentais nutrem, por assim dizer, uma declarada paixão pelo Poder Judiciário, embora, infelizmente, essa paixão nem sempre seja correspondida [...]. Esta esperança nos juízes está normatizada no próprio rol de direitos fundamentais, através da consagração expressa de vários princípios constitucionais voltados à proteção judicial, tais como o acesso ao Judiciário, a inafastabilidade da tutela judicial, o direito de petição e de ação, o direito à tutela efetiva, rápida e adequada etc. No Brasil, todos esses princípios podem ser sintetizados em um único dispositivo constitucional: "a lei não excluirá da apreciação do Poder Judiciário lesão ou ameaça a direito" (art. 5º, inc. XXXV, da CF/88). Pode-se dizer que a Constituição de 88 acreditou no Poder Judiciário como instância última de proteção aos direitos fundamentais.[32]

Esses exemplos doutrinários reforçam a afirmação de que a inafastabilidade da função jurisdicional é um direito fundamental e, com essa qualidade, deve ser compreendido. O princípio, então, passa gozar de características inerentes a essa condição que acabam por integrar seu conteúdo. Em razão disso, serão estudadas algumas delas.

Pois bem. A primeira característica que advém dessa qualidade de direito fundamental é o reconhecimento de que a inafastabilidade se apresenta nas *dimensões subjetiva* e *objetiva*.

---

30 "Há direitos fundamentais cujo objeto se esgota na satisfação pelo Estado de uma prestação de natureza jurídica. O objeto do direito será a normação pelo Estado do bem jurídico protegido como direito fundamental. Essa prestação jurídica pode consistir na emissão de normas jurídicas ou de normas de organização e de procedimento. [...] O direito à organização e ao procedimento envolve não só a exigência de edição de normas que deem vida aos direitos fundamentais, como também a previsão de que elas sejam interpretadas de acordo com os direitos fundamentais que as justificam. Assim, o direito de acesso à Justiça não dispensa legislação que fixe a estrutura dos órgãos prestadores de serviço e estabeleça normas processuais que viabilizem o pedido de solução de conflitos pelo Estado" (MENDES, Gilmar, BRANCO, Paulo Gustavo Gonet. op. cit., p. 160).

31 GALDINO, Flávio. op. cit., 432.

32 MARMELSTEIN, George. *Curso de direitos fundamentais*, 5ª ed., São Paulo : Atlas, 2014, p. 167.

Segundo a doutrina, os direitos fundamentais possuem uma *dimensão subjetiva* por conceder aos indivíduos titulares desses direitos a faculdade de exigir do Estado uma atuação positiva ou negativa para preservá-los. Possuem, igualmente, uma *dimensão objetiva* que significa reconhecer que os direitos fundamentais consagram os conteúdos mais relevantes do ordenamento jurídico e formam as verdadeiras bases do Estado Democrático de Direito, dando sustentação normativa aos valores quase intocáveis de determinada comunidade.[33]

Dessa dimensão objetiva, decorre uma terceira característica: a *eficácia irradiante* dos direitos fundamentais. Por *eficácia irradiante* deve ser compreendida a capacidade dos direitos fundamentais de permear todo o ordenamento jurídico, constituindo viés obrigatório de interpretação e verdadeiro *norte* na atuação dos Poderes Públicos. Um instrumento de concretização e até exemplo prático dessa ideia é a *interpretação conforme a Constituição*. Por meio desse método, reconhece-se a existência de mais de um significado normativo de determinada regra ou princípio e se elege, pela interpretação, aquele consonante ou mais adequado aos direitos fundamentais, desconsiderando qualquer outro entendimento que não seja compatível.[34]

Nesse contexto, a dimensão subjetiva do princípio da inafastabilidade se manifesta na garantia de acesso à jurisdição a todos que tenham um direito lesado ou ameaçado, ou, em outras palavras, na faculdade que eles tem de exigir do Estado a melhor prestação jurisdicional na tutela de seus interesses jurídicos. Sua dimensão objetiva e sua eficácia irradiante se extraem, notadamente, de seu mais ele-

---

33 Nesse sentido, ensina Daniel Sarmento, inclusive em referência ao autor alemão Konrad Hesse e ao autor português Vieira de Andrade: "A dimensão objetiva dos direitos fundamentais liga-se ao reconhecimento de que tais direitos, além de imporem certas prestações aos poderes estatais, consagram também os valores mais importantes em uma comunidade política, constituindo como afirmou Konrad Hesse, 'as bases da ordem jurídica da coletividade'. Nesta linha, quando se afirma a existência desta dimensão objetiva, pretende-se, como registrou Vieira de Andrade 'fazer ver que os direitos fundamentais não podem ser pensados apenas do ponto de vista dos indivíduos, enquanto faculdades ou poderes de que estes são titulares, antes valem juridicamente também do ponto de vista da comunidade, como valores ou fins que esta se propõe a prosseguir' [...] A dimensão objetiva decorre do reconhecimento de que os direitos fundamentais condensam os valores mais relevantes para determinada comunidade política." (*Direitos fundamentais e relações privadas*, 2ª ed., Rio de Janeiro : Lumen Juris, 2010, p. 105-106).

34 "Uma das mais importantes consequências da dimensão objetiva dos direitos fundamentais é o reconhecimento da sua eficácia irradiante. Esta significa que os valores que dão lastro aos direitos fundamentais penetram por todo o ordenamento jurídico, condicionando a interpretação das normas legais e atuando como impulsos e diretrizes para o legislador, a administração e o Judiciário. A eficácia irradiante, neste sentido, enseja a 'humanização' da ordem jurídica, ao exigir que todas as suas normas sejam, no momento de aplicação, reexaminadas pelo operador do direito com novas lentes, que terão as cores da dignidade humana, da igualdade substantiva e da justiça social, impressas no tecido constitucional. A eficácia irradiante tem na interpretação conforme à Constituição um dos seus mais férteis instrumentos. "(SARMENTO, Daniel. op. cit. p. 124).

vado grau de importância na configuração das bases e na manutenção do Estado Democrático de Direito.

Ainda no plano da eficácia dos direitos fundamentais, há outro ponto relevante, a chamada *eficácia horizontal dos direitos fundamentais* que se apresenta como uma segunda perspectiva sobre aplicação de tais direitos.

Inicialmente, os direitos fundamentais foram concebidos como mecanismos de defesa dos indivíduos frente ao Estado, representando limites jurídicos à atuação do Poder Público, o que se denomina *eficácia vertical*. Com o tempo, especialmente a partir da década de 1950 na Alemanha,[35] passou-se a reconhecer a aplicação dos direitos fundamentais também nas relações privadas. Nisso constitui a *eficácia horizontal*, a observância necessária dos direitos fundamentais nas relações entre os particulares.

Sobre o tema, a Segunda Turma do Supremo Tribunal Federal, inclusive, tem reconhecido a eficácia horizontal dos direitos fundamentais. A título de ilustração, pode ser citado o julgamento do Recurso Extraordinário nº 158.215/RS em que a Corte considerou como violação aos direitos fundamentais previsto na Constituição a expulsão de associados de determinada cooperativa sem a observância dos direitos de defesa e do devido processo legal:

> Cooperativa. Exclusão de associado. Caráter punitivo. Devido processo legal. Na hipótese de exclusão de associado decorrente de conduta contrária aos estatutos, impõe-se a observância ao devido processo legal, viabilizado o exercício amplo da defesa. Simples desafio do associado à assembléia geral, no que toca à exclusão, não é de molde a atrair adoção de processo sumário. Observância obrigatória do próprio estatuto da cooperativa. (STF, RE nº 158.215/RS, Rel. Min. Marco Aurélio, Segunda Turma, j. 30.abr.1996, DJ 7.jun.1996).

No mesmo sentido, foi a posição adotada no julgamento do Recurso Extraordinário nº 201.819/RJ em que um associado da União Brasileira de Compositores – UBC foi excluído sem a observância dos postulados constitucionais do contraditório, ampla defesa e devido processo legal:

> Sociedade civil sem fins lucrativos. União brasileira de compositores. Exclusão de sócio sem garantia da ampla defesa e do contraditório. Eficácia dos direitos fundamentais nas relações privadas. Recurso desprovido. I. Eficácia dos direitos fundamentais nas relações privadas. As violações a direitos fundamentais não ocorrem

---

35 Como um dos mais notáveis marcos históricos, a doutrina faz referência ao caso *Lüth*. Em 1950, Erich Lüth, presidente do clube de imprensa de Hamburgo passou a defender que fosse feito um boicote ao filme *Unsterbiliche Gelibte*, dirigido por Veit Harlam. A produtora do filme recorreu ao Tribunal de Hamburgo para que cessassem as manifestações, o que foi acolhido pelo Tribunal. Lüth então recorreu à Corte Constitucional Alemã que reformou a decisão, entendendo que a sentença violou o direito fundamental de Lüth à liberdade de expressão (FERNANDES, Bernardo Gonçalves, op. cit., p. 346).

somente no âmbito das relações entre o cidadão e o Estado, mas igualmente nas relações travadas entre pessoas físicas e jurídicas de direito privado. Assim, os direitos fundamentais assegurados pela Constituição vinculam diretamente não apenas os poderes públicos, estando direcionados também à proteção dos particulares em face dos poderes privados. II. Os princípios constitucionais como limites à autonomia privada das associações. A ordem jurídico-constitucional brasileira não conferiu a qualquer associação civil a possibilidade de agir à revelia dos princípios inscritos nas leis e, em especial, dos postulados que têm por fundamento direto o próprio texto da Constituição da República, notadamente em tema de proteção às liberdades e garantias fundamentais. O espaço de autonomia privada garantido pela Constituição às associações não está imune à incidência dos princípios constitucionais que asseguram o respeito aos direitos fundamentais de seus associados. [...] (STF, RE nº 201.819/RJ, Rel. Min. Ellen Gracie, Segunda Turma, j. 11.out. 2005, DJ 27.out.2006).[36]

Na mesma linha de raciocínio, os direitos fundamentais também são informados pelo *princípio da universalidade* o qual determina que todas as pessoas são titulares de tais direitos, observadas as distinções previstas no próprio texto constitucional e aquelas decorrentes do princípio da igualdade.[37]

---

36 A eficácia horizontal dos direitos fundamentais também já foi expressamente reconhecida no Superior Tribunal de Justiça. A exemplo, é a seguinte decisão da Quarta Turma, de relatoria do Min. Luis Felipe Salomão, que entendeu pela necessidade de defesa e contraditório prévios à aplicação da multa condominial prevista no art. 1.337 do Código Civil: "Direito civil. Recurso especial. Condomínio. Ação de cobrança de multa convencional. Ato antissocial (art. 1.337, parágrafo único, do Código Civil. Falta de prévia comunicação ao condômino punido. Direito de defesa. Necessidade. Eficácia horizontal dos direitos fundamentais. Penalidade anulada. 1. O art. 1.337 do Código Civil estabeleceu sancionamento para o condômino que reiteradamente venha a violar seus deveres para com o condomínio, além de instituir, em seu parágrafo único, punição extrema àquele que reitera comportamento antissocial, verbis: "O condômino ou possuidor que, por seu reiterado comportamento anti-social, gerar incompatibilidade de convivência com os demais condôminos ou possuidores, poderá ser constrangido a pagar multa correspondente ao décuplo do valor atribuído à contribuição para as despesas condominiais, até ulterior deliberação da assembléia". 2. Por se tratar de punição imputada por conduta contrária ao direito, na esteira da visão civil-constitucional do sistema, deve-se reconhecer a aplicação imediata dos princípios que protegem a pessoa humana nas relações entre particulares, a reconhecida eficácia horizontal dos direitos fundamentais que, também, deve incidir nas relações condominiais, para assegurar, na medida do possível, a ampla defesa e o contraditório. Com efeito, buscando concretizar a dignidade da pessoa humana nas relações privadas, a Constituição Federal, como vértice axiológico de todo o ordenamento, irradiou a incidência dos direitos fundamentais também nas relações particulares, emprestando máximo efeito aos valores constitucionais. Precedentes do STF. [...]" (STJ, REsp nº 1.365.579/SP. Rel. Min. Luis Felipe Salomão, Quarta Turma, j. 25.ago.2015, DJe 29.set.2015).

37 Assim, ensina Ingo Wolfgang Sarlet: "De acordo com o princípio da universalidade, todas as pessoas, pelo fato de serem pessoas são titulares de direitos e deveres fundamentais, o que, por sua vez, não significa que não possa haver diferenças a serem consideradas, inclusive em alguns casos, por força do próprio princípio da igualdade, além de exceções expressamente

Especialmente com relação ao princípio da inafastabilidade, as concepções da eficácia horizontal e do princípio da universalidade terão inegável relevância na consideração dos seus titulares e os destinatários.[38] O tema será mais bem explorado adiante, mas desde já surge a percepção de que o acesso à jurisdição é assegurado indistintamente a todas as pessoas que tenham um interesse lesado ou ameaçado. Além disso, quanto aos destinatários da previsão constitucional, há a vinculação dos Poderes Públicos e também dos particulares, aos quais, em regra, é vedada a realização de atos que impeçam o acesso à função jurisdicional.

Nesse mesmo sentido, ainda, Eduardo Pellegrini de Arruda Alvim com muita propriedade estabelece que o princípio da inafastabilidade tem *eficácia absoluta* e *aplicabilidade imediata*:

> Releva notar que os mandamentos constitucionais têm uma grandeza que não pode ser diminuída ou atrofiada por lei inferior. Mais ainda, o que representa direito e garantia individual tem *eficácia absoluta*, em atenção ao disposto no art. 60, § 4º, IV, da CF/88. E, ainda, as normas definidoras dos direitos e garantias fundamentais têm aplicabilidade imediata (art. 5º, § 1.º, da CF/88). Tem, pois, *eficácia absoluta* a regra consubstanciada no inciso XXXV do art. 5º da CF/88.[39]

Seguindo o estudo, também é importante dizer que o reconhecimento do princípio da inafastabilidade da jurisdição como direito fundamental implica qualificá-lo como *cláusula pétrea*.

Nessa condição, há a compreensão de que a inafastabilidade integra o rol de matérias constitucionais que não podem ser objeto de supressão legislativa. Dispõe o art. 60, § 4º, inciso IV, da Constituição Federal que "Não será objeto de deliberação a proposta de emenda tendente a abolir [...] IV – os direitos e garantias individuais".

Há, assim, limitação material expressa quanto aos temas que podem ser alterados pelo poder constituinte reformador. Dentre eles, por tudo já colocado, está

---

estabelecidas pela Constituição, como dá conta a distinção entre brasileiro nato e naturalizado, algumas distinções relativas aos estrangeiros, entre outras." (*A eficácia dos direitos fundamentais: uma teoria geral dos direitos fundamentais na perspectiva constitucional*, 11ª ed. rev., atual., Porto Alegre : Livraria do Advogado Editora, 2012, p. 211).

38   Há distinção entre titulares e destinatários: "Em que pese a existência, no Brasil, de considerável doutrina utilizando o termo *destinatário* (no sentido de destinatário da proteção ou tutela do direito) como sinônima de *titular de direitos fundamentais*, é preciso enfatizar que a terminologia mais adequada e que, em termos gerais, corresponde à tendência dominante no cenário jurídico contemporâneo, é a de titular de direitos fundamentais. Titular do direito, notadamente na perspectiva da dimensão subjetiva dos direitos e garantias fundamentais, é quem figura como sujeito ativo da relação jurídico-subjetiva, ao passo que destinatário é a pessoa (física, jurídica ou mesmo ente despersonalizado) em face da qual o titular pode exigir o respeito, proteção ou promoção do seu direito." (SARLET, Ingo Wolfgang. op. cit. p. 209).

39   ALVIM, Eduardo Arruda. *Direito processual...*, p. 137.

incluída a inafastabilidade da jurisdição que não poderá ser retirada do ordenamento, a não ser que haja uma inesperada e antidemocrática ruptura da ordem jurídica. Aliás, o reconhecimento da qualidade de *cláusula pétrea* não só impede a supressão legislativa do acesso à jurisdição, como determina a observância do *princípio do não retrocesso*, também conhecido como efeito *cliquet*.[40]

Há, ainda, outras duas características dos direitos fundamentais que assumem relevância no estudo da inafastabilidade e que devem ser citadas neste tópico.

A primeira delas consiste na *imprescritibilidade*. Assim, o direito de acesso à jurisdição é imprescritível, ou seja, não desaparece com o decurso do tempo. Isso poderia levar ao questionamento sobre eventual inconstitucionalidade dos prazos prescricionais dispostos em lei. No entanto, esse raciocínio não procede.

Como já mencionado no primeiro capítulo, existe uma distinção entre a inafastabilidade e o direito de ação em sua essência processual. Os prazos prescricionais tem ingerência nessa segunda categoria, implicando a perda da pretensão. A inafastabilidade, em si considerada, é imprescritível. Em outras palavras, não existe prazo para provocar a função jurisdicional. Ainda que o ente jurisdicional entenda pela perda do direito de ação em razão da prescrição, a atividade jurisdicional já foi exercida e o direito fundamental de acesso já foi respeitado.

A outra característica relevante é a *irrenunciabilidade*. Nesse sentido, o princípio da inafastabilidade, além de imprescritível, é um direito *irrenunciável*. Isto é, os titulares dos direitos lesados ou ameaçados não podem, em regra, dispor do seu direito de acesso, o que não significa dizer que eles não podem deixar de exercê-lo [41]. Dispor de um direito e deixar de exercê-lo são situações distintas. Na segunda situação conserva-se o direito à disposição do titular, na primeira não. Especialmente, por isso, é plenamente constitucional o fato da função jurisdicional ser inicialmente inerte, isto é, o titular do direito pode ou não provocar seu início.

Assim, por tudo colocado neste tópico, pode se concluir que o princípio da inafastabilidade da função jurisdicional, ao ser reconhecido na qualidade de direi-

---

40 "A ideia por detrás do princípio da proibição de retrocesso é fazer que o Estado sempre atue no sentido de melhorar progressivamente as condições de vida da população. Qualquer medida estatal que tenha por finalidade suprimir garantias essenciais já implementadas para a plena realização da dignidade humana deve ser vista com desconfiança e somente pode ser aceita se outros mecanismos mais para alcançar o mesmo desiderato forem adotados." (MARMELSTEIN, George. op. cit., p. 279). Nesse raciocínio, é oportuno dizer que o reconhecimento da constitucionalidade da arbitragem, ao que parece, não representa um retrocesso, mas a criação de um novo mecanismo mais apropriado, em alguns casos, para alcançar a principal finalidade da função jurisdicional.

41 "*Irrenunciabilidade*: tal característica apresenta a noção de que, em regra, direitos fundamentais não podem ser objeto de renúncia por seu titular (na medida em que seu titular não poderia dispor dos mesmos, embora possa deixar de exercê-los" (FERNANDES, Bernardo Gonçalves, op. cit., p. 330).

to fundamental, assume uma série de características importantes que devem ser consideradas na compreensão do seu conteúdo.

2.4. A ameaça de lesão a direito

Em continuidade aos estudos sobre o conteúdo do princípio da inafastabilidade e como já se teve oportunidade de dizer, o art. 5º, inciso XXXV, da Constituição, ao dispor que "a lei não excluirá da apreciação do Poder Judiciário lesão ou ameaça a direito" assegura a apreciação jurisdicional, *a posteriori*, em caso de efetiva lesão a direito e também em caso de ameaça a direito. Este tópico será dedicado ao exame desse segundo ponto. Do mesmo modo, é o já mencionado art. 3º do Código de Processo Civil de 2015: "Não se excluirá da apreciação jurisdicional ameaça ou lesão a direito.".

A primeira menção a ser feita é que a previsão do acesso à jurisdição em caso de ameaça representa uma das novidades trazidas pelo dispositivo. A outra inovação diz respeito aos direitos transindividuais que serão mencionados no item seguinte.

Como já visto, o texto da Constituição de 1946 foi o primeiro a prever expressamente o princípio da inafastabilidade em patamar constitucional dispondo em seu art. 141, §4º, que "A lei não poderá excluir da apreciação do Poder Judiciário qualquer lesão de direito individual.". Conquanto tal dispositivo seja de inegável importância, limitou-se a garantir o acesso jurisdicional em caso de lesão, não assegurando, ao menos manifestamente, a atividade jurisdicional para resguardar direitos. Na mesma linha, foram os textos das ordens constitucionais de 1967 e 1969. O inciso XXXV do art. 5º da atual Constituição, certamente, inovou nesse sentido e o art. 3º do Código de Processo Civil de 2015 consagra de vez o postulado no ordenamento jurídico brasileiro.

O termo *ameaça* traz em sua semântica a ideia de um fato, ação ou gesto que intimida ou atemoriza ou um indício ou sinal de acontecimento desfavorável, em iminência de ocorrer.[42] Oscar Joseph de Plácido e Silva, dentre outros significados, explica com propriedade:

> Termo que se origina do latim *minaciae*, tem vulgarmente a significação de *gesto* ou *palavra*, diante da qual se dá a entender ou se demonstra o ânimo de fazer alguma coisa de mau contra a pessoa a quem o gesto ou a palavra é dirigida. Na técnica jurídica, *ameaça* não deixa de significar o sinal, gesto ou palavra, em virtude de que demonstre a pessoa, que assim procede, o desejo evidente de causar qualquer prejuízo ao *ameaçado*. Mas, seja em Direito Civil, seja em Direito Penal, a *ameaça* deve sempre ser atual, mostrando a iminência da violência ou do perigo, que nela se concretiza. Isto é, deve ser manifestada inequivocamente por atos visíveis ou por

---

42 HOUAISS, Antônio, VILLAR, Mauro de Salles. *Dicionário Houaiss da língua portuguesa*, 1ª ed., Rio de Janeiro : Objetiva, 2009, p. 113.

indícios tão veementes, que não se possa opor qualquer dúvida em relação aos intuitos maldosos ou prejudiciais do *ameaçador*.[43]

Dentre essas várias acepções, a palavra *ameaça* como está disposta no art. 5º, inciso XXXV, ao que parece, implica o reconhecimento de indícios ou sinais de que algo prejudicial ao direito de alguém ou de um grupo de pessoas pode ocorrer, a demonstração de que o direito possa ser lesionado.

Trata-se, vale dizer novamente, de uma disposição textual que prima pela otimização da principal finalidade da função jurisdicional, consistente no dever, notavelmente constitucional, de pacificar as divergências que surgem no seio social.

Nesse sentido, a Constituição determina expressamente a atuação da jurisdição não só na resolução dos conflitos e diante da lesão a direito, mas também de forma provisória e antecipada,[44] após a legítima provocação, no intuito de evitar possíveis prejuízos aos interesses jurídicos. Isso enaltece a relevância que o princípio da inafastabilidade assume. Com maestria ensina José Manoel de Arruda Alvim Netto:

> Já salientamos que o art. 5º, XXXV, da CF/1988, é um dos preceitos mais importantes do nosso ordenamento jurídico, inclusive porque a Constituição Federal atual alude até que, além da lesão, nem a ameaça a direito poderá ter sua apreciação excluída do Poder Judiciário, como já se observou. O preceito inscrito em nossa Lei Magna – a lei não poderá excluir da apreciação do Poder Judiciário qualquer lesão ou ameaça a direito (art. 5º, XXXV) – traça o âmbito do direito de ação em nosso ordenamento jurídico. E, assim, constitui-se em medida amplíssima, ainda mais ampla do que na Constituição Federal anterior (art. 153, §4º, da CF/1969), de salvaguarda dos direitos definidos pelas leis materiais ou nestas compreendidos. Isto significa que toda e qualquer pessoa terá o direito de acesso ao Poder Judiciário e, portanto, direito de ação, na sua acepção mais ampla, para que o Poder Judiciário – e somente este – através de uma decisão, possivelmente, de eficácia indestrutível (sentença revestida pela coisa julgada): evite que se consubstancie a lesão, afastando a ameaça; diga e aplique o direito; e, eventualmente, o realize (processo de execução).[45]

---

43 SILVA, De Plácido e. *Vocabulário jurídico*, atualizadores Nagib Slaibi Filho e Priscila Pereira Vasques Gomes, 3ª ed., Rio de Janeiro : Forense, 2013, p. 103.

44 Cássio Scarpinella Bueno ensina com propriedade: "É como se disse, que o inciso XXXV do art. 5º da Constituição Federal impusesse um repensar do processo civil em duas grandes frentes. Uma delas voltadas à reparação de lesões ocorridas no passado, uma proposta *retrospectiva* da função jurisdicional, e outra, voltada para o futuro, uma visão *prospectiva* do processo, destinada a evitar a consumação de quaisquer lesões a direito, é dizer, a emissão de uma forma de proteção jurisdicional (de tutela jurisdicional) que *imunize* quaisquer ameaças independentemente de elas converterem-se em lesões. Independentemente, até mesmo, de elas gerarem quaisquer danos. Basta, quando a ameaça é o foro das preocupações da atuação jurisdicional, que haja uma situação antijurídica." (BUENO, Cássio Scarpinella. *Curso sistematizado de direito processual civil : teoria geral do direito processual civil*, vol. 1, 4ª ed. rev., atual. e ampl., São Paulo : Saraiva, 2010, p. 135).

45 ALVIM, Arruda. *Manual...*, p. 213.

No mesmo sentido, é a lição de Luiz Guilherme Marinoni:

> A norma do art. 5.º, XXXV, da CF, ao contrário das normas constitucionais anteriores que garantiam o direito de ação, afirmou que a lei, além de não poder excluir lesão, está proibida de excluir "ameaça de lesão" da apreciação jurisdicional. O objetivo do art. 5.º da CF, nesse particular, foi deixar expresso que o direito de ação deve poder propiciar a tutela inibitória e ter a sua disposição técnicas processuais capazes de permitir a antecipação da tutela.[46]

Diante dessa imposição do texto constitucional, cabe à legislação infraconstitucional estabelecer mecanismos que viabilizem o acesso à jurisdição antes que o direito da parte seja atingido,[47] bem como elaborar critérios que permitam àquele que estiver investido na função jurisdicional compreender a existência da ameaça e adotar a medida mais adequada para evitar a lesão ao direito.

Nesse contexto de buscar efetividade ao preceito da inafastabilidade no plano infraconstitucional em casos de ameaça a direito, destacam-se as disposições que regulam a concessão das chamadas medidas de tutela provisória, as quais, na classificação colocada pelo Código de Processo Civil de 2015 compreendem as *tutelas de urgência* e as *tutelas de evidência*.

2.5. Direitos metaindividuais ou coletivos *lato sensu*

A segunda grande novidade introduzida pelo art. 5º, inciso XXXV, e que reflete diretamente na composição do conteúdo do princípio da inafastabilidade, é a determinação constitucional para a inafastabilidade da apreciação jurisdicional também no caso de lesão ou ameaça de lesão a direitos conhecidos como metaindividuais, transindividuais ou coletivos *lato sensu*.

---

46 SARLET, Ingo Wolfgang, MARINONI, Luiz Guilherme, MITIDIERO, Daniel. op. cit., p. 719.

47 Como exemplo, podem ser citadas algumas modalidades de *antecipação de tutela* e o poder geral de cautela do juiz como bem colocam José Manoel de Arruda Alvim Netto, Araken de Assis e Eduardo Pellegrini de Arruda Alvim ao comentarem o art. 273 do Código de Processo Civil de 1973: "1. Antecipação de tutela. O dispositivo em apreço cuida do instituto da antecipação da tutela. [...] Com efeito, a alteração dos arts. 273 e 461 do CPC representaram importante inovação legislativa ao permitir, de forma genérica, que já no início da lide sejam antecipados todos os efeitos (ou algum deles) da sentença de mérito que só fariam sentir ao final do processo. Embora as medidas cautelares comportem inúmeros pontos distintivos em relação à antecipação de tutela, sobressaem entre referidos institutos importantes traços de similitude. Por isso, temos para nós ser correto dizer que tanto a antecipação de tutela concedida com supedâneo no art. 273, I, quanto os provimentos cautelares concedidos com base no poder geral de cautela apresentam um certo quê de cautelaridade. Aludidas medidas visam, em última análise, a dar amplitude ao princípio do acesso efetivo ao Poder Judiciário (art. 5º, XXXV, da CF/1988)." (ALVIM, Arruda, ASSIS, Araken de, ALVIM, Eduardo Arruda. *Comentários ao código de processo civil*, 3ª ed. rev., ampl. e atual., São Paulo : Editora Revista dos Tribunais, 2014, p. 541).

Como já referido, as ordens constitucionais de 1946, 1967 e 1969, embora tenham previsto o acesso à jurisdição, foram expressas em mencionar "lesão de direito individual". A Constituição de 1988, por sua vez, suprimiu o termo *individual*, indicando a garantia de atuação jurisdicional também no caso de lesão ou ameaça a direitos coletivos *lato sensu*. O Código de Processo Civil de 2015, igualmente, não faz referência à natureza do direito em seu art. 3º: "Não se excluirá da apreciação jurisdicional ameaça ou lesão a direito.".

A percepção dessa novidade não deriva só da mudança textual, mas também de um exercício de hermenêutica necessário, em proveito da unidade dos dispositivos constitucionais. Em várias oportunidades o texto constitucional concebe instituições e mecanismos destinados à preservação dos direitos metaindividuais, como por exemplo, o mandado de segurança coletivo (art. 5º, LXX) e a atribuição expressa de defesa de interesses difusos e coletivos por parte do Ministério Público (art. 129, III). Além disso, a própria Constituição assegura uma série de direitos metaindividuais como a proteção ao patrimônio cultural (art. 216) e o direito ao meio ambiente (art. 225).

Diante disso, a doutrina reconhece que o princípio da inafastabilidade da função jurisdicional também abrange os direitos coletivos *lato sensu*. José Manoel de Arruda Alvim Netto, com muita propriedade, explica que:

> A Constituição Federal de 1988 prescreve em seu art. 5º, XXXV, que 'a lei não excluirá da apreciação do Poder Judiciário lesão ou ameaça a direito'. Este texto é da tradição do nosso Direito, mas encontra-se melhormente redigido. Desde logo não está concebido apenas, ao menos linguisticamente, como que somente protegendo direito individual, mas o texto vigente está alojado no capítulo dos direitos individuais e coletivos. De outra parte, ainda, foi suprimida a palavra individual, o que poderia supor (ainda que assim se trataria, apenas, de defesa de direito individual). Esse texto, tal como redigido, com a supressão do adjetivo individual, é compatível com o sistema constitucional, que, ao lado de defender o indivíduo, engrandeceu, sobremaneira os grupos sociais, atribuindo-lhes variadas formas de legitimação, e, viabilizando que se venham atribuir outras legitimações a entidades representativas de grupos sociais, para que possam agir em favor de tais grupos.[48]

---

48 ALVIM, Arruda. *Tratado...*, p. 88-89. Nelson Nery Júnior, no mesmo sentido, coloca que: "Em redação mais técnica do que a da CF/1969 153, §4.º, que dizia lesão de direito "individual", o novo texto consagrou o princípio da inafastabilidade do controle jurisdicional, também conhecido como princípio do direito de ação. Isto quer dizer que todos têm acesso à justiça para postular tutela jurisdicional preventiva ou reparatória relativamente a um direito. Estão aqui contemplados não só os direitos individuais, como também os difusos e coletivos. [...] O direito de ação pode ser exercido independentemente da qualificação jurídica do direito material a ser por ele protegido. Com isso, tanto o titular do direito individual, quanto o do direito metaindividual (difuso, coletivo ou individual homogêneo) têm o direito constitucional de pleitear ao Poder Judiciário a tutela jurisdicional adequada." (*Princípios...*, p. 187-188). Igualmente, assinala Patrícia Miranda Pizzol: "Todos têm acesso à justiça para postular tutela jurisdicional preventiva ou reparatória, de direito individual ou metaindividual (difuso, coletivo stricto sen-

Pois bem. Para conceituar os direitos metaindividuais é oportuno citar a doutrina de Hugo Nigro Mazzilli que reconhece a influência direta do direito fundamental de acesso à jurisdição na definição de tais interesses:

> Situados numa posição intermediária entre o interesse público e o interesse privado, existem os interesses transindividuais (também chamados de interesses coletivos, em sentido lato), os quais são compartilhados por grupos, classes ou categorias de pessoas [...]. São interesses que excedem o âmbito estritamente individual, mas não chegam propriamente a constituir interesse público. Sob o aspecto processual, o que caracteriza os interesses transindividuais, ou de grupo, não é apenas o fato de serem compartilhados por diversos titulares individuais reunidos na mesma relação jurídica ou fática. Mais do que isso, é a circunstância de que a ordem jurídica reconhece a necessidade de que o acesso individual dos lesados à Justiça seja substituído por um acesso coletivo, de modo que a solução obtida no processo coletivo não apenas deve ser apta a evitar decisões contraditórias como, ainda, deve conduzir a uma solução mais eficiente da lide, porque o processo coletivo é exercido em proveito de todo o grupo lesado.[49]

Dentro desse raciocínio, os direitos metaindividuais podem ser compreendidos em três categorias: os *direitos difusos*, os *direitos coletivos stricto sensu* e os *direitos individuais homogêneos*.

No ordenamento jurídico brasileiro, coube ao Código de Defesa do Consumidor apresentar as definições de cada um desses interesses (art. 81, p. único, incisos I, II e III). Nesse sentido, os *direitos difusos* são os direitos transindividuais, de natureza indivisível, de que sejam titulares pessoas indeterminadas e ligadas por circunstâncias de fato. Os *direitos coletivos stricto sensu* são os direitos transindividuais de natureza indivisível, de que seja titular grupo, categoria ou classe de pessoas ligadas entre si ou com a parte contrária por uma relação jurídica básica. Por último, os *direitos individuais homogêneos* são aqueles decorrentes de origem

---

su ou individual homogêneo). A Constituição anterior se referia expressamente a direito individual (art. 153, §4.º) e, como a atual não qualifica o direito que visa proteger (art. 5.º, XXXV), é unânime a interpretação no sentido da maior amplitude conferida pela norma constitucional a esse princípio, assegurando a tutela jurisdicional dos direitos transindividuais."(A tutela antecipada nas ações coletivas como instrumento de acesso à justiça. In FUX, Luiz, NERY JR., Nelson, WAMBIER, Teresa Arruda Alvim. *Processo e Constituição: estudos em homenagem ao professor José Carlos Barbosa Moreira*, São Paulo : Editora Revista dos Tribunais, 2006, p. 86. No mesmo modo, ainda, pontua Flávio Luiz Yarshell: "A inafastabilidade da tutela jurisdicional ficaria incompleta se pensada exclusivamente sob a ótica individual. Dessa forma, o princípio inscrito no inciso XXXV do art. 5.º da CF também alcança as alegações de lesão – ou de ameaça – a direitos que transcendem aquele âmbito: quer porque seus titulares sejam indeterminados, quer porque se objeto seja indivisível." (*Curso...*, p. 82).

49 MAZZILLI, Hugo Nigro. *A defesa dos interesses difusos em juízo: meio ambiente, consumidor, patrimônio cultural, patrimônio público e outros interesses.* 26 ed., rev., ampl. e atual., São Paulo: Saraiva, 2013, p. 50-51.

comum. A Lei nº 12.016 de 2009 que disciplina o mandado de segurança individual e coletivo, em seu art. 21, p. único, trabalha essas ideias de forma semelhante.[50]

Os *direitos difusos* são aqueles cuja titularidade pertence a pessoas indeterminadas ou indetermináveis, bem como têm um objeto de natureza indivisível, ou seja, não passível de quantificação ou divisão entre os membros da coletividade afetada, ligados por uma situação de fato. Como exemplo, pode ser citado o direito ao meio ambiente equilibrado que se apresenta, talvez, como o direito difuso por excelência. Pertence a toda sociedade, não sendo possível determinar os indivíduos ou grupos interessados, já que qualquer lesão ou ameaça a tal direito refletirá no interesse jurídico de todos indistintamente.

Os *direitos coletivos stricto sensu* também possuem objeto de natureza indivisível. Porém, diferentemente dos direitos difusos, sua titularidade pode ser delimitada com a identificação de determinado grupo ou coletividade de pessoas determinadas ou, ao menos, determináveis. Esse grupo, por sua vez, é reconhecido porque os indivíduos que a ele pertencem estão unidos por uma mesma relação jurídica. Para exemplificar essa ideia, pode se pensar em eventual nulidade de uma cláusula em um contrato de adesão. No caso, identifica-se um grupo de pessoas determinadas, qual seja o grupo de todos os indivíduos contratantes, no entanto o objeto é indivisível, já que não é possível delimitar um bem a cada um deles.

Os *direitos individuais homogêneos*, por sua vez, apresentam uma característica essencial que os diferenciam das outras duas categorias. O objeto de tais interesses é divisível, ou seja, é passível de fracionamento, podendo ser definido o direito de cada um dos indivíduos que estão ligados por algum motivo jurídico ou, especialmente, por uma origem de fato comum.

É a situação, por exemplo, em que vários consumidores compraram um carro de mesmo modelo que apontou um defeito de fabricação em série. Nesse caso, é possível identificar cada uma das pessoas e os prejuízos individuais, porém tais indivíduos são agrupados para fins de proteção jurídica, pois a origem do ato lesivo é comum.

Na essência, os direitos individuais homogêneos são direitos individuais, mas são também qualificados como direitos metaindividuais, justamente porque

---

50 "Art. 21. O mandado de segurança coletivo pode ser impetrado por partido político com representação no Congresso Nacional, na defesa de seus interesses legítimos relativos a seus integrantes ou à finalidade partidária, ou por organização sindical, entidade de classe ou associação legalmente constituída e em funcionamento há, pelo menos, 1 (um) ano, em defesa de direitos líquidos e certos da totalidade, ou de parte, dos seus membros ou associados, na forma dos seus estatutos e desde que pertinentes às suas finalidades, dispensada, para tanto, autorização especial. Parágrafo único. Os direitos protegidos pelo mandado de segurança coletivo podem ser: I - coletivos, assim entendidos, para efeito desta Lei, os transindividuais, de natureza indivisível, de que seja titular grupo ou categoria de pessoas ligadas entre si ou com a parte contrária por uma relação jurídica básica; II - individuais homogêneos, assim entendidos, para efeito desta Lei, os decorrentes de origem comum e da atividade ou situação específica da totalidade ou de parte dos associados ou membros do impetrante."

o ordenamento permite que eles sejam tutelados coletivamente. Por essas razões, parte da doutrina, ao que parece de forma acertada, define os direitos individuais homogêneos como interesses *acidentalmente coletivos*.[51]

O tema das ações coletivas e, principalmente, da ação civil pública será novamente explorado em tópico próprio. Entretanto, o que precisa ficar sedimentado neste ponto é a compreensão de que os direitos metaindividuais também integram o conteúdo do princípio da inafastabilidade. Não só é assegurada a apreciação jurisdicional em caso de ameaça ou lesão a tais direitos, com todos os preceitos inerentes a tal atividade, como também cabe ao Estado, no exercício do seu poder-dever, desenvolver e aprimorar os mecanismos processuais para viabilizar essa tarefa.

Essa ideia apresentada pelo texto do art. 5º, inciso XXXV, coaduna, aliás, com o contexto jurídico nacional e internacional de evolução em prol da tutela coletiva. No Brasil, sobretudo nos anos que antecederam a Constituição Federal, observou-se a preocupação da classe jurídica nesse sentido, com a elaboração de algumas propostas que resultaram na promulgação da Lei da Ação Civil Pública em 1985.

No cenário internacional, do mesmo modo, foi crescente a adoção em vários países de mecanismos jurídicos voltados à defesa de direitos metaindividuais e voltados à solução coletiva de conflitos. Como já visto no primeiro capítulo, entre 1973 e 1978, Mauro Cappelletti e Bryant Garth conduziram o *Projeto de Florença*, primeiro projeto institucional dedicado ao tema do acesso à justiça.

Dentre os pontos debatidos à época, identificou-se um movimento dedicado a enfrentar o problema da representação dos direitos coletivos *lato sensu*, ao qual foi denominado como *segunda onda de acesso à justiça*. Concatenando as principais ideias, o projeto enfatizou a necessidade de reconsideração de alguns conceitos tradicionais do direito processual civil e sobre a forma que se desenvolve a atividade jurisdicional.

Esse pensamento é bem ilustrado em trechos do relatório final elaborado pelos próprios Mauro Cappelletti e Bryanth Garth cujas transcrições se permite pela clareza com que se apresentam:

> Interesses "difusos" são interesses fragmentados ou coletivos, tais como o direito ao ambiente saudável, ou à proteção do consumidor. O problema básico que eles apresentam – a razão de sua natureza difusa – é que, ou ninguém tem direito a corrigir a lesão a um interesse coletivo, ou o prêmio para qualquer indivíduo buscar essa correção é pequeno demais para induzi-lo a tentar uma ação. [...] Um exemplo

---

51 Sobre o tema, esclarece bem Aluísio Gonçalves de Castro Mendes: "A falta da indivisibilidade é a principal característica dos interesses individuais homogêneos. Sendo possível o fracionamento, não haverá, *a priori*, tratamento unitário obrigatório, sendo factível a adoção de soluções diferenciadas para os interessados. Os interesses ou direitos são, portanto, essencialmente individuais e apenas acidentalmente coletivos. Para serem qualificados como homogêneos, precisam envolver uma pluralidade de pessoas e decorrer de origem comum." (MENDES, Aluisio Gonçalves de Castro. *Ações coletivas e meios de resolução coletiva de conflitos no direito comparado e nacional*, 3ª ed. rev., atual. e ampl., São Paulo : Editora Revista dos Tribunais, 2012, p. 220).

simples pode mostrar por que essa situação cria especiais barreiras ao acesso. Suponhamos que o governo autorize a construção de uma represa que ameace de maneira séria e irreversível o ambiente natural. Muitas pessoas podem desfrutar da área ameaçada, mas poucas – ou nenhuma – terão qualquer interesse financeiro direto em jogo. Mesmo esses, além disso, provavelmente não terão interesse suficiente para enfrentar uma demanda judicial complicada. Presumindo-se que esses indivíduos tenham legitimação ativa (o que é frequentemente um problema), eles estão em posição análoga à do autor de uma pequena causa, para quem uma demanda judicial é anti-econômica. Um indivíduo, além disso, poderá receber apenas indenização de seus próprios prejuízos, porém não dos efetivamente causados pelo infrator à comunidade. Consequentemente, a demanda individual pode ser de todo ineficiente para obter o cumprimento da lei; o infrator pode não ser dissuadido de prosseguir em sua conduta. A conexão de processos é, portanto, desejável – muitas vezes, mesmo, necessária [...]. Outra barreira se relaciona precisamente com a questão da reunião. As várias partes interessadas, mesmo quando lhes seja possível organizar-se e demandar, podem estar dispersas, carecer da necessária informação ou simplesmente ser incapazes de combinar uma estratégia comum [...]. Em suma, podemos dizer que, embora as pessoas na coletividade tenham razões bastantes para reivindicar um interesse difuso, as barreiras à sua organização podem, ainda assim, evitar que esse interesse seja unificado e expresso. [...] Sem dúvida, uma verdadeira "revolução" está-se desenvolvendo dentro do processo civil. [...] A concepção tradicional do processo civil não deixava espaço para a proteção dos direitos difusos. O processo era visto apenas como um assunto entre duas partes, que se destinava à solução de uma controvérsia entre essas mesmas partes a respeito de seus próprios interesses individuais. Direitos que pertencessem a um grupo, ao público em geral ou a um segmento do público não se enquadravam bem nesse esquema. As regras determinantes da legitimidade, as normas de procedimento e a atuação dos juízes não eram destinadas a facilitar demandas por interesses difusos intentadas por particulares.[52]

Na mesma linha do que foi até aqui colocado, os direitos individuais homogêneos, apresentam particularidades que bem demonstram a importância e influência do princípio da inafastabilidade no contexto dos direitos metaindividuais.

Em muitos casos, por exemplo, tais interesses, considerados separadamente, representam pequenos prejuízos ou lesões que não encorajam os titulares dos direitos a demandarem individualmente. Do mesmo modo, é comum a existência de discrepâncias notáveis entre as partes, seja técnica, econômica ou estrutural, desestimulando o ajuizamento de ações individuais. Entretanto, esses vários conflitos individuais, se observados de forma mais ampla, no conjunto, representam situações que exigem a tutela jurídica do Estado, justificando mecanismos coletivos de acesso à função jurisdicional. Nesse sentido, Aluísio Gonçalves de Castro Mendes ensina que:

---

52 CAPPELLETTI, Mauro. GARTH, Bryant. op. cit., p. 26-27 e 48-49.

Na verdade, a necessidade de processos supraindividuais não é nova, pois há muito tempo ocorrem lesões a direitos, que atingem coletividades, grupos ou certa quantidade de indivíduos, que poderiam fazer valer os seus direitos de modo coletivo. A diferença é que, na atualidade, tanto na esfera da vida pública como privada, as relações de massa expandem-se continuamente [...]. Multiplicam-se, portanto, as lesões sofridas pelas pessoas, seja na qualidade de consumidores, contribuintes, aposentados, servidores públicos, trabalhadores, moradores etc., decorrentes de circunstâncias de fato ou relações jurídicas comuns. [...] Os danos resultantes das lesões supramencionadas são, frequentemente, se considerados separadamente, em termos econômicos, de pequena monta, fazendo com que, na relação custo-benefício, o ajuizamento de ações individuais seja desestimulante e, na prática, quase que inexistente, demonstrando, assim, a fragilidade e as deficiências em relação ao acesso à Justiça. A eventual falta ou deficiência dos instrumentos processuais adequados aos chamados danos de "bagatela", que, considerados globalmente, possuem geralmente enorme relevância social e econômica, estimula a repetição e perpetuação de práticas ilegais e lesivas. [...] De pouca ou nenhuma valia passam a ser as normas de direito material, que estabelecem direitos para os lesados, se a referida proteção não encontra, também, amparo efetivo nos meios processuais disponíveis. [...] O desequilíbrio entre as partes pode ser, também, por outro lado, um fator decisivo para que a pessoa lesada deixe de buscar individualmente a proteção judicial ou, então, para a própria correlação de forças na relação processual. A tendência é que o causador da lesão disponha de mais recursos materiais e humanos e, portanto, em tese, se apresente mais bem preparado para o embate, provido que estará para a contratação de profissionais de qualidade e para a produção de provas que lhe sejam favoráveis.[53]

Assim, concluindo este tópico, percebe-se a íntima relação entre o ideal de acesso à jurisdição e o desenvolvimento da tutela jurídica dos direitos metaindividuais, sintetizada no conteúdo do princípio da inafastabilidade como está previsto na ordem constitucional.

2.6. Atividade adequada e efetiva e a instrumentalidade do processo, a técnica processual e a cooperação no Código de Processo Civil de 2015

Do que foi colocado até aqui, é possível apreender o caráter de direito fundamental da inafastabilidade da jurisdição e as características inerentes a essa condição, bem como a determinação constitucional pela proteção jurisdicional também nos casos de ameaça a direito e para os direitos metaindividuais. Também dentro da proposta de tentar estabelecer um conteúdo para o princípio da inafastabilidade é preciso dizer que preceito não assegura somente o acesso a uma atividade jurisdicional qualquer ou à mera apreciação da situação.

O princípio constitucional garante que o exercício dessa função se desenvolva com *qualidade*, a qual é reconhecida, sobretudo, pela manifestação do binômio

---

53 MENDES, Aluisio Gonçalves de Castro. op. cit., p. 33-34.

adequação e *efetividade*.⁵⁴ Desse modo, além de tornar certo o mais amplo acesso à jurisdição nos casos de ameaças e lesões a direito, o Estado tem o dever constitucional de exercer a função jurisdicional e o processo sob a orientação desses dois parâmetros e desenvolver mecanismos jurídicos que viabilizem uma atividade jurisdicional o mais apropriada possível às necessidades das partes. Assim, explica Sandro Gilbert Martins:

> Com efeito, a garantia da ação não apenas proíbe seja negado ou embaraçado o acesso à jurisdição, como obriga o Judiciário a prestar a tutela jurisdicional sempre quando solicitada, abrangendo todos os mecanismos possíveis e necessários, mesmo diante de eventuais lacunas da lei, a proporcionar ao titular do direito a proteção de que precisa e a que faz jus. [...] Neste sentido, o princípio da inafastabilidade garante a tutela adequada à realidade do direito material, ou seja, garante o procedimento, a espécie de cognição, a natureza do provimento e os meios executórios adequados às peculiaridades da situação de direito substancial. [...] Não se trata, pois, de garantir *qualquer* tutela, mas, sim, uma que seja eficaz, tempestiva e adequada ao caso concreto. É correto dizer, portanto, que, figurando o princípio da inafastabilidade como direito fundamental, o jurisdicionado passa à posição central da prestação jurisdicional, constituindo a verdadeira razão de ser do Poder Judiciário e dos mecanismos processuais. Será, pois, a necessidade do jurisdicionado que deverá nortear a jurisdição a ser prestada.⁵⁵

A doutrina, como se verá, utiliza com frequência da expressão *tutela jurisdicional adequada e efetiva*. Há diferença entre *prestação jurisdicional* e *tutela ju-*

---

54 Nesse sentido se posiciona a doutrina. Nelson Nery Júnior expõe que "Pelo princípio constitucional do direito de ação, além do direito ao *processo justo*, todos têm o direito de obter do Poder Judiciário a *tutela jurisdicional adequada*. Não é suficiente o direito à tutela jurisdicional. É preciso que essa tutela seja a *adequada*, sem o que estaria vazio de sentido o princípio." (*Princípios...*, p. 187). Daniel Amorim Assunção Neves, do mesmo modo, faz referência ao acesso à ordem jurídica justa: "O que realmente significa dizer que nenhuma lesão ou ameaça a direito deixará de ser tutelada jurisdicionalmente? Trata-se da ideia de 'acesso à ordem jurídica justa', ou, como preferem alguns, 'acesso à tutela jurisdicional adequada.'" (op. cit., p. 23). Antonio Cintra, Ada Pellegrini Grinover e Cândido Dinamarco explicam que: "*Acesso à justiça* não se identifica, pois, com a mera *admissão ao processo*, ou possibilidade de ingresso em juízo. Como se verá no texto, para que haja o efetivo acesso à justiça é indispensável que o maior número de pessoas seja admitido a demanda e a defender-se adequadamente." (op. cit., p. 39). José Medina, por sua vez, comenta "Modernamente, tem-se pensado em tutela jurisdicional não apenas como *resultado*, mas também para designar os *meios* tendentes à sua consecução [...]. O direito de ação corresponde, portanto, ao direito à prestação jurisdicional adequada ao direito substancial. [...] Assim, também a *configuração processual* do direito de ação deve ajustar-se ao direito material [...] A inexistência, no plano processual, de tutela correspondente à reclamada pelo direito material, significaria tornar inexistente o próprio direito substantivo. O direito de ação, assim, compreende não apenas o direito à tutela jurisdicional adequada, mas também *a um processo adequado.*" (*Novo Código...*, p. 34-35).

55 MARTINS, Sandro Gilbert. Princípio da inafastabilidade (CF/1988, art. 5.º, XXXV) e a classificação das sentenças. In FUX, Luiz, NERY JR., Nelson, WAMBIER, Teresa Arruda Alvim. *Processo e Constituição...*, p. 580.

risdicional. Ambas são possíveis depois que é viabilizado o direito processual de ação, com o preenchimento de seus requisitos legais. Isso será melhor entendido em tópico dedicado às diferenças entre o direito ao exercício da atividade jurisdicional e o direito processual de ação propriamente dito. Porém, o que precisa ficar claro nesse ponto, é que a *prestação* e a *tutela* só serão possíveis a partir do momento em que é possível uma sentença de mérito.

A *prestação jurisdicional* consiste, assim, na apreciação do pedido do autor, por meio da realização do processo, ou seja, é todo o exercício da atividade jurisdicional realizado a partir do momento em que o julgador vislumbra que o mérito pode ser considerado e decidido. A *tutela jurisdicional*, por sua vez, é verificada quando além de apreciar o mérito, o ente jurisdicional acolhe os pedidos do demandante e assegura a realização do direito material no plano prático.[56] Assim, presente o direito processual de ação, sempre será desenvolvida a *prestação jurisdicional*, porém nem sempre a *tutela jurisdicional*.

De todo modo, conquanto seja importante mencionar tais diferenças, é igualmente relevante frisar que toda a atividade jurisdicional deve ser *adequada* e *efetiva*, seja na forma de prestação ou tutela jurisdicional, como também a apreciação jurisdicional exercida ainda que não caracterizado o direito processual de ação por falta de algum requisito legal.

Como *adequada* entende-se que a atividade jurisdicional deve ser a mais apropriada aos preceitos do direito objetivo e à realização dos direitos materiais. O exercício adequado da jurisdição é aquele que melhor se ajusta à natureza da pretensão, à situação de fato com todas as suas circunstâncias e às próprias condições das partes. É o melhor meio ou instrumento para a promoção de determinado fim.

Como exemplos dessa ideia, podem ser citados os procedimentos especiais com características próprias, as tutelas provisórias, os meios processuais de tutela coletiva e, ainda, a própria arbitragem que, no âmbito dos direitos patrimoniais disponíveis, se destaca por apresentar uma cognição mais especializada e célere.

Luiz Guilherme Marinoni e Daniel Francisco Mitidiero com muita lucidez explicam em que consiste a tutela adequada, inclusive, elencando exemplos que são verificados na prática forense:

> A tutela jurisdicional tem de ser *adequada* para a tutela dos direitos. O processo tem de ser *capaz de promover* a realização do direito material. O *meio* tem de ser idôneo à promoção do *fim*. A adequação da tutela revela a necessidade de análise do direito material posto em causa para se estruturar, a partir daí, um processo dotado de *técnicas processuais aderentes* à situação levada a juízo. A igualdade material entre

---

56 "Importante é a distinção entre tutela jurisdicional e prestação jurisdicional. A primeira implica essencialmente a efetiva proteção e satisfação do direito. A segunda consiste mais propriamente no serviço judiciário, que se instrumentaliza por meio do processo para a solução da lide." (RIBEIRO, Leonardo Ferres da Silva. op. cit., p. 154).

as pessoas – e entre as situações substanciais carentes de tutela por elas titularizadas – só pode ser alcançada na medida em que se possibilite *tutela jurisdicional diferenciada* aos direitos. O processo tem de ser *"adeguato allo scopo cui è destinato"* a alcançar, o que significa que é *"insopprimibile"* do campo da tutela jurisdicional a relação entre meio e fim, capaz de outorgar *unidade teleológica* à *tutela jurisdicional dos direitos*. O direito à tutela jurisdicional adequada implica a previsão: (i) de *procedimentos com nível de cognição apropriado* à tutela do direito pretendida; (ii) de distribuição adequada do ônus da prova, inclusive com possibilidade de *dinamização* e *inversão*; (iii) de *técnicas antecipatórias* idôneas a distribuir isonomicamente o ônus do tempo no processo, seja em face da *urgência*, seja em face da *evidência*; (iv) de *formas de tutela jurisdicional com executividade intrínseca*; (v) de *técnicas executivas* idôneas; e (vi) de *Standards para valoração probatória* pertinentes à natureza do direito material debatido em juízo. É dever do legislador estruturar o processo em atenção à necessidade de adequação da tutela jurisdicional. É dever do juiz adaptá-lo concretamente, a partir da legislação, a fim de viabilizar tutela adequada aos direitos.[57]

Além de adequada, a tutela tem de ser *efetiva*. Essa ideia, por si só, ensejaria um trabalho exclusivo pela abrangência do tema, porém, em linhas gerais, pode se compreender que a atividade jurisdicional será dotada de *efetividade* se demonstrar a capacidade de viabilizar resultados ou soluções práticas[58] e de satisfazer os interesses daqueles que levaram suas necessidades à apreciação do ente investido na jurisdição.

Nesse sentido, José Roberto dos Santos Bedaque, em obra dedicada ao tema, conceitua o processo efetivo como sendo "aquele que, observado o equilíbrio entre os valores *segurança* e *celeridade*, proporciona às partes o resultado desejado pelo direito material."[59] De forma semelhante, Cândido Rangel Dinamarco associa a efetividade à plena realização das finalidades da função jurisdicional ao expor que a efetividade "constitui expressão resumida da ideia de que o *processo deve ser apto a cumprir integralmente toda a sua função sócio-política-jurídica, atingindo em toda plenitude todos os seus escopos institucionais*."[60]

Não basta garantir o acesso, é preciso assegurar meios eficazes à tutela dos direitos materiais. Do contrário, um mecanismo, que foi concebido historicamente

---

57 SARLET, Ingo Wolfgang, MARINONI, Luiz Guilherme, MITIDIERO, Daniel. op. cit., p. 718-719.

58 "É evidente que quando se emprega o termo efetividade no processo quer-se traduzir uma preocupação com a eficácia da lei processual, com sua aptidão para gerar os efeitos que dela é normal esperar. Nesse contexto – da efetividade –, imperioso falar em um processo civil de resultados, dotado de mecanismos e técnicas adequados para alcançar os resultados pretendidos." (RIBEIRO, Leonardo Ferres da Silva. Prestação jurisdicional efetiva: uma garantia constitucional In FUX, Luiz, NERY JR., Nelson, WAMBIER, Teresa Arruda Alvim. op. cit., p. 154-155).

59 BEDAQUE, José Roberto dos Santos. *Efetividade do processo e técnica processual*, 3ª ed., São Paulo : Malheiros Editores, 2010, p. 49.

60 DINAMARCO, Cândido Rangel. *A instrumentalidade do processo*, 14ª ed., rev. e atual.. São Paulo: Malheiros Editores, 2009, p. 319.

para solucionar conflitos e pacificar o seio social, trará mais insegurança, agregando desprestígio ao ordenamento jurídico.

Em texto emblemático intitulado *Efetividade do Processo e Técnica Processual* pronunciado na sessão inaugural do Congresso Nacional de Direito Processual e Reforma Constitucional, realizado na cidade do Rio de Janeiro em 1994, José Carlos Barbosa Moreira, com muita propriedade, identifica pelo menos cinco pontos pelos quais a efetividade do processo se manifesta:

> Efetividade, noção abrangente, comporta dose inevitável de fluidez. Em trabalho [há referência à obra do mesmo autor *Notas sobre o problema da "efetividade"do processo* de 1984] que já conta com mais de dez anos, mas em cuja substância, no particular, não nos pareceria necessário introduzir hoje alterações de monta, procuramos sintetizar em cinco itens algo que, sem excessiva pretensão de rigor, se poderia considerar como uma espécie de "programa básico" da campanha em prol da efetividade. Escrevíamos então: a) o processo deve dispor de instrumentos de tutela adequados, na medida do possível, a todos os direitos (e outras posições jurídicas de vantagem) contemplados no ordenamento, quer resultem de expressa previsão normativa, quer se possam inferir do sistema; b) esses instrumentos devem ser praticamente utilizáveis, ao menos em princípio, sejam quais forem os supostos titulares dos direitos (e das outras posições jurídicas de vantagem) de cuja preservação ou reintegração se cogita, inclusive quando indeterminado ou indeterminável o círculo dos eventuais sujeitos; c) impende assegurar condições propícias à exata e completa reconstituição dos fatos relevantes, a fim de que o convencimento do julgador corresponda, tanto quanto puder, à realidade; d) em toda a extensão da possibilidade prática, o resultado do processo há de ser tal que assegure à parte vitoriosa o gozo pleno da específica utilidade a que faz jus segundo o ordenamento; e) cumpre que se possa atingir semelhante resultado com o mínimo dispêndio de tempo e energias.[61]

Nessa linha de raciocínio de José Carlos Barbosa Moreira, o *processo efetivo* é aquele que dispõe de mecanismos adequados à promoção do direito material (tutela adequada) e que são viáveis na prática, em outras palavras, são pouco úteis instrumentos processuais extremamente elaborados na teoria se, no cotidiano forense, pouco ou nada agregam à atividade dos sujeitos do processo. Além disso, goza de efetividade o processo que possui meios apropriados de constituição da prova, que possam persuadir racionalmente o julgador, e que permite a verificação de resultados práticos, como meios eficazes de execução das decisões judiciais.

Pois bem. Ao dizer que a atividade jurisdicional tem de se apresentar com qualidade, devendo ser adequada e efetiva, nos termos acima propostos, parece que três concepções harmonizam bem com esse contexto e, em razão disso, passam também a integrar o conteúdo do princípio da inafastabilidade da função

---

61 MOREIRA, José Carlos Barbosa. *Temas de direito processual : sexta série*, São Paulo : Saraiva, 1997, p. 17-18..

jurisdicional. São elas: *a instrumentalidade do processo, a técnica processual* e *o princípio da cooperação*.

A *instrumentalidade do processo* pode ser entendida, essencialmente, na ideia de que a função jurisdicional, como já vista neste trabalho, tem índole notavelmente substitutiva e possui a finalidade de promover de forma efetiva e adequada o direito material.[62] Isto é, o processo deve ser desenvolvido e atuar em proveito do direito substancial e não o contrário.

Há, assim, a compreensão de que os mecanismos processuais estão a serviço do Estado, na busca de seu fim último de pacificação dos conflitos sociais, e não podem ser aplicados como um fim em si mesmo, em desprestígio da finalidade e efetividade para as quais foram originalmente concebidos. Nesse sentido, parte da doutrina, como Antonio Carlos de Araújo Cintra, Ada Pellegrini Grinover e Cândido Rangel Dinamarco estabelecem a instrumentalidade assume um aspecto positivo e outro negativo.[63]

Desenvolvido esse raciocínio, a concepção do processo como instrumento passa a influenciar diretamente a elaboração e aplicação das normas de direito processual. Determina a busca desse estado ideal das coisas representado por um processo que promova efetivamente os preceitos da ordem jurídica material e não implique um emaranhado de formas bem desenhadas, mas desconexas com a realidade.

Nesse contexto, surge o chamado *princípio da instrumentalidade das formas* que, em linhas simples, determina a prevalência da finalidade dos atos processuais ainda que em eventual prejuízo de suas formas.[64] Não se trata de defender o

---

62 Sobre o tema, afirma Bruno Silveira de Oliveira que "qualquer discurso sobre direito processual, hoje em dia, pressupõe a conscientização do locutor quanto a seu papel de agente, seja teórico, seja prático, na efetivação dos direitos materiais. A visão teleológica, portanto, é indispensável àqueles que de qualquer modo se ponham a pensar e – sobretudo – a repensar o direito processual." (Os princípios constitucionais, a instrumentalidade do processo e a técnica processual, *Revista de Processo*, vol. 146, p. 321, Abr.2007).

63 Explicam os autores "Seja ao legislar ou ao realizar atos de jurisdição, o Estado exerce o seu *poder* (poder estatal). E, assim como a jurisdição desempenha uma função instrumental perante a ordem jurídica substancial (para que se imponha em casos concretos) – assim também toda a atividade jurídica exercida pelo Estado (legislação e jurisdição, consideradas globalmente) visa a um objetivo maior, que é a pacificação social. [...] a instrumentalidade do processo, aqui considerada, é aquele *aspecto positivo* da relação que liga o sistema processual à ordem jurídica-material [...] Fala-se da instrumentalidade do processo, ainda, pelo seu *aspecto negativo*. Tal é a tradicional postura (legítima também) consistente em alertar para o fato de que ele não é um fim em si mesmo e não deve, na prática cotidiana, ser guinado à condição de fonte geradora de direitos." (CINTRA, Antonio Carlos de Araújo; GRINOVER, Ada Pellegrini; DINAMARCO, Cândido Rangel. op. cit., p. 47).

64 "Pelo princípio da instrumentalidade das formas, ainda que a formalidade para a prática de ato processual seja importante em termos de segurança jurídica, visto que garante à parte que a respeita a geração dos efeitos programados por lei, não é conveniente considerar o ato nulo somente porque praticado em desconformidade com a forma legal. O essencial é verificar se

abandono completo das formalidades legais. A segurança jurídica e as garantias mínimas das partes, como o contraditório e a ampla defesa, devem ser preservadas, porém em equilíbrio com outros valores igualmente importantes, em especial a efetividade [65]. Um dos exemplos mais notáveis de positivação dessa ideia é o texto do art. 188 do Código de Processo Civil de 2015.[66]

Observa-se, assim, a profunda ligação entre a concepção do processo como instrumento e a garantia de acesso à jurisdição. Aliás, essa é uma das conclusões de Cândido Rangel Dinamarco em sua obra *A Instrumentalidade do Processo*, referência sobre o tema:

> Tudo quanto foi dito ao longo da obra volta-se a essa síntese muito generosa que na literatura moderna leva o nome de *acesso à justiça*. Falar em instrumentalidade do processo ou em sua efetividade significa, no contexto, falar dele como algo posto à disposição das pessoas com vista a fazê-las mas felizes (ou menos infelizes), mediante a eliminação dos conflitos que as envolvem, com decisões justas. Mais do que um princípio, o acesso à justiça é a síntese de todos os princípios e garantias do processo, seja no plano constitucional ou infraconstitucional, seja em sede legislativa ou doutrinária e jurisprudencial. [...] Falar de *efetividade do processo*, ou da sua instrumentalidade em sentido positivo, é falar da sua aptidão, mediante a observância racional desses princípios e garantias, a pacificar segundo critérios de justiça. [...] O que recebe destaque, agora, é a necessidade de incrementar o sistema processual, com instrumentos novos e novas técnicas para o manuseio dos velhos.[67]

No mesmo contexto da atividade jurisdicional adequada e efetiva, está a ideia da *técnica processual*. Em linhas gerais, toda *técnica* representa a predisposição de meios ordenados a obter certos resultados, só se justificando pela existência de determinada finalidade a cumprir. Assim, a *técnica processual* pode ser compre-

---

o desrespeito à forma legal para a prática do ato afastou-o de sua finalidade, além de verificar se o descompasso entre o ato como foi praticado e como deveria ser praticado segundo a forma legal causou algum prejuízo. Não havendo prejuízo para a parte contrária, tampouco ao próprio processo, e percebendo-se que o ato atingiu sua finalidade, é excessivo e indesejável apego ao formalismo declarar o ato nulo." (NEVES, Daniel Amorim Assumpção. op. cit., p. 77).

65   "Não se pretende, é claro, a eliminação da forma e o abandono de todas as conquistas da ciência processual moderna. *Forma* e *técnica* não são, em si mesmas, um mal. Ao contrário, a existência de um modelo legal é fator de garantia as partes [...]. É preciso, todavia, que o processualista não perca de vista a função indiscutivelmente instrumental desse meio estatal de solução de controvérsias, para não transformar a técnica processual em um verdadeiro labirinto, em que a parte acaba se arrependendo de haver ingressado, pois não consegue encontrar a saída. O mal reside, portanto, no formalismo excessivo." (BEDAQUE, José Roberto dos Santos. *Efetividade...*, p. 52).

66   "Art. 188. Os atos e os termos processuais independem de forma determinada, salvo quando a lei expressamente a exigir, considerando-se válidos os que, realizados de outro modo, lhe preencham a finalidade essencial."

67   DINAMARCO, Cândido Rangel. *A instrumentalidade...*, p. 359 e 362.

endida pelo conjunto de normas que regem os procedimentos,[68] voltada à solução dos conflitos sociais e à promoção do direito material. É o complexo de enunciados normativos, extraídos das regras e princípios, especialmente dedicados a ordenar o exercício da função jurisdicional e do processo. Nesse caso, o uso da redundância pode ser útil: a *técnica processual* é o instrumento do próprio instrumento.

Nesse sentido, é novamente valiosa a explicação de Cândido Rangel Dinamarco:

> Quando dos conceitos e definição de objetivos se passa a cuidar da operatividade do sistema, tem-se em vista a técnica a ser posta a serviço dos propósitos estabelecidos. Tem-se por *técnica* a predisposição ordenada de meios destinados a obter certos resultados. Toda técnica, por isso, é eminentemente instrumental, no sentido de que só se justifica em razão da existência de alguma finalidade a cumprir e deve ser instituída e praticada com vista à plena consecução da finalidade. Daí a ideia de que todo objetivo traçado sem o aporte de uma técnica destinada a proporcionar sua consecução é estéril; e é cega toda técnica construída sem a visão clara dos objetivos a serem atuados. Nesse contexto bipolar, acontece então que se todo instrumento, como tal, destina-se a ajudar o homem a obter determinados resultados, por outro lado ele exige do homem a sua manipulação segundo normas adequadas, sob pena de inutilidade ou distorção [...]. A técnica está a serviço da eficiência do instrumento, assim como este está a serviço dos objetivos traçados pelo homem e todo sistema deve estar a serviço deste.[69]

Na essência, é por meio da *técnica processual* que o caráter instrumental do processo se manifesta. Como consequência, o sucesso dos postulados da *adequação* e da *efetividade* da função jurisdicional depende diretamente de como a *técnica processual* ou os sistemas normativos que a integram são elaborados e aplicados.[70]

O apego exagerado ao formalismo talvez seja o exemplo mais notório dessa ideia. Utilizar de uma técnica que avalie tão somente a forma estrita dos atos processuais, ignorando as suas finalidades, certamente resulta em um procedimento que é aplicado por si próprio e desassociado da efetividade no plano prático. Nesse sentido, cabe nova citação de José Roberto dos Santos Bedaque:

> Propõe-se ampliar essa visão dos óbices processuais, para incluir a questão da técnica processual, cuja complexidade, incorreta compreensão e má aplicação têm

---

68 BEDAQUE, José Roberto dos Santos. *Efetividade...*, p. 81.
69 DINAMARCO, Cândido Rangel. *A instrumentalidade...*, p. 264-265.
70 "Ao se falar em técnica processual, não se pretende – ao contrário das teorias ditas tecnicistas – elaborar um sistema imune ou neutro, como se o processo civil não fosse destinado a atender aos conflitos dos homens de carne e osso. Ao inverso, a única razão para relacionar a técnica processual e as tutelas dos direitos é demonstrar que o processo não pode ser pensado de forma isolada ou neutral, pois só possui sentido quando puder atender às tutelas prometidas pelo direito material, para o que é imprescindível compreender a técnica processual (ou o processo) a partir dos direitos fundamentais e da realidade do caso concreto." (MARINONI, Luiz Guilherme. *Teoria geral...*, p. 255).

contribuído decisivamente para o insucesso do instrumento. [...] Ignorar a natureza instrumental do processo favorece o formalismo, na medida em que confere relevância exagerada à técnica e à forma, em detrimento dos objetivos do instrumento como um todo e dos atos especificamente considerados. [...] Pouco adianta encontrar mecanismos de efetivação prática das tutelas se a elas não se chega porque o processo é repleto de armadilhas e empecilhos, que acabam por impedir seu desenvolvimento normal. A busca de meios visando a realização prática das tutelas somente produzirá o resultado desejado se a técnica empregada no desenvolvimento do processo não constituir óbice a que o resultado se produza.[71]

Ainda, quanto à concepção da *técnica processual* e de sua importância na efetividade da atividade jurisdicional, é fundamental a avaliação feita por José Carlos Barbosa Moreira, que quase *dando um conselho* aos processualistas, pontua:

> Quem quer que haja tido alguma experiência do foro sabe que problemas de ordem essencialmente técnica sempre estarão presentes no trabalho quotidiano do juiz. Desmerecer-lhes a importância é equívoco tão grave quanto o de deixar-se absorver por completo pela respectiva análise, ou sobrepô-la a tudo mais. Nenhum processualista que preze a sua ciência tem o direito de desinteressar-se pura e simplesmente das questões técnicas. Ótimo seria que os operadores do direito soubessem dar-lhes, ao menos no comum dos casos, solução adequada. Percebe-se a todo instante quão longe ainda estamos de ver realizada semelhante aspiração. Incumbe precisamente aos processualistas uma missão esclarecedora, quase diria uma função didática, a que não nos podemos furtar. Se nos omitirmos, não é crível – nem, aliás, desejável... – que se possa contar, para suprir a nossa omissão, com a ajuda de economistas, sociólogos ou cientistas políticos. Como tampouco seria desejável, adite-se, que os processualistas, enquanto tais, desatentos às armadilhas do amadorismo, nos atrevêssemos sem a indispensável preparação a discorrer sobre assuntos específicos de economia, de sociologia ou de ciência política, em vez de simplesmente nos valermos, com maior prudência e decerto com maior proveito, dos subsídios que oferecem à nossa meditação os frutos do labor científico levado a cabo nesses setores do conhecimento humano.[72]

Por último e sem qualquer pretexto de esgotar o tema relativo à tutela jurisdicional adequada e efetiva, é importante o estudo do *princípio da cooperação*, notadamente em razão da crescente relevância do tema no cenário jurídico processual brasileiro e a adoção expressa do preceito pelo art. 6º do Código de Processo Civil de 2015, segundo o qual "todos os sujeitos do processo devem cooperar entre si para que se obtenha, em tempo razoável, decisão de mérito justa e efetiva.".

Pois bem, dentro dos critérios e conceituações concatenadas no item 2.1 precedente, parece que o preceito assume a natureza principiológica. A *cooperação* entre os sujeitos que figuram na relação processual e no decorrer dos procedi-

---

71 BEDAQUE, José Roberto dos Santos. *Efetividade*..., p. 25, 27 e 90.
72 MOREIRA, José Carlos Barbosa. *Temas de direito processual*..., p. 27.

mentos parece se ajustar à ideia de *promoção de um estado ideal das coisas* e de *mandado de otimização*. Notadamente, após adoção desse preceito pelo Código de Processo Civil de 2015, a *cooperação* assume a condição de *diretriz fundamental* do sistema processual civil brasileiro. Preconiza, por assim dizer, a promoção de um estado ideal das coisas caracterizado fundamentalmente pela existência de uma comunidade de trabalho composta pelos sujeitos do processo[73-74] que devem *operar ou realizar o processo conjuntamente*,[75] em diálogo permanente, em busca dos melhores resultados possíveis. Assume mais claramente, com relação à inafastabilidade, uma feição instrumental, contribuindo e qualificando a atividade jurisdicional, otimizando a busca constante por um estado ideal das coisas de pleno acesso à jurisdição adequada e efetiva.[76]

Feita essa breve explicação, o *princípio da cooperação* ou essa *operação ou realização conjunta do processo* pode ser compreendido em duas perspectivas. Uma primeira perspectiva, que pode ser entendida como *objetiva*, atinente ao próprio processo e aos mecanismos colocados à disposição dos sujeitos processuais, ou seja, os meios pelos quais o diálogo é construído. E uma segunda que pode ser denominada *subjetiva*, relativa aos comportamentos esperados dos sujeitos envolvidos no processo.

---

73 Juiz, partes e outros que eventualmente participem da atividade jurisdicional, *v.g.*, Ministério Público e Amicus Curiae.

74 Como diz, Lúcio Grassi de Gouveia: "O princípio da cooperação, considerado a trave mestra do processo civil moderno, leva frequentemente a falar de uma 'comunidade de trabalho' (*Arbeitsgemeinschaft*) entre as partes e o tribunal para a realização da função processual. A cooperação, há décadas propugnada por Rosenberg, foi ainda reafirmada como princípio fundamental do processo civil no IX Congresso Mundial de Direito Judiciário. Destina-se a transformar o processo civil numa 'comunidade de trabalho' e a responsabilizar as partes e o tribunal pelos seus resultados. O processo deverá orientar-se pelo diálogo e comunicação entre os sujeitos processuais, privilegiando tais aspectos em detrimento de um enfoque estratégico ou duelístico.". (GOUVEIA, Lúcio Grassi de. A função legitimadora do princípio da cooperação intersubjetiva no processo civil brasileiro, *Revista de Processo*, vol. 172, Jun.2009, p. 34).

75 Essa ideia também pode ser aferida da própria semântica e formação etimológica da palavra *cooperar*. Surge da junção da palavra *operar*, que significa *fazer* ou *realizar*, com o prefixo *co* que traz a ideia de concomitância e simultaneidade.

76 Sobre isso, pondera Bruno Campos Silva que: "O direito fundamental de estar em juízo encontra-se afirmado em norma constante do Texto Constitucional (*ex vi* do art. 5.º, XXXV e do art. 3.º do Projeto de novo CPC), e por isso mesmo, deflui do princípio da inafastabilidade de prestação da tutela jurisdicional. Todos aqueles (*v.g.*, partes, terceiros) que se encontram em pleno debate democrático devem participar de maneira a incentivar a construção de um pronunciamento judicial que garanta a implementação dos direitos fundamentais. Para tanto, de suma importância a *participação qualificada* no processo, no intuito de cooperar para o desenho de uma decisão judicial correta/adequada." (O direito fundamental de estar e cooperar em juízo, In AURELLI, Arlete Inês [coord.] et al, *O Direito de estar em juízo e a coisa julgada : estudos em homenagem a Thereza Alvim*, São Paulo : Editora Revista dos Tribunais, 2014, p. 98).

Com relação à perspectiva *subjetiva*, a compreensão do conteúdo do princípio da cooperação passa pelo exame dos comportamentos dos sujeitos processuais por dois enfoques principais: o padrão de comportamento esperado do magistrado e o padrão de comportamento esperado das partes.[77] Em outras palavras, a tarefa de verificar se o princípio da cooperação foi ou não respeitado no caso em concreto depende diretamente da análise no seguinte sentido: se os comportamentos verificados de fato se ajustam aos padrões de comportamentos esperados, observou-se o princípio da cooperação; porém, se esse ajuste não é verificado, não foi observado o princípio da cooperação.

No enfoque dos comportamentos esperados por parte de quem estiver investido na função jurisdicional, eles se caracterizam, precisamente, pela observância de alguns deveres mínimos a serem cumpridos pelo magistrado: *dever de esclarecimento, dever de prevenção, dever de debate ou consulta* e o *dever de auxílio*. Exige-se de quem estiver investido na função jurisdicional que participe como um agente-colaborador do processo.[78] Espera-se daquele que vai julgar a causa uma atuação mais efetiva, especialmente, com o objetivo de promover uma melhor aplicação dos procedimentos e uma relação mais harmoniosa entre os sujeitos processuais.[79] Desse modo, ao preconizar uma mudança de postura do julgador, esse princípio tem como finalidade última a obtenção da solução mais adequada ao caso concreto.[80]

---

[77] O Código de Processo Civil português de 2013, por exemplo, denomina os comportamentos esperados dos sujeitos processuais como *deveres de cooperação*, conforme se apreende dos seus artigos 7º e 8º: "Art. 7.º. Princípio da cooperação. 1 - Na condução e intervenção no processo, devem os magistrados, os mandatários judiciais e as próprias partes cooperar entre si, concorrendo para se obter, com brevidade e eficácia, a justa composição do litígio. 2 - O juiz pode, em qualquer altura do processo, ouvir as partes, seus representantes ou mandatários judiciais, convidando-os a fornecer os esclarecimentos sobre a matéria de facto ou de direito que se afigurem pertinentes e dando-se conhecimento à outra parte dos resultados da diligência. 3 - As pessoas referidas no número anterior são obrigadas a comparecer sempre que para isso forem notificadas e a prestar os esclarecimentos que lhes forem pedidos, sem prejuízo do disposto no n.º 3 do artigo 417.º. 4 - Sempre que alguma das partes alegue justificadamente dificuldade séria em obter documento ou informação que condicione o eficaz exercício de faculdade ou o cumprimento de ónus ou dever processual, deve o juiz, sempre que possível, providenciar pela remoção do obstáculo. Art. 8º. Dever de boa-fé processual. As partes devem agir de boa-fé e observar os deveres de cooperação resultantes do preceituado no artigo anterior.".

[78] DIDIER JÚNIOR, Fredie. O princípio da cooperação: uma apresentação, *Revista de Processo*, vol. 127, p. 75, Set.2005.

[79] "O objetivo do princípio é exigir do juiz uma participação mais efetiva, entrosando-se com as partes de forma que o resultado do processo seja o resultado dessa atuação conjunta de todos os sujeitos processuais." (NEVES, Daniel Amorim Assumpção. op. cit., p. 81).

[80] Maria Carolina Silveira Beraldo, de forma muito clara, ensina que: "Falar em cooperação é falar em auxílio mútuo para a consecução de determinado fim. O *Novo Dicionário Aurélio da Língua Portuguesa* registra, a respeito, as seguintes definições: operar ou obrar simultaneamente; trabalhar em comum; colaborar: *cooperar para o bem público*. Falar em cooperação processual é

O *dever de esclarecimento* pode ser compreendido na atividade do julgador de requerer às partes esclarecimentos sobre seus fundamentos e pedidos, evitando a adoção de decisões prematuras e até equivocadas[81-82]. Inclusive, cumpre ao magistrado indicar às partes o que precisa ser esclarecido.[83] O *dever de prevenção* determina uma atuação do magistrado no sentido de prevenir as partes de possíveis prejuízos de ordem material em razão do uso inadequado do processo. Não significa que o juiz deva substituí-las em suas tarefas ou deva atuar de ofício além do que lhe é permitido pela lei. O que o dever de prevenção impõe é que o magistrado deve alertar as partes ao verificar que os pedidos ou requerimentos por elas formulados não têm chance de sucesso por deficiências de ordem processual [84]. O *dever de debate ou consulta* consiste na exigência de que o julgador sempre

---

falar, portanto, em auxílio processual, trabalho em comum para que o instrumento por meio do qual o Estado atua na prestação jurisdicional se desenvolva não só em observância às regras processuais técnicas de procedimento, mas também àquelas de conduta, essenciais à compreensão da finalidade social que deve conformá-lo." (O dever de cooperação no processo civil, *Revista de Processo*, vol. 198, p. 455, Ago.2011).

81 Sobre isso, era em certa medida o que destacava Barbosa Moreira, ainda na vigência inicial do CPC/73, que "No propósito de contribuir para a mitigação das desigualdades substanciais entre as partes, tem-se cogitado de conferir ao juiz a faculdade (ou mesmo o dever) de prestar-lhes informações sobre os ônus que lhes incumbem, convidando-as, por exemplo, a esclarecer e a complementar suas declarações acerca dos fatos, ou chamando-lhes a atenção para a necessidade de comprovar alegações. [...] Entretanto, o mais valioso instrumento 'corretivo', para o juiz, consiste sem dúvida na possibilidade de adotar *ex officio* iniciativas relacionadas com a instrução do feito. Os poderes instrutórios, a bem dizer, devem reputar-se inerentes à função do órgão judicial, que, ao exercê-los, não se 'substitui' às partes, como leva a supor uma visão distorcida do fenômeno. Mas é inquestionável que o uso hábil e diligente de tais poderes, na medida em que logre iluminar aspectos da situação fática, até então deixados na sombra por deficiência da atuação destes ou daquele litigante, contribui, do ponto de vista prático, para suprir inferioridades ligadas à carência de recursos e de informações, ou à dificuldade de obter o patrocínio de advogados mais capazes e experientes." (MOREIRA, José Carlos Barbosa. A função social do processo civil moderno e o papel do juiz e das partes na direção e na instrução do processo, *Revista de Processo*, vol. 37, Jan-Mar.1985, p. 146-147)

82 DIDIER JÚNIOR, Fredie. O princípio da cooperação..., p. 75.

83 "Por dever de esclarecimento, (*'Aufklärungspflicht'*) entende-se o dever de o tribunal se esclarecer junto das partes quanto às dúvidas que tenha sobre as suas alegações, pedidos ou posições em juízo (a propósito, o dever de esclarecimento normalmente é acompanhado por um dever de indicação, '*Hinweispflicht*', que impõe ao juiz o dever de apontar precisamente aquilo que deve ser esclarecido pela parte." (MITIDIERO, Daniel. *Colaboração no processo civil : pressupostos sociais, lógicos e éticos*, 3ª ed. rev., atual., e ampl. de acordo com o novo código de processo civil, São Paulo : Revista dos Tribunais, 2015, p. 69). "O dever de esclarecimento consiste no dever do tribunal de se esclarecer junto às partes quanto às dúvidas que tenha sobre as suas alegações, pedidos ou posições em juízo, para evitar decisões tomadas em percepções equivocadas/apressadas." (DIDIER JÚNIOR, Fredie. O princípio da cooperação..., p. 75).

84 É o conceito apresentado pelo professor português Miguel Teixeira de Sousa, para quem "o dever de prevenção tem um âmbito mais amplo: ele vale genericamente para todas as situações

consulte as partes antes de proferir uma decisão, ainda que já tenha conhecido das questões ou que se trate de matérias que possa reconhecer de ofício.[85] Por último, o *dever de auxílio* implica uma atuação de quem estiver investido na função jurisdicional no sentido de deve assistir às partes na superação de dificuldades que obstem a fruição de direitos ou faculdades ou que impeçam o cumprimento de ônus e deveres processuais.[86-87]

Sob um segundo enfoque, do padrão de comportamento esperado pelas partes, pode se dizer que o princípio da cooperação se manifesta de forma diferente.

Das partes para com o juiz, há manifesto dever de reciprocidade quanto ao dever de esclarecimento. A cooperação impõe não só que o magistrado, como visto, deve buscar esclarecimentos junto às partes, mas que essas devem esclarecer o solicitado na medida do possível.[88]

Entre as partes, essas estão em posições claramente antagônicas, sendo descabível, para não dizer utópico, esperar delas um comportamento cooperativo mútuo ou a observância dos quatro deveres indicados com relação aos seus adversários [89]. De outro lado, não parece ser possível dizer, que elas não estão sub-

---

em que o êxito da acção ou da defesa possa ser frustrado pelo uso inadequado do processo. São quatro as áreas fundamentais em que a chamada de atenção decorrente do dever de prevenção se justifica: a explicitação de pedidos poucos claros, o carácter lacunar da exposição de factos relevantes, a necessidade de adequar o pedido formulado à situação concreta e a sugestão de uma certa actuação." (SOUSA, Miguel Teixeira de. *Estudos sobre o novo processo civil*, 2ª ed., Lisboa : Lex, 1997, p. 66).

85 Uma das mais notáveis consequências desse dever de debate ou consulta, é a regra da vedação da chamada decisão surpresa , perfilhada, inclusive, no art. 10 do Código de Processo Civil 2015 o qual dispõe que "o juiz não pode decidir, em grau algum de jurisdição, com base em fundamento a respeito do qual não se tenha dado às partes oportunidade de se manifestar, ainda que se trate de matéria sobre a qual deva decidir de ofício.".

86 "O tribunal tem o dever de auxiliar as partes na superação das eventuais dificuldades que impeçam o exercício de direitos ou faculdades ou cumprimento de ónus ou deveres processuais." (SOUSA, Miguel Teixeira de. op. cit., p. 67).

87 É na essência o que diz o Código de Processo Civil português de 2013, no já referido art. 7°, segundo o qual o juiz deve *promover a remoção do obstáculo*: "Art. 7.º. Princípio da cooperação. [...] 4 - Sempre que alguma das partes alegue justificadamente dificuldade séria em obter documento ou informação que condicione o eficaz exercício de faculdade ou o cumprimento de ónus ou dever processual, deve o juiz, sempre que possível, providenciar pela remoção do obstáculo.".

88 "O dever de esclarecimento implica um dever recíproco do tribunal perante as partes e destas perante aquele órgão: o tribunal tem o dever de se esclarecer junto das partes e estas têm o dever de o esclarecer." (SOUSA, Miguel Teixeira de. op. cit., p. 65).

89 Nesse sentido, pontuam Humberto Theodoro Júnior, Dierle Nunes, Alexandre Bahia e Flávio Pedron que "nem mesmo de uma visão romântica que induziria a crença de que as pessoas no processo querem, por vínculos de solidariedade, chegar ao resultado mais correto para o ordenamento jurídico. Esta utópica solidariedade processual não existe (nem nunca existiu): as partes querem ganhar e o juiz quer dar vazão à sua pesada carga de trabalho.". (THEODORO JÚNIOR, Humberto, NUNES, Dierle, BAHIA, Alexandre Melo Franco, PEDRON, Flávio Quinaud.

metidas à cooperação e que essa é direcionada apenas ao magistrado. Conquanto não se espere das partes uma postura cooperativa recíproca, o que evidentemente iria de encontro à natureza das coisas, não se afigura possível que elas não estejam igualmente sujeitas ao princípio da cooperação. O texto do art. 6º do Código de Processo Civil de 2015 dispõe claramente que "todos os sujeitos do processo devem cooperar entre si.".

Há, assim, um aparente paradoxo, entre um quadro fático de litígio, disputa e adversariedade e o que a lei processual determina no referido art. 6º. Mas só aparente.   Essa suposta contradição, em uma interpretação que preza pela coerência e completude do sistema, parece ser afastada pelo dever de lealdade e boa-fé processual que é intrínseco à visão cooperativa do processo.[90-91-92]

Disposto expressamente nos art. 5º, também do Código de Processo Civil de 2015, segundo o qual "aquele que de qualquer forma participa do processo deve comportar-se de acordo com a boa-fé", o dever de lealdade e boa-fé impõe às partes a observância de um padrão de comportamento leal, probo e honesto. O Código de 2015 repetiu a sistemática adotada pelo Código de 1973 e elegeu algumas condutas exemplificativas da má-fé no seu art. 80. Indica, assim, o que seria a boa-fé por meio da menção de condutas em que essa não seria observada. Pode se dizer,

---

Novo CPC..., p. 70). Do mesmo modo, Daniel Mitidiero explica que "o papel do juiz na condução do processo é alterado no modelo cooperativo. As partes, porém, não tem deveres recíprocos por força da colaboração. Ação e defesa são posições antagônicas que denotam diferentes interesses diante da causa. O conflito existente entre as partes impede que se estruture um processo civil a partir de deveres cooperativos entre as partes." (MITIDIERO, Daniel. *Colaboração...*, p. 70).

90   "No modelo cooperativo de processo, que é necessariamente um *debido proceso leal*, além de objetivar-se a boa-fé, somando-se à perspectiva subjetiva a objetiva, reconhece-se que todos os participantes do processo, inclusive o juiz, devem agir lealmente em juízo. É como está, aliás, no art. 5.º do CPC/2015, e como reconhece tranquilamente a doutrina francesa a propósito do art. 16 do *Nouveau Code de Procédure Civile*. Há, em suma, dever de recíproca correção de 'todos os intervenientes' do processo (art. 9.º do CPC português; art. 247, *Ley de Enjuiciamiento Civil* espanhola). A boa-fé é um dos elementos constitutivos do modelo cooperativo de processo civil." (MITIDIERO, Daniel. *Colaboração...*, p. 92).

91   A propósito, em parecer final da Comissão Especial da Câmara dos Deputados, destinada a analisar os projetos de lei nos 6.025/05, 8.046/10 e outros que tratavam do Código de Processo Civil de 2015, constou expressamente que os arts. 5º e 8º, que foram mantidos na redação final do CPC/15, tinham, "rigorosamente, o mesmo propósito: consagrar o princípio da cooperação, na linha do que vêm fazendo as legislações estrangeiras mais avançadas.". (Documento disponível em: http://www.camara.gov.br/proposicoesWeb/prop_mostrarintegra?codteor=1086929&filename=PRL+4+PL6025.05+%3D%3E+PL+6025/2005, p. 196. Acesso em: 2.mar.2016).

92   É o que faz também o CPC português de 2013, que conjuga a cooperação, a boa-fé e o dever de urbanidade nos seus arts. 8º e 9º: "Art. 8º. Dever de boa-fé processual. As partes devem agir de boa-fé e observar os deveres de cooperação resultantes do preceituado no artigo anterior. Art. 9º. Dever de recíproca correção. 1 – Todos os intervenientes no processo devem agir em conformidade com um dever de recíproca correção, pautando-se as relações entre advogados e magistrados por um especial dever de urbanidade.".

portanto, que a boa-fé está reversamente definida. Porém, não se trata de um conceito fechado, o art. 5º confere, nas palavras de Arruda Alvim, Araken de Assis e Eduardo Arruda Alvim, uma interpretação lata ao conceito, não se exaurindo nas hipóteses do art. 80 e carecendo de apreciação concreta do intérprete.[93]

De todo modo, dessas hipóteses do art. 80, que representam um conteúdo mínimo da ideia de boa-fé no processo, extrai-se que a má-fé é representada por atitudes que prejudicam o melhor desenvolvimento da atividade jurisdicional, como alterar a verdade dos fatos (inc. II), usar do processo para conseguir objetivo ilegal (inc. III) ou opor resistência injustificada ao andamento do processo (inc. IV). Essa parece ser a essência do conteúdo do princípio da cooperação no enfoque do padrão de comportamento esperado das partes. Sem esquecer seus interesses opostos e intenções antagônicas, elas devem colaborar com o juiz e com a melhor atividade jurisdicional possível, ou seja, realizada em tempo razoável, justa e efetiva, participando de um diálogo permanente, leal, probo e honesto.

O Código de Processo Civil de 2015, como dito, adota o *princípio da cooperação* como uma de suas principais matrizes normativas. Além da perspectiva subjetiva explicada, o conteúdo do preceito também se manifesta objetivamente, cuja principal manifestação é a adoção do chamado *modelo cooperativo de processo* também preconizado pelo referido art. 6º, o qual, por isso, assume caráter notoriamente bifacetário.[94] Tal modelo caracteriza-se, fundamentalmente, pela

---

[93] É o que comentaram os autores à luz do CPC/73, mas cuja pertinência se renova: "À falta de critérios legais mais nitidamente prefixados, era extremamente difícil apurar a violação de tais princípios, hoje melhormente regrados, ainda que a previsão, atualmente existente, também se expresse por conceitos vagos. Por isso, entende-se que a configuração, ou não, da má-fé, em escala apreciável, fica afeta à interpretação dos Tribunais. Esta descrição de condutas, exigida pelo sistema do CPC, fornece elemento objetivo para a sua avaliação, ainda que haja margem para interpretação *lata*. Por isto se deve dizer que a conduta das partes está objetivamente definida no texto legal. Por outras palavras não somente se exige conduta em conformidade com a boa-fé, senão que se descrevem as hipóteses em relação às quais deve esta conduta ser enquadrada; e, ademais, no art. 17 [correspondente ao art. 80 do CPC/15], descrevem-se as hipóteses em que, ao contrário, tendo havido infração aos mandamentos do art. 14 [cujo inc. II é correspondente em certa medida do art. 5º do CPC/15], naquele art. 17 encontra o litigante o perfil de conduta descrita como representativa da má-fé. O que se pode dizer a respeito da boa-fé é que ela se encontra, em certa medida, também reversamente 'definida' no art. 17, quando este considera, nos seus incisos as hipóteses de má-fé, ideia esta em que se nega a boa-fé. Mas, como no art. 14, II, utiliza-se o legislador dos conceitos de boa-fé e lealdade, tendo-se em vista que a lei não contém palavras inúteis, deve-se concluir o seguinte: (a) em todas as hipóteses do art. 17, certamente, havendo má-fé, segue-se que inexistiu boa-fé, com o que o art. 17 é texto que, sistematicamente lido com o art. 14, II, nessa conjugação e medida, delimita e esclarece o âmbito desse art. 14, II; (b) todavia, como se utilizou o legislador, autonomamente, da expressão boa-fé nesse art. 14, II, o que se deve concluir é que o âmbito de seu texto – conquanto iluminado pelo art. 17 – nele não se exaure." (ALVIM, Arruda. ASSIS, Araken de. ALVIM, Eduardo Arruda. *Comentários...*, p. 104).

[94] Nesse sentido, assevera Daniel Mitidiero: "Se adotada uma chave de leitura apropriada, trata-se de norma da mais alta importância que ao mesmo tempo visa caracterizar o processo civil

observância do contraditório enquanto direito de influência[95] e dos padrões de comportamento esperados – perspectiva subjetiva do princípio da cooperação. Surge pela junção das características do modelo isonômico e assimétrico.

Mais tradicionalmente, fala-se em modelo dispositivo ou adversarial e em modelo inquisitório.[96] Em linhas bem gerais, o primeiro se caracteriza, fundamentalmente, pelo protagonismo das partes, em forma notória de competição e disputa, com o ente jurisdicional, na maioria das vezes o juiz, em posição relativamente passiva no desenvolvimento do processo. Já no segundo, há uma inversão, assumindo o ente jurisdicional uma posição ativa na condução do processo. Para essa leitura do tema, o modelo cooperativo seria a superação desses dois modelos.

Porém, adota-se nesse ensaio um segundo modo de compreensão do tema que, embora guarde certa semelhança com o primeiro, parece mais útil à compreensão do modelo cooperativo. Em vez da visão do processo por modelos dispositivo e inquisitório, o modelo cooperativo resulta da integração de características dos modelos isonômico e assimétrico de processo, assumindo características de ambos. Entende-se que essa segunda perspectiva do tema é mais útil, porque a adoção do modelo cooperativo não implica o afastamento de traços dispositivos e inquisitoriais do processo.[97]

Com efeito, a diferença entre as classificações ou perspectivas parece estar no enfoque que se é dado. A primeira concentra-se profundamente no papel do juiz e nas mais diversas iniciativas do processo. Já a segunda, além disso, elege as espécies de modelo de processo, por assim dizer, com base em como se dá a *divisão de trabalho* entre os sujeitos do processo, desde a dialética até a decisão. Ou seja,

---

brasileiro a partir de um modelo e fazê-lo funcionar a partir de um princípio: o modelo cooperativo de processo civil e o princípio da colaboração." (MITIDIERO, Daniel. *Colaboração...*, p. 52).

95 O trabalho tratará do princípio do contraditório no item 3.2 adiante.

96 Essa é a posição, *v.g.*, de Fredie Didier (DIDIER JÚNIOR, Fredie. Os três modelos de direito processual: inquisitivo, dispositivo e cooperativo. *Revista de Processo*, vol. 198, p. 213, Ago.2011); Andrés de la Oliva e Miguel Angel Fernández (OLIVA, Andrés de la. FERNÁNDEZ, Miguel Angel. op. cit., p. 108-110).

97 Assim, concorda esse trabalho com a tese desenvolvida por Daniel Mitidiero para quem é "mais apropriado trabalhar com modelos isonômico e assimétrico basicamente por duas razões: em primeiro lugar, porque "dispositivo" e "inquisitório" são modelos que retratam apenas o aspecto ligado às posições jurídicas das partes e do juiz no que tange à condução do processo, deixando na sombra outros elementos importantes de comparação entre modelos (por exemplo, o papel da lógica jurídica no processo de interpretação e aplicação do direito e o papel da boa-fé ao longo do processo). Trata-se, portanto, de uma perspectiva de análise incompleta. Em segundo lugar, porque o processo civil pautado na colaboração conserva tanto traços dispositivos (como, por exemplo, possibilidade de formalização do julgamento pela aplicação das regras que regem o ônus da prova, art. 373 do CPC/2015) como traços inquisitórios (como, por exemplo, a possibilidade de instrução de ofício pelo juiz, art. 370 do CPC/2015)." (MITIDIERO, Daniel. *Colaboração...*, p. 53-54). Na mesma obra, aliás, é interessante a perspectiva histórica apresentada, cuja leitura se recomenda.

se a divisão de trabalho é caracterizada pela condução do processo pelas partes, competindo ao juiz tão somente zelar pela regularidade formal e decidir a causa, tratar-se do modelo isonômico. Se há, porém, uma divisão de trabalho com perfil notoriamente hierárquico, com o juiz em posição acima das partes na condução do processo e nas decisões tomadas, falar-se-á em modelo assimétrico.

O modelo cooperativo de processo, no entanto, por manifestar objetivamente o princípio da cooperação e, em última análise, os perfis democráticos do processo informado pelas normas fundamentais do Estado Constitucional, caracteriza-se como uma mescla dos dois modelos referidos. Fala-se que essa segunda perspectiva é mais útil justamente por isso, porque permite um melhor entendimento de como a *divisão de trabalho cooperativa* se desenvolve. O magistrado, então, conduzirá o processo, decidindo as questões processuais e o mérito (feição assimétrica), porém o fará em constante e efetivo diálogo com as partes (feição isonômica) [98]. Conserva-se a hierarquia e a assimetria nas decisões, o que, vale dizer, é inerente à própria função jurisdicional, mas o conteúdo do decidido e os caminhos tomados são construídos com participação efetiva das partes.

Sobre o tema, é emblemática a conceituação do autor alemão Reinhard Greger que explica bem a ideia:

> O princípio da cooperação parte de uma compreensão fundamental da ciência processual moderna: o processo civil trata de uma relação jurídica entre os sujeitos processuais – isto é, entre o juiz e as parte de um lado e as partes entre si de outro. [...] Ele expressa que o processo liga os envolvidos (juiz e partes) em relacionamento, cujo sentido e fim são o de alcançar propósito processual, isto é, a afirmação e a execução do direito privado e a restauração da paz jurídica perturbada. [...] Essa consideração demonstra que a exigência de um princípio da cooperação não contradiz o princípio dispositivo e nem mesmo é orientada ao seu deslocamento ou substituição. [...] Ao contrário: justamente porque no processo civil existe o princípio dispositivo, o juiz deve cooperar com as partes, e elas não podem promover ou permitir uma descoordenação. Por isso, a compreensão correta da cooperação, em relação ao papel do *juiz*, significaria que esse não tem de conduzir o processo passiva nem autoritariamente. Ele deve se comportar, na interação com as significativas atividades das partes, de modo que se possa alcançar o propósito do processo o mais fácil, rápida e completamente possível. Para as *partes*, o princípio da coopera-

---

[98] "O *modelo cooperativo* parte da ideia que o Estado tem como dever primordial propiciar condições para organização de uma sociedade livre, justa e solidária (art. 3.º, I, da CF/1988), fundado que está na dignidade da pessoa humana (art. 1.º, III, da CF/1988). Indivíduo, sociedade civil e Estado acabam por ocupar assim posições coordenadas – o que dá lugar a uma *relação de cooperação*. [...] Com o redimensionamento do papel do juiz e das partes a partir da necessidade de equilibrada participação, o juiz tem o seu papel redesenhado, assumindo dupla posição: *paritário no diálogo e assimétrico na decisão* (arts. 9.º, 10, 139 e 489, §1.º, IV, do CPC/2015). A condução do processo civil a partir daí é gravada por *deveres cooperativos – esclarecimento, diálogo, prevenção e auxílio. A boa-fé subjetiva e a boa fé objetiva têm que ser observada por todos os seus participantes* (art. 5.º do CPC/2015)" (MITIDIERO, Daniel. *Colaboração...*, p. 98).

ção não significa que elas devam oferecer o seu processo (*ihren Prozess austragen*) em íntimo companheirismo (*Zweisamkeit*) – essa seria uma utopia alienígena [...]. Adequadamente compreendida, a exigência de cooperação ao invés de determinar apenas que as partes – cada uma para si – discutam a gestão adequada do processo pelo juiz, faz com que essas dela participem.[99]

Assim, atento a uma realidade fática do que pode ser chamado por *interesses não cooperativos*, caracterizados por comportamentos isolados e por vezes egocêntricos dos sujeitos processuais, o Código de Processo Civil de 2015 estabelece o que pode ser chamado de *teoria deontológica de cooperação e comparticipação*. Em outras palavras, consolida no plano do *dever ser* o comportamento cooperativo das partes, na busca de mitigar as dificuldades fáticas de um cenário não cooperativo.

Preconiza, vale reiterar, a criação de verdadeira *comunidade de trabalho* em prol de melhores trâmites procedimentais e resultados, como de forma muito feliz explicam Humberto Theodoro Júnior, Dierle José Coelho Nunes, Alexandre Melo Franco Bahia e Flávio Quinaud Pedron na obra já referendada:

> O sistema processual brasileiro é um ambiente no qual prevalecem os interesses não cooperativos de todos os sujeitos processuais. O juiz imerso na busca por otimização numérica de seus julgados e as partes (e seus advogados) no âmbito de uma litigância estratégica (agir estratégico) com a finalidade de obtenção de êxito. Esta *patologia* de índole fática não representa minimamente os comandos normativos impostos pelo modelo constitucional de processo, nem mesmo os grandes propósitos que o processo, como garantia, deve ofertar. Ao se partir desta constatação cabe ao direito, dentro de seu pressuposto contrafático, ofertar uma base normativa que induza um comportamento de diálogo genuíno no qual estes comportamentos não cooperativos sejam *mitigados*. Isto induz à assunção do processo como um *lócus* normativamente condutor de uma *comunidade de trabalho*, na qual todos os sujeitos processuais devam atuar em viés interdependente e auxiliar, com responsabilidade, na construção dos pronunciamentos judiciais e em sua efetivação. [...] Nestes termos, não é possível mais ler, sob a égide do Novo CPC, a cooperação como singela colaboração, como realizado pela doutrina legatária da socialização processual (que advoga o protagonismo do Estado-Juiz tão somente na aplicação do Direito). É preciso ler a referida cooperação, como corolário do contraditório como garantia de influência. [...] Para tanto, em conformidade com esta teoria normativa da comparticipação (cooperativa relida), o Novo CPC traz um conjunto de comandos que fomentam o diálogo e o controle de todas as ações dos sujeitos processuais, como *v.g.*, a boa-fé processual, a fundamentação estruturada das decisões e o formalismo democrático. Tal premissa otimiza o funcionamento processual na medida em que, de um lado, cria ferramentas de fiscalidade para o comportamento de todos os sujeitos, e, de outro, induz que o processo oferte o máximo de aproveitamento de sua atividade (com a prevalência do julgamento do mérito), sem idas e vindas decorrentes, por exemplo, da *esperteza* de advogados ou negligência do juiz ao analisar argumentos essenciais para o deslinde correto do caso. Nesses termos, sob a égide

---

[99] GREGER, Reinhard. Cooperação como princípio processual, tradução de Ronaldo Kochem, *Revista de Processo*, vol. 206, p. 123, Abr.2012.

do Novo CPC, o processo democrático/justo, entre outras conquistas, elevou o grau de participação e influência das partes na preparação e formação do provimento judicial com que se haverá de solucionar o litígio em juízo.[100]

Ainda sobre o *princípio da cooperação*, é muito próxima e interessante a ideia de *operosidade*,[101] cuja definição parece clara na obra *Acesso à Justiça: juizados especiais cíveis e ação civil pública: uma nova sistematização da teoria geral do processo* de Paulo Cezar Pinheiro Carneiro.

Segundo o autor, todas as pessoas que de alguma forma participam da atividade jurisdicional, inclusive em procedimentos preparatórios, devem atuar da forma mais produtiva possível e dedicada a assegurar o efetivo acesso à justiça. Assim explica:

> Esse princípio significa que as pessoas, quaisquer que sejam elas, que participam direta ou indiretamente da atividade judicial ou extrajudicial, devem atuar da forma mais produtiva e laboriosa possível para assegurar o efetivo acesso à justiça. [...] Inicialmente, cumpre destacar que todos devem cooperar com as atividades destinadas à democratização do processo, tendo como meta ideal a participação de quem quer que seja, em igualdade de condições, de sorte a possibilitar a justa composição dos conflitos individuais ou coletivos que surjam em determinada sociedade. [...] O juiz é o personagem mais importante para o desenvolvimento da atividade jurisdicional: dirige o processo, exerce poder de polícia; é quem dá a palavra final (decide) sobre o conflito. [...] Os códigos de processo em geral contêm diretrizes básicas que informam o comportamento de todos os seus operadores e cooperadores. [...] Todavia, não basta, para fixar como comportamento ético mínimo exigir dos juízes que eles simplesmente cumpram os prazos previsto em lei, velem pela rápida solução do litígio. É preciso, também, que procedam com urbanidade, assegurem às partes igualdade de tratamento, e julguem com justiça, de tal sorte que o vencedor seja aquele que efetivamente tem o direito material [...] Modernamente, existe uma preocupação muito grande com o comportamento das partes no processo. Do ponto de vista técnico, a parte só tem participação direta e pessoal no processo em raríssimas ocasiões: quando citada, depoimento pessoal ou interrogatório, e, dependendo da hipótese, quando for possível a conciliação no processo. Fora destas situações, é o advogado da parte quem efetivamente atua no processo, as mais das vezes sem que as próprias partes saibam como. [...] Seja como for, a formulação de uma nova base que assegure o acesso à justiça passa, necessariamente, pela colocação de princípios norteadores de um novo comportamento dos advogados em face das partes e, também, de como eles devem atuar no processo. [...] O segundo aspecto da operosidade está relacionado com a utilização dos instrumentos e dos meios mais eficazes, quer pelas partes e seus advogados, que pelo juízo, no sentido

---

100 THEODORO JÚNIOR, Humberto, NUNES, Dierle, BAHIA, Alexandre Melo Franco, PEDRON, Flávio Quinaud. *Novo CPC – Fundamentos e sistematização...*, p. 69-72.

101 "Entre os princípios informativos dessa garantia [acesso à justiça] aponta-se a *operosidade*, consistente no dever, imposto aos sujeitos do processo, de atuar da forma mais adequada à obtenção dos resultados desejados - o que compreende, evidentemente, a utilização correta da técnica." (BEDAQUE, José Roberto dos Santos. *Efetividade...*, p. 51).

de obter maior e melhor produtividade. Quanto maior e melhor for a produtividade, possivelmente mais justo será o resultado, pois os instrumentos e os meios se destinam a essa finalidade.[102]

Desse modo, pelo que foi colocado, pode se apreender que o *princípio da cooperação* apresenta parâmetros a serem observados por todos os sujeitos envolvidos no exercício da atividade jurisdição, norteando uma melhor condução do processo e, por consequência, a obtenção de um melhor resultado.

Assim, encerrando este tópico, conclui-se que o postulado da inafastabilidade da função jurisdicional não assegura apenas o mero acesso à jurisdição, mas o desenvolvimento de uma atividade jurisdicional adequada e efetiva. Atividade essa que será informada, notadamente, pelas concepções de um processo como instrumento que não exista por si, mas seja trabalhado a serviço do direito material, de uma técnica processual que viabilize esse caráter instrumental e pela observância do *princípio da cooperação*.

2.7. Destinatários

Seguindo o estudo do conteúdo do princípio da inafastabilidade, cabe fazer uma breve identificação de quem são os destinatários do postulado constitucional, ou em outros termos, quem deve fundamentalmente respeitá-lo e seguir seus preceitos.

Como já referido em várias oportunidades, dispõe o art. 5º, inciso XXXV, da Constituição Federal que "a lei não excluirá da apreciação do Poder Judiciário lesão ou ameaça a direito". Assim, textualmente, se observa um comando constitucional expresso que limita o conteúdo de qualquer lei. Nenhum ato legal poderá conter dispositivo expresso ou de caráter implícito que exclua lesão ou ameaça a direito da apreciação pela função jurisdicional. E mais, como visto no tópico anterior, não poderá existir sequer disposição que, de algum modo, impeça a atividade jurisdicional mais adequada e efetiva para o caso concreto.

Diante disso, já é possível identificar o Poder Legislativo como primeiro destinatário da norma,[103] uma vez que sua função típica[104] é limitada claramente pelo texto constitucional. Nesse sentido, explica Alexandre Freitas Câmara:

---

102 CARNEIRO, Paulo Cezar Pinheiro. *Acesso à justiça: juizados especiais cíveis e ação civil pública: uma nova sistematização da teoria geral do processo*, 2ª ed., Rio de Janeiro : Forense, 2000, p. 63-71.

103 Nesse sentido, coloca Rodolfo de Camargo Mancuso: "Numa abordagem ponderada e aderente à realidade judiciária nacional, cabe, desde logo, reconhecer que aquele enunciado é precipuamente endereçado *ao legislador*, antes que ao jurisdicionado, pela boa razão de que este último não tem controle sobre a criação de norma legal futura que pudesse porventura excluir da apreciação judicial algum histórico de direito lesado ou ameaçado. No que toca ao âmbito processual, o dispositivo em questão tem em mira a lei ordinária federal (dada a competência da União nessa matéria - CF/1988, art. 22, I), ficando o legislador avisado para não produzir texto legal que implique em excluir da *apreciação* (sic) judicial lesões ou ameaças a direitos." (*Acesso à justiça...*, p. 194).

104 "É importante salientar que as funções típicas são as funções tradicionais e primárias, ou seja, aquelas que eles exercem de forma padrão, desde o advento da teorização sobre a separação

Sob esta ótica, ressalta-se, o destinatário da norma contida no mencionado inciso XXXV do art. 5º da Constituição Federal é o legislador, o qual fica impedido de elaborar normas jurídicas que impeçam (ou restrinjam em demasia) o acesso aos órgãos do Judiciário. Embora esta não seja a única interpretação possível para o dispositivo, trata-se, sem dúvida, de importante exegese, com reflexos consideráveis na aplicação do princípio aqui estudado. Assim é que deve ser tida por inconstitucional qualquer norma jurídica que impeça aquele que se considera titular de uma posição jurídica de vantagem, e que sinta tal posição lesada ou ameaçada, de pleitear junto aos órgãos judiciais a proteção de que se sinta merecedor.[105]

Além do Poder Legislativo, os outros Poderes Judiciário e Executivo também são considerados destinatários do preceito constitucional, considerando o exercício de suas funções atípicas,[106] notadamente quando atuam na elaboração normativa. Desse modo, por exemplo, regimentos internos dos Tribunais que disciplinem a prática forense nos fóruns ou, ainda, atos normativos da Administração também não poderão impedir ou limitar o acesso à jurisdição.[107] Sobre a vinculação dos três Poderes, esclarecem Luiz Guilherme Marinoni e Daniel Francisco Mitidiero que:

---

dos Poderes. No caso do Poder Legislativo, são típicas a função de legislar e a função de fiscalizar." (FERNANDES, Bernardo Gonçalves. op. cit., p. 777).

105 CÂMARA, Alexandre Freitas. *Lições de direito processual civil*, 20ª ed., Rio de Janeiro : Lumen Juris, 2010, p. 49-50.

106 Para explicar essa ideia é oportuna a citação de trecho da obra de José dos Santos Carvalho Filho: "A cada um dos Poderes de Estado foi atribuída determinada função. Assim, ao Poder Legislativo foi cometida a função normativa (ou legislativa); ao Executivo, a função administrativa; e, ao Judiciário, a função jurisdicional. Entretanto, não há exclusividade no exercício das funções pelos Poderes. Há, sim, preponderância. [...] Aliás, é nesse sentido que se há de entender a independência e a harmonia entre eles: se, de um lado, possuem sua própria estrutura, não se subordinando a qualquer outro, devem objetivar, ainda, os fins colimados pela Constituição. Por essa razão é que os Poderes estatais, embora tenham suas funções normais (*funções típicas*), desempenham também funções que materialmente deveriam pertencer a Poder diverso (*funções atípicas*), sempre, é óbvio, que a Constituição autorize. [...] O Judiciário, afora sua função típica (função jurisdicional), pratica atos no exercício de função normativa, como na elaboração dos regimentos internos dos Tribunais (art. 96, I, 'a', CF) e de função administrativa, quando organiza seus serviços internos [...]. Por fim, o Poder Executivo, ao qual incumbe precipuamente a função administrativa, desempenha função atípica normativa, quando produz, por exemplo, normas gerais e abstratas através de seu poder regulamentar (art. 84, IV, CF)." (*Manual de direito administrativo*, 23ª ed. rev., ampl. e atualizada até 31.12.2009, Rio de Janeiro : Lumen Juris, 2010, p. 3).

107 Sobre isso, Vicente Grego Filho enfatiza que "A determinação constitucional dirige-se diretamente ao legislador ordinário e, consequentemente, a todos os atos, normativos ou não, que possam impedir o exercício do direito de ação." (*Direito processual civil brasileiro*, vol. I, 22ª ed., São Paulo : Saraiva, 2010, p. 63).

O seu primeiro destinatário é o legislador, o qual tem como tarefa concretizá-lo mediante a promulgação de normas processuais. O administrador judiciário tem o dever de organizar estruturalmente o Poder Judiciário a fim de capacitá-lo a cumprir com a sua função de tutela jurisdicional efetiva dos direitos. O direito ao processo justo, portanto, também tem como destinatário o administrador. O juiz é obrigado a interpretar as normas em conformidade com o direito fundamental ao processo justo e, sendo o caso, tem inclusive o dever de densificá-lo *diretamente*.[108]

Do mesmo modo, é notável a lição de Teori Albino Zavascki:

> Transformar o ideário constitucional em condutas e realidades concretas não é, certamente, tarefa da alçada exclusiva do Poder Judiciário. Ao contrário, trata-se de empreendimento necessariamente compartilhado entre os Poderes do Estado e a própria sociedade. Urge, porém, que esta grande causa seja de uma vez encetada, com coragem e vontade política, e o papel do Judiciário será, induvidosamente, da maior importância. É certo que a efetivação dos programas constitucionais dependerá fundamentalmente da iniciativa dos demais Poderes, aos quais compete a formulação de políticas públicas adequadas e a aprovação dos mecanismos institucionais e legais para a respectiva implementação. Mas o Judiciário não poderá se eximir da sua fatia de responsabilidade, que consiste, essencialmente, em prestar jurisdição mediante pronunciamentos que extraiam do sistema normativo soluções as mais adequadas possíveis à produção dos resultados previstos pelo constituinte.[109]

É importante ter em vista que essa é uma conclusão lógica da própria estrutura e hierarquia normativa. Como já colocado, a inafastabilidade integra o rol de matérias que não podem ser objeto de supressão legislativa, nos termos do art. 60, § 4º, inciso IV, da Constituição Federal. Nesse contexto, se sequer emendas constitucionais do Poder Legislativo podem apresentar disposições limitadoras e impeditivas ao acesso à função jurisdicional, não parece que atos normativos dos outros poderes podem ter tal conteúdo.

O Poder Judiciário, aliás, é destinatário da norma constitucional não só por sua função atípica, mas especialmente por sua função típica, isto é, em razão da função jurisdicional que lhe é atribuída. Por tudo que já foi estudado, aquele que estiver investido na jurisdição está, por determinação constitucional, constituído em verdadeiro poder-dever do Estado, não podendo negar seu exercício. Inclusive, se for o caso, deve optar pelo viés interpretativo que privilegie o amplo e adequado acesso,[110] considerando, sobretudo, seu caráter de direito fundamental.

---

108 SARLET, Ingo Wolfgang, MARINONI, Luiz Guilherme, MITIDIERO, Daniel. op. cit., p. 708-709.

109 ZAVASCKI, Teori Albino. Eficácia social da prestação jurisdicional, *Revista de Informação Legislativa*, vol. 122, p. 293, mai/jul. 1994.

110 Nesse sentido, a Segunda Turma do Supremo Tribunal Federal, no julgamento do Recurso Extraordinário nº 158.655/PA, já teve oportunidade de afirmar que o acesso à jurisdição deve ser tido como o mais amplo possível "Prestação jurisdicional. Inteireza. A ordem jurídico-constitucional assegura aos cidadãos o acesso ao Judiciário em concepção maior. Engloba a entrega da

O Poder Judiciário tem, portanto, verdadeiro dever de julgar[111] as demandas que lhe foram apresentadas e que atendem aos requisitos legais. Além disso, deve prezar por uma atividade jurisdicional qualificada, ou seja, adequada e efetiva com relação ao caso em concreto. Esse raciocínio, cumpre dizer, parece ser aplicável também ao juízo arbitral, a partir de sua legítima constituição para o exercício da jurisdição.

Não por outra razão, prevê o já referido art. 140 do Código de Processo Civil de 2015 que art. 140 que "O juiz não se exime de decidir sob a alegação de lacuna ou obscuridade do ordenamento jurídico.". No mesmo sentido, é a previsão do art. 4º da Lei de Introdução às Normas do Direito Brasileiro: "Quando a lei for omissa, o juiz decidirá o caso de acordo com a analogia, os costumes e os princípios gerais de direito.".

Por fim, além dos Poderes estatais, pode se dizer que o princípio da inafastabilidade da função jurisdicional vincula a todos indistintamente.[112] Como visto, a condição de direito fundamental do postulado lhe agrega eficácia absoluta, irradiante e horizontal, bem como o caráter de universalidade. Constitui, assim, verdadeiro norte a ser observado não só na atuação do Estado, mas também nas relações jurídicas entre particulares, sendo-lhes vedada a realização de atos que impeçam o acesso à jurisdição.

Nesse sentido, por exemplo, é nula qualquer cláusula contratual que determine a impossibilidade de provocação do Poder Judiciário em caso de eventual conflito resultante dos interesses do contrato, salvo se as partes elegerem a arbitragem em relação a direitos patrimoniais disponíveis, e ainda assim é possível a promoção de eventual ação anulatória.

---

prestação jurisdicional da forma mais completa e convincente possível." (STF, RE nº 158.655/PA, Rel. Min. Marco Aurélio, Segunda Turma, j. 20.ago.1996, DJ 2.mai.1997).

111 Assim, ensina José Frederico Marques: "O *judicium*, síntese suprema da jurisdição, é atividade absolutamente obrigatória, pois o não-julgamento é a manifestação mais característica de denegação de justiça. A obrigação de julgar é inerente à função judiciária. [...] O juiz que se abstivesse de julgar seria tão inconcebível como o círculo quadrado, pois, deixando de decidir por obscuridade, silêncio ou insuficiência da lei, estaria praticamente declarando improcedente o pedido ou pretensão. [...] A obrigação que tem o Estado de dar a prestação jurisdicional realiza-se através do juiz. Daí o seu dever de decidir." (op. cit., p. 280).

112 Na primorosa lição de Eduardo Pellegrini de Arruda Alvim: "Dispõe a Constituição Federal sobre a garantia de tutela jurisdicional, como visto, no inciso XXXV do art. 5º, *in verbis*: 'A lei não excluirá da apreciação do Poder Judiciário lesão ou ameaça a direito'. Esta regra é essencialmente dirigida ao legislador infraconstitucional, conquanto atinja a todos, indistintamente." (*Direito processual...*, p. 138). No mesmo modo, explica Fredie Didier Júnior. que: "Esse princípio não se dirige apenas ao Legislativo – impedido de suprimir ou restringir o direito à apreciação jurisdicional -, mas também a todos quantos desejem assim proceder, pois, "se a lei não pode, nenhum ato ou autoridade de menor hierarquia poderá." (*Curso de direito processual civil – introdução ao direito processual civil, parte geral e processo de conhecimento*, vol. 1, 17ª ed. rev., ampl. e atual., Salvador : Juspodivm, 2015, p. 178).

2.8. Direito de ação

Em continuidade ao exame dos pontos que compõem o conteúdo do princípio da inafastabilidade da função jurisdicional e que permitem a formulação de uma proposta nesse sentido, é imprescindível estudar a distinção existente entre o *direito ao exercício da atividade jurisdicional* ou *direito à provocação da função jurisdicional*, de um lado, e o *direito de ação propriamente dito* ou *direito processual de ação*. Estabelecer essa diferença é importante, sobretudo, para afastar qualquer possibilidade de conflito ou inconstitucionalidade entre os institutos e seus requisitos.

Para a construção breve desse raciocínio, já que o tema sugere a elaboração de um trabalho próprio, primeiramente será traçado um breve escorço histórico da evolução do conceito do *direito processual de ação* e das principais teorias que tiveram participação nesse processo [113]. Em um segundo momento, serão estudadas a natureza jurídica e as chamadas *condições da ação*. Por fim, este tópico tratará especificamente da distinção entre o *direito ao exercício da atividade jurisdicional* e o *direito processual de ação*.

Pois bem. Iniciando as considerações a respeito da evolução histórica do direito de ação, a primeira teoria que teve papel destacado nesse processo foi a chamada *teoria civilista*, também conhecida como *teoria clássica*, *imanentista* ou *unitária*. Em sua concepção, o direito de ação era desprovido de qualquer autonomia, fazendo parte do próprio direito material. Dentre os adeptos dessa primeira ideia, destaca-se o jurista alemão Friedrich Karl Von Savigny para quem a ação seria uma qualidade do direito material ou a reação desse frente a uma violação [114]. No próprio Direito Romano, como visto no primeiro capítulo, também não era possível separar com mínima clareza o direito material e do processual.

A grande crítica feita a esse pensamento é que ela não explica ou apresenta dificuldades para fundamentar as decisões pela improcedência da ação, como bem esclarece José Manoel de Arruda Alvim Netto:

> A teoria clássica acerca da natureza jurídica da ação identifica-a com o direito material; uma e outro eram a mesma realidade, apenas apresentadas sob formas diversas. Esta posição que identifica o direito material com o direito de ação, vendo-os como dois momentos de um mesmo fenômeno jurídico, em nosso sentir, não explicava racionalmente um fenômeno comum na prática judiciária, que era o da ação infundada. Alguém demanda outrem e, na sentença final, verifica-se que o autor não tinha razão (ação infundada). No entanto - e é aqui que reside a pedra de toque do problema, em regra -, aquele que tem razão e o que não tem podem receber do

---

[113] "Sempre houve muita polêmica a respeito da 'ação'. Várias são as teorias que, ao longo da história e dos diferentes ordenamentos jurídicos, tentaram explicá-la. Todas foram tocadas por características do ordenamento jurídico, dos valores do Estado e da cultura em que foram concebidas." (MARINONI, Luiz Guilherme. *Teoria geral...*, p. 167).

[114] ALVIM, Eduardo Arruda. *Direito processual...*, p.147.

Judiciário o mesmo tratamento, porque é impossível, liminarmente, dizer quem tem e quem não tem. É evidente, pois que a teoria unitária não explicava a totalidade dos aspectos do fenômeno.[115]

Essa concepção clássica unitária começou a perder espaço no fim do século XIX, em decorrência, sobretudo, de um novo tratamento dispensado ao próprio Direito Processual Civil, que começou a ser compreendido com autonomia e separado do Direito Civil. Esse fenômeno, por certo, refletiu no direito de ação.

O instituto passou, então, a gozar de certa autonomia em relação ao direito material, porém ainda não alcançou plena independência, razão pela qual parte da doutrina chama essa segunda concepção de *teoria concretista da ação*,[116] assumindo a ação o caráter de um direito autônomo porém concreto.

Um dos doutrinadores de mais relevância nesse segundo momento foi Adolf Wach, autor alemão cuja obra é de extrema importância por ter, pela primeira vez, apresentado ideias que se contrapunham à *teoria civilista* e que iniciaram sua superação. Dentre as suas mais variadas contribuições, destaca-se o reconhecimento da existência da ação na modalidade declaratória que não poderia ser confundida com a pretensão de direito material, reservada essa à ação de natureza condenatória já vislumbrada na leitura feita pela *teoria clássica*. Além disso, compreendia que o direito de ação não pressupunha apenas um direito contra o eventual demandado, mas também um direito a ser exercitado contra o Estado.

No entanto, em que pesem tais considerações, Adolf Wach ainda entendia que a ação possuía um caráter concreto, pois a tutela jurisdicional só poderia ser satisfeita por meio de uma proteção concreta, de modo que o direito de ação só teria existido se a sentença fosse favorável.[117]

Atinente a esse segundo momento, é obrigatório também mencionar a lição de Giuseppe Chiovenda que também considerou o direito de ação como um direito autônomo, diverso do direito material, no entanto, ainda revestido de concretude.

Segundo o doutrinador italiano, a ação também estaria vinculada à existência do próprio direito material. O exercício da ação, desse modo, somente poderia ser verificado com o julgamento de sua procedência. Em caso de decisão final pela improcedência, o direito de ação teria sido exercido pelo demandado e não pelo autor. Assim, para Giuseppe Chiovenda, haveria uma ligação direta com o direito material, de modo que somente ao final do processo, com a decisão de mérito, seria possível aferir qual das partes teria razão e, por consequência, qual delas exerceu o direito de ação.[118]

---

115 ALVIM, Arruda. *Manual ...*, p. 405.
116 NEVES, Daniel Amorim Assumpção. op. cit., p. 87.
117 CINTRA, Antonio Carlos de Araújo; GRINOVER, Ada Pellegrini; DINAMARCO, Cândido Rangel. op. cit., p. 269.
118 ALVIM, Eduardo Arruda. *Direito processual...*, p.148.

Dentre vários pontos importantes de sua lição, destaca-se o que o autor italiano denominou por *direito potestativo*. Nesse sentido, a ação seria um direito autônomo por meio do qual é imposta a vontade da lei. Explicando, a lei, prevendo determinada relação de direito material, atribui razão e direito a um dos sujeitos envolvidos. Esse, então, por conta disso, passa a gozar de uma posição de privilégio, consistente em ter o direito de ação contra o segundo sujeito, esse sem razão no plano do direito material. Por conta disso, a ação permite a imposição do *querer* daquele primeiro sujeito sobre o segundo, vontade essa que coincide com o estabelecido em lei. Em consequência, altera-se a condição jurídica do segundo sujeito, independentemente de sua vontade. O direito de ação consiste no direito de obter uma atuação concreta da lei sobre o adversário.[119] Assim, conquanto o direito de ação seja autônomo, podendo ou não ser exercido por um dos sujeitos, sua existência estaria condicionada a um direito material predeterminado.

Com base nessas observações, pode-se concluir que a grande contribuição das obras de Adolf Wach e Giuseppe Chiovenda, bem como de outros doutrinadores dessa segunda corrente, foi atribuir ao direito de ação certa autonomia, ainda que dependente do direito material.

Depois dessas duas primeiras teorias, foi desenvolvida a chamada *teoria abstrata da ação*, notadamente com fundamento nos estudos dos juristas Heinrich Degenkolb e Alexander Plósz.[120] Por essa terceira concepção, além de compreender o direito de ação como autônomo, nos moldes da *teoria concretista*, estabeleceu que a ação é completamente desvinculada e independente do direito material, inovando com relação às ideias desenvolvidas até então. Assim, para a *teoria abstrata*, como sua denominação sugere, o direito de ação é autônomo e também abstrato.

Isso explica, por exemplo, o fenômeno já mencionado da ação infundada. Para essa terceira posição, a ação constitui no direito ao pronunciamento do ente juris-

---

119 "O poder de ação, para Chiovenda, consiste no direito de conseguir uma atuação concreta da lei em face de um adversário." (ALVIM, Arruda. *Manual...*, p. 408). Do mesmo modo: "Para Chiovenda, a ação se destina a provocar um efeito jurídico contra o adversário, derivado da sentença de procedência que faz atuar a lei. Segundo Chiovenda, somente é investido da ação aquele cuja demanda é acolhida. Portanto, a ação é um poder em face do adversário que depende de uma *sentença favorável*, isto é, que necessidade de uma sentença que declare a vontade da lei, uma vez que é dela que serão projetados efeitos jurídicos." (MARINONI, Luiz Guilherme. *Teoria geral...*, p. 176).

120 Nesse sentido, explica Luiz Guilherme Marinoni "Firmada a autonomia do direito de agir em relação ao direito material, alguns juristas passaram a pensar sobre a situação do autor que, movimentando o juízo, chega a uma sentença que nega a existência do direito material. Alexander Plósz e Heinrich Degenkolb entenderam que o direito de agir não excluiu a possibilidade de uma sentença desfavorável, que então restou qualificado por Alexander Plósz como 'direito abstrato'. Para esses juristas, o direito de agir é, além de autônomo, independente do reconhecimento do direito material." (*Teoria geral...*, p. 173).

dicional, independentemente do conteúdo da decisão final de mérito proferida. Nesse sentido, ainda que a sentença entenda que os pedidos do demandante são improcedentes, reconhecendo a inexistência de qualquer direito material, o direito de ação foi exercido.[121]

Além disso, para a *teoria abstrata* o direito de ação é totalmente independente do preenchimento de qualquer condição para seu exercício. Assim, os adeptos dessa ideia rejeitam ser necessário, por exemplo, atender às *condições da ação* e por consequência não se poderia falar no conceito de *carência da ação*.

De forma diferente, porém, é a doutrina desenvolvida principalmente por Enrico Tullio Liebman. Para o autor, o direito de ação é autônomo e abstrato, também, portanto, sem se identificar com o direito material. Porém, além disso, o autor estabeleceu a existência das *condições da ação*, isto é, requisitos que condicionam o direito de ação e cujo preenchimento viabiliza o julgamento de mérito da pretensão. Essa teoria é chamada pela doutrina como *teoria eclética* [122].

Essa quarta teoria e a doutrina de Enrico Tullio Liebman tem importância reconhecida no direito processual brasileiro, sobretudo pela adoção no Código de Processo Civil de 1973 das condições da ação, o que foi mantido no Código de Processo Civil de 2015, cuja ausência resulta na extinção do processo sem resolução do mérito, ou seja, sem julgar o pedido do demandante, por uma sentença terminativa.

Quanto a essa narrativa histórica inicial, cabe referência ainda a uma quinta teoria mais recente. Conhecida como *teoria da asserção* ou *teoria della prospettazione*, ela preconiza que a avaliação das condições da ação é feita com base na cognição sumária sobre o que foi exposto inicialmente pela parte. Caso o julgador necessite se aprofundar na análise dessas matérias, elas passariam a integrar

---

121 "A partir, porém, de Degenkolb e Plósz, a doutrina dominante passou a ver na ação um *direito abstrato* de agir em juízo. Para essa teoria, o direito de ação é o direito à composição do litígio pelo Estado, que, por isso, não depende da efetiva existência do direito material da parte que provoca a atuação do Poder Judiciário. Mesmo quando a sentença nega procedência do pedido do autor, não deixa de ter havido ação e composição da lide. É, assim, suficiente, para o manejo público do direito de ação, que o autor invoque um interesse abstratamente protegido pela ordem jurídica." (THEODORO JÚNIOR, Humberto. *Curso...*, p. 152). Com igual propriedade, ensina Eduardo Pellegrini de Arruda Alvim que: "Não é possível, preliminarmente, aferir se o autor tem ou não razão. Daí o porquê de a ação poder vir a ser julgada improcedente, mas ainda assim tem-se que houve efetivo exercício do direito de ação." (*Direito processual...*, p. 163).

122 Sobre a essência da teoria da ação desenvolvida por Liebman, cabe citar mais uma vez a explicação de Luiz Guilherme Marinoni: "1949 é o ano em que Liebman, em *'prolusione'* (aula inaugural) na Universidade de Turin, traça sua teoria a respeito da ação. [...] A ação constitui apenas direito ao julgamento do mérito e, portanto, é satisfeita com uma sentença favorável ou desfavorável ao autor. O que importa, para a configuração da ação, é a presença das suas condições, a princípio delineadas por Liebman como legitimação para agir, interesse de agir e possibilidade jurídica do pedido." (*Teoria geral...*, p. 178-179).

o próprio mérito. Essa teoria, inclusive, já tem sido reconhecida pelos Tribunais brasileiros.[123]

Portanto, encerrando essa referência histórica, observa-se que, de uma forma geral, a concepção sobre o direito de ação evoluiu de conceito inserido no direito substancial e de caráter eminentemente concreto para uma ideia de algo autônomo, desvinculado das normas materiais, e de índole abstrata. Posto isso, será iniciada a análise da natureza jurídica do direito de ação, ou seja, o que o direito de ação é no contexto jurídico.

A primeira premissa a ser estabelecida para essa tarefa é a de que a ação constitui um direito. A possibilidade de seu exercício, seus requisitos e, ainda, seus efeitos estão previstos legalmente. Por mais perceptível que isso possa parecer, é importante que seja ressaltado.

Nesse sentido, deve ser ponderado se a ação é um direito *objetivo* ou *subjetivo*. Essas duas categorias e as distinções entre elas já foram colocadas em tópico anterior deste segundo capítulo, porém é oportuno reiterá-las. O *direito objetivo*, em linhas gerais, é o conjunto de normas que de forma abstrata e minimamente genérica regulam determinados comportamentos humanos. O *direito subjetivo*, por sua vez, é aquele atribuído a determinados indivíduos após verificada a correspondência entre os fatos relacionados a esses sujeitos e as hipóteses dispostas previamente no direito objetivo. Em outras palavras, o direito objetivo é pressuposto do direito subjetivo que é conferido a uma pessoa ou grupo de pessoas de forma particular, que se enquadram faticamente na situação prevista em lei.

---

123 Exemplo ilustrativo é o seguinte trecho do acórdão de relatoria da Min. Nancy Andrighi, no julgamento do Recurso Especial nº 1.424.617/RJ da Terceira Turma do Superior Tribunal de Justiça em maio de 2014, inclusive em referência à jurisprudência daquela Corte: "as condições da ação, entre elas a legitimidade *ad causam*, devem ser avaliadas *in status assertionis*, limitando-se ao exame do que está descrito na petição inicial, não cabendo ao juiz, nesse momento aprofundar-se em as análise, de exercer um juízo de mérito. [...] Outro não tem sido o entendimento desta Corte, que reiteradas vezes já se manifestou no sentido de que 'as condições da ação são inicialmente aferidas *in status assertionis*, com base na alegação feita pelo demandante na inicial, sem depender do exame das circunstâncias e dos elementos probatórios dos autos' (AgRg no AResp 158.127/SP, 3ª Turma, Rel. Min. Sidnei Beneti, DJe de 02.08.2012. No mesmo sentido: REsp 1.395.875/PE, 2ª Turma, Rel. Min. Herman Benjamin, DJe de 07.03.2014; e AR 495/SP, 2ª Seção, Rel. Min. Ricardo Villas Bôas Cueva, Rel. para acórdão Min. Marco Buzzi, DJe de 31.05.2012).". Igualmente: "Recurso especial. Processual civil. Ação de nulidade de promessas de compra e venda e de permuta de imóvel. Violação do art. 535, II, do CPC. Omissão inexistente. Reforma do julgado. Impossibilidade. Interesse processual. Legitimidade ativa. Condições da ação. Aplicabilidade da teoria da asserção. Necessidade de dilação probatória. Possibilidade de julgamento antecipado da lide. Súmula nº 7 do STJ. Recurso especial não provido. [...] 2. As condições da ação, dentre elas o interesse processual e a legitimidade ativa, definem-se da narrativa formulada inicial, não da análise do mérito da demanda (teoria da asserção), razão pela qual não se recomenda ao julgador, na fase postulatória, se aprofundar no exame de tais preliminares. [...]" (STJ, REsp nº 1.561.498/RJ, Rel. Min. Moura Ribeiro, Terceira Turma, j. 1.mar.2016, DJe 7.mar.2016).

Evidenciadas essas diferenças, a doutrina em sua maioria, tem adotado o entendimento de que a ação constitui um *direito subjetivo*.[124] Este estudo compartilha dessa posição. De modo superficial, sem adentrar na densa discussão sobre os elementos que compõe os direitos subjetivos, na qual se destacam o *interesse* e a *vontade*, pode-se dizer que a ação é um direito subjetivo, pois, presentes os pressupostos legais de seu exercício, especialmente as condições da ação, e verificada a lesão ou a ameaça a direito, surge ao indivíduo, ao grupo ou à coletividade o direito de buscar a prestação jurisdicional frente ao Estado ou a quem, legitimamente, esteja constituído na função jurisdicional.

Outra característica do direito de ação, conforme já exposto nesse item, é que se trata de um instituto *autônomo* com relação ao direito material. Ou seja, o exercício da ação não pressupõe e independe da existência do direito material e, ao mesmo tempo, não significa que o demandante terá sua pretensão atendida.

Do mesmo modo, a ação tem *natureza pública*, pois se trata de um direito exercido fundamentalmente contra o Estado é um direito que pressupõe uma atividade-pública. Com propriedade, Cássio Scarpinella Bueno explica bem que "a ação só pode ser compreendida como o direito subjetivo público ou, mais que isso, o direito fundamental de pedir tutela jurisdicional ao Estado-juiz, rompendo a inércia do Poder Judiciário, e de atuar, ao longo do processo, para a obtenção daquele fim."[125]

A natureza pública da ação, por assim dizer, tem certo fundamento em sua própria autonomia em relação ao direito material. A ação não implica um direito contra a parte demandada, na essência potestativa pensada por Giuseppe Chiovenda. Constitui em um direito que, preenchidos seus requisitos legais, garante à pessoa uma postura do ente jurisdicional no sentido de examinar o mérito, isto é, dizer se sua pretensão está ou não respaldada pelo direito material.

Além disso, o direito de ação constitui um direito *condicionado*. Seu exercício só será possível ante a presença de requisitos que, em nosso sistema processual, são conhecidos como *condições da ação*, na concepção da *teoria eclética da ação* e na linha desenvolvida por Enrico Tullio Liebman.

Assim, dentro do que foi colocado, pode se concluir que o direito de ação tem natureza jurídica de *um direito subjetivo, autônomo, de natureza pública e com o exercício condicionado a requisitos predeterminados*, que não assegura a tutela do direito arguido pelo demandante, mas que garante fundamentalmente a prestação do ente investido na jurisdição consistente na avaliação de sua pretensão.

---

124 José Manoel de Arruda Alvim Netto, por exemplo, explica com notável precisão que: "atribuindo o ordenamento jurídico o direito de ação a toda e qualquer pessoa, desde que tal direito seja exercido com conformidade com a lei, este direito de ação representa, de sua parte, um direito subjetivo, um direito subjetivo processual." (*Manual...*, p. 404).

125 BUENO, Cássio Scarpinella. *Manual de direito processual civil : inteiramente estruturado à luz do novo CPC*, São Paulo : Saraiva, 2015, p. 64.

Seguindo o raciocínio proposto nesse ponto, após feito o escorço histórico e a exposição da natureza jurídica do direito de ação, serão estudadas as referidas *condições da ação* que, como visto, consistem em requisitos cujo preenchimento é fundamental para a caracterização e para o exercício do direito de ação. Em outras palavras, podem ser compreendidas como pressupostos de uma manifestação de mérito pelo ente jurisdicional.[126] Nesse sentido, José Manoel de Arruda Alvim Netto novamente de forma precisa pontua que as condições da ação são "as categorias lógico-jurídicas, existentes na doutrina e, muitas vezes, na lei, como em nosso Direito positivo, que, se preenchidas, possibilitam que alguém chegue à sentença de mérito."[127] A ausência de quaisquer desses requisitos implicará o reconhecimento do fenômeno já mencionado e conhecido como *carência da ação*.

Com base no Código de 1973 e na construção doutrinária, eram identificadas três condições da ação e que serão a seguir explicadas: *a possibilidade jurídica do pedido, a legitimidade* e *o interesse*. O Código de Processo Civil de 2015, cumpre notar, não mais adota essa classificação trinária, identificando apenas a *legitimidade* e o *interesse* como condições da ação. Esse é o teor do art. 17: "Para postular em juízo é necessário ter interesse e legitimidade.".

A primeira condição da ação é a *legitimidade*, compreendida como *legitimidade ad causam*, ou seja, como bem explica José Manoel de Arruda Alvim Netto é "a atribuição, pela lei ou pelo sistema, do direito de ação ao autor, possível titular ativo de uma dada relação ou situação jurídica, bem como a sujeição do réu aos efeitos jurídicos-processuais e materiais da sentença."[128]

Desse modo, a legitimidade *ad causam*, que condiciona o direito de ação, estará presente se, em um processo de identificação abstrata, o demandante e o demandado forem os mesmos que, no plano de direito material, poderão suportar as consequências do julgamento sobre o mérito da causa. A legitimidade, ativa ou passiva, é compreendida, então, nessa coincidência entre os sujeitos que atuam no processo, ainda que representados, e aqueles que integram a relação ou situação jurídica de direito substancial. Em outras palavras, a legitimidade implica o reconhecimento abstrato da titularidade do interesse em conflito.

Já o *interesse de agir* ou *interesse processual* implica a avaliação da efetiva utilidade da providência jurisdicional pedida pelo demandante. Não se confunde, portanto, com o interesse de direito material para o qual busca proteção.

Para verificar a existência do interesse, é necessário compreender em abstrato a presença de pelo menos dois critérios. O primeiro deles é a *necessidade* da

---

126 Ensina Eduardo Pellegrini de Arruda Alvim que "as condições da ação, no sistema positivo brasileiro, devem ser consideradas num plano prévio e distinto do mérito da causa, e são requisitos que devem ser preenchidos para que este possa ser apreciado." (*Direito processual...*, p. 169).
127 ALVIM, Arruda. *Manual...*, p. 414.
128 ALVIM, Arruda. *Manual...*, p. 420.

intervenção judicial com relação à satisfação do direito do demandante, ou seja, a atuação jurisdicional é a única opção que restou ou a mais viável para tanto. O segundo critério é a *adequação* da via processual escolhida pela parte. Ora, partindo da premissa de que a providência tem quer ser útil ao demandante, não há interesse se o autor provoca a jurisdição por meio processual que não lhe pode trazer qualquer resultado prático para resguardar o pretenso direito material.

Pois bem. Devidamente caracterizado o direito de ação e as duas condições para seu exercício, passa-se propriamente à última parte e grande objetivo desse tópico.

Do que foi até aqui colocado, é possível dizer que o princípio da inafastabilidade da jurisdição assegura o direito ao exercício da função jurisdicional no caso de lesão ou ameaça de lesão a direito individual ou transindividual. É garantida, ainda, uma atividade jurisdicional adequada e efetiva.

No entanto, a formulação de uma proposta quanto ao conteúdo da inafastabilidade também passa, como visto, pela compreensão de que *assegurar o exercício da função jurisdicional ou da atividade jurisdicional* é diferente de *assegurar o direito de ação*. Em outras palavras, o que se afirma, é que são plenamente legítimas e constitucionais as condicionantes do direito de ação. O mesmo pode ser dito com relação a outros requisitos técnico-processuais como os pressupostos processuais e recursais.

O art. 5º, inciso XXXV, da Constituição Federal, como bem assevera José Manoel de Arruda Alvim Netto trabalha com uma "realidade *pré-processual*".[129] O que o princípio da inafastabilidade da jurisdição garante e de forma alguma pode ser mitigado é o direito de provocar o exercício da função jurisdicional, inexistindo qualquer violação nesse sentido caso iniciada essa atividade o julgador observar a impossibilidade de uma formular uma resposta de mérito por falta de algum requisito do direito de ação.[130] Garante assim a apreciação do ente jurisdicional, ainda que seja para dizer que não poderá apreciar o pedido material.

Como exemplo, pode se pensar em um caso em que o processo seja extinto sem resolução do mérito por falta de interesse de agir, isto é, um caso em que não se vislumbrou a utilidade da prestação jurisdicional. Não haverá inconstitucionalidade ou desobediência da garantia de acesso à jurisdição. Essa garantia terá sido exercida em sua plenitude, pois o ente jurisdicional foi provocado, exerceu atividade jurisdicional e o demandante teve a oportunidade democrática de buscar proteção aquilo que entendeu como lesão ou ameaça de lesão a um pretenso direito.

---

129 ALVIM, Arruda. *Tratado...*, p. 25

130 Pontua Rodolfo de Camargo Mancuso que "ao contrário do que pode sugerir uma leitura apressada ou desavisada do contido no inciso XXXV do art. 5.º da CF/1988, não há confundir: (i) o singelo direito de acessar um órgão jurisdicional ("direito de demandar"), com (ii) o vero exercício do direito de ação, que, uma vez cumpridamente exercido, assegura o pronunciamento judicial sobre o fulcro da controvérsia, seja ou não fundada a pretensão material." (*Acesso à justiça...*, p. 217).

No entanto, após o exercício da função jurisdicional, apenas foi verificado que a eventual procedência do pedido lhe seria inútil.

Logicamente, tanto o interesse de agir como as demais condições da ação e, ainda, eventuais outros requisitos legais dessa ordem não podem ser aplicados de forma genérica, com a presença ou ausência presumidas, de modo desassociado do caso em concreto. O princípio da inafastabilidade não impede a avaliação da existência dessas condicionantes, porém, determina que essa avaliação seja feita da forma mais adequada e efetiva possível.[131] Estabelecer presunções como essas, de forma indiscriminada, igualando pessoas em situações fáticas e jurídicas diversas, não só macula o direito de acesso como também viola o postulado da isonomia.

Pela importância do tema, parece ser relevante citar a posição doutrinária a respeito. José Manoel de Arruda Alvim Netto, por exemplo, reconhece que o princípio da inafastabilidade assegura o desencadeamento da função jurisdicional ou o *mero direito de ser ouvido* e não necessariamente uma decisão de mérito, ou, muito menos, uma decisão de mérito com conteúdo pré-determinado:

> Estes instrumentos processuais, ensejando o pleno acesso à Justiça [...], respectivamente, indicativos do direito a ser ouvido *em qualquer alegada lesão* (*auditur et altera pars*) e em face de lesões que possam ter sido realizadas pelo próprio Estado, são cânones eminentes caracterizadores do Estado de Direito, onde deve – acima do autoritarismo possível ou de lesões que não possam ser reparadas – pairar a lei, material e *processual*, esta conducente à eficácia daquela, na ordem prática. Esta postura leva, no plano da explicação/justificação dogmática, a que se identifique tal direito como representativo de uma realidade antecedente ao processo mesmo, propriamente dito. Ou seja, de um direito pré-processual. [...] Em realidade, trata-se apenas de se reconhecer aos jurisdicionados o poder de desencadearem uma atividade dos órgãos jurisdicionais (de cuja manifestação não haja, *necessariamente*, de resultar uma sentença cujo conteúdo tenha sido prefixado, como *usualmente se diz, ainda que com certa imprecisão, como se observou*). O conteúdo do possível resultado, como consequência do *mero* direito de poder ser ouvido, não pode ser predeterminado, não pode ser predeterminado, justamente porque o que se reconhece é apenas o direito de ser ouvido [...]. A ação, no campo do processo civil, segue-se como "um segundo momento".[132]

---

[131] Nesse contexto, a sistemática das chamadas *ações previdenciárias* ilustra bem o tema. Ao que parece, não irá de encontro ao princípio da inafastabilidade determinação ou entendimento reiterado de órgão jurisdicional que preconize, sob justificativas razoáveis, a necessidade de prévia solicitação administrativa de benefício junto ao ente previdenciário, sob pena de extinção do feito sem resolução do mérito por falta de interesse. Porém, é igualmente possível, por exemplo, que a parte tenha justificadas dificuldades em realizar o pedido administrativo. Assim, sob a diretriz da realização de uma atividade jurisdicional adequada, o interesse processual deve ser avaliado em consonância com as circunstâncias do caso em concreto. Não se ignora a necessidade, em regra, da configuração de resistência à pretensão do demandante, no entanto isso deve ser verificado ao lado dos outros caracteres fáticos.

[132] ALVIM, Arruda. *Tratado...*, p. 23-24.

Luiz Guilherme Marinoni, por sua vez, entende pela legitimidade constitucional das condições da ação:

> Quando a norma fala em lesão ou ameaça a direito, obviamente está se referindo a *afirmação* de lesão ou de ameaça a direito, pois uma lei somente pode pretender excluir uma *afirmação* de lesão ou ameaça, uma vez que, quando se invoca a jurisdição, apenas se *afirma* um direito. [...] Entretanto, tal apreciação, segundo o art. 267, VI, do CPC requer a presença de determinados requisitos, chamados de condições da ação, exigência que não viola a garantia constitucional de ação nem é com ela incompatível. A falta de um desses requisitos obstaculiza a apreciação da afirmação de lesão ou ameaça, mas não exclui o direito de pedir essa apreciação. A sentença que reconhece a ausência de uma das condições da ação *apenas impede que a ação continue a se desenvolver, mas não nega que ação foi exercida*. O direito de ação e a ação [no sentido de direito constitucional e não processual] são exercidos ainda que não ocorra a apreciação a afirmação da violação ou da ameaça do direito material, mas apenas a resposta jurisdicional – que também é uma tutela jurisdicional – de que essa apreciação está impedida em razão da ausência de condição da ação. [...] a ação é um direito, o autor obviamente não está obrigado a convencer, mas apenas tem de dispor dessa oportunidade.[133]

Igualmente, Cândido Rangel Dinamarco afirma ser possível a imposição de limitações técnicas-processuais ao acesso à jurisdição, em especial por seu caráter relativo enquanto direito fundamental:

> Todo esse feixe de aberturas propiciado pelo princípio da inafastabilidade sujeita-se às restrições legitimamente postas pelas regras técnicas do processo e mesmo pelo convívio com outras normas viventes no próprio plano constitucional. Isso explica por que certas pretensões em face do Estado encontram a barreira representada pelas fórmulas de independência dos Poderes e equilíbrio entre eles; por que a propositura de uma demanda em juízo é sempre sujeita a uma série de requisitos técnico-processuais, inclusive de forma; por que as pretensões só poderão ser afinal julgadas se presentes os chamados *pressupostos de admissibilidade do julgamento de mérito* etc. [134]

Igualmente, Nelson Nery Júnior explica que "se não estiverem preenchidas as condições da ação (CPC 267 VI), a causa não poderá receber sentença de mérito, sem que isto implique ofensa ao princípio da inafastabilidade da jurisdição."[135] Patrícia Miranda Pizzol, no mesmo sentido, ensina que o direito constitucional de ação "sofre limitações naturais e legítimas (condições da ação, pressupostos processuais, prazos, regularidade formal), sem que isso implique violação ao preceito constitucional".[136]

---

133 MARINONI, Luiz Guilherme. *Teoria geral...*, p. 226-227.
134 DINAMARCO, Cândido Rangel. *Instituições...*vol. 1..., p. 204.
135 NERY JÚNIOR, Nelson. *Princípios...*, p. 191.
136 PIZZOL, Patrícia Miranda. A tutela antecipada..., p. 86.

Além da doutrina, a jurisprudência também reconhece como constitucionais e legítimos os requisitos infraconstitucionais de ordem processual, sem que isso signifique violação ao postulado da inafastabilidade. Notadamente, como exemplo, pode ser citada a seguinte decisão do Plenário do Supremo Tribunal Federal no julgamento do Agravo Regimental na Petição nº 4.556/DF em 25 de junho de 2009. No acórdão, de relatoria do então Min. Eros Grau, é bem pontuado que: "As garantias constitucionais do direito de petição e da inafastabilidade da apreciação do Poder Judiciário, quando se trata de lesão ou ameaça a direito, reclamam, para o seu exercício, a observância do que preceitua o ordenamento processual.".

Assim, encerrando este tópico, chega-se à percepção de que o princípio da inafastabilidade e o direito de ação, com todos os seus requisitos, são distintos, mas convivem harmonicamente. O postulado garante o exercício da atividade jurisdicional e o direito de ação, propriamente dito, viabiliza uma solução de mérito por parte do ente jurisdicional. Em outras palavras, se o direito de ação não ficar devidamente caracterizado por falta de suas condições, não implica violação da garantia de acesso, mas tão somente que o mérito da pretensão não poderá ser resolvido. Aliás, essa ideia de harmonização, ao que parece da leitura da doutrina elencada, pode ser estendida aos demais requisitos de ordem técnica-processual, como por exemplo, no caso dos pressupostos processuais e recursais.

2.9. Direito de petição

Seguindo o estudo sobre o conteúdo do princípio da inafastabilidade da função jurisdicional, cabe tecer algumas considerações a respeito do *direito de petição* que, embora muito próximo, não se confunde com a garantia de acesso à jurisdição.

O *direito de petição* está igualmente previsto no art. 5º da Constituição Federal, mais precisamente no inciso XXXIV, *a*, segundo o qual "são a todos assegurados, independentemente do pagamento de taxas: a) o direito de petição aos Poderes Públicos em defesa de direitos ou contra ilegalidade ou abuso de poder". Aliás, trata-se de direito presente em todos os textos constitucionais brasileiros, desde a Constituição de 1824.[137]

Consiste, assim, em direito fundamental que assegura a apresentação de petição aos Poderes Públicos para a defesa de direitos ou contra ilegalidade ou abuso de poder. Constitui um direito político que garante a qualquer um, pessoa física ou jurídica, o direito de reclamação junto às autoridades públicas. Nesse sentido, explica Gilmar Ferreira Mendes:

> Todas as Constituições brasileiras consagram o direito de petição [...]. Trata-se de importante instrumento de defesa não jurisdicional de direitos e interesses gerais

---

137 FERNANDES, Bernardo Gonçalves, op. cit., p. 451.

e coletivos. A Constituição assegura o direito de petição aos Poderes Públicos em defesa de direitos ou contra ilegalidade ou abuso de poder [...]. No conceito de petição há de se compreender a reclamação dirigida à autoridade competente para que reveja ou eventualmente corrija determinada medida, a reclamação dirigida à autoridade superior com o objetivo idêntico, o expediente dirigido à autoridade sobre a conduta de um subordinado, como também qualquer pedido ou reclamação relativa ao exercício ou à atuação ao Poder Público.[138]

José Joaquim Gomes Canotilho, do mesmo modo, ensina que:

De um modo geral, entende-se por direito de petição a faculdade reconhecida indivíduo ou grupo de indivíduos de se dirigir a quaisquer autoridades públicas apresentando petições, representações, reclamações ou queixas destinadas à defesa dos seus direitos, da constituição, das leis ou do interesse geral.[139]

Observa-se, assim, que o direito de petição se caracteriza fundamentalmente como um direito contra o Estado. Ao que parece, essa talvez seja a principal razão pela qual o postulado se aproxima do princípio da inafastabilidade. Principalmente, considerando que tanto o direito à função jurisdicional quanto o direito de ação propriamente dito têm natureza pública, como visto no tópico anterior. Há, assim, um ponto de convergência racional entre todos esses institutos jurídicos, pois todos preconizam um atuar estatal.

Exemplo desse raciocínio é a notável concepção desenvolvida na década de 1940 pelo processualista uruguaio Eduardo Juan Couture. Segundo o autor, como o direito de petição é uma garantia presente na maioria das Constituições escritas, trata-se de preceito inseparável de toda organização em forma de Estado, sendo vislumbrado indistintamente na atuação de todas e quaisquer autoridades. Nesse sentido, o direito de ação exercido frente ao ente jurisdicional seria uma espécie de direito de petição [140]. Essa concepção é válida se o raciocínio for estabelecido de forma bem ampla, como acabou de ser colocado, aliás talvez seja essa a grande contribuição da obra do jurista uruguaio.

No entanto, o direito de petição e o princípio da inafastabilidade não se confundem. Aquele é assegurado a todos indistintamente, possui índole eminentemente política e administrativa, enquanto o direito de acesso à jurisdição assegura o exercício da função jurisdicional adequada e efetiva àquele que entende estar na condição de titular de um interesse lesionado ou ameaçado.

Para sedimentar tal distinção e concluindo o presente tópico, faz-se necessário citar autorizada doutrina a esse respeito. Nesse sentido, com muita propriedade de Eduardo Pellegrini de Arruda Alvim explica que:

---

138 MENDES, Gilmar. BRANCO, Paulo Gustavo Gonet. op. cit., p. 474.
139 CANOTILHO, J.J. Gomes. *Direito constitucional...*, p. 512.
140 MARINONI, Luiz Guilherme. *Teoria geral...*, p. 177-178.

O direito de ação distingue-se do direito de petição (CF/88, art. 5.º, XXXIV). Este último é um direito político, exercitável em defesa de direito ou contra ilegalidade ou abuso de poder (art. 5.º, XXXIV, a). Já o direito de ação é um direito público subjetivo, que pode ser exercitado até mesmo contra o Estado. Isso não significa, como já vimos, que haja sempre direito à apreciação do mérito da pretensão, o que depende do preenchimento das condições da ação.[141]

Nelson Nery Júnior, com igual clareza, explica que:

> O direito à tutela jurisdicional não se confunde com o direito de petição, este último garantido pela CF 5.º XXXIV, *a*, conforme experiência haurida do estado liberal. O direito de petição é conferido para que se possa reclamar, junto aos poderes públicos, em defesa de direitos contra ilegalidade ou abuso de poder. O direito de petição é um *direito político*, que pode ser exercido por qualquer um, pessoa física ou jurídica, sem forma rígida de procedimento para fazer-se valer, caracterizando-se pela informalidade, bastando a identificação do peticionário e o conteúdo sumário do que se pretende do órgão público destinatário do pedido. Pode vir exteriorizado por intermédio de *petição*, no sentido estrito o termo, *representação*, *queixa* ou *reclamação*. A característica que diferencia o direito de petição do direito de ação é a necessidade, neste último, de se vir a juízo pleitear a tutela jurisdicional, porque se trata de direito pessoal. Em outras palavras, é preciso preencher a condição da ação *interesse processual*. Para legitimar-se ao direito de petição não é preciso que o peticionário tenha sofrido gravame pessoal ou lesão em seu direito, porque se caracteriza como direito de *participação política*, onde está presente o interesse geral no cumprimento da ordem jurídica.[142]

2.10. Direito de defesa

Superado o estudo das diferenças entre o direito de acesso à jurisdição e os direitos de ação e de petição, é fundamental dizer que o princípio da inafastabilidade também assegura o direito de defesa com todas as garantias constitucionais que lhe são inerentes.

Como visto no primeiro capítulo desse trabalho, com a evolução dos mecanismos jurídicos e aperfeiçoamento das instituições estatais, o exercício da autotutela, em regra, passou a ser vedado e a função jurisdicional assumiu a condição de principal meio de solução de conflitos, perfazendo-se no protagonismo da jurisdição exercida pelo Poder Judiciário. A consolidação dessa situação gera duas consequências lógicas relativas à atuação estatal.

Ao não permitir que as pessoas busquem a satisfação dos seus interesses por meios próprios, obrigando-os a solicitar o exercício da jurisdição, o Estado deve assegurar o acesso à atividade jurisdicional mais adequada e efetiva possível. Mas

---

141 ALVIM, Eduardo Arruda. *Direito processual...*, p. 139.
142 NERY JÚNIOR, Nelson. *Princípios...*, p. 189.

mais que isso. O Estado deve também garantir o direito íntegro de defesa com a observância de todas as garantias àqueles em face de quem a tutela jurisdicional é pedida.

Raciocinar de forma diferente, compreendendo o conteúdo do princípio da inafastabilidade focado tão somente na proteção do demandante, seria entender que a Constituição assegura uma espécie de reforço ou chancela estatal a qualquer pretensão do demandante o que, por certo, não é o caso. Essa ideia seria fundamentalmente contrária à concepção do próprio Estado Democrático de Direito e ao devido processo legal.

Não por outra razão o art. 5º, inciso XXXV, da Constituição Federal e o art. 3º do Código de Processo Civil de 2015 se utilizam da expressão *apreciação pelo Poder Judiciário*. Assim, não se assegura a concessão das pretensões do demandante, mas que elas deverão ser *consideradas* pelo ente jurisdicional. Aliado a isso, o mesmo art. 5º garante, no inciso LV, os *princípios do contraditório e ampla defesa* "aos litigantes, em processo judicial ou administrativo, e aos acusados em geral são assegurados o contraditório e ampla defesa, com os meios e recursos a ela inerentes". No mesmo sentido, é o art. 7º do Código de 2015: "É assegurada às partes paridade de tratamento em relação ao exercício de direitos e faculdades processuais, aos meios de defesa [...]."

Desse modo, é essencial um exercício de hermenêutica que preza pela unidade dos preceitos do texto constitucional. Conclui-se, portanto, que as pretensões do demandante devem ser apreciadas, mas sempre mediante o estabelecimento de um diálogo firmado pelos contrapontos apresentados pelo demandado ou, minimamente, assegurando a oportunidade de que assim o faça.[143]

Nesse sentido, ensina José Afonso da Silva, inclusive com referência à lição de Eurico Tullio Liebman:

> O art. 5º, XXXV, consagra o direito de invocar a atividade jurisdicional, como direito público subjetivo. Não se assegura aí apenas o direito de agir, o direito de ação. Invocar a jurisdição para a tutela de direito é também direito daquele contra quem se age, contra quem se propõe a ação. Garante-se a plenitude de defesa, agora mais incisivamente assegurada no inc. LV do mesmo artigo: *aos litigantes, em processo judicial e administrativo, e aos acusados em geral são assegurados o contraditório e ampla defesa, com meios e recursos e ela inerentes*. Agora a seguinte passagem do magistério de Liebman tem ainda maior adequação ao Direito Constitucional bra-

---

143 A esse respeito discorre Álvaro Érix Ferreira: "Estaria a Constituição garantindo, *sempre* ao autor o exame de sua pretensão de mérito? Entretanto, não se pode perder de vista que a mesma Constituição também assegura à parte contrária outras garantias que, de certa forma, se contrapõem ao direito do autor de obter invariavelmente uma sentença de mérito. A garantia do contraditório, da ampla defesa e do devido processo legal (incs. LV e LIV do mesmo art. 5.º) demanda a observância de inúmeras formalidades e requisitos legais no processo para que se possa entregar devidamente a prestação jurisdicional." (Garantia constitucional de acesso à tutela jurisdicional, *Revista dos Tribunais*, vol. 659, p. 40, Set.1990).

sileiro: "O poder de agir em juízo e o de defender-se de qualquer pretensão de outrem representam a garantia fundamental da pessoa para a defesa de seus direitos e competem a todos indistintamente, pessoa física e jurídica, italianos [brasileiros] e estrangeiros, como atributo imediato da personalidade e pertencem por isso à categoria dos denominados *direitos cívicos*".[144]

Do mesmo modo, Bernardo Gonçalves Fernandes explica que:

> falar em acesso à jurisdição não é concepção que se esgota com a oportunidade de propositura (postulação) da demanda perante o Judiciário, mas requer a observância irrestrita dos princípios do contraditório e da ampla defesa como consectários do princípio do devido processo, como condição de legitimidade da decisão jurisdicional – e só assim podemos falar (legitimamente) em composição do conflito.[145]

Assim, sob o aspecto estudado nesse tópico, pode se dizer que o princípio da inafastabilidade da jurisdição tem natureza *bifacetária*. Determina que, por um lado o Estado deve garantir ao demandante o acesso à atividade jurisdicional adequada e efetiva, e que, por outro, deve assegurar ao demandado seu direito de defesa, com todas as garantias constitucionais que lhe são inerentes. A função jurisdicional deve ser desenvolvida, portanto, pela construção racional dos fundamentos apresentados por todas as partes envolvidas.

2.11. Inafastabilidade da jurisdição e a atividade administrativa

Outro ponto fundamental do estudo da inafastabilidade da função jurisdicional é a compreensão de como o conteúdo desse princípio constitucional trabalha com o exercício da atividade administrativa, seja pela função típica do Poder Executivo, seja pela atuação atípica dos Poderes Legislativo e Judiciário. Esse entendimento passa pelo exame do modelo jurisdicional adotado no Brasil, pela análise da necessidade ou não de exaurimento das vias administrativas e, ainda, pelo alcance do controle jurisdicional sobre os atos administrativos.

Inicialmente, cumpre notar que o Brasil adota o sistema de *jurisdição única*, também conhecido como *sistema inglês de jurisdição*, eis que sua gênese, na essência, está intimamente ligada à evolução política e jurídica da Inglaterra. Esse modelo deriva fundamentalmente do desenvolvimento da teoria da separação dos

---

144 SILVA, José Afonso da. *Curso...*, p. 433. Do mesmo modo, Bernardo Gonçalves Fernandes explica que "falar em acesso à jurisdição não é concepção que se esgota com a oportunidade de propositura (postulação) da demanda perante o Judiciário, mas requer a observância irrestrita dos princípios do contraditório e da ampla defesa como consectários do princípio do devido processo, como condição de legitimidade da decisão jurisdicional – e só assim podemos falar (legitimamente) em *composição do conflito*." (op. cit. p. 441).

145 FERNANDES, Bernardo Gonçalves. op. cit. p. 441.

poderes e da especialização institucional do Estado,[146] com a atribuição de uma função típica a cada um dos três Poderes. Consiste, assim, em linhas gerais, na atribuição, em regra, da função jurisdicional ao Poder Judiciário.

Em exceção à jurisdição única, no contexto ocidental, há outro sistema que permite juridicamente o exercício de um *contencioso administrativo*, demonstrando, na prática, a existência de uma *duplicidade de jurisdições*. Exemplo mais notável desse segundo sistema é o modelo existente na França, onde o Poder Executivo também exerce função jurisdicional com relação a atos administrativos. Sua origem remonta ao poder do rei no Antigo Regime, à própria Revolução Francesa, e, sobretudo, à leitura dada ao princípio da separação dos poderes naquele país. Nesse sentido, a conservação do contencioso administrativo, assegurando que o próprio Poder Executivo julgue seus atos, tem por objetivo ou justificativa evitar a indevida ingerência do Poder Judiciário em temas de interesse da Administração.[147]

Essa ideia, ao que parece, não se ajusta à concepção contemporânea de separação dos poderes e, sobretudo, ao dever de obediência ao Direito que a Administração possui, materializado no Brasil pelo princípio constitucional da legalidade.[148] A esse respeito, é a lição de José Manoel de Arruda Alvim Netto:

---

146 Com clareza ímpar, ensina José Manoel de Arruda Alvim Netto: "O sistema judiciário, também chamado de jurisdição única, é aquele que recolheu sua marca originária e inconfundível na separação de poderes, tal como assumida pelo sistema norte-americano. E isto no sentido de que, separados os poderes do Estado, nas atribuições de cada poder, tinha de lhe ficar afeto aquilo que, ontologicamente, segundo as condicionantes ideológicas delineadas, lhe devia pertencer. Estas realizaram-se historicamente, e, os conceitos políticos e jurídicos cristalizados a partir daí, lhes guardaram notável fidelidade. Assim coube ao Poder Judiciário a função de dizer o direito e, normalmente, a de realizá-lo coativamente. A evolução do sistema de jurisdição única, está, na sua gênese *primária*, intimamente ligada à própria evolução política-jurídica da Inglaterra e, por isso, também se denomina sistema inglês." (*Tratado...*, p. 174-175)

147 Sobre o tema, explica Luiz Antonio Soares Hentz que "Na sua origem, a ideia do contencioso administrativo baseou-se em postulado que hoje não encontra suporte na realidade do Estado moderno. Com efeito, o contencioso administrativo nada mais é do que um remanescente de épocas em que o rei englobava todos os poderes do Estado e, portanto, o Poder Judiciário, agindo sempre a Justiça em nome do rei. Sucedeu, com a Revolução Francesa, que o julgamento dos atos administrativos remanesceram como função do Poder Executivo, aparentemente contrariando o princípio da separação dos poderes, mas sob fundamento aceito, qual seja o de que redundaria em transgressão àquele princípio a interferência do Poder Judiciário nas questões de interesse da Administração. Na França prepondera o entendimento de que contencioso administrativo é o conjunto de contestações nascidas da ação da Administração, quando ela se exerce segundo o direito administrativo, trata-se de verdadeiros tribunais que desempenham a função normal de todo juiz." (A proteção aos direitos do cidadão e o acesso à justiça, *Revista de Direito Constitucional e Internacional*, vol. 3, p. 269, Abr.1993).

148 Dispõe a Constituição Federal: "Art. 37. A administração pública direta e indireta de qualquer dos Poderes da União, dos Estados, do Distrito Federal e dos Municípios obedecerá aos princípios de legalidade, impessoalidade, moralidade, publicidade e eficiência".

Na sistemática das legislações de alguns dos povos ocidentais, há uma única exceção que se coloca, no sentido de serem restringidas as atribuições do Poder Judiciário como monopolizador de toda função jurisdicional, como anteriormente já evidenciamos, ao tratar do sistema de jurisdição única. Trata-se do contencioso administrativo, mercê do qual, determinados conflitos de interesses entre o Estado e o particular, ou melhor dizendo, entre o Poder Executivo e o particular, não ficam afetos, em sua solução, ao Poder Judiciário, mas ao próprio Poder Executivo, como na França. Parece-nos, no entanto, que o melhor entendimento (a mais "*pura*" doutrina, utilizado este adjetivo à luz dos parâmetros matrizes da teoria da tripartição dos poderes) condena a existência do contencioso administrativo, porquanto é inegável que a Administração deve respeito absoluto ao Direito e o juiz é também representante do Estado. Assim sendo, a Administração, submetendo-se à decisão emanada do Poder Judiciário, estará submetendo-se ao primado do Direito, criado pelo próprio Estado. Ademais, a tarefa de dizer o Direito deve ser considerada como privativa do Poder Judiciário [contemporaneamente pode se dizer que a arbitragem também assume essa função em caso de direitos patrimoniais disponíveis], em respeito a uma tradição que se mostrou de singular utilidade na estruturação do Estado de Direito, não existindo motivos plausíveis para abandoná-la, mas, pelo contrário, para segui-la. Assegura-se, perfeitamente, a preponderância do interesse do Estado sobre o do particular, através de uma legislação que compreenda e consagre os fins superiores e sociais do Estado. Mas, sem dúvida, através do sistema judiciário ou de jurisdição única, assegura-se a observância dos direitos dos particulares de forma melhor, mais imparcial e justa. São esses os argumentos válidos contra o contencioso administrativo.[149]

Não se nega que a Administração tem o poder-dever de rever seus próprios atos no exercício do princípio de autotutela,[150] evitando que irregularidades e

---

149 ALVIM, Arruda. *Tratado...*, p. 23-24.

150 Nesse sentido, é o acórdão de relatoria do então Min. Ayres Britto no julgamento do Agravo Regimental no Recurso Extraordinário nº 549.055/SP pela Segunda Turma em 5 de outubro de 2010: "Feito o relatório, passo ao voto. Ao fazê-lo, consigno que o recurso não merece acolhida. Isso Porque, segundo assentado na decisão agravada, afina com a jurisprudência dessa nossa Corte, em ambas as Turmas, no sentido que não há condicionamento ao prévio indeferimento do pedido de concessão de benefício previdenciário no âmbito administrativo para o acesso ao Poder Judiciário.". Igualmente: RE nº 548.676/SP e RE nº 549.238-AgR/SP. Também são encontrados exemplos no Superior Tribunal de Justiça, *v.g.*, a posição de que a revisão do lançamento tributário, por parte da Administração Tributária, é medida consonante seu poder-dever de autotutela: "Tributário. Processo administrativo fiscal. Lançamento tributário. Revisão. Possibilidade. Fraude. Caracterização. Art. 149, VII, do CTN. Reexame de fatos e provas. Impossibilidade. Incidência da Súmula 7/STJ. 1. A revisão do lançamento tributário, como consectário do poder-dever de autotutela da Administração, somente pode ser exercido nas hipóteses do art. 149 do CTN, observado o prazo decadencial para a constituição do crédito tributário. Assim, a revisão do lançamento tributário por erro de direito (equívoco na valoração jurídica dos fatos) revela-se impossível, máxime em virtude do princípio da proteção à confiança, encartado no art. 146 do CTN. [...]" (STJ, AgRg no REsp nº 1.506.189/RS, Rel. Min. Humberto Martins, Segunda Turma, j. 1.out.2015, DJe 9.out.2015).

equívocos se perpetuem. No entanto, pelo princípio da inafastabilidade e pelo modelo de jurisdição única adotado no Brasil, é possível concluir que nenhum conflito de interesses que envolva a Administração pode deixar de ser apreciado jurisdicionalmente, nem mesmo aqueles que dizem respeito à Justiça Desportiva, como se verá a seguir. Por essa razão, como visto no primeiro capítulo, há quem se utilize da denominação *princípio da inafastabilidade do controle jurisdicional*. Garante-se, assim, a *apreciação*, mas o teor de eventual decisão de mérito dependerá diretamente da possibilidade e do alcance da ingerência jurisdicional sobre os atos administrativos, como será tratado ainda nesse tópico.

A adoção do sistema de jurisdição única, dentre outros fatores, contribui para um segundo ponto de relação racional entre o princípio da inafastabilidade e a atividade administrativa: a *desnecessidade, como regra, de uso ou esgotamento das vias administrativas para a provocação do exercício da função jurisdicional*.

O art. 5º, inciso XXXV, da Constituição não traz em seu conteúdo a ideia de que a instauração ou previsão legal de processo administrativo possa obstar o exercício da atividade jurisdicional. Muito menos, há a necessidade de exaurimento de tais meios. Um bom exemplo desse raciocínio é a posição encontrada no Supremo Tribunal Federal no sentido da desnecessidade de esgotamento da via administrativa para pleitear jurisdicionalmente a concessão de direito previdenciário.

Não existe, em regra, essa condição constitucional de procedibilidade.[151] Aliás, o atual texto constitucional suprimiu propositalmente a previsão do artigo 153, § 4º, da Constituição anterior que, a partir da Emenda Constitucional nº 7 de 1977, passou a determinar expressamente que lei infraconstitucional condicione a provocação da jurisdicional após o exaurimento das vias administrativas.

---

151 José Manoel de Arruda Alvim Netto bem explica que: "No Brasil, não é possível se sustentar que um processo administrativo impeça o acesso ao Poder Judiciário, principalmente em face do art. 5.º, XXXV." (*Manual...*, p. 47). Luiz Guilherme Marinoni, no mesmo sentido coloca: "A tutela jurisdicional não é condicionada à prévia instância administrativa – nem, *a fortiori*, ao seu prévio esgotamento. A Constituição vigente não repetiu a restrição constante no art. 153, §4.º, segunda parte, da Constituição de 1967, com a redação da EC 7/1977. Inexiste necessidade de prévia instância administrativa como antessala necessária à tutela jurisdicional. (SARLET, Ingo Wolfgang, MARINONI, Luiz Guilherme, MITIDIERO, Daniel. op. cit., p. 717). Daniel Amorim Assumpção Neves, por sua vez, ensina que: "No primeiro aspecto, é entendimento tranquilo que o interessado em provocar o Poder Judiciário em razão de lesão ou ameaça de lesão a direito não é obrigado a procurar antes disso os possíveis mecanismos administrativos de solução de conflito. Ainda que seja possível a instauração de procedimento administrativo, isso não será impedimento para a procura do Poder Judiciário. E mais. O interessado também não precisa esgotar a via administrativa de solução de conflitos, podendo perfeitamente procurá-las e, a qualquer momento, buscar o Poder Judiciário." (op. cit., p. 21). André Ramos Tavares também pontua que como "consequência direta do princípio é a não aceitação da chamada instância administrativa forçada, ou jurisdição condicionada, por meio da qual era possível impor ao particular, que pretendesse discutir com a Administração, a necessidade de recorrer primeiramente às vias administrativas e, somente uma vez esgotado este meio, lançar-se às vias judiciais."(*Curso de direito...*, p. 585).

Essa regra da desnecessidade de uso ou esgotamento dos meios administrativos é expressamente excepcionada pela própria Constituição Federal que, em seu art. 217, § 1º, prevê a imprescindibilidade de exaurimento dos meios administrativos de solução de questões desportivas como condição ao exercício da função jurisdicional. Como já foi colocado, é importante ressaltar que essa exceção diz respeito à utilização das vias administrativas, não tem o condão de retirar da apreciação jurisdicional as matérias relacionadas com o esporte.[152]

Aliás, a preocupação do Texto Constitucional em fornecer máxima amplitude ao acesso à jurisdição é tamanha que a própria condição de exaurimento das vias administrativas é condicionada e limitada sob seu aspecto temporal. Prevê a Constituição, nesse sentido, o prazo de sessenta dias para a uma decisão administrativa final (art. 217, § 2º).

Essa *condição da condição*, vale dizer, foi bem reconhecida pelo Min. Marco Aurélio do Supremo Tribunal Federal no julgamento das medidas cautelares nas ações diretas de inconstitucionalidade nº 2.139 e nº 2.160 que versavam sobre as comissões de conciliação prévia em âmbito trabalhista. Segue citação de trecho pertinente:

> No inciso XXXV do art. 5º, previu-se que "a lei não excluirá da apreciação do Poder Judiciário lesão ou ameaça de lesão a direito". Poder-se-ia partir para distinção, colocando-se, em planos diversos, a exclusão propriamente dita e a condição de esgotar-se, antes do ingresso em juízo, uma determinada fase. Todavia, a interpretação sistemática da Lei Fundamental direciona a ter-se o preceito com outro alcance, o que é reforçado pelo dado histórico, ante a disciplina pretérita. O próprio legislador constituinte de 1988 limitou a condição de ter-se o exaurimento da fase administrativa, para chegar-se a formalização de pleito no Judiciário. Fê-lo no tocante ao desporto [...], no § 1º [...]. Vale dizer que, sob o ângulo constitucional, o livre acesso ao Judiciário sofre uma mitigação e, aí, consubstanciando o preceito respectivo exceção, cabe tão só o empréstimo de interpretação estrita. Destarte, a necessidade de esgotamento da fase administrativa está jungida ao desporto e, mesmo assim, tratando-se de controvérsia a envolver disciplina e competições, sendo que a chamada justiça desportiva há de atuar dentro do prazo máximo de sessenta dias, contados da formalização do processo, proferindo, então, decisão final. (STF, ADI 2.139 – MC/DF e ADI 2.160 – MC/DF, voto relator para o acórdão Min. Marco Aurélio, Tribunal Pleno, j. 13.mai.2009, DJe 23.out.2009).

Posto isso, é importante dizer que o fato do art. 5º, inciso XXXV, da Constituição não prever que a existência de processo administrativo obsta o acesso ou que se faz necessário o esgotamento das vias administrativas, não implica dizer que a le-

---

152 "Hoje, a CF/88 admite tal exceção apenas em se tratando de justiça desportiva (art. 217, § 1º) [...]. Deve se ter presente, ademais, que a exigência de prévio esgotamento das vias administrativas, em se tratando de justiça desportiva, absolutamente não implica esteja obstado o acesso ao Judiciário, senão que é perfeitamente possível, exauridas as vias administrativas, submeter a contenda ao Poder Judiciário." (ALVIM, Eduardo Arruda. *Direito processual...*, p. 141).

gislação infraconstitucional não possa assim determinar. Em outras palavras, não significa que a lei que trouxer tal previsão será necessariamente inconstitucional.

Esse tema é de fato tormentoso. Porém, ao que parece, é permitido que a lei infraconstitucional condicione o exercício da jurisdição ao esgotamento prévio das vias administrativas, caracterizando legítimos pressupostos processuais negativos,[153] com justificativas razoáveis, como incentivar meios alternativos de solução de conflitos. Aliás, de forma semelhante é o que ocorre com as condições da ação, cuja constitucionalidade já foi defendida nesse trabalho.

No entanto, é preciso ter o entendimento de que *condicionar* não implica *obstar* ou *vedar* o exercício da função jurisdicional. Isso significa dizer que, a lei infraconstitucional pode genericamente impor requisitos de ordem administrativa, mas jamais pode afastar matérias do âmbito de apreciação jurisdicional ou prever que a jurisdição não poderá atuar, como no caso do contencioso administrativo presente no sistema de jurisdição dúplice.

Não se trata, nesse caso, de vedação legal, mas de estabelecimento de pressupostos à provocação da atividade jurisdicional, diferentemente do que ocorre, por exemplo, com as restrições na concessão de tutelas provisórias, conforme dicção do Código de Processo Civil de 2015, contra o Poder Público, como será visto adiante.

Assim, o que determina o art. 5º, inciso XXXV, da Constituição é a possibilidade perene e inafastável do ente jurisdicional de ponderar o real interesse do demandante no caso em concreto, podendo legitimamente afastar os pré-requisitos infraconstitucionais em nome da tutela adequada e efetiva. Em outros termos, é garantido ao julgador entender por inconstitucionais os requisitos legais, repelindo-os. Nesse sentido, é sensata a colocação de Fredie Didier Júnior:

> Direitos fundamentais podem sofrer restrições por determinação legislativa infraconstitucional. É necessário, porém, que esta restrição tenha justificação razoável. No caso, em juízo *a priori*, não parece inconstitucional o condicionamento, em certos casos, da ida ao Judiciário ao esgotamento administrativo da controvérsia. É abusiva a provocação desnecessária da atividade jurisdicional, que deve ser encarada como

---

153 "O que se pode asseverar é que a exigência de que se esgote a via administrativa para que só então se possa lançar mão do direito de ação, embora não seja *necessariamente* inconstitucional, significa uma restrição ao direito de ação, ainda que temporária. [...] Por certo, diante de uma lei que determine tal exaurimento, e diante de caso concreto 'pendente' junto à Administração, não deverá, sequer, admitir a postulação dirigida ao Judiciário. Cria tal lei, desta forma, pressuposto processual negativo, conduzindo o juiz, legitimamente, à sentença de indeferimento da petição inicial (art. 295, parágrafo único, III), uma vez que inexistirá, *si et in quantum*, possibilidade jurídica do pedido (= possibilidade jurídica de acesso ao Poder Judiciário); ou, então, se o processo indevidamente se tiver formado, havê-lo-á o magistrado de extinguir, sem resolução do mérito, sob o mesmo fundamento da existência de pressuposto processual negativo (art. 267, VI). Trata-se, entretanto, de restrição temporária, que não se confunde, de forma alguma, com obstáculo imutável ou intransponível." (ALVIM, Arruda. *Manual...*, p. 48-50).

ultima ratio para solução do conflito. Se o demandante demonstrar que, naquele caso, não pode esperar a solução administrativa da controvérsia – há urgência no exame do problema, por exemplo, a restrição revela-se, assim, indevida, e deve ser afastada, no caso, pelo órgão julgador. Note, então, que a análise da possibilidade de condicionamento do ingresso no Judiciário transfere-se para o caso concreto. Em suma: pode a lei restringir, em certos casos, o acesso ao Judiciário; se, porém, revelar-se abusiva, de acordo com as circunstâncias particulares do caso concreto, esta restrição pode ser afastada pelo órgão julgador.[154]

Exemplo interessante dessa análise do interesse no caso em concreto é a questão do manejo do mandado de segurança em caso de ato da Administração contra o qual caiba recurso administrativo com atribuição de efeito suspensivo. Nesse caso, a Lei do Mandado de Segurança, nº 12.016 de 2009, prevê genericamente no seu art. 5º, inciso I, que: "Não se concederá mandado de segurança quando se tratar: I - de ato do qual caiba recurso administrativo com efeito suspensivo, independentemente de caução".

Ocorre, porém, que essa regra deve ser analisada no caso em concreto, por mais expletiva que possa parecer. Tratando-se de ato ilegal que potencialmente possa ofender direito líquido e certo contra o qual é possível a pessoa recorrer administrativamente com efeito suspensivo e sem qualquer ônus, descaberá o mandado de segurança.[155] A existência ou não desse ônus para a parte deve ser analisada no caso em concreto, como também de forma abstrata como já fez o Plenário do Supremo Tribunal Federal.[156] A prevalência de ônus à parte, que inviabilize o recurso administrativo com efeito suspensivo, somada à proibição do mandado de segurança configuram, certamente, negativa de prestação jurisdicional.

Tratando-se, porém, de ato omissivo da Administração, de modo que sua não prática provoca a lesão ou ameaça a direito líquido e certo, de nada adianta o re-

---

154 DIDIER JÚNIOR, Fredie. *Curso de direito processual...*, p. 179-180.

155 "Não se trata de exceção ao princípio da inafastabilidade, mas tão somente de exigência de preenchimento das condições da ação no caso concreto. É nesse sentido que deve ser interpretado o art. 5.º, I, da Lei 12.016/2009, que prevê o não cabimento do mandado de segurança enquanto pendente de julgamento recurso administrativo com efeito suspensivo, independente de caução." (NEVES, Daniel Amorim Assunção. op. cit., p. 21).

156 Ação Direta de Inconstitucionalidade nº 1.976/DF: "A exigência de depósito ou arrolamento prévio de bens e direitos como condição de admissibilidade de recurso administrativo constitui obstáculo sério (e intransponível, para consideráveis parcelas da população) ao exercício do direito de petição (CF, art. 5º, XXXIV), além de caracterizar ofensa ao princípio do contraditório (CF, art. 5º, LV). A exigência de depósito ou arrolamento prévio de bens e direitos pode converter-se, na prática, em determinadas situações, em supressão do direito de recorrer, constituindo-se, assim, em nítida violação ao princípio da proporcionalidade. Ação direta julgada procedente para declarar a inconstitucionalidade do art. 32 da MP 1699-41 - posteriormente convertida na lei 10.522/2002 -, que deu nova redação ao art. 33, § 2º, do Decreto 70.235/72. (STF, ADI nº 1.976/DF, Rel. Min. Joaquim Barbosa, Primeira Turma, Tribunal Pleno, j. 28.mar.2007, DJe 18.mai.2007).

curso com efeito suspensivo, cabendo, portanto, o mandado de segurança. Não por outra razão, é o teor da Súmula nº 429 do Supremo Tribunal Federal: "A existência de recurso administrativo com efeito suspensivo não impede o uso do mandado de segurança contra omissão da autoridade.".

Pois bem. Superados os estudos sobre o modelo de jurisdição adotado no Brasil e a desnecessidade de exaurimento das vias administrativas para provocação da função jurisdicional, passa-se ao exame do terceiro ponto relativo ao princípio da inafastabilidade e a atividade administrativa, qual seja o alcance do controle jurisdicional sobre os atos administrativos.

Para tanto, é elementar uma breve menção à divisão dos atos administrativos entre *vinculados* e *discricionários*. *Atos vinculados*, a grosso modo, são aqueles nos quais o agente administrativo não tem qualquer ingerência sobre o motivo e objeto do ato, de modo que tais elementos estão completamente delineados em lei e assim devem ser respeitados. Já os *atos discricionários* são aqueles sobre os quais há autorização legal para que o administrador faça um juízo de valor sobre os fatores que definirão o motivo e objeto do ato, juízo esse orientado por critérios de conveniência e oportunidade. Esses fatores que informam o raciocínio de ponderação da Administração são conhecidos, no conjunto, como mérito administrativo.[157]

De fato esse juízo de mérito não pode sofrer ingerência jurisdicional, sob pena de flagrante violação ao princípio da separação dos poderes consagrado no texto constitucional. Todavia, a atividade jurisdicional pode e deve apreciar o cumprimento da legalidade pela Administração[158] e coibir os desvios de poder,

---

[157] José dos Santos Carvalho Filho bem explica o tema: "Vimos, ao estudar o poder discricionário da Administração, que em certos atos a lei permite ao agente proceder a uma avaliação de conduta, ponderando os aspectos relativos à conveniência e à oportunidade da prática do ato. Esses aspectos que suscitam tal ponderação é que constituem o *mérito administrativo*. Pode-se, então, considerar mérito administrativo a avaliação da conveniência e da oportunidade relativas ao motivo e ao objeto, inspiradoras do ato discricionário. Registre-se que não pode o agente proceder a qualquer avaliação quanto aos demais elementos do ato – a competência, a finalidade e a forma, estão vinculados em qualquer hipótese. [...] Quando o agente administrativo está ligado à lei por um elo de vinculação, seus atos não podem refugir aos parâmetros por ela traçados. O motivo e o objeto do ato já constituirão elementos que o legislador quis expressar. Sendo assim, o agente não disporá de nenhum poder de valoração quanto a tais elementos, limitando-se a reproduzi-los no próprio ato. A conclusão, dessa maneira, é a de que não se pode falar em mérito administrativo em se tratando de ato vinculado. O contrário se passa quanto aos atos discricionários. Nestes se defere ao agente o poder de valorar os fatores constitutivos do motivo e do objeto, apreciando a conveniência e oportunidade da conduta. Como o sentido de mérito administrativo importa essa valoração, outra não pode ser a conclusão senão a de que tal figura só pode estar presente nos atos discricionários." (*Manual...*, p. 136-139).

[158] Nesse sentido, explica Ada Pellegrini Grinover: "Se é verdade que o sistema do *judicial control* submete à apreciação judiciária não só as leis, como também os atos administrativos – quando o Poder Judiciário, pela natureza de sua função, é chamado a resolver as situações contenciosas entre a Administração Pública e o indivíduo – é também verdade que se colocam limitações

inclusive devendo decretar nulidade de atos que apresentem algum vício nesse sentido.

A grande dificuldade reside, porém, no significado excessivamente amplo que muitas vezes é emprestado ao conceito de *mérito administrativo*. Em grande parte

---

à apreciação judiciária, no que tange à sua extensão e consequências. O Poder Judiciário, no exercício do controle jurisdicional, não aprecia o ato administrativo quanto ao mérito, mas, sim, sob o aspecto da legalidade: eis a extensão do controle; quanto às consequências, limita-se a negar-lhe efeito, quando o ato é geral, não o invalidando totalmente. Assim não fora, e ficaria inteiramente tolhido o poder discricionário da Administração, o qual confere ao Executivo a liberdade de movimentação, dentro dos limites estabelecidos pela lei, de acordo com critérios de conveniência e de interesse público, confiados ao juízo exclusivo do administrador; assim não fora, e a Administração Pública ficaria aniquilada em sua atividade peculiar e em sua finalidade precípua, qual seja a consecução do bem-estar comum." (*As garantias constitucionais...*, p. 143-144). Do mesmo modo, é a notável decisão da Primeira Turma do Superior Tribunal de Justiça: "Administrativo. Recurso em mandado de segurança. Tarifas de taxis. Legalidade do ato. Não ocorrendo defeito por ilegalidade do ato, tais a incompetência da autoridade, a inexistência de norma autorizadora e a preterição de formalidade essencial, e incabível o mandado de segurança contra ato que estipula tarifa para os serviços de taxi. E defeso ao Poder Judiciário apreciar o mérito do ato administrativo cabendo-lhe unicamente examina-lo sob o aspecto de sua legalidade, isto e, se foi praticado conforme ou contrariamente a lei. Esta solução se funda no principio da separação dos poderes, de sorte que a verificação das razões de conveniência ou de oportunidade dos atos administrativos escapa ao controle jurisdicional do estado. Recurso improvido." (STJ, ROMS nº 1.288/SP, Rel. Min. César Asfor Rocha, Primeira Turma, v. u., j. 4.abr.1994, DJ 2.mai.1994). No mesmo sentido: "Administrativo. Mandado de segurança. Servidor público. Processo administrativo disciplinar. Demissão. Parcialidade da comissão processante. Inexistência de comprovação. Uso de prova emprestada da esfera criminal. Possibilidade. Violação a princípios constitucionais por ausência de condenação na esfera penal. Inocorrência. Independência das instâncias cível, penal e administrativa. Proporcionalidade da pena aplicada. Segurança denegada. [...] 4. No que diz respeito às alegadas ofensas a princípios constitucionais na escolha da penalidade de demissão, tais como os da dignidade da pessoa humana, solidariedade, segurança jurídica e proporcionalidade, deve-se salientar que o controle jurisdicional no processo administrativo disciplinar não pode implicar invasão à independência/separação dos Poderes e, portanto, centra-se na averiguação da legalidade das medidas adotadas e conformidade em geral com o direito. A aplicação dos princípios constitucionais como fundamento para anular (ou até permutar) determinada punição administrativa, infligida após regular procedimento, exige cautela redobrada do Judiciário, sob pena de transformação em instância revisora do mérito administrativo, passando a agir como se administrador público fosse, o que somente cabe aos investidos da função administrativa estatal. [...]" (STJ, MS nº 21.002/DF, Rel. Min. Og Fernandes, Primeira Seção, j. 24.jun.2015, DJe 1.jul.2015) e "Processual civil e administrativo. Omissão inexistente. Processo administrativo disciplinar. Conduta tipificada na lei n. 8.112/90. Incursão no universo fático-probatório. Impossibilidade. Incidência da súmula n. 7 do Superior Tribunal de Justiça. Hipótese de cassação de aposentadoria. Discricionariedade inexistente. Controle jurisdicional. Averiguação de legalidade. Proporcionalidade e razoabilidade observados. Divergência jurisprudencial. Inexistência de similitude fática. Agravo regimental desprovido. [...] O controle jurisdicional no Processo Administrativo Disciplinar limita-se à averiguação da legalidade das medidas adotadas, sob pena de se transformar em instância revisora do mérito administrativo. [...]" (STJ, AgRg no REsp nº 915.902/RS, Rel. Min. Ericson Maranho, Sexta Turma, j. 4.fev.2016, DJe 18.fev.2016).

desses casos, o exame atento e minucioso da situação concreta aponta a possibilidade do controle jurisdicional sobre a legalidade do ato.[159] Sobre esse tema, cabe nova referência às colocações de José Manoel de Arruda Alvim Netto:

> Em nosso vigente sistema jurídico, a apreciação e controle dos atos administrativos compete ao Poder Judiciário, sem que isto retire da Administração, o poder-dever de decretar a nulidade dos atos administrativos eivados de vício. [...] No entanto, parece-nos que alguns doutrinadores, como parte de nossos tribunais, têm um conceito excessivamente amplo do que seja o mérito do ato administrativo. Muitas vezes, diz-se que este ou aquele ato administrativo não pode ser alterado pelo Judiciário, porque isto importaria em tocar-lhe o mérito (o que não é lícito); mas, na verdade, o que ocorre é que, se bem examinada a hipótese, verificar-se-ia ser caso de legalidade e não propriamente de mérito. Por outras palavras, julgamos que, embora seja rigorosamente exato dizer-se que o mérito não pode ser reapreciado pelo Judiciário - o que importaria invasão de poderes -, é possível reexaminar grande número de atos administrativos sob o ângulo da legalidade. Justifica-se esta orientação diante de uma primeira premissa, ou seja, à luz do que dispõe a Constituição Federal (art. 5.º, XXXV), no sentido de que nenhuma lesão ou ameaça a direito poderá ser subtraída à apreciação do Poder Judiciário.[160]

A esse respeito convém mencionar o que Lúcia Valle Figueiredo, em seu *Curso de Direito Administrativo*, chama de *crise do conceito de vinculação*. Para a autora, são raros os casos em que há atribuição totalmente vinculada, ou seja, hipóteses em que a norma predefine inteiramente a única conduta a ser tomada pelo administrador. Na maioria das vezes, as normas possibilitam condutas da Administração para atendimento de determinados fins, esses prescritos pelos mais variados conceitos indeterminados. No entanto, não se trata de atividade discricionária ou mérito administrativo, mas de se fazer uma leitura mais correta da vinculação em si considerada, o que refletirá, diretamente, na atuação jurisdicional.[161]

---

159 Assim, mais uma vez bem pondera José dos Santos Carvalho Filho "É claro que, a pretexto de exercer a discricionariedade, pode a Administração disfarçar a ilegalidade com o manto da legitimidade do ato, o que não raro acontece. Tal hipótese, entretanto, sempre poderá ser analisada no que toca às causas, aos motivos e à finalidade do ato. Concluindo-se ausentes tais elementos, ofendidos estarão os princípios da razoabilidade e da proporcionalidade, justificando, em consequência, a invalidação do ato. Tais princípios, como já tivemos oportunidade de consignar, refletem poderosos e modernos instrumentos para enfrentar as condutas eivadas de abuso de poder, principalmente aquelas dissimuladas sob a capa de legalidade." (op. cit., p. 139).
160 ALVIM, Arruda. *Manual...*, p. 228.
161 "Verifica-se, portanto, que se encontra em crise, como brilhantemente afirma Satta, o próprio conceito de vinculação. Não há competência totalmente vinculada, ou, por outra, são raríssimas as hipóteses em que a norma predefine inteiramente a única conduta a ser tomada pelo administrador. N área do Direito Administrativo, para se exemplificar ato vinculado, recorre-se sempre ao clássico exemplo da aposentadoria compulsória aos setenta anos de idade. No mais das vezes, *a norma possibilita condutas para atendimento de determinados fins*, porém utilizan-

Com efeito, mesmo se tratando de atos discricionários, em que critérios de conveniência e oportunidade serão considerados, há um *núcleo de legalidade* que deve sempre ser observado. Consubstanciado esse na correspondência entre a finalidade última da lei e o motivo determinante do ato e, especialmente, no respeito dos princípios constitucionais que informam a atividade da Administração.[162] A Segunda Turma do Superior Tribunal de Justiça já se manifestou a esse respeito:

> Administrativo. Ato administrativo. Vinculação aos motivos determinantes. Incongruência. Análise pelo judiciário. Possibilidade. Dano moral. Súmula 7/STJ. 1. Os atos discricionários da Administração Pública estão sujeitos ao controle pelo Judiciário quanto à legalidade formal e substancial, cabendo observar que os motivos embasadores dos atos administrativos vinculam a Administração, conferindo-lhes legitimidade e validade. 2. "Consoante a teoria dos motivos determinantes, o administrador vincula-se aos motivos elencados para a prática do ato administrativo. Nesse contexto, há vício de legalidade não apenas quando inexistentes ou inverídicos os motivos suscitados pela administração, mas também quando verificada a falta de congruência entre as razões explicitadas no ato e o resultado nele contido" (MS 15.290/DF, Rel. Min. Castro Meira, Primeira Seção, julgado em 26.10.2011, DJe 14.11.2011). 3. No caso em apreço, se o ato administrativo de avaliação de desempenho confeccionado apresenta incongruência entre parâmetros e critérios estabelecidos e seus motivos determinantes, a atuação jurisdicional acaba por não invadir a seara do mérito administrativo, porquanto limita-se a extirpar ato eivado de ilega-

---

do-se dos mais variados conceitos indeterminados. Mesmo alguns conceitos como 'interesse público relevante', 'nocividade à saúde', dependerão de juízos técnicos, que são variáveis, no tempo e no espaço. Mas não estamos, como já afirmamos, ainda, diante da competência discricionária." (FIGUEIREDO, Lúcia Valle. *Curso de direito administrativo*, 9ª ed. rev., ampl. e atual., São Paulo : Malheiros Editores, 2008, p. 232-234).

162 Nesse contexto, a jurisprudência da Primeira e da Segunda Turmas do Supremo Tribunal Federal têm admitido o controle jurisdicional do ato administrativo discricionário considerado ilegal, abusivo ou desproporcional diante das circunstâncias do caso em concreto. Como exemplos: "Agravo interno. Ação direta de inconstitucionalidade. Ato normativo municipal. Princípio da proporcionalidade. Ofensa. Incompatibilidade entre o número de servidores efetivos e em cargos em comissão. I - Cabe ao Poder Judiciário verificar a regularidade dos atos normativos e de administração do Poder Público em relação às causas, aos motivos e à finalidade que os ensejam. II - Pelo princípio da proporcionalidade, há que ser guardada correlação entre o número de cargos efetivos e em comissão, de maneira que exista estrutura para atuação do Poder Legislativo local. III - Agravo improvido."(STF, RE nº 365.368-AgR/SC, Rel. Min. Ricardo Lewandowski, Primeira Turma, j. 22.mai.2007, DJe 29.jun.2007) e "Agravo regimental em recurso extraordinário. Administrativo.contratação temporária de professores. Existência de candidados aprovados em concurso público de provimento efetivo. Ilegalidade. Lei estadual 6.915/2007. [...] Princípio da separação dos poderes. Ausência de violação. Possibilidade de controle judicial dos atos administrativos discricionários abusivos e ilegais. Agravo improvido. [...] II - Esta Corte possui entendimento no sentido de que o exame pelo Poder Judiciário do ato administrativo tido por ilegal ou abusivo não viola o princípio da separação dos poderes. Precedentes. III - Agravo regimental improvido." (STF, RE nº 654.170-AgR/MA, Rel. Min. Ricardo Lewandowski, Segunda Turma, j. 19.mar.2013, DJe 15.abr.2013).

lidade. 4. A ilegalidade ou inconstitucionalidade dos atos administrativos podem e devem ser apreciados pelo Poder Judiciário, de modo a evitar que a discricionariedade transfigure-se em arbitrariedade, conduta ilegítima e suscetível de controle de legalidade. 5. "Assim como ao Judiciário compete fulminar todo o comportamento ilegítimo da Administração que apareça como frontal violação da ordem jurídica, compete-lhe, igualmente, fulminar qualquer comportamento administrativo que, a pretexto de exercer apreciação ou decisão discricionária, ultrapassar as fronteiras dela, isto é, desbordar dos limites de liberdade que lhe assistiam, violando, por tal modo, os ditames normativos que assinalam os confins da liberdade discricionária." (Celso Antônio Bandeira de Mello, in Curso de Direito Administrativo, Editora Malheiros, 15ª Edição.) [...] (STJ, AgRg no REsp nº 1.280.729/RJ, Rel. Min. Humberto Martins, Segunda Turma, j. 10.abr.2012, DJe 19.abr.2012)

Ainda sobre esse tema, é oportuna a citação de trechos da obra *Discricionariedade e Controle Jurisdicional* de Celso Antônio Bandeira de Mello que, de maneira cirúrgica, trabalha a questão:

> A boa intelecção da regra de Direito impõe reconhecer que o campo de liberdade administrativa decorrente das normas que prefiguram discrição é muito mais angusto do que habitualmente se admite, seja porque a situação concreta é que lhe dará sua verdadeira dimensão, reduzindo-o muito (quando não o extingue), seja porque a Administração Pública está sujeita ao "dever de boa administração" [...] é um dever jurídico, porque quando não há a boa administração, não há satisfação da finalidade legal e quando não há satisfação da finalidade legal não há satisfação real da regra de Direito, mas violação dela, pois uma regra de Direito, depende inteiramente da finalidade, por ser ela que lhe ilumina a compreensão. [...] Se inocorrem os motivos supostos na lei, falta à autoridade um requisito insuprimível para mobilizar poderes cuja disponibilidade está, de antemão, condicionada à presença do evento que lhes justifica o uso. É claro que, além disto, à míngua deles, não se alcançaria a finalidade legal. Não há como separar o motivo da finalidade, pois são noções interrelacionadas. [...] Isto posto, não há fugir à conclusão de que o controle dos atos administrativos se estende, inevitavelmente, ao exame dos motivos. A ser de outra sorte, não haveria como garantir-se a legitimidade dos atos administrativos.[163]

Desse modo, concluindo o exame proposto nesse tópico, pode se dizer que o conteúdo do princípio da inafastabilidade da função jurisdicional preconiza que nenhuma matéria vinculada à Administração poderá deixar de ser apreciada, notadamente pelo modelo de jurisdição adotado no Brasil.

No mesmo contexto, não é vedado que leis infraconstitucionais exijam o prévio uso ou esgotamento das vias administrativas, sob justificativas minimamente razoáveis, inclusive para o aprimoramento das circunstâncias da demanda e do interesse de agir. E, ainda que assim determinem, isso não implica obstar o acesso

---

163 MELLO, Celso Antônio Bandeira de. *Discricionariedade e controle jurisdicional*, 2ª ed., São Paulo: Malheiros Editores, 2010, p. 44-45, 86 e 88.

à jurisdição, eis que é sempre assegurado ao ente jurisdicional afastar tais condições de procedibilidade ou pressupostos processuais diante da necessidade do caso em concreto.[164]

Além disso, o princípio da inafastabilidade estabelece o exercício do controle jurisdicional sobre os atos administrativos vinculados e discricionários, nesse último caso, limitando-se na avaliação do cumprimento da legalidade, isto é, da finalidade da lei em que se baseia o ato e dos princípios que informam a atividade administrativa.

2.12. Breves conclusões

Sem qualquer pretensão de esgotar o tema, procurou-se, nos tópicos anteriores, estudar elementos importantes na compreensão do conteúdo do princípio da inafastabilidade da função jurisdicional. Assim, antes de entrar nos capítulos seguintes deste trabalho, é oportuno concatenar e revisar algumas breves conclusões a esse respeito.

Primeiramente, ao que parece, a inafastabilidade da jurisdição possui mesmo natureza principiológica. Essa conclusão deriva, especialmente, da compreensão de que a inafastabilidade preconiza um estado ideal das coisas a ser buscado representado pelo pleno acesso à jurisdição. Sua aplicação não se justifica só pela subsunção do fato à descrição normativa, mas também pela verificação se os fatos e dispositivos contribuem para o acesso ou não. Além disso, por delinear um fim a ser atingido, contribui diretamente e de forma complementar no raciocínio decisório.

Do mesmo modo, a inafastabilidade se ajusta bem aos mais diversos conceitos de princípios desenvolvidos pela doutrina. Apresenta superioridade material ou valorativa sobre as regras, permite uma série indefinida de aplicações, pode ser compreendida como um mandado de otimização, como mandamento nuclear no contexto de resolução de conflitos e, ainda, como uma das normas mais fundamentais ou como uma verdade fundante desse sistema. Em síntese, a inafastabilidade da jurisdição possui um significado mais importante no Direito.

---

164 A esse respeito, cumpre transcrever trecho de petição do Instituto Brasileiro de Direito Processual – IBDP por meio da qual requer seu ingresso como *amicus curiae* na Ação Direta de Inconstitucionalidade nº 3.695 em que o Conselho Federal da Ordem dos Advogados do Brasil questiona constitucionalidade do art. 285-A do Código de Processo Civil. Ali, em defesa da constitucionalidade do dispositivo, o IBDP fundamenta que: "É certo que a regulamentação infraconstitucional do direito de ação tem que confinar-se 'dentro de limites que lhe impedissem reduzir desarrazoadamente ou aniquilar a garantia constitucional', 'sem limitar a garantia da possibilidade concreta de desenvolver a atividade necessária para obter o pronunciamento do juiz sobre a razão do pedido, em todas as fases processuais'" (p. 10-11 da petição do IBDP datada de 18.abr.2006).

O princípio da inafastabilidade é direito fundamental e nessa condição deve ser compreendido. Fundamentalmente, caracteriza-se como um direito a uma prestação positiva do Estado ou de quem estiver investido na função jurisdicional no sentido de solucionar adequadamente o conflito em caso de lesão ou ameaça a direito. Igualmente, constitui um direito a organização e procedimento, ora na condição de instrumento principiológico para a tutela de outros direitos fundamentais, ora na condição própria de direito fundamental a ser buscado pela coordenação normativa.

Como consequências diretas dessa posição de direito fundamental, a inafastabilidade se apresenta nas dimensões objetiva e subjetiva, ou seja, é reconhecida por consagrar uma das verdades bases do Estado Democrático de Direito e por conceder aos indivíduos ou grupos titulares de direitos a faculdade de exigir do Estado uma atuação positiva ou negativa para preservá-los. Do mesmo modo, a inafastabilidade é dotada das eficácias irradiante e horizontal, isto é, permeia todo o ordenamento jurídico e deve ser igualmente observada nas relações entre os particulares. Além disso, assume as características de cláusula pétrea, da universalidade, da imprescritibilidade e irrenunciabilidade.

Na sequência, cumpre ressaltar que o princípio da inafastabilidade não garante o acesso só em caso de lesão a direito, mas também diante da ameaça de que isso ocorra, determinando uma atuação antecipada da função jurisdicional, quando devidamente provocada, no intuito de evitar possíveis prejuízos aos interesses jurídicos. No mesmo sentido, assegura o acesso não só em caso de direitos individuais, mas também em caso de lesão ou ameaça a direitos metaindividuais, transindividuais ou coletivos *lato sensu*, compreendidos esses nos direitos difusos, coletivos e individuais homogêneos.

O princípio da inafastabilidade da jurisdição, como visto, garante que o exercício dessa função se desenvolva com qualidade, a qual é reconhecida, especialmente, pela manifestação do binômio adequação e efetividade. Assim, a prestação jurisdicional deve ser a mais apropriada aos preceitos de direito objetivo e à realização dos direitos materiais. Igualmente, deve ser capaz de viabilizar resultados ou soluções práticas, satisfazendo as necessidades dos demandantes e demandados. Aliás, atividade jurisdicional essa que será informada pelas concepções da instrumentalidade do processo, da técnica processual e do princípio da cooperação.

Quanto aos destinatários do princípio, o Poder Legislativo é o principal alvo da determinação constitucional, eis que sua função típica de elaboração legislativa é limitada claramente, nenhuma lei poderá conter dispositivo expresso ou de caráter implícito que exclua lesão ou ameaça de lesão a direito da apreciação jurisdicional. Igualmente, os Poderes Executivo e Judiciário, no exercício de suas funções atípicas de elaboração normativa também estão limitados no mesmo sentido. O Poder Judiciário, especialmente, no próprio atuar jurisdicional está constituído em verdadeiro poder-dever do Estado, não podendo negar o acesso à jurisdição. Inclusive, se for o caso, deve optar pelo viés interpretativo que mais o privilegie.

Além dos Poderes estatais, pode se dizer que o princípio da inafastabilidade vincula a todos indistintamente. Essa conclusão deriva, principalmente, da concepção do princípio como direito fundamental, agregando-lhe eficácia absoluta, irradiante e horizontal. Constitui, assim, verdadeiro norte a ser observado não só na atuação do Estado, mas também nas relações jurídicas entre particulares.

Seguindo o raciocínio, observou-se a distinção e a relação harmônica existente entre o princípio da inafastabilidade da jurisdição e o direito de ação em si considerado, com todos seus requisitos legítimos. Em síntese, o princípio constitucional garante o exercício da atividade jurisdicional e o direito de ação viabiliza a apreciação do mérito da demanda por parte o ente investido na jurisdição. Também foi estudada a diferença entre a inafastabilidade e o direito de petição, eis que esse constitui direito político contra o Estado assegurado a todos indistintamente.

De outro giro, o princípio da inafastabilidade da jurisdição não assegura só direitos ao demandante, mas também garante o direito de defesa com todas as garantias constitucionais que lhe são inerentes. Preconiza, assim, a proteção daqueles em face de quem a tutela jurisdicional é pedida. O texto constitucional determina a apreciação das pretensões por quem estiver investido na jurisdição, o que será construído mediante o diálogo entre as partes envolvidas, como determinam a concepção de Estado Democrático de Direito e o devido processo legal.

Por fim, foi examinado como o princípio da inafastabilidade trabalha com o exercício da atividade administrativa. Com efeito, o modelo de jurisdição única adotado no Brasil, fundado na essência da tripartição dos poderes, não permite que qualquer conflito envolvendo a Administração possa deixar de ser apreciado jurisdicionalmente.

Do mesmo modo, é desnecessário o uso ou esgotamento prévio das vias administrativas para a provocação do exercício da função jurisdicional. Porém, parece ser legítimo que a lei infraconstitucional estabeleça condições de procedibilidade nesse sentido, o que não afasta do Poder Judiciário a possibilidade de entender por inconstitucionais tais requisitos diante da necessidade do caso em concreto. Condicionar o exercício da jurisdição não implica obstá-lo ou vedá-lo.

Além disso, é sempre possível o controle jurisdicional dos atos administrativos para preservação da legalidade e para coibir desvios ou abusos de poder, sejam atos vinculados ou discricionários. É vedada a ingerência jurisdicional sobre o chamado mérito administrativo, isto é, não é possível o controle sobre atos legítimos da Administração em que a opção é feita por critérios de conveniência e oportunidade. No entanto, mesmo nesse caso, é preciso atentar-se para a necessária correspondência entre o motivo determinante do ato e a finalidade da lei que lhe fundamenta, evitando que o conceito de mérito administrativo seja aplicado de forma exagerada no caso concreto.

3
INTEGRAÇÃO PRINCIPIOLÓGICA

Inicialmente, foram estudadas algumas premissas históricas importantes e examinados alguns conceitos fundamentais sobre o tema, especialmente para contextualizar o surgimento do postulado da inafastabilidade e sua importância na ordem jurídica. No segundo capítulo, foram analisados pontos fundamentais para a compreensão do princípio da inafastabilidade da função jurisdicional, na tentativa de estabelecer uma proposta de seu conteúdo e o seu alcance normativo.

Posto isso, o objetivo desse terceiro capítulo é estudar outros princípios que dão fundamento à inafastabilidade da jurisdição e contribuem para a busca do estado ideal de pleno acesso à função jurisdicional adequada e efetiva, ou contribuem, de alguma forma, para a construção de seu conteúdo, em verdadeira integração principiológica.

3.1. Princípio do devido processo legal

O primeiro princípio a ser estudado é o princípio do devido processo legal e há uma razão para isso. O devido processo fundamenta, por assim dizer, toda a ordem jurídica processual e material, bem como está intimamente enraizado na própria concepção do Estado Democrático de Direito [1]. Embora sejam distintos e possuam igual relevância, inclusive sendo a inafastabilidade o grande vetor que permite a aplicação do devido processo legal, figurando quase como um pressuposto prático, seus conteúdos não só se ajustam como por vezes se confundem, não sendo mais possível, em dados momentos, identificar uma separação clara entre eles.

---

[1] A esse respeito, Odete Novais Carneiro Queiroz bem coloca que: "O Estado de Direito, que na sua origem é um conceito liberal, tem as seguintes características: a) submissão ao império da lei; b) divisão independente e harmônica dos poderes (Legislativo, Executivo e Judiciário); c) enunciado e garantia dos direitos individuais [...]. Poderíamos cognominá-lo de 'o princípio', uma vez que dele derivam os demais princípios constitucionais. É o alicerce de todos os demais princípios que dele decorrem [...]. Para muitos é verdadeira instituição traduzindo uma idéia completa e objetiva com o escopo de propiciar a defesa e a fruição dos direitos que cada cidadão possui; e para outros é princípio fundamental do processo civil, servindo de base sustentadora de todos os demais princípios." (O devido processo legal, *Revista dos Tribunais*, vol. 748, p. 47, Fev.1998).

Nesse sentido, Nelson Nery Júnior, com muita felicidade, ensina que a previsão constitucional do devido processo legal bastaria para assegurar o acesso à jurisdição e o desenvolvimento dessa função com todas as garantias que lhe são inerentes:

> O princípio constitucional fundamental do processo civil, que entendemos como a base sobre a qual todos os outros princípios e regras se sustentam, é o do *devido processo legal*, expressão oriunda da inglesa *due processo of law*. A Constituição Federal brasileira de 1988 fala expressamente que "ninguém será privado da liberdade ou de seus bens sem o *devido processo legal*" (CF 5.º LIV) (grifamos). Em nosso parecer, bastaria a norma constitucional haver adotado o princípio do *due process of law* para que daí decorressem todas as consequências processuais que garantiriam aos litigantes o direito a um processo e a uma sentença justa. É, por assim dizer, o gênero do qual todos os demais princípios e regras constitucionais são espécies. Assim é que a doutrina diz, por exemplo, serem manifestações do "devido processo legal" a publicidade dos atos processuais, a impossibilidade de utilizar-se em juízo prova obtida por meio ilícito, assim como os postulados do juiz natural, do contraditório e do procedimento regular.[2]

Do mesmo modo, embora tenha no plano de fundo uma questão de direito penal, é didático o trecho do voto do Min. Celso de Mello do Supremo Tribunal Federal, quando relator do Habeas Corpus nº 94.016:

> Impõe-se, ao Judiciário, o dever de assegurar, mesmo ao réu estrangeiro sem domicílio no Brasil, os direitos básicos que resultam do postulado do devido processo legal, notadamente as prerrogativas inerentes à garantia da ampla defesa, à garantia do contraditório, à igualdade entre as partes perante o juiz natural e à garantia de imparcialidade do magistrado processante. A essencialidade do postulado do devido processo legal, que se qualifica como requisito legitimador da própria *persecutio criminis*. O exame da cláusula referente ao *due process of law* permite nela identificar alguns elementos essenciais à sua configuração como expressiva garantia de ordem constitucional, destacando-se, dentre eles, por sua inquestionável importância, as seguintes prerrogativas: (a) direito ao processo (garantia de acesso ao Poder Judiciário); (b) direito à citação e ao conhecimento prévio do teor da acusação; (c) direito a um julgamento público e célere, sem dilações indevidas; (d) direito ao contraditório e à plenitude de defesa (direito à autodefesa e à defesa técnica); (e) direito de não ser processado e julgado com base em leis *ex post facto*; (f) direito à igualdade entre as partes; (g) direito de não ser processado com fundamento em provas revestidas de ilicitude; (h) direito ao benefício da gratuidade; (i) direito à observância do princípio do juiz natural; (j) direito ao silêncio (privilégio contra a autoincriminação); (l) direito à prova; e (m) direito de presença e de 'participação ativa' nos atos de interrogatório judicial dos demais litisconsortes penais passivos, quando existentes. O direito do réu à observância, pelo Estado, da garantia pertinente ao *due process of law*, além de traduzir expressão concreta do direito de

---

2 NERY JÚNIOR, Nelson. *Princípios...*, p. 92.

defesa, também encontra suporte legitimador em convenções internacionais que proclamam a essencialidade dessa franquia processual, que compõe o próprio estatuto constitucional do direito de defesa, enquanto complexo de princípios e de normas que amparam qualquer acusado em sede de persecução criminal, mesmo que se trate de réu estrangeiro, sem domicílio em território brasileiro, aqui processado por suposta prática de delitos a ele atribuídos." (STF, HC nº 94.016/SP, Rel. Min. Celso de Mello, j. 16.set.2008, Segunda Turma, DJe 27.fev.2009).[3]

A primeira referência ou menção legislativa, que se tem notícia, remonta à já mencionada *Magna Charta* do Rei João Sem-Terra, do ano de 1215. O pacto foi firmado entre o Rei João e os barões, reconhecendo-se uma série de garantias legais[4] e, em especial, assegurou a gênese do devido processo legal em seu art. 39.[5]

Em tradução livre, previu o art. 39 que nenhum homem será detido ou preso, nem privado de seus bens, banido ou exilado ou, de algum modo, prejudicado, senão mediante um juízo legal de seus pares ou segundo a lei da terra.[6] Naquele texto, como se observa, não foi utilizada a expressão *devido processo*, mas a *lei da*

---

3 No mesmo sentido, *v.g.*, é a decisão proferida também pela Segunda Turma do Supremo Tribunal Federal no HC nº 111.567 AgR/AM, Rel. Min. Celso de Mello, em 5.ago.2014.

4 "O princípio no devido processo legal teve sua origem na Inglaterra do século XIII e foi insculpido na Carta Magna de 1215, quando os barões e senhores feudais obrigaram o despótico Rei João-Sem-Terra a respeitar os direitos dos cidadãos ingleses, entre os quais o de serem julgados pelas leis do país." (OLIVEIRA, Vallisney de Souza. Expressões do devido processo legal, *Revista de Processo*, vol. 106, p. 297, Abr. 2002).

5 "Em termos históricos, aponta-se o art. 39 da Magna Carta inglesa de 1215 como o berço dessa concepção de equidade no processo. Cogitava-se do julgamento legal feito pelos pares ou pela lei do país (*law of the land*), tendo sido aquele documento político modelo de inspiração para o conceito de justo processo." (MELO, Gustavo de Medeiros. O acesso adequado à justiça na perspectiva do justo processo. In FUX, Luiz, NERY JR., Nelson, WAMBIER, Teresa Arruda Alvim. *Processo e Constituição...*, p. 684.

6 A redação original é apresentada por Ada Pellegrini Grinover: "O antecedente histórico das garantias constitucionais do processo é constituído pelo art. 39 da Magna Carta: *No freeman shall be taken, or imprisoned, or disseised, or outlawed, or exiled, or in any way destroyed, nor will we go upon him, nor will we send upon him, except by the legal judgement of his peers or by the law of the land.*". Em nota de rodapé, continua a autora: "Compelido por seus barões, João Sem Terra outorga, em 1215, a Magna Charta Libertatum, confirmada em 1297 por Eduardo I. Apesar da forma de outorga de direitos, o documento disfarçou, na realidade, um acordo de vontade entre o monarca e os súditos revoltados. Como os demais pactos medievais, a Carta constitui um antecedente das modernas constituições, no que tange à forma escrita e à proteção de direitos individuais, ainda que de caráter imemorial e destinados apenas a determinados homens." (*Os princípios constitucionais...*, p. 8-9). De forma similar, explica Bernardo Gonçalves Fernandes: "Por meio do pacto estabelecido entre o Rei João e os barões, reconheceu-se uma série de privilégios dentre os quais o previsto no Capítulo 39: 'nenhum homem será detido ou preso, nem privado de seus bens, banido ou exilado ou, de algum modo, prejudicado, nem agiremos ou mandaremos agir contra ele, senão mediante um juízo legal de seus pares ou segundo a lei da terra.'" (FERNANDES, Bernardo Gonçalves, op. cit., p. 434).

terra, originalmente *law of the land*, locução essa que pode ser compreendida como o *respeito às leis do país*. Nesse sentido, o documento é representativo da limitação do poder do rei ou, na essência, da necessária observância da ordem jurídica, assegurando invioláveis garantias aos indivíduos frente à atuação do Estado.

A expressão *devido processo legal*, mais precisamente a locução em inglês *due process of law*, foi empregada pela primeira vez pelo *Statute of Westminster of the Liberties of London*, lei inglesa de 1354, estabelecida durante o reinado de Eduardo III.[7] A evolução do conceito de *law of the land* ou *lei da terra*, no cenário da *common law*, ganhou corpo interpretativo a partir dos trabalhos de Edward Coke no século XVII que sustentou a supremacia da Magna Carta sobre os poderes do Estado. Segundo o jurista inglês, a *lei da terra* assegurava um julgamento previsto pela *common law*, ou, em outros termos, garantia um processo legal.[8] De modo semelhante, foi o viés interpretativo estabelecido por Willian Blackstone no século XVIII também na Inglaterra.

No último quarto do século XVIII, a cláusula do devido processo ou da lei da terra começa a ganhar destaque nas já estabelecidas colônias da América do Norte, como, por exemplo, nas declarações de direitos das colônias da Virgínia, Delaware e Maryland.[9]

A Constituição norte-americana, aprovada na Convenção de Filadélfia em 1787, não previu em seus sete artigos originais qualquer referência expressa ao devido processo legal. Conquanto essa ideia já fosse amplamente reconhecida naquele país, o documento evitou consignar direitos que não poderiam ser as-

---

[7] Mais uma vez, Ada Pellegrini Grinover apresenta como a cláusula do devido processo legal estava prevista no texto legal original: *"None shall be condened without trial. Also that no Man, of what State or Condition that he be, shall be put out of the Land or Tenement, nor taken or imprisoned, nor disinherites, nor put to death, without being brought to Answer by Due process of law."* (*As garantias...*, p. 25).

[8] Ibidem.

[9] Nelson Nery Júnior apresenta tais previsões: "Com efeito, a 'Declaração dos Direitos' da Virgínia, de 16.8.1776, tratava na secção 8.ª do princípio aqui mencionado, dizendo na parte final desse dispositivo *'that no man be deprived of his liberty, except by the law of the land or the judgement of his peers'*. Dias mais tarde, em 2.9.1776, surgia a 'Declaração de Delaware' que ampliava e explicitava melhor a cláusula em sua secção 12: *'That every freeman for every injury done him in his goods, lands or person, by any other person, ought to have justice and right for the injury done to him freely without sale, fully without any denial, and speedily without delay, according to the law of the land.'*. Mas foi a 'Declaração dos Direitos' de Maryland, de 3.11.1776, que fez, pela primeira vez, expressa referência ao trinômio, hoje insculpido na Constituição Federal norte-americana, vida-liberdade-propriedade, dizendo em seu inciso XXI, *'that no freeman ought to be taken, or imprisoned, or disseized of his freehold, liberties, or privilegies, or outlawed, or exiled, or in any manner destroyed, or deprived of his life, liberty, or property, but by the judgement of his peers, or by the law of the land.'*" (*Princípios...*, p. 93-94).

segurados em razão da fragilidade política da federação recém-estabelecida [10]. Mais adiante, com a promulgação da 5ª e da 14ª emenda, em 1791, a Constituição norte-americana passou a consagrar expressamente o trinômio vida, liberdade e propriedade e a expressão *due process of law*.

Devidamente prevista no ordenamento americano, a cláusula do devido processo legal passou a ter seu conteúdo preenchido gradativamente, sobretudo pela construção interpretativa da Suprema Corte americana, especialmente, considerando o sistema da *common law* ali adotado. Na essência, o devido processo passou a ser interpretado inicialmente de forma genérica como máxima garantia à legalidade, à liberdade e à propriedade.[11] Após essa primeira fase, por assim dizer, o devido processo assume o caráter de garantia de um processo segundo a *common law* e depois de garantia de Justiça, informado, sobretudo, pelos princípios da razoabilidade e proporcionalidade.[12]

No Brasil, o devido processo legal só passou a ser previsto constitucionalmente a partir da Constituição de 1988 que, em seu art. 5º, LIV, dispõe "ninguém será privado de sua liberdade ou de seus bens sem o devido processo legal". No entanto, há autores que identificam na já mencionada previsão do princípio da inafastabilidade, do art. 141, §4º, da Constituição de 1946, uma manifestação do devido processo.[13] Isso parece ser um entendimento correto, considerando a ínti-

---

10   "A Declaração de Independência dos Estados Unidos não se refere expressamente à cláusula. Inspirada por Jefferson, limita-se a proclamar o princípio de que todos os homens são iguais por criação e dotados de direitos inalienáveis, como a vida, a liberdade e a busca da felicidade. [...] Pela própria natureza da Declaração - oriunda de uma Confederação ainda débil, tolhida em seu poder central - seria inútil consignar direitos que o governo não estaria em condições de garantir. Proclamam-se, apenas, os axiomas próprios da concepção jusnaturalista da época." (GRINOVER, Ada Pellegrini. *As garantias...*, p. 27).

11   Dois exemplos ilustram bem essa interpretação. Em 1923, no caso Meyer v. Estado de Nebrasca, a Suprema Corte americana entendeu por inconstitucional lei daquele estado que vedava o ensino de outra língua que não o inglês, por violação ao direito de liberdade. De forma semelhante, em 1925, a Suprema Corte, no caso Pierce v. Society of Sisters julgou inconstitucional lei estadual que exigia que crianças de 8 a 16 anos somente fossem matrículas em escolas públicas, proibidas as escolas particulares de aceitá-las. Nesse segundo caso, a inconstitucionalidade foi reconhecida por violação ao direito de liberdade dos pais e de propriedade das escolas (NERY JÚNIOR, Nelson. *Princípios...*, p. 95).

12   "E através da interpretação evolutiva da cláusula - tida, inicialmente, como garantia da legalidade; depois, como garantia de um processo segundo a 'common law'; e posteriormente ainda, como garantia de justiça." (GRINOVER, Ada Pellegrini. *Os princípios constitucionais...*, p. 11).

13   Nesse sentido, ensina Luiz Rodrigues Wambier: "No direito positivo brasileiro, o princípio do devido processo legal somente chegou ao texto constitucional, de modo expresso e claro, na Constituição de 1946, onde veio insculpido em seu art. 141, § 4º. Se bem que, nesse texto, decorre límpido, de fato, apenas o princípio da justicialidade, segundo o qual nenhuma lesão ao direito, de qualquer cidadão, poderá deixar de ser apreciada pelo Poder Judiciário. Da garantia do controle jurisdicional, todavia, deflui tranqüilamente a do devido processo legal, por ser inimaginável que se garanta ao cidadão o direito ao controle jurisdicional dos atos, sem que isso

ma relação entre os dois preceitos. Aliás, como já se teve oportunidade de dizer no capítulo inaugural deste trabalho, a previsão do princípio da inafastabilidade, em documentos internacionais relevantes, é acompanhada de outras garantias inerentes ao devido processo.[14]

Analisado esse breve e necessário escorço histórico, passa-se ao exame do conteúdo do princípio do devido processo legal.

A exemplo do que ocorre no processo hermenêutico norte-americano, não parece ser possível engessar o conteúdo da cláusula do devido processo. Qualquer tentativa nesse sentido implica reduzir, indevidamente, seu alcance e sua força normativa. Em outras palavras, delimitar seu conteúdo significa descaracterizar a essência do instituto. No entanto, é possível identificar um núcleo semântico inviolável e irredutível que se manifesta, especialmente, em duas faces: o *devido processo legal em sentido processual* e o *devido processo legal em sentido material*.

A esse respeito, o Supremo Tribunal Federal já teve a oportunidade de reconhecer o caráter bifacetário que o devido processo legal assume no ordenamento constitucional brasileiro, em especial, em trecho do voto proferido pelo então Min. Carlos Velloso, relator da Medida Cautelar na Ação Direta de Inconstitucionalidade nº 1.511/DF, cuja transcrição se permite:

> Abrindo o debate, deixo expresso que a Constituição de 1988 consagra o devido processo legal nos seus dois aspectos, substantivo e processual, nos incisos LIV e LV, do art. 5º respectivamente. O princípio do "due process of law", tão caso no direito norte-americano [...] e que constitui garantia libertária, passou por três fases. A primeira marca o seu surgimento, na "Magna Carta Libertatum", de 1215, como garantia processual penal, como "Law of the Land" – julgamento por um tribunal formado entre seus pares e segundo as leis da terra – onde se desenham dois princípios, o do juiz natural e o da legalidade (fato definido como crime, pena previamente cominada). No Estatuto de Eduardo III, de 1354, "law of the land" foi substituída por "due process of law". Na 2ª. fase, "due process of law" passa a ser garantia processual geral, constituindo requisito de validade da atividade jurisdicional o processo regularmente ordenado. A 3ª. fase do princípio do "due process of law" é a mais rica. Mediante a interpretação das Emendas V e XIV da Constituição norte-americana, pela Suprema Corte, "due process of law" adquire postura substantiva ao lado do seu caráter processual, passando a limitar o mérito das ações estatais, o que se tornou marcante a partir da Corte Warren, nos anos cinquenta e sessenta, em que se tornou realidade a defesa das minorias étnicas e econômicas [...]. "Due process of law", com conteúdo substantivo – "substantive due process" – constitui limite ao

---

se faça mediante o uso de instrumental apropriado, devidamente previsto no ordenamento jurídico. Então, previa o § 4º do art. 141, da Constituição de 18.09.1946, que 'A lei não poderá excluir da apreciação do Poder Judiciário qualquer lesão de direito individual'. (WAMBIER, Luiz Rodrigues. Anotações sobre o princípio do devido processo legal, *Revista de Processo*, vol. 63, p. 54, Jul.1991).

14   A esse respeito, ler o item 1.4 deste trabalho.

Legislativo, no sentido de que as leis devem ser elaboradas com justiça, devem ser dotadas de razoabilidade ("reasonableness") e de racionalidade ("rationality"), devem guardar, segundo W. Holmes, um real e substancial nexo com o objetivo que se quer atingir. Paralelamente, "due processo f law", com caráter processual – "procedural due process" – garante às pessoas um procedimento judicial justo, com direito de defesa. (STF, ADI nº 1.511-MC/DF, Rel. Min. Carlos Velloso, Tribunal Pleno, j. 16.out.1996, DJ 6.jun.2003).

Posto isso, em linhas gerais, já que o tema enseja estudos bem mais amplos, o *devido processo em sentido processual* ou *procedural due process* pode ser entendido como o conjunto de todas as garantias processuais inerentes ao acesso à função jurisdicional e ao desenvolvimento dessa atividade da forma mais adequada e efetiva possível. Nesse sentido, integram o devido processo legal o próprio princípio da inafastabilidade, as garantias da ampla defesa e contraditório, a fundamentação das decisões judiciais, a garantia do juiz natural, a duração razoável do processo, entre outros.[15]

O *devido processo em sentido material* ou *substantive due process*, por sua vez, implica a compreensão de que o devido processo excede a garantia de tutela processual, como uma leitura apressada de sua denominação poderia sugerir. Nesse sentido, o devido processo substancial assegura direitos de ordem material, permeando todo o ordenamento jurídico e como um dos exemplos mais claros da eficácia irradiante de um direito fundamental, notadamente, agregando conteúdo de justiça à interpretação jurídica. Sobre o tema, é clássica a lição de Ada Pellegrini Grinover:

> Do conteúdo clássico do *due process of law*, como garantia do réu, passa-se a proteção mais ampla, sem distinção entre *substance* e *procedure*. A cláusula transforma-se na garantia geral da ordem jurídica: *judicial process* não significa processo judicial, mas aplicação judicial da lei e, por extensão, interpretação judicial da norma. Assim, *due process of law* é, em sentido amplo, a garantia do "processo" legislativo e também a garantia de que a lei é razoável, justa e contida nos limites da Constituição. Ao lado do *procedural due process*, sustenta-se a existência de um *substantive due process*, garantindo o exercício pleno e absoluto dos direitos da liberdade e de propriedade (em sentido amplo). A cláusula não mais se limita à determinação processual de direitos substanciais, mas se estende à garantia de que seu gozo não seja restringido de modo arbitrário ou desarrazoado. [...] Hoje [essa já era a concepção no início

---

15 Explica Augusto do Amaral Dergint: "No campo processual, são componentes básicos do "devido processo legal", a par do direito de ação, o da jurisdição, que culmina com a prolação, por juiz competente, de sentença conforme aos princípios da congruência e da motivação. São corolários do "devido processo legal" os princípios da isonomia das partes no processo, do juízo natural, da garantia de assistência judiciária, do contraditório, da ampla defesa, da licitude probatória, da coisa julgada, da inafastabilidade do controle judiciário, do duplo grau de jurisdição, da publicidade, da imparcialidade dos julgamentos etc. Todos os princípios que regem o processo, enfim, estão englobados no chamado "devido processo legal" (Aspecto material do devido processo legal, *Revista dos Tribunais*, vol. 709, p. 249, Nov.1994).

da década de 1973 quando a obra foi escrita], podemos afirmar que a cláusula é interpretada no sentido de eliminar qualquer obstáculo injustificado à tutela de direitos individuais, substancial ou processual que seja. Desse modo, haverá violação da *due process clause* não somente onde forem desarrazoadas as formas técnicas de exercício dos poderes processuais, mas também onde a própria configuração dos *substantive rights* possa prejudicar sua tutela, condicionando "irrazoavelmente" o resultado do processo.[16]

Exemplo claro desse aspecto substancial do devido processo legal é a necessária observância do princípio da legalidade pela Administração. Do mesmo modo, pode ser citado o princípio da autonomia da vontade no direito privado.[17]

Como já colocado, o conteúdo do devido processo legal é, em certa medida, indeterminado e vago, o que é necessário, sob pena de macular a essência do instituto. Porém, por outro lado, essa indeterminação cria dificuldades ao intérprete, de modo que a doutrina e a jurisprudência assumem papel relevante nessa tarefa. Nesse sentido, é oportuno colacionar algumas ementas de decisões do Supremo Tribunal Federal que, como exemplos, permitem uma intelecção do conteúdo que a cláusula do devido processo legal carrega com si no direito brasileiro:

> Processo. Tratamento igualitário das partes. O tratamento igualitário das partes é a medula do devido processo legal, descabendo, na via interpretativa, afastá-lo, elastecendo prerrogativa constitucionalmente aceitável. [...] (STF, HC nº 83.255/SP, Rel. Min. Marco Aurélio, Tribunal Pleno, j. 5.nov.2003, DJ 12.mar.2004).
> Recurso extraordinário. Município. Declaração de desnecessidade de cargo. Servidor público ocupante de cargo efetivo, em estágio probatório. Exoneração ad nutum e sem critérios objetivos. Impossibilidade. O servidor público ocupante de cargo efetivo, ainda que em estágio probatório, não pode ser exonerado *ad nutum*, com base em decreto que declara a desnecessidade do cargo, sob pena de ofensa à garantia do devido processo legal, do contraditório e da ampla defesa. [...]. (STF, RE nº 378.041/MG, Rel. Min. Carlos Britto, Primeira Turma, j. 21.set.2004, DJ 11.fev.2005).
> Mandado de segurança indeferido. Reforma agrária e devido processo legal. O postulado constitucional do "due process of law", em sua destinação jurídica, também está vocacionado à proteção da propriedade. Ninguém será privado de seus bens

---

16 GRINOVER, Ada Pellegrini. *As garantias...*, p. 35-36

17 O devido processo legal se manifesta em todos os campos do direito, em seu aspecto substancial. No direito administrativo, por exemplo, o princípio da legalidade nada mais é do que manifestação da cláusula *substantive due process*. Os administrativistas identificam o fenômeno do *due process*, muito embora sob outra roupagem, ora denominando-o de garantia da legalidade e dos administrados, ora vendo nele o postulado da legalidade. Já se identificou a garantia dos cidadãos contra os abusos do poder governamental, notadamente pelo exercício do poder de polícia, como sendo manifestação do devido processo legal. No direito privado prevalece o princípio da autonomia da vontade com a consequente liberdade de contratar, de realizar negócios e praticar atos jurídicos. Podem ser praticados quaisquer atos, mesmo que a lei não os preveja, desde que não atentem contra normas de ordem pública ou contra os bons costumes: o que não é proibido é permitido." (NERY JÚNIOR, Nelson. *Princípios...*, p. 97).

sem o devido processo legal (CF, art. 5º, LIV). [...] (STF, MS nº 23.032/AL, Rel. Min. Celso de Mello, Tribunal Pleno, j. 29.ago.2001, DJ 9.fev.2007).
Mandado de segurança. Legitimidade passiva para a causa. Pessoa jurídica de direito público a que pertence a autoridade. Representante processual do ente público. Falta de intimação da decisão concessiva da segurança. Violação do justo processo da lei (*due process of law*) Nulidade processual absoluta. [...] (STF, AI nº 431.264 AgR-segundo/PE, Rel. Min. Cezar Peluso, Segunda Turma, j. 30.nov.2007, DJe 23.nov.2007).
Constitucional. Processual civil. Agravo regimental em agravo de instrumento. Alegada ofensa ao art. 5º, XXXV, LIV e LV, da CF. Ofensa reflexa. Devido processo legal. Procedimentos administrativos. Necessidade de observância. Agravo improvido. I - A jurisprudência da Corte é no sentido de que a alegada violação ao art. 5º, XXXV, LIV e LV, da Constituição, pode configurar, quando muito, situação de ofensa reflexa ao texto constitucional, por demandar a análise de legislação processual ordinária. II - O entendimento desta Corte é no sentido de que o princípio do devido processo legal, de acordo com o texto constitucional, também se aplica aos procedimentos administrativos. III - Agravo regimental improvido. (STF, AI nº 592.340-AgR/PR, Rel. Min. Ricardo Lewandowski, Primeira Turma, j. 20.nov.2007, DJe 14.dez.2007).
Constitucional. Direito fundamental de acesso ao judiciário. Direito de petição. Tributário e política fiscal. Regularidade fiscal. Normas que condicionam a prática de atos da vida civil e empresarial à quitação de créditos tributários. Caracterização específica como sanção política. [...] 2. Alegada violação do direito fundamental ao livre acesso ao Poder Judiciário (art. 5º, XXXV da Constituição), na medida em que as normas impedem o contribuinte de ir a juízo discutir a validade do crédito tributário. Caracterização de sanções políticas, isto é, de normas enviesadas a constranger o contribuinte, por vias oblíquas, ao recolhimento do crédito tributário. 3. Esta Corte tem historicamente confirmado e garantido a proibição constitucional às sanções políticas, invocando, para tanto, o direito ao exercício de atividades econômicas e profissionais lícitas (art. 170, par. ún., da Constituição), a violação do devido processo legal substantivo (falta de proporcionalidade e razoabilidade de medidas gravosas que se predispõem a substituir os mecanismos de cobrança de créditos tributários) e a violação do devido processo legal manifestado no direito de acesso aos órgãos do Executivo ou do Judiciário tanto para controle da validade dos créditos tributários, cuja inadimplência pretensamente justifica a nefasta penalidade, quanto para controle do próprio ato que culmina na restrição. [...] (STF, ADI nº 173/ DF, Rel. Min. Joaquim Barbosa, Tribunal Pleno, j. 25.set.2008, DJe 20.mar.2009).

Feito esse exame sobre o princípio do devido processo legal, não parece ser possível desassociá-lo do princípio da inafastabilidade da função jurisdicional. Conquanto seja possível distingui-los com clareza e igual relevância, há uma nítida e íntima relação entre os dois postulados, que na essência possuem as mesmas razões de ser: a sustentação do Estado Democrático de Direito e a manutenção constitucional da ordem jurídica.

Como visto, não é possível delimitar o conteúdo e alcance da cláusula do devido processo legal, sob pena de descaracterizar o instituto. No entanto, dentro daquilo que se reconheceu como seu núcleo semântico, é possível identificar a inafastabilidade em posição notável entre as garantias do devido processo que permitem e buscam viabilizar o exercício da função jurisdicional adequada e efetiva.

O próprio conteúdo do princípio da inafastabilidade da função jurisdicional é, portanto, informado pelo devido processo legal. Não é possível, por tudo já colocado nesse trabalho, pensar no acesso à jurisdição e no desenvolvimento dessa atividade sem o respeito à cláusula do devido processo, ou seja, sem o respeito à ordem jurídica e às garantias processuais.[18] Nesse sentido, cabe nova citação da obra de Ada Pellegrini Grinover que, ao que parece, resume essa relação:

> Não basta afirmar a constitucionalização do direito de ação, para que se assegurem ao indivíduo os meios para obter o pronunciamento do juiz sobre a razão do pedido. É necessário, antes de mais nada, que por direito de ação, direito ao processo, não se entenda a simples ordenação de atos, através de qualquer procedimento, mas sim o "devido processo legal.".[19]

Assim, concluindo esse tópico, pode se dizer que o devido processo legal, por constituir um dos mais relevantes postulados da ordem jurídica material e processual, contribui de forma indissociável à compreensão do princípio da inafastabilidade. Não é possível o estudo e a aplicação desse princípio, sem o entendimento e observância daquele. Há, assim, notável integração principiológica e harmonia entre esses dois direitos mais que fundamentais.

3.2. Princípios do contraditório e da ampla defesa

Na linha de raciocínio desenvolvida no tópico anterior, não é possível o desenvolvimento da função jurisdicional sem o respeito aos princípios fundamentais do contraditório e da ampla defesa[20], que na essência determinam a observância do princípio último da isonomia. Previstos no art. 5º, inciso LV, da Constituição

---

[18] Assim, pontua Flávio Luiz Yarshell que: "Por esses motivos, é correto associar os conceitos de *tutela jurisdicional* – abrangente do resultado e dos meios processuais - e direito ao processo; que só pode ser entendido como o devido processo legal, isto é, composto pela somatória de princípios, que estão positivados na Constituição, ou que, não estando lá expressamente previstos, são indissociáveis do exercício e dos escopos da jurisdição. Em suma: o princípio da inafastabilidade só pode ser substancialmente entendido como princípio pelo qual o controle jurisdicional ocorre mediante o devido processo legal. E no devido processo legal, conforme exposto, há autêntica tutela jurisdicional." (*Curso...*, p. 84).

[19] GRINOVER, Ada Pellegrini. *Os princípios constitucionais...*, p. 18.

[20] Embora nesse trabalho seja feita a separação entre os dois postulados, parte notável da doutrina, como por exemplo, Eduardo Pellegrini de Arruda Alvim e Nelson Nery Júnior, entende com propriedade que o contraditório e a ampla defesa compõe um único princípio. Não é propósito desse estudo questionar, criticar ou sequer analisar essa diferença, até porque na essência conceitual ela não é relevante. Nesse estudo, opta-se pela separação tão somente para facilitar o entendimento do tema.

Federal, ambos integram o devido processo legal e o próprio conteúdo do princípio da inafastabilidade jurisdição.

Também cumpre destacar o art. 7º do Código de Processo Civil de 2015 que elenca a ampla defesa e o contraditório como preceitos fundamentais do processo, dispondo que: "É assegurada às partes paridade de tratamento em relação ao exercício de direitos e faculdades processuais, aos meios de defesa, aos ônus, aos deveres e à aplicação de sanções processuais, competindo ao juiz zelar pelo efetivo contraditório."

O princípio do contraditório preconiza um estado ideal das coisas em que as partes envolvidas no processo, e eventualmente o Ministério Público, tenham sempre a ciência dos fundamentos da ação e da defesa, das decisões e todos os demais atos processuais. Além disso, as partes devem ter a oportunidade de se manifestar ou reagirem aquilo que tomaram conhecimento.[21]

Nesse sentido, a doutrina identifica que o contraditório é formado pelo binômio *ciência e resistência* ou *informação e reação*. O primeiro desses elementos é sempre indispensável, o segundo é eventual. Assim, as partes devem ter sempre o conhecimento de todos os atos do processo e a oportunidade para se manifestar, porém, até por informação do princípio dispositivo, a opção de se manifestar ou não é ônus da parte, a qual deverá suportar as consequências dessa escolha.

Ponto fundamental de integração entre os princípios do contraditório e da inafastabilidade da jurisdição é a compreensão de que o exercício do contraditório deve ser adequado e efetivo, em identidade com a forma como a atividade jurisdicional deve ser prestada. Não por outra razão, o referido art. 7º do Código de 2015 determina que compete ao juiz "zelar pelo efetivo contraditório".

Assim, devem ser criadas condições concretas e reais de implementação do contraditório durante o desenvolvimento do processo, não sendo suficiente a mera possibilidade de manifestação. Como exemplos dessa ideia, pode se pensar no estabelecimento de prazos em tempo ajustado à natureza da lide ou na adaptação dos meios de prova.[22]

---

21 Rui Portanova conceitua o princípio do contraditório como "a ciência bilateral dos atos e termos processuais e possibilidade de contrariá-los com alegações e provas" (*Princípios do processo civil*, 6ª ed., Porto Alegre : Livraria do Advogado Ed., 2005, p.160). No mesmo sentido, Daniel Amorim Assumção Neves ensina que: "Tradicionalmente, considera-se o princípio do contraditório formado por dois elementos: informação e possibilidade de reação. Sua importância é tamanha que a doutrina moderna entende-se tratar-se de elemento componente do próprio conceito de processo [...]. Nessa perspectiva, as partes devem ser devidamente comunicadas de todos os atos do processo abrindo-se a elas a oportunidade de reação como forma de garantir a sua participação na defesa de seus interesses em juízo. Sendo o contraditório aplicável a ambas as partes, costuma-se também empregar a expressão 'bilateralidade da audiência', representativa da paridade de armas entre as partes que se contrapõe em juízo." (op. cit., p. 64).

22 "O núcleo essencial do princípio do contraditório compõe-se, de acordo com a doutrina tradicional, de um binômio: "ciência e resistência" ou "informação e reação". O primeiro destes

O princípio do contraditório assume, nesse contexto, um significado de maior profundidade. A verificação do referido binômio *ciência e resistência* ou *informação e reação* não parece satisfazer os ditames contemporâneos do Estado Constitucional, é preciso mais. Impõe-se uma leitura sobre o contraditório que vai além da oportunidade e da prática do ato. É necessário compreendê-lo como verdadeiro *direito de influência e participação* nos procedimentos e nos provimentos jurisdicionais, como bem explica Luiz Guilherme Marinoni:

> Atualmente, porém, a doutrina tem identificado no direito ao contraditório muito *mais do que simples bilateralidade da instância*. Ao binômio conhecimento-reação tem-se oposto a ideia de *cabal participação como núcleo-duro do direito ao contraditório*. É lógico que o contraditório, no processo civil do Estado Constitucional, tem significado completamente diverso daquele que lhe era atribuído à época do direito liberal. Contraditório significa hoje conhecer e reagir, mas não só. *Significa participar do processo e influir nos seus rumos. Isto é: direito de influência*. Com essa nova dimensão, o direito ao contraditório deixou de ser algo cujos destinatários são tão somente as partes e começou a *gravar igualmente o juiz*. Daí a razão pela qual eloquentemente se observa que o juiz tem o dever não só de velar pelo contraditório entre as partes, *mas fundamentalmente a ele também se submeter*. O juiz encontra-se igualmente sujeito ao contraditório.[23]

Do mesmo modo, com exemplos retirados do direito estrangeiro, também lecionam Humberto Theodoro Júnior, Dierle José Coelho Nunes, Alexandre Melo Franco Bahia e Flávio Quinaud Pedron, explicando de forma muito precisa a evolução do conteúdo do preceito, da preconização de uma ordem isonômica entre os sujeitos processuais, desvirtuada posteriormente por noções de hierarquia do magistrado sobre as partes, até a compreensão dinâmica do princípio como *direito de influência*:

---

elementos é sempre indispensável; o segundo, eventual ou possível. A distinção, contudo, não pode levar a equívocos que esbarrariam no "modelo constitucional do processo civil". Ela não pode querer significar um magistrado indiferente ao resultado útil da atuação jurisdicional, do próprio processo. Até porque é o magistrado, mesmo sem provocação das partes, responsável por alimentar o contraditório no sentido atual da expressão ao longo de todo o processo. É fundamental, destarte, que sejam criadas condições concretas do exercício do contraditório, não sendo suficiente uma mera possibilidade ou eventualidade de reação. Ela tem que ser real. Ademais, a depender da qualidade do conflito de direito material levado para solução perante o Estado-juiz e dos fatos processuais, o estabelecimento do contraditório é expressamente determinado pela lei processual civil. Assim, por exemplo, quando o art. 320, II, diante de direitos indisponíveis, proíbe a possibilidade de julgamento sem a produção de outras provas, vedada a presunção que pode decorrer da inércia do réu, e quando o art. 9º, II, impõe, para o réu citado, não pessoalmente, a nomeação de um "curador especial", forma de garantir, em um e em outro caso, um efetivo contraditório, que não se contenta em ser meramente potencial ou, menos do que isto, presumido, ficto." (BUENO, Cássio Scarpinella. *Curso sistematizado*...vol. 1..., p. 139-140).

23 SARLET, Ingo Wolfgang, MARINONI, Luiz Guilherme, MITIDIERO, Daniel. op. cit., p. 735/736.

Normalmente, o aludido princípio é analisado no quadro dos princípios gerais do ordenamento processual ou no contexto das *Prozessmaximen*, de modo a regular a repartição dos poderes e das funções entre as partes e o juiz. Sua utilização transitou de uma ordem isonômica entre os sujeitos processuais para uma ordem assimétrica, em que o protagonismos judicial e a concepção hierárquica entre a magistratura e as partes se imporiam, e com essa mudança configuraram-se o aviltamento e o enfraquecimento do debate e do contraditório. Este foi relegado a uma mecânica contraposição de direitos e obrigações, ou, como se tornou costumeiro afirmar, *tão somente como um direito de bilateralidade da audiência*, possibilitando às partes a devida informação e possibilidade de reação. Ocorre que essa visão de um contraditório estático somente poderia atender a uma estrutura procedimental monologicamente dirigida pela perspectiva unilateral de formação do provimento pelo juiz, algo que a moderna processualística, até mesmo na busca de maior eficiência do processo, passou a combater. [...] Ao notar a insuficiência do conteúdo atribuído ao contraditório, e já o vislumbrando como garantia dinâmica e como núcleo do processo, a doutrina italiana configurou, porém, perfis dinâmicos para um contraditório, agora substancial, atribuindo às partes *possibilidades de participação preventiva* sob qualquer aspecto fático ou jurídico que esteja sendo discutido e julgado. Na França, o art. 16 do Noveau Code de Procédurre Civile impede o juiz de fundamentar sua decisão sobre aspectos jurídicos que ele suscitou de ofício sem ter antecipadamente convidado as partes a se manifestar acerca de suas observações. Assim, a garantia opera não somente no confronto entre as partes, transformando-se também num dever-ônus para o juiz [...]. Na Alemanha, após o segundo pós-guerra, o conteúdo da cláusula estabelecida no texto do art. 103, §1.º, da Lei Fundamental da República Federal da Alemanha como "pretensão de audição jurídica" (*Anspruch auf Rechtliches Gehör*) foi interpretada de modo a garantir um alcance maios que a simples literalidade. O Tribunal Constitucional Federal (*Bundesverfarsungsgericht*) passou a afirmar que o dispositivo não só operava seus efeitos no confronto entre as partes, mas, sim, convertia-se também num dever para o magistrado, de modo que se atribuía às partes a possibilidade de posicionar-se sobre qualquer questão de fato ou de direito, de procedimento ou de mérito, de tal modo a poder *influir* sobre o resultado dos provimentos. [...] Impõe-se, assim, a leitura do contraditório como garantia de influência no desenvolvimento e resultado do processo.[24]

A propósito, como já mencionado quando do estudo da atividade jurisdicional adequada e efetiva, o Código de Processo Civil de 2015 vai além da referida previsão de seu art. 7º e adota a cooperação e o modelo cooperativo de processo como duas de suas principais normas matrizes, consolidando e reafirmando o princípio do contraditório sob essa nova perspectiva. Nesse sentido, Hermes Zaneti Júnior, de forma brilhante, reconhece no contraditório verdadeiro *valor--fonte* do processo constitucionalizado:

---

24 THEODORO JÚNIOR, Humberto, NUNES, Dierle, BAHIA, Alexandre Melo Franco, PEDRON, Flávio Quinaud. *Novo CPC – Fundamentos e sistematização...*, p. 104-107.

A Constituição Federal de 1988, ao incluir no seu texto diversos princípios de direito processual que não estavam anteriormente expressos (*v.g.* devido processo legal) ou que tinham âmbito mais limitado (*v.g.* contraditório), assumiu expressamente essa postura garantista. É justamente no contraditório, ampliado pela Carta do Estado Democrático brasileiro, que se irá apoiar a noção de processo democrático, o processo como procedimento em contraditório, que tem na sua matriz substancial a "máxima de cooperação" (*Kooperationmaxima*). Trata-se de *"extrair do próprio direito fundamental de participação a base constitucional para o princípio da colaboração*. O contraditório surge então renovado, não mais unicamente como garantia do direito de resposta, mas como direito de influência e dever de debate. [...] Portanto, pelo menos *dois valores ideológicos principais* para este livro estão subjacentes à ideia de processo constitucional: o *valor efetividade*, que surge da influência dos direitos fundamentais, com sua consequente necessidade de realização; e o *valor segurança jurídica*, tomado na sua dimensão não racionalista absoluta, de certeza anterior dos fatos, mas como *garantia contra o arbítrio estatal*, em uma palavra, *previsibilidade*. Agrega-se ainda, porque subjaz ao Estado Democrático e Pluralista de Direito, o *valor instrumental da democracia, que é a necessária observância do procedimento em contraditório* (entre as partes e entre elas e o juiz) [...]. É justamente nesse quadro que o contraditório surge como "valor-fonte" do processo constitucional.[25]

Assume, assim, conteúdo mais substancial do que a compreensão de uma mera bilateralidade de atuação das partes. Determina, por exemplo, o fomento do debate preventivo e a submissão de todos os fundamentos da futura decisão ao contraditório, constituindo em verdadeira garantia de não surpresa,[26] ratificada pelo art. 10 do novo diploma, segundo o qual "O juiz não pode decidir, em grau algum de jurisdição, com base em fundamento a respeito do qual não se tenha dado às partes oportunidade de se manifestar, ainda que se trate de matéria sobre a qual deva decidir de ofício.".

O princípio da ampla defesa, por sua vez, consiste, em termos estritos, na garantia constitucional de que todo réu tenha condições efetivas e concretas de se defender as imputações que lhe são dirigidas.[27] Aliás, no capítulo anterior, já se

---

25 ZANETI JÚNIOR, Hermes. *A constitucionalização...*, p. 179-182.
26 Idem, p. 110-113.
27 Alexandre de Moraes define ampla defesa como "o asseguramento que dado ao réu de condições que lhe possibilitem trazer para o processo todos os elementos tendentes a esclarecer a verdade ou mesmo omitir-se ou calar-se, se entender necessário." (MORAES, Alexandre de. *Direito constitucional*, 18ª ed., São Paulo : Atlas, 2005, p. 93). Rui Portanova define ampla defesa enunciando que "o cidadão tem plena liberdade de, em defesa de seus interesses, alegar fatos e propor provas. A defesa não é uma generosidade, mas um interesse público. Para além de uma garantia constitucional de qualquer país, o direito de defender-se é essencial a todo e qualquer Estado que se pretenda minimamente democrático [...]. O princípio da ampla defesa é uma consequência do contraditório, mas tem características próprias. Além do direito de tomar conhecimento de todos os termos do processo (princípio do contraditório), a parte também tem o direito de alegar e provar o que se alega e – tal como o direito de ação – tem o direito de

teve oportunidade de dizer que o Estado deve também garantir o direito íntegro de defesa com a observância de todas as garantias a ele inerentes.

Conquanto o texto constitucional se utilize dos termos *litigantes* e *acusados*, a ideia que deve estar presente, principalmente no contexto do direito processual civil, é que o direito à ampla defesa é assegurado a toda pessoa em face de quem é dirigida uma pretensão.

A concepção de *ampla defesa*, porém, é mais do que essa noção estrita do princípio. O termo *defesa* não fica adstrito à noção de defesa técnica contra uma pretensão. A expressão deve ser compreendida como direito amplo da parte de *defender adequadamente os fundamentos que sustentam suas alegações, sejam essas pretensões ou defesas*. Sobre o tema é a lição de Nelson Nery Júnior:

> Ampla defesa significa permitir às partes a dedução de alegações que sustentem sua pretensão (autor) ou defesa (réu) no processo judicial (civil, penal, eleitoral, trabalhista, e no processo administrativo, com a consequente possibilidade de fazer a prova dessas mesmas alegações e interpor recursos cabíveis contra as decisões judiciais e administrativas. Os titulares de direito de ampla defesa são os acusados em geral – nos procedimentos administrativos e inquisitoriais, tais como o inquérito policial – e os litigantes, isto é, autor e réu nos processos judiciais penais e de natureza não penal (civil, trabalhista, eleitoral). A CF 5.º LV garante a eles o direito de deduzirem alegações adequadas, isto é, que *efetivamente* tenham aptidão para fazer valer sua pretensão ou defesa nos procedimentos em que são acusados bem como nos processos administrativo e judicial. Feitas as alegações, os titulares da garantia da ampla defesa têm o direito à prova dessas mesmas alegações. De nada adiantaria garantir-se a eles com uma mão o direito de alegar e subtrair-lhes, com a outra, o direito de fazer prova de suas alegações.[28]

Posto isso, é inegável a integração entre o princípio da ampla defesa e o princípio da inafastabilidade da jurisdição. Pode se dizer, assim, que a ampla defesa agrega qualidade ao acesso e desenvolvimento da função jurisdicional. Não basta assegurar a oportunidade de acesso à jurisdição, é determinação constitucional que aquele que tenha uma pretensão ou um fundamento de defesa possa sustentá-los e prová-los de forma consistente e concreta. Essa é a lição de Luiz Guilherme Marinoni:

---

se defender." (op. cit., p. 125). Cássio Scarpinella Bueno, por sua vez, explica que: "Não há razão para deixar de entender a ampla defesa, mais ainda a partir do que se ocupou de demonstrar o n. 5, *supra*, a respeito do 'princípio do contraditório', como a garantia ampla de todo e qualquer acusado em sentido amplo (que é a nomenclatura mais empregada para o processo penal) e qualquer *réu* (nomenclatura mais utilizada para o processo civil) ter condições *efetivas*, isto é, *concretas* de se responder às imputações que lhe são dirigidas antes que seus efeitos decorrentes possam ser sentidos. Alguém que seja acusado de violar ou, quando menos, de ameaçar violar normas jurídicas tem o direito de se defender amplamente." (*Curso sistematizado...* vol. 1..., p. 145).

28 NERY JÚNIOR, Nelson. *Princípios...*, p. 260.

O direito de acesso à jurisdição - visto como direito do autor e do réu - é um direito à utilização de uma prestação estatal imprescindível para a efetiva participação do cidadão na vida social, e assim não pode se visto como um direito formal e abstrato - ou como um simples direito de propor a ação e de apresentar defesa -, indiferente aos obstáculos sociais que possam inviabilizar o seu efetivo exercício. A questão do acesso à justiça, portanto, propõe a problematização do direito de ir a juízo - seja para pedir a tutela do direito, seja para se defender. [...] Um processo em que qualquer das partes não possa efetivamente participar retira a legitimidade do exercício do poder jurisdicional. Não há como ter uma decisão legítima sem se dar àqueles que são atingidos por seus efeitos a adequada oportunidade de participar da formação do *judicium*.[29]

Observa-se, desse modo, que o estudo do princípio da inafastabilidade passa pela necessária compreensão das concepções dos postulados do contraditório e da ampla defesa que, obrigatoriamente, informam o desenvolvimento da atividade jurisdicional. Não se pode perder de vista, especialmente, que a jurisdição é meio de resolução de conflitos. Esses só serão solucionados, com a chancela da legitimidade constitucional, mediante a construção do diálogo consistente entre as partes, observado o devido processo legal, o contraditório e a ampla defesa. A esse respeito e fechando o presente tópico, ensina Ada Pellegrini Grinover:

> Parece defluir, portanto, do texto constitucional, uma tutela jurídica menos genérica e abstrata do que a mera obrigação de resposta do Estado, perante o pedido do autor: o texto também deve garantir a tutela dos direitos afirmados, mediante a possibilidade de ambas as partes sustentarem suas razões, apresentarem suas provas, influírem sobre a formação do convencimento do juiz, através do contraditório. O princípio da proteção judiciária, assim entendido, substitui, no processo civil, as garantias constitucionais de ampla defesa e do contraditório.[30]

3.3. Princípio da indeclinabilidade da jurisdição

Outro princípio intimamente ligado à concepção da inafastabilidade é o princípio da indeclinabilidade da jurisdição. Para parte da doutrina, inclusive, a indeclinabilidade está contida na inafastabilidade, o que parece correto. Porém, opta-se pelo estudo em separado dos dois institutos na tentativa de melhor expor o conceito.

O princípio da indeclinabilidade da jurisdição ou de vedação ao *non liquet*[31]

---

29 MARINONI, Luiz Guilherme. *Teoria geral...*, p. 316-317.
30 GRINOVER, Ada Pellegrini. *Os princípios constitucionais...*, p. 18-19.
31 Rui Portanova traz possível explicação para o uso dessa expressão: "Deve-se a Aulo Gélio (127-175) a origem da expressão *non liquet*. O jovem pretor romano, apesar de muito estudar os deveres do juiz, quer em livros escritos em latim, quer em livros escritos em grego, deparou-se com um fato que o colocou em apuros. É que um homem honrado, de boa-fé notória, vida inatacável e sinceridade induvidosa reclamava quantia em dinheiro. Ocorre que o réu era homem comprovadamente falso. E, cercado de partidários, negava a existência do débito. Os juristas da

consiste no dever daquele que está constitucionalmente investido na função jurisdicional de fornecer uma resposta aqueles que lhe dirigiram uma pretensão [32]. Nesse sentido, explica José Manoel de Arruda Alvim Netto:

> Como outro princípio de relevância atinente à jurisdição, devemos mencionar a indeclinabilidade da prestação jurisdicional (v. art. 5.º, XXXV, da CF/1988, e art. 126 do CPC), já referida, correspondente ao direito de ação como direito público subjetivo que é, atribuído a toda e qualquer pessoa. Se o inciso XXXV do art. 5.º da CF/1988 enseja a todos os que estão sob a égide da jurisdição brasileira o direito de a ela terem acesso, segue-se que esta há sempre de manifestar-se sobre os pedidos que lhe sejam endereçados, embora este direito não se confunda com a outorga da proteção pleiteada por aquele que teve a iniciativa de propor a ação. Este princípio manifesta-se expressa e inequivocamente, também no nível da lei ordinária, no art. 126 do CPC, que prescreve: "O juiz não se exime de sentenciar ou despachar alegando lacuna ou obscuridade da lei (...)". Verifica-se, pois, que, embora não se possa assegurar direito a sentença favorável, existe direito a uma decisão ou sentença, mesmo que desfavorável, ou, então, que inadmita mesmo a ação.[33]

Desse modo, presentes os pressupostos processuais positivos e ausentes os negativos, bem como presentes as condições da ação, o julgador tem o dever de decidir o conflito cuja resolução se busca. Do mesmo modo, ainda que seja verificada a falta de algum desses requisitos que impeça um julgamento de mérito, o julgador tem igual dever de decidir a esse respeito, devidamente fundamentando sua posição. Além disso, pode se dizer que no *dever de julgar*, está compreendido igualmente o *dever de considerar* do julgador. Não por outra razão, o direito processual civil prevê o recurso de embargos de declaração se verificada omissão na decisão.[34]

época aconselhavam unânimes o jovem julgador que, sem prova, o réu deveria ser absolvido. Um filósofo de nome Favorino aconselhou julgamento favorável ao demandante por gozar de maios probidade. Parecendo-lhe grave condenar sem provas e não podendo decidir-se pela absolvição disse: *iuravi mihi non liquere, atque ita iudicatu illo solutus sum* (jurei que o assunto não estava claro, ficando, em consequência, livre daquele julgamento)." (op. cit., p. 92-93). Nesse sentido, a vedação ao *non liquet* implica, na compreensão do termo, a proibição de deixar de julgar em razão do assunto *não estar claro*.

32 Cássio Scarpinella Bueno pondera que "rompida a inércia da jurisdição, o Estado-juiz tem que dar alguma resposta ao jurisdicionado, mesmo que seja contrária a seus interesses, mas não pode se esquivar e deixar de exercer a função jurisdicional. Nem que haja lacunas ou obscuridades na lei, como se refere o art. 126 do Código de Processo Civil." (*Curso sistematizado...*vol. 1..., p. 288). Antonio Carlos de Araújo Cintra, Ada Pellegrini Grinover e Cândido Rangel Dinamarco colocam: "Não pode a lei 'excluir da apreciação do Poder Judiciário qualquer lesão ou ameaça a direito' (art. cit.), nem pode o juiz, a pretexto de lacuna ou obscuridade da lei, escusar-se de proferir decisão.". (op. cit., p. 155).

33 ALVIM, Arruda. *Manual ...*, p. 207.

34 Nesse sentido, aliás, Teresa Arruda Alvim Wambier, com muita precisão, preconiza que o recurso de embargos de declaração tem raízes constitucionais. Não só há um dever de julgar, mas

Pode se dizer, também, que a indeclinabilidade não só diz respeito às alegações do demandante. Ao lado dos princípios do devido processo legal, do contraditório e da ampla defesa, também determina a necessária avaliação dos fundamentos de defesa apresentados por aquele em face de quem a pretensão é dirigida.

Como já visto, a função jurisdicional constitui verdadeiro poder-dever constitucional do Estado que, por força do artigo 5º, inciso XXXV, da Constituição, tem o dever de oferecer respostas efetivas e adequadas às demandas que lhe são dirigidas. O princípio da indeclinabilidade, ao lado do art. 3º do Código de Processo Civil de 2015, também pode ser considerado, nesse contexto, uma manifestação infraconstitucional do princípio da inafastabilidade da jurisdição. Assim, ponderam com clareza José Manoel de Arruda Alvim Netto, Araken de Assis e Eduardo Pellegrini de Arruda Alvim:

> Acesso ao judiciário e dever de decidir. Como corolário do amplo e irrestrito acesso ao Judiciário, assegurado pelo art. 5.º, XXXV, tem-se que a função jurisdicional é indeclinável. Deveras de pouco adiantaria garantir-se o acesso ao Judiciário se o juiz, diante do caso concreto, pudesse, por qualquer razão, declinar do seu mister (proibição do *non liquet*).[35]

Além da força normativa do preceito constitucional, que por si bastaria para fundamentar o dever de julgar, a positivação da indeclinabilidade no direito brasileiro é inconteste. Dispõe o artigo 140 do Código de Processo Civil de 2015 que "O juiz não se exime de decidir sob a alegação de lacuna ou obscuridade do ordenamento jurídico". No mesmo sentido, é a previsão do art. 4º da Lei de Introdução às Normas do Direito Brasileiro: "Quando a lei for omissa, o juiz decidirá o caso de acordo com a analogia, os costumes e os princípios gerais de direito.".

Além disso, outra referência importante a ser feita sobre o princípio da indeclinabilidade é sua previsão já no Código Civil Francês de 1804. Seu artigo 4º previu expressamente a culpa do juiz caso se negasse a julgar: "O juiz que se recusa a julgar, sob o pretexto de silêncio, obscuridade ou insuficiência da lei pode ser processado como culpado de denegação de justiça.".

Pois bem, é inegável a relevância jurídica desse diploma, em um cenário de revoluções liberais e antes do surgimento do fenômeno conhecido como consti-

---

há um dever de julgar de forma clara, completa e coerente: "Sustentamos, em estudo publicado recentemente, que, hoje, pode-se dizer que os embargos de declaração têm raízes constitucionais, pois se prestam a garantir o direito que tem o jurisdicionado a ver seus conflitos (*lato sensu*) apreciados pelo Poder Judiciário por meio de decisões claras, completas e coerentes *interna corporis*. Sob este prisma, devem os embargos de declaração ser vistos como uma *contribuição* das partes a que se dê real e plena aplicação ao princípio da inafastabilidade do controle jurisdicional." (WAMBIER, Teresa Arruda Alvim. *Nulidades do processo e da sentença*, 7ª ed. rev., ampl. e atual., São Paulo : Editora Revista dos Tribunais, 2014, p. 270).

35 ALVIM, Arruda, ASSIS, Araken de, ALVIM, Eduardo Arruda. *Comentários...*, p. 322.

tucionalização do processo. Considerando esse contexto, é possível identificar no preceito da indeclinabilidade, como previsto já à época, um significado e uma razão de ser muito próximos à noção contemporânea da função jurisdicional como poder-dever que, na essência, é um dos principais fundamentos do princípio da inafastabilidade.

3.4. Princípios do juiz natural e da imparcialidade do juiz

Previsto na ordem constitucional brasileira desde a Constituição Imperial de 1824,[36] o princípio do juiz natural é inerente aos postulados do devido processo legal e da inafastabilidade da jurisdição. A existência de um juízo natural, previamente competente e imparcial, é elemento essencial à função jurisdicional. Não é possível pensar em acesso e desenvolvimento da jurisdição sem a observância de tal pressuposto fundamental.

A primeira previsão do princípio do juiz natural, como identifica a doutrina, coincide com a origem do próprio devido processo legal. A Carta Magna de 1215 é apontada como primeiro documento que dispôs a respeito, com destaque para seus artigos 20, 21 e 39.[37] Mais de quatro séculos depois, a cláusula do juiz natural assume a feição de vedação a juízos extraordinários, isto é, juízos instituídos *a posteriori* para julgamentos de casos determinados. Nesse sentido, eram os textos também ingleses da *Petition of Rights* de 1627 e do *Bill of Rights* de 1688.

Nos Estados Unidos, como já se teve oportunidade de mencionar no estudo a respeito do devido processo legal, as cartas de direitos acompanharam muitos preceitos fundamentais instituídos na Inglaterra. Entretanto, em relação ao juízo natural, o constitucionalismo norte-americano acrescentou a importância de se preservar a competência do juiz como indicação de sua imparcialidade.[38]

---

36 Previa o art. 179, inciso XI, da Constituição de 1824 que: "Ninguem será sentenciado, senão pela Autoridade competente, por virtude de Lei anterior, e na fórma por ella prescripta."

37 Ada Pellegrini Grinover em artigo ímpar sobre o tema discorre que: "É tradicional a postura que faz remontar à Carta Magna o estabelecimento do princípio do juiz natural. O art. 21 da Carta de 1215 dispunha que 'condes e barões não serão multados senão pelos seus pares, e somente de conformidade com o grau da transgressão"; e o conhecidíssimo art. 39 reafirmava: "nenhum homem livre será preso ou detido em prisão ou privado de suas terras, ou posto fora da lei ou banido ou de qualquer maneira molestado: e não procederemos contra ele, nem o faremos vir a menos que por julgamento legítimo de seus pares e pela lei da terra". Matriz de outro aspecto do princípio do juiz natural é o art. 20 da Magna Carta, quando, ao cuidar das penalidades e de sua proporcionalidade às transgressões, afirmava que "nenhuma multa será lança da senão pelo juramento de homens honestos da vizinhança". (O princípio do juiz natural e sua dupla garantia, *Revista de Processo*, vol. 29, p. 11, Jan.1983).

38 "Desenvolve-se assim, em solo americano, o fecundo filão que põe lado a lado a garantia da exigência do *iudicium parium suorum* e a garantia da necessidade de que o órgão jurisdicional seja constituído por pessoas "da vizinhança". Não se trata propriamente de um novo perfil do princípio do juiz natural, mas antes de conferir relevância e altitude constitucionais a uma

Com igual relevância, é o desenvolvimento do princípio do juiz natural no constitucionalismo francês. Embora a Declaração dos Direitos do Homem e do Cidadão de 1789 tenha silenciado, a Lei de Organização Judiciária francesa de 24 de agosto de 1790 apresentou pela primeira vez a expressão *juiz natural*, em seu art. 17 do Título II que, em tradução livre, previu: "A ordem constitucional das jurisdições não pode ser perturbada, nem os jurisdicionados subtraídos de seus juízes naturais, por meio de qualquer comissão, nem mediante outras atribuições ou evocações, salvo nos casos determinados pela lei.".

Com base nessa previsão, o juízo natural se opunha aos *poderes de comissão, evocação e atribuição*. Os dois primeiros ligados à ideia de instituição de juízos extraordinários e o último que representava algo similar à instituição de juizados especiais, vedação essa que foi abandonada pela Constituição Francesa de 1848.[39]

Cumpre ressaltar, também, que o princípio do juiz natural é recorrente nos textos dos tratados internacionais, inclusive coincidindo com a própria previsão da garantia da inafastabilidade da jurisdição. Nesse sentido, podem ser mencionados a Declaração Universal dos Direitos Humanos de 1948 (artigo X), a Convenção Europeia dos Direitos do Homem de 1950 (artigo 6º, item 1), o Pacto Internacional de Direitos Civis e Políticos de 1966 (artigo 14, item 1), a Convenção Americana sobre Direitos Humanos de 1969 ou Pacto São José da Costa Rica (artigo 8º, item 1) e a Carta de Direitos Fundamentais da União Europeia (art. 47).[40]

Pois bem. O princípio do juiz natural, como se pode inclusive notar de sua construção histórica, consiste na determinação constitucional[41] de que a função jurisdicional só será desenvolvida por um juízo previamente constituído e imparcial, com respeito estrito às regras de competência. Além disso, integra a cláusula do juiz natural a vedação da instituição de tribunais *ad hoc* ou de exceção.[42]

---

garantia bem conhecida do ordenamento anglo-saxão. Seja como for, a questão nuclear, no princípio do juiz natural do constitucionalismo norte-americano, não se prende à proibição de juízes extraordinários, ex post facto, à qual haviam sido tão sensíveis os textos ingleses do Séc. XVII, mas sim à garantia da existência de um Juízo e à inderrogabilidade da competência. E assim é que a competência, no sistema constitucional norte-americano do Séc. XVIII, transforma-se, de mero critério de organização judiciária, em garantia da imparcialidade do juiz. Notou-se, por isso mesmo, que o constitucionalismo americano é realmente original naquilo em que erige a competência territorial em princípio constitucional. (GRINOVER, Ada Pellegrini. O princípio do juiz natural...).

39   GRINOVER, Ada Pellegrini. O princípio do juiz natural...
40   Sobre a íntegra desses dispositivos, ver item 1.4.
41   Dispõe a Constituição em seu artigo 5º, incisos XXXVII e LIII, respectivamente que: "não haverá juízo ou tribunal de exceção" e "ninguém será processado nem sentenciado senão pela autoridade competente".
42   Nesse sentido, é precisa a lição de Eduardo Pellegrini de Arruda Alvim: "Não é possível, por força do princípio do juiz natural, que um tribunal seja criado ou designado para julgar apenas determinado caso, ou, como diz Nelson Nery Jr. 'a proibição da existência e criação de tribunais

Em razão desse conteúdo, parte da doutrina identifica que o princípio do juiz natural apresenta dois aspectos,[43] outra parte identifica um conteúdo tridimensional. Nesse sentido, discorre Nelson Nery Junior:

> A garantia do juiz natural é tridimensional. Significa que: 1) não haverá juízo ou tribunal *ad hoc*, isto é, tribunal de exceção; 2) todos têm direito de se submeter a julgamento (civil ou penal) por juiz competente, pré-constituído na forma da lei; 3) o juiz competente tem de ser imparcial.[44]

Sem desmerecer ou criticar o primeiro posicionamento, parece que a identificação de três faces da cláusula constitucional do juiz natural é mais correta, especialmente por destacar a imparcialidade do julgador como elemento autônomo. Com efeito, ainda que o juízo seja plenamente competente e previamente constituído, não significa necessariamente que também será imparcial. A imparcialidade deve ser compreendida em plano distinto da competência, aliás, não sem propósito, o Código de Processo Civil de 2015 trata as hipóteses de impedimento e suspeição do magistrado de forma separada.[45]

O princípio da imparcialidade do juiz, desse modo, pode ser compreendido como uma manifestação do postulado do juiz natural e tem em seu conteúdo a promoção de um estado ideal das coisas caracterizado por um julgador totalmente desinteressado no conflito que lhe é apresentado.[46] Consiste em elemento

---

de exceção é o complemento do juiz natural'. Juízes serão, pois, aqueles que ocupem os cargos constitucionalmente previstos (cf. art. 92, I a VII, da CF/88), regularmente disciplinados nos moldes da legislação constitucional e infraconstitucional.". (*Direito processual...*, p. 142).

43   Como exemplos dessa corrente, podem ser citados Daniel Amorim Assumpção Neves, como se observa da nota anterior; Luiz Flávio Gomes que ensina: "O verdadeiro significado do princípio do juiz natural, como já foi destacado, é, portanto, duplo [...]. Ele proíbe juízo ou tribunal de exceção e ainda significa que ninguém será processado nem sentenciado senão pela autoridade competente." (Apontamentos sobre o princípio do juiz natural, *Revista dos Tribunais*, vol. 703, p. 417, Mai.1994); e ainda Alexandre de Moraes segundo o qual: "O referido princípio deve ser interpretado em sua plenitude, de forma a não só proibir a criação de tribunais ou juízos de exceção, como também exigir respeito absoluto às regras objetivas de determinação de competência, para que não seja afetada a independência e a imparcialidade do órgão julgador." (Improbidade administrativa e a questão do princípio do juiz natural como garantia constitucional, *Revista dos Tribunais*, vol 822, p. 52, Abr.2004).

44   NERY JUNIOR, Nelson. *Princípios...*, p. 142.

45   Enquanto as regras de competências estão disciplinadas nos artigos 42 e ss. do Código de Processo Civil de 2015, os casos de impedimento e suspeição estão previstos nos artigos 144 e 145, respectivamente, do mesmo diploma.

46   Ana Paula Oliveira Ávila, de forma muito feliz, conceitua imparcialidade: "Imparcial é a qualidade de quem não é parte. A concepção jurídica de parte está intimamente ligada a quem tem um interesse próprio. Imparcialidade implica a ausência de interesse pessoal em determinada questão. [...] A imparcialidade desenvolveu-se como dever funcional dos magistrados e decorre de duas regras essenciais: *nemo iudex in causa propria* e *audi et altera parte*. Lançando-se mão

essencial da função jurisdicional, inerente à sua natureza. Não é possível o desenvolvimento da jurisdição sem a observância da imparcialidade do julgador. Nesse sentido, é a lição precisa de José Manoel de Arruda Alvim Netto:

> A jurisdição ou a função jurisdicional (para, neste passo, usarmos as palavras como sinônimas) dos Estados ocidentais contemporâneos, tal como é concebida no Estado de Direito, é informada por uma série de princípios que lhe dão fisionomia, distinguindo-a da jurisdição de outras épocas. O primeiro deles é o de que somente é juiz aquele terceiro desinteressado cuja competência esteja prescrita em leis anteriores ao caso que seja por ele decidido. Em termos de jurisdição estatal - que é a regra -, o juiz deverá ser integrante do Poder Judiciário. É o princípio do juiz natural. [...] As características marcantes da atividade jurisdicional são as seguintes: (1.ª) A "terzietà" do juiz, que tem de ser desinteressado do litígio, conceito este universalmente aceito e tradicional, e há de ser ocupante de órgão constitutivo do Poder Judiciário [em nota o próprio autor faz ressalva a possibilidade da arbitragem, cuja natureza jurisdicional será defendida adiante]; daí, como consequência, afastar-se do processo o juiz impedido ou suspeito (art. 134 e ss.), pois o seu desinteresse (=imparcialidade) está comprometido.[47]

Do mesmo modo, ensina Ada Pellegrini Grinover:

> A imparcialidade do juiz, mais do que simples atributo da função jurisdicional, é vista hodiernamente como seu caráter essencial; e, em decorrência disso, a "imanência do juiz no processo", pela completa jurisdicionalização deste, leva à reelaboração do princípio do juiz natural, não mais identificado com um atributo do juiz, mas visto como pressuposto para a sua própria existência. Eis, assim, a naturalidade do juiz erigida em qualificação substancial, em núcleo essencial da função jurisdicional. Mais do que direito subjetivo da parte e para além do conteúdo individualista dos direitos

---

da primeira regra, proíbe-se o exercício de poderes funcionais por quem tenha algum interesse pessoal, direto ou indireto, na questão controvertida, dando margem à adoção de hipóteses de impedimento e suspeição; com base na segunda, impõe-se o contraditório e a participação de todos os interessados no processo. Levando-se em conta estas perspectivas, resultam, para o magistrado, os deveres de oferecer oportunidade às manifestações a quem sua decisão venha afetar, e de ponderar todos os interesses juridicamente relevantes no processo. Isso porque somente se tiver conhecimento da totalidade dos interesses dignos de proteção jurídica é que o magistrado estará em condições de ser imparcial. A imparcialidade implica a certeza prévia da não vinculação da atividade instrutória e decisória em favor de qualquer uma das partes envolvidas no processo judicial e independência quanto ao conteúdo das decisões." (O postulado da imparcialidade e a independência do magistrado no civil law, Revista Brasileira de Direito Público, vol. 31, Out/Dez.2010). Rui Portanova, no mesmo sentido, coloca que "O juiz não deve ter interesse pessoal em relação às partes em litígio, nem retirar proveito econômico do litígio [...]. A exigência de imparcialidade é um dado objetivo do CPC que concretiza nos óbices legais previstos pelos arts. 134 e 135 do CPC. O juiz será imparcial enquanto não tiver interesse no julgamento." (op. cit., p. 77-78).

47 ALVIM, Arruda. *Manual...*, p. 201 e 206.

processuais, o princípio do juiz natural é garantia da própria jurisdição, Seu elemento essencial, sua qualificação substancial. Sem o juiz natural, não há função jurisdicional possível. Daí a importância das reflexões sobre o tema da naturalidade do juiz, tema que se insere, nesse enfoque, entre os estudos processuais de caráter constitucional.[48]

Aliás, como já foi exposto no item 1.3 desse trabalho, a Constituição para preservar a imparcialidade do julgador preconiza a independência do Poder Judiciário pela disposição de preceitos de duas ordens, as garantias relacionadas diretamente ao Judiciário como instituição e as garantias dedicadas aos magistrados que personificam a atividade jurisdicional estatal, também chamadas pela doutrina, respectivamente, como garantias *institucionais* e garantias *dos membros*. Ao Judiciário como instituição, são asseguradas a autonomia funcional, a autonomia administrativa e a autonomia financeira, por meio das quais o Poder Judiciário se auto-organiza e se consolida como Poder independente. Além dessas garantias institucionais, o art. 95 da Constituição Federal assegura três garantias aos juízes: a vitaliciedade, a inamovibilidade e a irredutibilidade de subsídios.

---

[48] GRINOVER, Ada Pellegrini. O princípio do juiz natural.... Do mesmo modo, é a lição de Cândido Rangel Dinamarco: "O juiz não é sujeito do processo, em nome próprio: ele ocupa um lugar do mais importante dos sujeitos processuais, que é o Estado. Não atua em função de seus interesses, ou de seus escopos pessoais, mas dos escopos que motivam o Estado a assumir a função jurisdicional [...]. O Estado-de-direito atua, inclusive, *sub specie jurisdictionis*, com obediência às regras e princípios de justiça que ele mesmo consagrou em fórmulas residente na Constituição e na lei, sendo inadmissível que um agente seu, mero ocupante passageiro de um cargo, pudesse sobrepor seus sentimentos ou seus próprios interesses a esses critérios objetivamente estabelecidos de forma legítima e impessoal." (*Instituições...*vol. 1..., p. 335 e 337). Pontua Wendel de Brito Lemos Teixeira, também, que "o superprincípio do devido processo legal se desdobra em vários outros princípios como, por exemplo, o do contraditório, ampla defesa, imparcialidade do julgador etc. Dentre esses princípios, destaca-se o da imparcialidade do julgador (não previsto expressamente pelo constituinte), conceituado como a exigência de uma posição equidistante do julgador das partes e de tratamento equânime das mesmas. Ou seja, o julgador deve ser um terzo (terceiro) e imparziale (imparcial) na prestação jurisdicional, formando seu convencimento mediante um processo dirigido com paritá delle armi (paridade de armas) entre as partes, sendo a imparcialidade - segundo Comoglio - uma condição mínima e insuprimível de um processo justo. Isso porque a jurisdição - como elemento primordial da tutela estatal - não pode ser realizada sem um julgador (homo iudicans) imparcial. (O princípio da imparcialidade do julgador como garantia fundamental e seus efeitos no processo, *Revista de Processo*, vol. 186, p. 333, Ago.2010). Rui Portanova coloca: "A imparcialidade é condição primordial para que um juiz atue. É questão inseparável e inerente ao juiz não tomar partido, não favorecer qualquer parte, enfim, não ser a parte. Em verdade, a expressão juiz imparcial é redundância e seria quase desnecessário falar em imparcialidade, tal é a imanência existente entre juiz e imparcialidade." (op. cit., p. 79). Ainda no mesmo sentido, Luis Alberto Reichelt ensina que "um caminho sem volta é o avanço no sentido de que a imparcialidade na atuação do órgão jurisdicional se constitui em traço não só considerado indispensável, mas também como uma característica única que permite seja a jurisdição diferenciada em relação às demais atividades de exercício de poder do Estado." (O direito fundamental das partes à imparcialidade do juiz no direito processual civil, *Revista de Processo*, vol. 227, p. 105, Jan.2014).

Portanto, do que foi colocado nesse tópico, há relação precisa entre os princípios do juiz natural e da imparcialidade do juiz e o princípio da inafastabilidade da jurisdição, de sorte que só há acesso legítimo à jurisdição se essa for exercida por um juízo previamente constituído, competente e se demonstrada a imparcialidade de quem estiver investido em tal função.

3.5. Princípio da motivação das decisões judiciais

Seguindo o estudo dos princípios que se relacionam com a inafastabilidade da função jurisdicional e que de alguma forma contribuem para a compreensão de seu conteúdo, é fundamental o estudo do princípio da motivação das decisões judiciais cuja correta observância é inerente à garantia da inafastabilidade e representa condição absoluta e constitucional de legitimidade do exercício da função jurisdicional.

Historicamente, é possível identificar no direito romano, na fase do processo extraordinário ou *cognitio extraordinaria*, já mencionada no primeiro capítulo do trabalho, algumas primeiras indicações da necessidade de motivação das decisões judiciais [49]. Outra referência inicial importante parece estar nas determinações do Papa Inocêncio IV que, no século XIII, estabeleceu por decreto que todas as sentenças de excomunhão deveriam ser necessariamente motivadas.[50]

---

[49] José Rogério Cruz e Tucci, em brilhante monografia dedicada ao tema, relata que: "o ato decisório do magistrado no âmbito da *extraordinaria cognitio* não mais correspondia à expressão do parecer jurídico (*sententia*) de um simples cidadão autorizado pelo Estado, mas sim a um comando vinculante emanado de um órgão estatal [...]. Assim, com a paulatina adequação da *extraordinaria cognitio*, novas regras passaram a informar o processo de época pós-clássica. No tocante à sentença, é de constatar-se que sua validade e eficácia são agora subordinadas à observância de determinados requisitos formais. Com efeito, considerando as garantias processuais dos litigantes sob a égide da legislação pós-clássica, Pugliese lembra que o imperador Constantino, mediante uma constituição endereçada a A. Aeliano, procônsul da África, estatuiu a obrigatoriedade das sentenças cíveis e penais serem proferidas publicamente e na presença das partes. Essa disposição vem reafirmada, pouco tempo depois, pelos imperadores Valentiano, Valente e Graciano, com a ressalva de que somente a pronúncia *praesentibus partibus* tinha eficácia de tornar imutável a sentença. Ainda esses mesmos governantes, mediante uma constituição do ano de 374, determinam a necessidade dos julgamentos serem efetivados por escrito [...]. Ora, todas essas importantes modificações - que iriam perdurar até a época justinianéia - somadas à possibilidade de interpor-se recurso contra os atos decisórios injustos, induzem-nos, não obstante a lacunosidade das fontes, a uma única realidade, qual seja a de que as sentenças prolatadas na órbita da *cognitio extra ordinem* eram *motivadas!*" (*A motivação da sentença no processo civil*, São Paulo : Saraiva, 1987, p. 32-33).

[50] Nesse sentido, explica Hugo Filardi Pereira: "Nota-se que grande contribuição ao desenvolvimento do princípio da motivação das decisões judiciais foi dada pelo direito canônico. O Papa Inocêncio IV, através de decreto, determinou que toda sentença de excomunhão necessariamente deveria ser motivada. Inicialmente na França e depois na Inglaterra, o Papa Inocêncio incutiu, respectivamente, nos governos de S. Luís IX e Henrique III, um estilo concilia-

Com o desenvolvimento e aplicação da cláusula do devido processo legal, a motivação das decisões passou a ser exigida e compreendida nesse contexto, ao lado dos preceitos do contraditório, ampla defesa e do juiz natural, sobretudo nos países de sistema *common law*. Já no sistema da *civil law*, a motivação das decisões judiciais foi expressamente exigida na já referida Lei de Organização Judiciária francesa de 1790, mais precisamente em seu artigo 15 do título V. Em 1793, igualmente adotou-se na Prússia a *Allgemeine Gerightsordnung* estabelecendo a obrigatoriedade de fundamentação das decisões judiciais. No século seguinte, a positivação do preceito foi ainda mais expressiva, com destaque para *Code de Procédure Civile* francês de 1807 e a Lei de Organização Judiciária francesa de 1810, o *Códice di Procedura Civile* italiano de 1865 e a *Ley de Enjuiciamiento Civil* espanhola de 1881.[51]

No Brasil, pode se dizer que há uma certa tradição em prever juridicamente a necessidade de motivação das decisões judiciais. Já nas Ordenações Filipinas, com vigência no país a partir do início do século XVII, havia a determinação de que as decisões fossem fundamentadas.[52] O Regulamento 737, de 1850, igualmente, previu tal necessidade em seu artigo 232.

O Código de Processo Civil de 1939, do mesmo modo, também exigia que o magistrado devidamente motivasse suas decisões, essa é a leitura de seus artigos 118, parágrafo único, e 280, inciso II [53]. O Código de Processo Civil de 2015 prestigia tal exigência e dispõe expressamente em seu art. 11 que: "Todos os julgamentos dos órgãos do Poder Judiciário serão públicos, e fundamentadas todas as decisões, sob pena de nulidade.".

Destaca-se, também no Código de 2015, o artigo 489 como uma de suas disposições mais elogiáveis. Não só prevê em seu inciso II os *fundamentos* da senten-

---

dor, pouco formal e humano de condução dos processos." (*Motivação das decisões judiciais e o Estado constitucional: alternativa para legitimação dos provimentos decisórios através do convencimento dos jurisdicionados. Adoção no âmbito processual da democracia participativa*, Dissertação de Mestrado em Direito, 2010, 200 p, São Paulo, Pontifícia Universidade Católica de São Paulo, p. 45).

51 MELLO, Rogério Licastro Torres. Ponderações sobre a motivação das decisões judiciais, *Revista de Processo*, vol. 111, p. 273, Jul.2003.

52 "E para as partes saberem se lhes convém apelar, ou agravar das sentenças definitivas, ou vir com embargos a elas, e os Juízes da mor alçada entenderem melhor os fundamentos, por que os Juízes inferiores se movem a condenar, ou absolver, mandamos que todos nossos Desembargadores, e quaisquer outros Julgadores, ora sejam Letrados, ora não o sejam, declarem especificamente em suas sentenças definitivas, assim na primeira instância, como no caso da apelação, ou agravo, ou revista, as causas, em que se fundaram a condenar, ou absolver, ou a confirmar, ou a revogar." Ibidem.

53 "Art. 118, parágrafo único. O juiz indicará na sentença ou despacho os fatos e circunstâncias que motivaram o seu convencimento." e "Art. 280. A sentença, que deverá ser clara e precisa, conterá: I – o relatório; II – os fundamentos de fato e de direito; III – a decisão.".

ça como um elemento essencial, como em seu §1º traça uma série de requisitos mínimos para se considerar uma decisão devidamente fundamentada.⁵⁴

A Constituição Federal de 1988, por sua vez, inaugurou, em patamar constitucional no Brasil, a exigência expressa de motivação das decisões judiciais. Em seu artigo 93, inciso IX, dispõe que: "todos os julgamentos dos órgãos do Poder Judiciário serão públicos, e fundamentadas todas as decisões, sob pena de nulidade.".

Essa disposição constitucional é, por certo, de enorme relevância, sobretudo considerando as tradições brasileiras pelo apego às leis escritas. Porém, cabe ressaltar que a exigência de que todas as decisões judiciais sejam fundamentadas é condição do próprio Estado de Direito e deriva diretamente da cláusula do devido processo legal. Em outras palavras, implica dizer que, ainda que o texto constitucional não exigisse expressamente a motivação das decisões, ela deveria ser compreendida como manifestação implícita do princípio do devido processo legal previsto no artigo 5º, inciso LIV, da Constituição, como já visto nesse trabalho.⁵⁵

---

54 "Art. 489. São elementos essenciais da sentença: I – o relatório, que conterá os nomes das partes, a identificação do caso, com a suma do pedido e da contestação, bem como o registro das principais ocorrências havidas no andamento do processo; II – os fundamentos, em que o juiz analisará as questões de fato e de direito; III – o dispositivo, em que o juiz resolverá as questões principais que as partes lhe submeterem. § 1º Não se considera fundamentada qualquer decisão judicial, seja ela interlocutória, sentença ou acórdão, que: I – se limitar à indicação, à reprodução ou à paráfrase de ato normativo, sem explicar sua relação com a causa ou a questão decidida; II – empregar conceitos jurídicos indeterminados, sem explicar o motivo concreto de sua incidência no caso; III – invocar motivos que se prestariam a justificar qualquer outra decisão; IV – não enfrentar todos os argumentos deduzidos no processo capazes de, em tese, infirmar a conclusão adotada pelo julgador; V – se limitar a invocar precedente ou enunciado de súmula, sem identificar seus fundamentos determinantes nem demonstrar que o caso sob julgamento se ajusta àqueles fundamentos; VI – deixar de seguir enunciado de súmula,jurisprudência ou precedente invocado pela parte, sem demonstrar a existência de distinção no caso em julgamento ou a superação do entendimento."

55 Nesse sentido, pontua Daniel Adensohn de Souza: "No mais, a nosso ver, do ponto de vista topológico não foi feliz o legislador constituinte, já que, em se tratando de garantia constitucional peculiar à legalidade, e assim ao devido processo legal e, ainda, ao próprio Estado de Direito, conviria tal norma estar contida no art. 5.º da CF/1988 que trata especificamente das normas garantidoras de direito individual. Decerto, até mesmo se o princípio da motivação não viesse inscrito no art. 93, IX e X, da CF/1988, a obrigatoriedade de sua observância decorreria da exegese do art. 5.º, LIV, da CF/1988, pois consectário lógico da cláusula do devido processo legal. Contudo, mais adequado seria prever tal postulado juntamente com os demais direitos e garantias fundamentais. De qualquer sorte, a inserção de norma constitucional expressa, explicitando a necessidade de motivação das decisões judiciais, e assim, vinculando a legislação infraconstitucional, per se significa grande avanço legislativo, embora com praticamente um século de atraso.". (Reflexões sobre o princípio da motivação das decisões judiciais no processo civil brasileiro, *Revista de Processo*, vol. 167, p. 132, Jan.2009). Igualmente, pontuam Luiz Rodrigues Wambier e Eduardo Talamini que "ainda que o princípio da motivação não

Exposta brevemente essa contextualização histórica do preceito, cumpre dizer que são possíveis vários conceitos para a *motivação das decisões judiciais*. José Rogério Cruz e Tucci, por exemplo, aponta os conceitos de motivação como *exposição histórica*, como *instrumento de comunicação e como fonte de indícios*, como *discurso judicial* e como *atividade crítico-intelectual* [56]. No entanto, dentro da proposta desse trabalho, parece ser adequado o conceito apresentado por Cândido Rangel Dinamarco:

> Na *motivação*, em que o juiz resolve questões de fato ou de direito, residem somente os *pressupostos lógicos* em que se apoia o decisório [...]. Quando o juiz se declara convencido de que certo fato ocorreu ou deixou de ocorrer, ou quando opta por uma interpretação de dado texto legal, repudiando outra, ou ainda quando afirma ou nega que os fatos relevantes para o julgamento sejam regidos pela norma jurídica invocada *etc*., ele nada mais faz do que plantar os pilares lógicos sobre os quais assentará em seguida os preceitos concretos a serem formulados no decisório. [57]

---

estivesse expresso nem no texto constitucional e nem no Código de Processo Civil, é possível extraí-lo, mesmo que implicitamente, do próprio modelo político de Estado Democrático de Direito proposto pela Constituição." (WAMBIER, Luiz Rodrigues, TALAMINI, Eduardo. *Curso avançado de processo civil : teoria geral do processo e processo de conhecimento*, vol. 1, 14ª ed. rev. e atual., São Paulo : Editora Revista dos Tribunais, 2014, p. 74).

56   TUCCI, José Rogério Cruz e. *A motivação da sentença...*, p. 11-14.

57   DINAMARCO, Cândido Rangel. *Capítulos de sentença*, 4ª ed., São Paulo : Malheiros Editores, 2009, p. 16. Aliás, essa correlação lógica entre a motivação e o dispositivo da decisão judicial, bem como o modo pelo qual a fundamentação é externalizada pelo julgador refletem diretamente na qualidade da jurisdição que é prestada. Rogério Licastro Torres de Mello parece explicar bem esse raciocínio: "Singelamente, pode-se definir a lógica como a seqüência coerente, regular e condicionada de elementos conducentes a um resultado. [...] Sob o ponto de vista lógico, portanto, a motivação encontra-se como antecedente lógico do dispositivo. Essa a idéia nuclear da sentença enquanto silogismo, vale dizer, considerando-se sentença como resultante de duas premissas e a posterior conclusão. Assim, no âmago da motivação estaria desnudado o raciocínio tecido pelo magistrado que o conduziram à adequação do caso às normas jurídicas. Quão maior a logicidade da organização, portanto, mais sólida é a decisão do caso e melhor outorgada é a prestação jurisdicional. Nesse diapasão, a motivação estaria em estágio necessariamente prévio ao dispositivo, em que o magistrado, para a correta prestação jurisdicional, psicologicamente deve trilhar primeiro o caminho da motivação para somente após decidir. Nesse trabalho lógico, a linguagem utilizada pelo magistrado ao fundamentar sua decisão é essencial à solidez da sentença. Inolvidável, neste ponto, que a lógica que deve pautar o labor do juiz tem de ser expressa mediante linguagem, dado que inexiste lógica sem linguagem. Dessarte, apartada a lei do caso concreto, não se pode esquecer que por via da sentença estabelece-se um vínculo comunicacional entre Estado-Juiz e jurisdicionados, vínculo este cujo escopo político é o real apaziguamento da tensão social entre as partes e o caráter pedagógico que toda manifestação judicial, mormente as sentenças, tem no sentido de decidir o caso concreto e desestimular a repetição da conduta objeto da sentença. A lógica da decisão judicial, que obviamente se aplica à fundamentação como antecedente do dispositivo, é elemento primordial à boa entrega da prestação jurisdicional." (MELLO, Rogério Licastro Torres. Ponderações sobre a motivação das decisões judiciais, Revista de Processo, vol. 111, p. 273, Jul.2003).

É por meio da motivação ou fundamentação que é possível apreender as razões e os porquês da decisão, ou seja, o que levou o julgador a decidir da forma como decidiu. Permite-se, assim, o controle democrático das decisões judiciais e a verificação da imparcialidade do julgador e dos demais preceitos inerentes ao devido processo legal.[58]

Particularmente às partes, possibilita que saibam se todos seus fundamentos foram devidamente *apreciados* e *considerados* pelo ente jurisdicional, como determina o princípio da inafastabilidade. No mesmo sentido, como colocado quando do estudo do princípio da indeclinabilidade da jurisdição, o julgador tem o dever de julgar de forma clara, completa e coerente, não por outra razão há a possibilidade da parte opor embargos de declaração para sanar qualquer vício nesse sentido. Além disso, é importante dizer, a eventual interposição de recursos pelas partes depende diretamente do conhecimento das razões da decisão, já que só assim poderão questionar a justiça ou legalidade do ato decisório.

A motivação constitui, portanto, elemento essencial de qualquer ato jurisdicional que contenha conteúdo decisório,[59] seja decisão interlocutória, sentença ou acórdão, notadamente esses dois últimos que são atos decisórios por excelência. Aliás, nessa condição, é importante que a fundamentação da decisão não seja feita apenas para atender formalmente ao princípio da motivação. É preciso

---

58 Nesse sentido, José Carlos Barbosa Moreira, em texto de referência sobre o tema intitulado *A motivação das decisões judiciais como garantia inerente ao estado de direito,* explica: "O pensamento jurídico de nossos dias propugna concepção mais ampla da *controlabilidade* das decisões judiciais, que não se adstringe ao quadro das impugnações previstas nas leis do processo. Não é apenas o controle *endoprocessual* que se precisa assegurar: visa-se, ainda, e sobretudo, a tornar possível um controle 'generalizado' e 'difuso' sobre o modo como o juiz administra a justiça; e isso implica que os destinatários da motivação não sejam somente as partes, seus advogados e o juiz da impugnação, mas também a opinião pública entendida seja no seu complexo, seja como opinião do *quisquis de populo.*" (*Temas de direito processual : segunda série,* 2ª ed., São Paulo : Saraiva, 1988, p. 90).

59 Sobre o tema, ensina José Manoel de Arruda Alvim Netto que: "Dentro do tema dos elementos da sentença, necessários à sua intelecção, um dos mais importantes é o que diz respeito à respectiva fundamentação [...]. Lembramos que, também em decisão interlocutória, apesar de a manifestação do juiz ser mais sucinta, nem por isso fica dispensado de fundamentar sua decisão. (v. o art. 165, que tem âmbito de generalidade extrema) [...]. Nessas condições, vemos que o juiz apesar de ampla liberdade de que goza ao julgar, não poderá eximir-se de explicar o porquê das soluções dadas. A liberdade do juiz ao decidir, conforme o direito, encontra na necessidade de fundamentação ('justificação') o seu preço." (*Manual...,* p. 1120-1123). José Rogério Cruz e Tucci, por sua vez, assevera que: "A exteriorização das razões de decidir revela, desse modo, o prisma pelo qual o juiz interpretou a lei e os fatos da causa, devendo aquelas, por via de consequência, vir expostas com clareza, lógica e precisão, visando à perfeita compreensão de todos os pontos controvertidos, bem como do resultado da demanda [...]. Necessária, pois, à intelecção dos pronunciamentos que encerram a prestação jurisdicional, a motivação, aliás como preconizado no próprio texto legal, constitui solenidade substancial destes." (*A motivação da sentença...,* p. 107).

que a motivação seja minimamente completa, suficiente e adequada para expor as razões de convencimento do julgador, respeitando substancialmente o preceito constitucional.

A esse respeito, cumpre ressaltar, mais uma vez, a importância do art. 489, § 1º, do Código de Processo Civil de 2015,[60] que é certamente um dos dispositivos mais elogiáveis do diploma. Nesse sentido, Alexandre Freitas Câmara é extremamente preciso:

> Um dos dispositivos do novo CPC que mais têm gerado a atenção do público é o § 1º do art. 489, que aponta casos em que a decisão judicial – seja ela interlocutória, sentença ou acórdão – não se considera fundamentada. [...]Inicio destacando o fato de que o dispositivo não diz o que é preciso para se considerar fundamentada uma decisão. Isto é – e continuará a ser – trabalho a ser desenvolvido pela doutrina e pela jurisprudência. A técnica legislativa empregada foi outra: o dispositivo diz em que casos a decisão não está fundamentada. E evidentemente a enumeração ali apresentada não é exaustiva. Basta pensar que não se encontra no texto legal a afirmação de que não se considera fundamentada a decisão em que o juiz ou tribunal se limite a apresentar sua conclusão. Ora, é evidente que pronunciamentos que se limitem a dizer algo como "defiro" ou "indefiro" não são fundamentados, e não há dispositivo legal que o diga expressamente. Não há, sinceramente, por que não precisa haver. O que se vê no § 1º do art. 489 é uma espécie de "reação legislativa". A lei processual reage contra práticas comuns no universo das decisões judiciais e que, embora consagradas pelo uso, não são – não podem ser – tidas como capazes de atender à exigência constitucional de fundamentação das decisões judiciais. [...] Sem saber a justificativa, não se tem como saber se a decisão é boa ou ruim, certa ou errada. E se ao juiz (ou tribunal) cabe dar ao caso a solução constitucionalmente legítima, juridicamente adequada, para cada questão ou causa que tenha para decidir, então só pela fundamentação das decisões será possível que a sociedade controle a atuação dos órgãos jurisdicionais, verificando se o exercício da jurisdição é legítimo ou ilegítimo. E só o exercício legítimo do poder estatal é compatível com o Estado Democrático de Direito, paradigma da compreensão de todo o sistema, por força do art. 1º da Constituição da República. É preciso acreditar na Constituição. [...] E só será plenamente democrática a atuação do juiz quando a Constituição da República

---

60 Daniel Francisco Mitidiero pontua pontos indispensáveis para que a motivação seja considerada minimamente completa e constitucionalmente adequada: "A motivação da decisão no Estado Constitucional, para que seja considerada completa e constitucionalmente adequada, requer em sua articulação mínima, em síntese: (i) a enunciação das escolhas desenvolvidas pelo órgão judicial para, (i.i) individualização das normas aplicáveis; (i.ii) acertamento das alegações de fato; (i.iii) qualificação jurídica do suporte fático; (i.iv) consequências jurídicas decorrentes da qualificação jurídica do fato; (ii) o contexto dos nexos de implicação e coerência entre tais enunciados e (iii) a justificação dos enunciados com base em critérios que evidenciam ter a escolha do juiz sido racionalmente correta. Em "i" devem constar, necessariamente, os fundamentos arguidos pelas partes, de modo que se possa aferir a consideração séria do órgão jurisdicional a respeito das razões levantadas pelas partes em suas manifestações processuais. (Fundamentação e precedente - dois discursos a partir da decisão judicial, *Revista de Processo*, vol. 206, p. 61, Abr.2012).

for respeitada de verdade. Não podemos mais conviver com decisões fictamente fundamentadas. Simulações fictícias, simuladas, não são compatíveis com o Estado Democrático de Direito. São elas, pois, repudiadas pela Constituição. E sendo assim, devem ser repudiadas por todos. É preciso, pois, que as decisões judiciais indiquem, com precisão a relação entre o ato normativo incidente e a questão ou causa decidida (ou seja, nada de dizer coisas como "presentes os requisitos do art. X, defiro"). Que os juízes não empreguem conceitos indeterminados como se fossem meros clichês argumentativos (como em decisões que dizem "fixo valor da indenização em X por ser razoável e proporcional"). Que não sejam invocados motivos tão vagos que serviriam para justificar qualquer decisão (como no caso de se dizer que "o caso exige maior dilação probatória, motivo pelo qual se indefere, por ora, a tutela de urgência"). Que todos os argumentos deduzidos pelas partes no processo, capazes, em tese, de infirmar a conclusão adotada pelo órgão jurisdicional sejam enfrentados (para que a parte vencida saiba os motivos pelos quais ficou vencida, já que nenhum de seus fundamentos terão sido acolhidos). E, por fim, que o sistema de precedentes seja levado a sério, não se limitando o juiz a transcrever ementas ou enunciados de súmula sem indicar sua relação com o caso concreto, ou deixando de aplicar precedente ou enunciado de súmula sem justificar as razões pelas quais o faz. Só assim a Constituição da República será plenamente respeitada. Só assim o processo será verdadeiramente democrático.[61]

O art. 489, § 1º, do Código de 2015 impõe, assim, o que pode ser compreendido como uma decisão minimamente racional, dentro da perspectiva adotada pelo novo diploma de um processo democrático e cooperativo e de um princípio do contraditório também como direito de influência, como já pontuado em itens precedentes. Ao estabelecer como uma decisão *não pode ser considerada devidamente fundamentada*, o dispositivo otimiza a garantia da motivação das decisões no plano infraconstitucional e é dispositivo paradigmático. Tenta acolher críticas que há muito são feitas contra decisões extremamente deficientes e superficiais que não enfrentam fundamentos trazidos pelas partes, ou seja, não consideram as razões aptas a influir no deslinde da causa.[62]

Desse modo, o princípio da motivação das decisões judiciais, além de sua importância autônoma, possui caráter instrumental em relação à inafastabilidade da jurisdição, em verdadeira integração principiológica. Só com a observância correta e adequada do dever de fundamentar é possível aferir se existiu prestação jurisdicional. Em outras palavras, só a partir de decisões devidamente fundamentadas pode se verificar se os fundamentos das partes foram apreciados e considerados como determina o art. 5º, inciso XXXV, da Constituição Federal e o art. 3º do Código de 2015. A ausência de motivação, portanto, caracteriza vício grave e acarreta a

---

61 CÂMARA, Alexandre Freitas. Fundamentação das decisões judiciais é conquista no Novo CPC. *Justificando*. Disponível em: <http://justificando.com/2015/06/12/fundamentacao-das-decisoes-judiciais-e-conquista-do-novo-cpc/>. Acesso em 27.jul.2015.

62 THEODORO JÚNIOR, Humberto, NUNES, Dierle, BAHIA, Alexandre Melo Franco, PEDRON, Flávio Quinaud. *Novo CPC – Fundamentos e sistematização...*, p. 311-312.

nulidade do ato decisório, constituindo clara negativa de prestação jurisdicional. Nesse sentido, é precisa a lição de Teresa Arruda Alvim Wambier:

> A segunda das categorias de vícios, que podem macular a sentença, diz respeito à fundamentação. A este respeito há, praticamente, unanimidade na jurisprudência. É nula sentença desprovida de fundamentação e relatório, aliás, sob certo aspecto, *duplamente* nula! Nula é a sentença totalmente desprovida de fundamento, constituindo, a sentença assim proferida, "negativa de prestação jurisdicional". A ausência de motivação da decisão é tida como ensejadora de cerceamento de defesa, uma vez que, não estando fundamentado o ato judicial, fica a parte concretamente obstada de discutir a justiça ou a legalidade da decisão. [...] De fato, pensamos que a garantia da *inafastabilidade do controle jurisdicional ficaria seriamente comprometida se o autor tivesse o direito de submeter sua pretensão (= afirmação de direito) ao Judiciário, e uma série de razões em função das quais afirma ter este direito, e a este direito não correspondesse o dever do Judiciário no sentido de examinar todas elas.* Por outro lado, também a garantia de defesa ficaria esvaziada se o juiz não tivesse o dever de levar em conta todas as alegações do réu, concretamente manifestadas. De pouco ou nada valeria *garantir à parte o direito de defesa, se se consentisse ao juiz o poder de não levar em conta* as alegações das partes.⁶³

Aliás, não basta que as decisões judiciais sejam motivadas, é preciso que, em regra, elas sejam públicas. A publicidade, assim, é inerente ao exercício da função jurisdicional, pois não haveria sentido exigir a motivação das decisões sem impor que, em regra, elas fossem também públicas.⁶⁴

---

63 WAMBIER, Teresa Arruda Alvim. *Nulidades...*, p. 314-315 e 343-344. Com relação ao tema da fundamentação das decisões judiciais, parece ser oportuno dizer que há decisões do Supremo Tribunal Federal no entendimento de que não está configurada negativa de prestação jurisdicional: a) caso a decisão esteja suficientemente motivada, ainda que contrária aos interesses da parte ou que não tenha se manifestado sobre todos os argumentos das partes (p. ex. AI nº 701.567-AgR/SP, AI nº 690.504-AgR/MG, AI nº 584.155-AgR/RS e RE nº 432.884-AgR/GO), e b) no caso da chamada motivação *per relationem* ou por remissão, em que o julgador fundamenta suficientemente sua decisão em referência expressa a outras peças do processo como, por exemplo, pareceres do Ministério Público (p. ex. MS nº 25.936-ED/DF, RE nº 360.037-AgR/SC, AI 814.640-AgR/RS). É igualmente apropriado citar decisão de relatoria do Min. Sepúlveda Pertence, segundo a qual afirmações genéricas não atendem ao preceito constitucional: "Decisão judicial: ausência de fundamentação e nulidade. Não satisfaz a exigência constitucional de que sejam fundamentadas todas as decisões do Poder Judiciário (CF, art. 93, IX) a afirmação de que a alegação deduzida pela parte é "inviável juridicamente, uma vez que não retrata a verdade dos compêndios legais": não servem à motivação de uma decisão judicial afirmações que, a rigor, se prestariam a justificar qualquer outra." (STF, RE nº 217.631/GO, Rel. Min. Sepúlveda Pertence, Primeira Turma, j. 9.set.1997, DJ 24.out.1997).

64 José Manoel de Arruda Alvim Netto, a esse respeito, pondera que: "Finalmente, toda a atividade jurisdicional é realizada publicamente (art. 93, IX, da CF/1988, redação de acordo com a Emenda Constitucional 45/2004, e art. 155, caput, 1ª parte, do CPC), salvo exceções. A publicidade é havida como garantia para o povo de Justiça 'justa', que nada tem a esconder e, por outro lado, é também garantia para a própria magistratura diante do mesmo povo, pois, agindo publicamente, permite a verificação de seus atos." (*Manual...*, p. 208).

No mais, além de tudo que foi colocado, é preciso apontar que, na formatação contemporânea do Estado de Direito, bem delineada por ditames constitucionais, a fundamentação constitui condição absoluta de legitimidade de todas as decisões judiciais. Não há espaço para inobservância da Lei ou arbitrariedades, sendo a motivação das decisões o principal mecanismo de controle. Não há decisão sem um fundamento jurídico e não pode haver decisão sem a exposição desse fundamento. Nesse sentido, ensina José Carlos Barbosa Moreira:

> No Estado de Direito, todos os poderes sujeitam-se à lei. Qualquer intromissão na esfera jurídica das pessoas deve, por isso mesmo, justificar-se, o que caracteriza o Estado de Direito como *"rechtsfertigender Staat"*, como "Estado que se justifica". Distingue a doutrina dois aspectos complementares dessa "justificação": o material e o formal. A intromissão é materialmente justificada, quando para ela *existe* fundamento: é formalmente justificada, quando *se expõe, se declara, se demonstra* o fundamento.[65]

Do mesmo modo, pode ser colacionada a seguinte decisão da Segunda Turma do Supremo Tribunal Federal, que embora tenha sido proferida em contexto penal, ilustra bem o tema:

> A fundamentação constitui pressuposto de legitimidade das decisões judiciais. A fundamentação dos atos decisórios qualifica-se como pressuposto constitucional de validade e eficácia das decisões emanadas do Poder Judiciário. A inobservância do dever imposto pelo art. 93, IX, da Carta Política, precisamente por traduzir grave transgressão de natureza constitucional, afeta a legitimidade jurídica da decisão e gera, de maneira irremissível, a conseqüente nulidade do pronunciamento judicial. Precedentes. (STF, HC nº 80.892/RJ, Rel. Min. Celso de Mello, Segunda Turma, j. 16.out.2001, DJe 23.nov.2007).

Assim, concluindo o estudo da relação entre o princípio da motivação das decisões judiciais e o princípio da inafastabilidade, parece ser possível chegar a duas conclusões. A primeira de que somente por meio de decisões devidamente fundamentadas é possível verificar se os fundamentos das partes foram apreciados e considerados pelo ente jurisdicional, conforme preconiza o princípio da inafastabilidade da jurisdição. E a segunda de que, sendo a motivação componente importante da legitimidade constitucional de qualquer decisão, somente há aces-

---

65 MOREIRA, José Carlos Barbosa. *Temas de direito processual : segunda série...*, p. 89. No mesmo sentido, é precisa a lição de Teresa Arruda Alvim Wambier: "Em face do Estado de Direito, nos dias atuais, se pode estabelecer o porquê desta exigência num sentido, sob certo aspecto, unívoco. O Estado de Direito efetivamente caracteriza-se por ser o Estado que *se justifica*, tendo como pauta a ordem jurídica a que ele próprio se submete. Assim, quando o Estado intervém na vida das pessoas, deve justificar a intromissão *materialmente*, pois a intromissão tem fundamentos, e *formalmente*, pois o fundamento é *declarado, exposto, demonstrado*." (*Nulidades...*, p. 319).

so à jurisdição e seu legítimo exercício se seus atos decisórios, que representam o principal cerne da função, forem devidamente fundamentados. Em síntese, a motivação integra indissociavelmente a concepção de inafastabilidade da prestação jurisdicional.

3.6. Princípio da duração razoável do processo

Já se estudou nesse trabalho que o princípio da inafastabilidade da jurisdição assegura o exercício da função jurisdicional adequada e efetiva, é nesse contexto que se enquadra o princípio da duração razoável do processo. A concepção da duração razoável do processo deriva diretamente do princípio da inafastabilidade e tem participação importante na observância de seus preceitos.

A preocupação de que o processo e os procedimentos tenham uma duração mais célere possível não é recente. Como exemplo disso, pode ser citada a Declaração de Direitos de Delaware, ainda colônia norte-americana, que em 1776 previu na sua secção 12 o direito a um julgamento *rápido e sem demora* [66]. Essa preocupação também pode ser apreendida da correlação frequente que é feita entre a ideia de *tempo razoável* com os preceitos do acesso à jurisdição e do devido processo legal em diplomas internacionais relevantes.

Nesse sentido, por exemplo, é o texto da Convenção Europeia dos Direitos do Homem de 1950 que dispõe, em seu artigo 6º, item 1, que "Qualquer pessoa tem direito a que a sua causa seja examinada, equitativa e publicamente, num prazo razoável por um tribunal independente e imparcial, estabelecido pela lei". Igualmente, é a previsão do artigo 8º, item 1, da Convenção Americana sobre Direitos Humanos de 1969, conhecido como Pacto São José da Costa Rica: "Toda pessoa tem o direito a ser ouvida, com as devidas garantias e dentro de um prazo razoável, por um juiz ou tribunal competente, independente e imparcial, estabelecido anteriormente por lei". Do mesmo modo, é a previsão do artigo 47 da Carta de Direitos Fundamentais da União Europeia reafirmada em 2010.[67] Também pa-

---

66 Nelson Nery Júnior, em passagem já citada no trabalho apresenta tal previsão: " em 2.9.1776, surgia a 'Declaração de Delaware' que ampliava e explicitava melhor a cláusula em sua secção 12: 'That every freeman for every injury done him in his goods, lands or person, by any other person, ought to have justice and right for the injury done to him freely without sale, fully without any denial, and speedily without delay, according to the law of the land.'. (*Princípios...*, p. 93-94).

67 "Direito à ação e a um tribunal imparcial. Toda pessoa cujos direitos e liberdades garantidos pelo direito da União tenham sido violados tem direito a uma ação perante um tribunal nos termos previstos no presente artigo. Toda a pessoa tem direito a que a sua causa seja julgada de forma equitativa, publicamente e num prazo razoável, por um tribunal independente e imparcial, previamente estabelecido por lei. Toda a pessoa tem a possibilidade de se fazer aconselhar, defender e representar em juízo. É concedida assistência judiciária a quem não disponha de recursos suficientes, na medida em que essa assistência seja necessária para garantir a efetividade do acesso à justiça."

rece ser oportuna a referência à Constituição Espanhola (art. 24), à Constituição Italiana (art. 111) e à Constituição Portuguesa (art. 20).[68]

No Brasil, o princípio da duração razoável do processo é explicitado na Constituição a partir da reforma operada pela Emenda Constitucional nº 45 de 2004. A Emenda acrescentou o inciso LXXVIII ao artigo 5º do texto constitucional, dispondo que "a todos, no âmbito judicial e administrativo, são assegurados a razoável duração do processo e os meios que garantam a celeridade de sua tramitação.".

De fato, a partir da Emenda nº 45 a *duração razoável do processo* assume a condição de princípio expresso na Constituição, no entanto, antes mesmo da nova previsão, o preceito já gozava de *status* constitucional. Seu conteúdo já era compreendido nas garantias constitucionais da inafastabilidade da jurisdição e do devido processo legal.[69] Além disso, o referido Pacto São José da Costa Rica, que

---

[68] Dispõe o art. 24 da Constituição Espanhola que: "*todos tienen derecho al Juez ordinario predeterminado por la ley, a la defensa y a la asistencia de letrado, a ser informados de la acusación formulada contra ellos, a un proceso público, sin dilaciones indebidas y con todas las garantias, a utilizar los medios de prueba pertinentes para su defensa, a no declarar contra si mismos, a no confesarse culpables y a la presunción de inocência.*". De forma semelhante, é a previsão do art. 111 da Constituição Italiana que: "*La giurisdizione si attua mediante il giusto processo regolato dalla legge. Ogni processo si svolge nel contraddittorio tra le parti, in condizioni di parità, davanti a giudice terzo e imparziale. La legge ne assicura la ragionevole durata.*". O art. 20 da Constituição Portuguesa, por sua vez, prevê que: "A todos é assegurado o acesso ao direito e aos tribunais para defesa de seus direitos e interesses legalmente protegidos, não podendo a justiça ser denegada por insuficiência de meios econômicos [...]. Todos têm direito a que uma causa em que intervenham seja objeto de decisão em prazo razoável e mediante processo equitativo.".

[69] Nesse sentido, pondera Sérgio Massaru Takoi: "No nosso ordenamento jurídico poder-se-ia afirmar que o direito fundamental à celeridade processual, além de ter sido incorporado pela ratificação do citado Pacto, já constava como desdobramento da cláusula do *due process of law*, ou em decorrência da garantia contida no inc. XXXV do art. 5.º da CF/1988, que assegura não só o acesso ao Judiciário, como também a efetiva, adequada e tempestiva proteção contra qualquer forma de violação de direitos. Contudo o referido inc. LXXVIII do art. 5.º, que explicitou a garantia da duração razoável do processo, só passou a existir (expressamente) após a promulgação da EC 45, em dezembro de 2004." (A luta pela razoável duração do processo (efetivação do art. 5.º, LXXVIII, da CF/1988), *Revista de Direito Constitucional e Internacional*, vol. 70, p. 225, Jan.2010). Edilton Meireles também coloca: "A garantia ou princípio da duração razoável do processo passou a ser expressamente mencionado na nossa Carta Magna a partir da promulgação da EC 45/2004. É certo, porém, que implicitamente essa garantia já se extraia da cláusula do devido processo legal, como já esclarecia a doutrina. A dúvida, no entanto, quanto a sua inclusão no rol dos princípios implícitos, com a edição da EC 45/2004, ficou pacificada." (Duração razoável do processo e os prazos processuais no projeto do código de processo civil, *Revista de Processo*, vol. 207, p. 199, Mai.2012). Igualmente, pontua Frederico Liserre Barruffini: "Apesar do direito à razoável duração do processo não constar expressamente do texto constitucional até o advento da EC 45/2004, já se entendia na doutrina que tal garantia está compreendida na previsão constitucional ao devido processo legal (*due process of law*)." (Possibilidade de efetivação do direito à razoável duração do processo, *Revista de Processo*, vol. 139, p. 265, Set.2006).

prevê expressamente o princípio da duração razoável (art. 8º, item 1), foi recepcionado pelo ordenamento jurídico brasileiro pelo Congresso Nacional por meio do Decreto nº 27 de 1992, integrando o princípio da duração razoável do processo no Direito brasileiro. Araken de Assis, em artigo dedicado ao tema, bem explica que:

> A EC 45, de 08.12.2004, inseriu no catálogo dos direitos fundamentais norma do seguinte teor (art. 5.º, LXXXVIII): "a todos, no âmbito judicial e administrativo, são assegurados a razoável duração do processo e os meios que garantam a celeridade de sua tramitação." Não se pode emprestar à explicitação do princípio da duração razoável do processo o caráter de novidade surpreendente e, muito menos, de mudança radical nos propósitos da tutela jurídica prestada pelo Estado brasileiro. Estudo do mais alto merecimento já defendera, baseado em argumentos persuasivos, a integração ao ordenamento brasileiro do direito à prestação jurisdicional tempestiva, por meio da incorporação do Pacto de São José da Costa Rica ou Convenção Americana sobre Direitos Humanos. Em síntese, o art. 8.º, 1, do Pacto, prevendo tal direito, agregou-se ao rol dos direitos fundamentais, a teor do art. 5º, § 2.º, da CF/1988. De acordo com a última regra, o catálogo formal não excluiria outros direitos fundamentais decorrentes de tratados internacionais. À luz desse raciocínio, a EC 45/2005 limitou-se a declarar um princípio implícito da Constituição. Ainda mais convincente se revelava a firme tendência de localizar na cláusula do devido processo (art. 5.º, LV, da CF/1988) a garantia de um processo justo, inseparável da prestação da tutela jurisdicional no menor prazo de tempo possível nas circunstâncias.[70]

Ainda sob essa perspectiva é notória e elogiável a preocupação do legislador brasileiro em proveito da duração razoável do processo no texto do Código de Processo Civil de 2015. Como destaques podem ser citados: o art. 4º: "As partes têm direito de obter em prazo razoável a solução integral do mérito, incluída a atividade satisfativa."; o art. 6º: "Todos os sujeitos do processo devem cooperar entre si para que se obtenha, em tempo razoável, decisão de mérito justa e efetiva."; e art. 139, inc. II: "O juiz dirigirá o processo conforme as disposições deste Código, incumbindo-lhe: [...], II – velar pela duração razoável do processo".

Como conteúdo, o princípio da duração razoável do processo impõe a busca constante por um processo e por procedimentos que demorem, tão somente, o tempo necessário para o adequado e efetivo deslinde do conflito, compreendidos nesse conceito os procedimentos de conhecimento e de execução *lato sensu*.

É interessante notar que o texto constitucional e o Código de 2015 não empregam expressões como *duração rápida*, *processo ágil* ou *resolução imediata do conflito*, mas sim *duração razoável*. Com isso, ao que parece, o ordenamento não impõe a resolução rápida do conflito a todo custo, em sacrifício as demais garantias do processo. Preconiza, sim, a duração *razoável* do processo, isto é, que os procedimentos durem o tempo necessário para resolver o conflito de acordo

---

70 ASSIS, Araken de. Duração razoável do processo e reformas da lei processual civil. In FUX, Luiz, NERY JR., Nelson, WAMBIER, Teresa Arruda Alvim. *Processo e Constituição...*, p. 195.

com sua natureza e, o mais importante, em respeito a todas as garantias constitucionais, notadamente o devido processo legal, o contraditório e ampla defesa. Um processo que seja rápido, mas que ignore tais postulados, sem o equilíbrio que a semântica da palavra *razoável* empresta a esse raciocínio, não parece se ajustar à concepção de inafastabilidade da jurisdição.

É inegável que a prestação jurisdicional adequada e efetiva, como demanda o preceito da inafastabilidade, tem no *tempo* um fator fundamental a ser considerado. No entanto, cumpre observar que o tempo é também uma necessidade e algo inerente à correta prestação jurisdicional, seja para a realização dos atos processuais, para formação da convicção do julgador ou para a atividade das partes [71]. Nesse sentido, o que o princípio da duração razoável busca evitar são as *dilações indevidas*, isto é, demoras que não se justificam na natureza do caso em concreto ou na realidade das estruturas pelas quais a atividade jurisdicional se desenvolve [72]. É elogiável, portanto, a expressão *dilaciones indebidas* empregada pela Constituição Espanhola.

Nelson Nery Júnior, a esse respeito, apresenta raciocínio muito interessante e que parece correto e pertinente ao estudo da relação entre a duração razoável e o acesso à jurisdição. Segundo o autor, o princípio da duração razoável do processo deve ser compreendido em dois aspectos. Um primeiro que assegura o desenvolvimento do processo em tempo razoável e um segundo que consiste no incentivo à adoção dos meios alternativos de resolução dos conflitos:

> O princípio da duração razoável possui dupla função porque, de um lado, respeita ao *tempo do processo* em sentido estrito, vale dizer, considerando-se a duração que

---

[71] Nesse sentido, bem coloca Luiz Guilherme Marinoni: "O tempo já foi visto como algo neutro ou cientificamente não importante para o processo. Certamente por isso foi jogado nas costas do autor, como se a demora fosse exclusivamente problema seu. Acontece que o tempo é uma necessidade: é uma necessidade do juiz, que dele precisa para formar sua convicção, e uma necessidade democrática, advinda do direito de as partes participarem adequadamente do processo, direito esse que tem expressão no princípio do contraditório. Por ser ligado ao contraditório, o tempo deve ser distribuído entre as partes. Essa é a grande questão da doutrina processual contemporânea. *Há que se distribuir o tempo entre as partes para se respeitar o princípio da isonomia e a ideia de democracia subjacente à noção do processo.* O direito à duração razoável exige um esforço dogmático capaz de atribuir significado ao tempo processual. A demora para a obtenção da tutela jurisdicional obviamente repercute sobre a efetividade da ação. Isso significa que a ação não pode se desligar da dimensão temporal do processo ou do problema da demora para obtenção daquilo que através dela se almeja."(*Teoria geral...*, p. 234).

[72] José Rogério Cruz e Tucci, a esse respeito, pondera que o *prazo razoável* deve ser considerado de acordo com a realidade de cada Estado brasileiro: "Observe-se, em primeiro lugar, que, dada a profunda diversidade da performance da justiça nos vários quadrantes do Brasil, a aferição do "prazo razoável" será absolutamente diferenciada de Estado para Estado, seja no âmbito da Justiça Estadual, seja no dos Tribunais Federais." (Garantias constitucionais da duração razoável e da economia processual no projeto do código de processo civil, *Revista de Processo*, vol. 192, p. 193, Fev.2011).

o processo tem desde seu início até o final com o trânsito em julgado judicial ou administrativo, e, de outro, tem a ver com a adoção de meios alternativos de solução de conflitos, de sorte a aliviar a carga de trabalho da justiça ordinária, o que, sem dúvida, viria a contribuir para abreviar a duração média do processo.[73]

É importante dizer, ainda, que o postulado da duração razoável vincula os três Poderes do Estado, bem como todos os envolvidos direta ou indiretamente na atividade jurisdicional. Há assim um dever uniforme e difuso de buscar um processo que demore apenas o tempo necessário para o deslinde constitucional do conflito. Nesse contexto, como já se teve oportunidade de dizer, assumem relevância os postulados da instrumentalidade do processo, da técnica processual e do princípio da cooperação.

Desse modo, pode se compreender que o princípio da duração razoável do processo não só deriva da própria ideia de inafastabilidade da função jurisdicional, como informa seu conteúdo. Nesse sentido, compreendendo a Constituição em sua unidade, a atividade jurisdicional, além de adequada e efetiva, deve ser também *tempestiva*.[74] Ou seja, o texto constitucional impõe uma prestação jurisdicional equilibrada entre a rapidez e o respeito às garantias do processo. Impõe, igualmente, em uma concepção contemporânea do preceito da duração razoável, o ajuste entre a jurisdição estatal e os outros meios de solução dos conflitos.

3.7. Breves conclusões

Concluindo este terceiro capítulo, procurou-se estudar alguns princípios cujos conteúdos fundamentam a inafastabilidade da função jurisdicional ou de algum modo informam sua compreensão e aplicação. Por certo, o que foi estudado não encerra o tema, sobretudo considerando a dimensão normativa dos princípios elencados e a existência de outros que, embora não tenham sido analisados especificamente, também se inserem nesse contexto, como, por exemplo, os princípios da legalidade, da isonomia e da vedação das provas ilícitas.

Com relação ao devido processo legal é possível compreendê-lo como um instituto enraizado na própria concepção do Estado Democrático de Direito, constituindo fundamento de direito material e de todos os demais princípios que informam a atividade jurisdicional. Não é possível pensar no acesso à jurisdição e no seu desenvolvimento sem a observância do devido processo legal e seus preceitos.

---

73 NERY JÚNIOR, Nelson. *Princípios...*, p. 329.
74 Bem coloca Flávio Luiz Yarshell que: "Só há sentido em se falar em direito à jurisdição e ao processo se a atuação estatal – quer sob a ótica de atuação dos meios, quer sob o prisma do resultado final proporcionado – for tempestiva. De nada adiantaria garantir a apreciação de alegação de lesão a direito se esse controle não fosse tempestivo. Não haveria espaço para processo 'justo' se ele fosse tardio. A intempestividade da tutela jurisdicional prejudica o escopo jurídico e o escopo social da jurisdição." (*Curso...*, p. 90).

Os conteúdos da cláusula do devido processo e do acesso à jurisdição não só se ajustam como se confundem em grande parte, possuindo, na essência, a mesma razão de ser: a manutenção constitucional da ordem jurídica.

Seguindo o raciocínio, os princípios do contraditório e da ampla defesa derivam diretamente do princípio do devido processo legal e integram o próprio conteúdo do princípio da inafastabilidade. Nesse sentido, o exercício do contraditório deve ser adequado e efetivo, isto é, as partes devem ter sempre conhecimento de todos os atos do processo e condições concretas e reais de se manifestar. Do mesmo modo, o princípio da ampla defesa preconiza mais do que a possibilidade de defesa técnica, assegura às partes o direito constitucional de defenderem adequadamente os fundamentos que sustentam suas alegações, sejam pretensões ou defesas.

Assim, pode se dizer que os dois princípios agregam qualidade ao acesso e desenvolvimento da função jurisdicional. O conteúdo da inafastabilidade passa necessariamente pela compreensão desses preceitos. A jurisdição é meio de resolução de conflitos e esses, só serão solucionados, com a chancela da legitimidade constitucional, mediante a construção do diálogo isonômico e consistente entre as partes, observado o devido processo legal, o contraditório e a ampla defesa.

O princípio da indeclinabilidade da jurisdição, por sua vez, está contido na própria concepção da inafastabilidade, especialmente considerando que a função jurisdicional constitui verdadeiro poder-dever do Estado. Pode ser entendido, assim, como uma das manifestações infraconstitucionais do princípio da inafastabilidade.

Nesse sentido, a indeclinabilidade e a inafastabilidade impõem a quem estiver investido na função jurisdicional o dever de julgar e o dever de considerar todos os fundamentos das partes. Desse modo, presentes os pressupostos processuais positivos e ausentes os negativos, bem como presentes as condições da ação, o julgador tem o dever de decidir o conflito cuja resolução se busca, devidamente motivando sua posição com a demonstração de que avaliou os fundamentos colocados. Além disso, caso seja verificada a falta de algum desses requisitos, impedindo um julgamento de mérito, o julgador tem igual dever de decidir a esse respeito, extinguindo o processo.

Quanto aos princípios do juiz natural e da imparcialidade do juiz, observa-se uma relação precisa com o princípio da inafastabilidade. Só há acesso legítimo à jurisdição se essa for exercida por um juízo previamente constituído, competente e imparcial. Aliás, a imparcialidade constitui elemento essencial da função jurisdicional, inerente à sua natureza.

Igualmente, o princípio da motivação das decisões judiciais é de fundamental importância e integra indissociavelmente a concepção de inafastabilidade da jurisdição. A sua inobservância caracteriza profunda negativa de prestação jurisdicional. A motivação é componente essencial de qualquer ato jurisdicional de conteúdo decisório e deve ser minimamente completa, suficiente e adequada para expor as razões de convencimento do julgador. É por meio da motivação ou fundamentação que é possível apreender as razões e os porquês da decisão, ou seja, o que levou o julgador a decidir da forma como decidiu. Permite-se, assim, o controle democrático das decisões judiciais e a verificação da imparcialidade do julgador e dos demais preceitos inerentes ao devido processo legal.

Particularmente às partes, possibilita que saibam se todos seus fundamentos foram devidamente apreciados e considerados pelo ente jurisdicional, como determina o princípio da inafastabilidade. Do mesmo modo, viabiliza a interposição de recursos pelas partes já que só com o conhecimento das razões da decisão poderão questionar a justiça ou legalidade do ato decisório.

Além disso, a motivação constitui condição absoluta de legitimidade constitucional de todas as decisões judiciais. Não há espaço para inobservância da Lei ou arbitrariedades, sendo a motivação das decisões o principal mecanismo de controle. Não há decisão sem um fundamento legal e não pode haver decisão sem a exposição desse fundamento. Assim, somente há acesso à jurisdição e seu legítimo exercício se seus atos decisórios, que representam o principal cerne da função, forem devidamente fundamentados.

Com relação ao princípio da duração razoável do processo observa-se o instituto deriva da própria concepção da inafastabilidade e informa seu conteúdo, aliás, antes mesmo de sua previsão expressa na Constituição, já era possível apreender sua dimensão normativa. Nesse sentido, a atividade jurisdicional, além de adequada e efetiva, deve ser também tempestiva. O texto constitucional impõe uma prestação jurisdicional equilibrada entre a rapidez e o respeito às garantias do processo e ajustada aos outros meios de resolução dos conflitos.

Por fim, de tudo o que foi estudado nesse terceiro capítulo, parece ser possível concluir que o princípio da inafastabilidade possui importante nota de fundamentalidade, consistindo em verdadeiro norte principiológico. A integração principiológica entre a inafastabilidade e os outros princípios, que também informam o desenvolvimento do processo, se apresenta como uma via de mão dupla. Ao passo que a inafastabilidade orienta a aplicação dos demais princípios, esses contribuem diretamente na construção e preenchimento de seu conteúdo.

4
PONTOS PERTINENTES E EXEMPLIFICANTES

Recapitulando o que foi estudado até então, no primeiro capítulo, foram examinadas algumas premissas históricas e alguns conceitos importantes para o desenvolvimento do estudo. Na sequência, o trabalho se concentrou em temas fundamentais sobre o princípio da inafastabilidade da jurisdição na tentativa de compreensão do seu conteúdo e do seu alcance normativo. No terceiro capítulo, por sua vez, foram estudados alguns outros princípios que informam o desenvolvimento do processo e que, em integração principiológica, contribuem na construção do conteúdo da inafastabilidade e em sua aplicação.

Seguindo o raciocínio, no propósito de entender o princípio da inafastabilidade da jurisdição no direito processual civil brasileiro e como seu conteúdo influencia a interpretação, compreensão e aplicação de outros institutos jurídicos, parece pertinente o estudo de alguns outros pontos e temas, dentre tantos possíveis, sobretudo à luz do Código de Processo Civil de 2015, em que a discussão sobre a garantia da inafastabilidade se apresenta, que de algum modo se relacionam com o conteúdo de tal postulado constitucional e exemplificam os conceitos até então estudados.

4.1. A técnica das cláusulas gerais

O primeiro tópico a ser analisado, dentro da proposta desse quarto capítulo, é o tema das cláusulas gerais, cuja aplicação e interpretação possibilitam uma atividade jurisdicional mais adequada ao caso concreto e, portanto, mais condizente com o conteúdo do princípio da inafastabilidade da jurisdição.

Historicamente, parte da doutrina identifica na Alemanha a origem ou importante marco da utilização das cláusulas gerais. Mais precisamente, nos anos que sucederam a Primeira Guerra Mundial em que o país enfrentou séria crise de instabilidade econômica e social, com marcante desvalorização da moeda. Diante desse cenário, a atuação do Poder Judiciário representou alternativa consistente para o reequilíbrio cotidiano e necessário das relações jurídicas.

Para tanto, a jurisprudência alemã identificou três dispositivos no *Bürgerliches Gesetzbuch* - BGB ou Código Civil Alemão que passaram a viabilizar o reequilíbrio jurisdicional de uma série de relações contratuais, com base em preceitos da boa-fé e dos bons costumes. Fabiano Menke relata bem esse contexto:

Alemanha, final da segunda década do século XX: o caos econômico pós I Guerra Mundial impera. A hiperinflação descontrolada atinge em cheio toda estabilidade do tecido social [...]. Os contratos sofrem os efeitos imediatos da crise, uma vez que se tornou praticamente inviável a manutenção das cláusulas atinentes ao preço, que então não previam qualquer índice de correção monetária. Como não poderia deixar de ser, o Poder Judiciário é chamado a intervir com vistas a equilibrar as situações iníquas advindas, principalmente para os credores de negócios jurídicos firmados com cláusula de preço que restou totalmente defasada. À época, o *Bürgerliches Gesetzbuch* (BGB) contava com apenas duas décadas de vigência, e, em três de seus parágrafos, até então praticamente adormecidos, a jurisprudência alemã encontraria a solução para afastar o desequilíbrio gerado em milhares de relações contratuais. Os três parágrafos foram mais tarde denominados "famous three". Eram os parágrafos 138, 242 e 826, cuja característica central é a de autorizar explicitamente o uso de ideias morais como boa-fé e bons costumes [...]. Assim, se fizeram presentes na Alemanha todas as condições para que as cláusulas gerais de direito civil representassem valioso instrumento na mão de magistrados que precisavam encontrar uma solução para situações de verdadeiro caos econômico-social causado pela incontida escalada inflacionária.[1]

No Brasil, a utilização das cláusulas gerais é relativamente recente. Conquanto leis anteriores já tenham previsto alguns preceitos dessa espécie, como a cláusula de boa-fé presente no Código Comercial de 1850, o uso das cláusulas gerais foi alvo de muita desconfiança, sobretudo em razão da amplitude normativa permitida ao intérprete.[2]

A partir dos anos 1990, porém, tais preceitos ganharam força na experiência brasileira, com destaque para diplomas como o Código de Defesa do Consumidor, o Estatuto da Criança e do Adolescente e o Estatuto da Cidade. Esse fenômeno tem como principal fundamento a Constituição Federal de 1988, cujo texto adotou uma série de conceitos amplos e de conteúdo indeterminado, aliás, como é próprio dos textos constitucionais contemporâneos. Nesse contexto, o Código Civil de 2002 consolida essa mudança de paradigma normativo do ordenamento jurídico

---

1 MENKE, Fabiano. A interpretação das cláusulas gerais: a subsunção e a concreção dos conceitos, *Revista de Direito do Consumidor*, vol. 50, p. 9, Abr. 2004.

2 "O Código Civil introduz cláusulas gerais que revelam uma atualização em termos de técnica legislativa, mas que exigem cuidado especial do intérprete. Adotadas em diversos Códigos Civis, como no Código Comercial brasileiro de 1850, no Código alemão de 1896 e no Código italiano de 1942, as cláusulas gerais, só por si, não significam transformação qualitativa no ordenamento. No caso do Código Comercial brasileiro, a boa-fé objetiva não chegou a ser jamais utilizada [...]. Em outras palavras, as cláusulas gerais em codificações anteriores suscitaram compreensível desconfiança, em razão do alto grau de discricionariedade atribuída ao intérprete: ou se tornavam letra morta ou dependiam de uma construção doutrinária capaz de lhes atribuir um conteúdo menos subjetivo." (TEPEDINO, Gustavo. Introdução: Crise de fontes normativas e técnica legislativa na Parte Geral do Código Civil de 2002. In TEPEDINO, Gustavo [coord.]. *O código civil na perspectiva civil-constitucional*, Rio de Janeiro : Renovar, 2013, p. 4-5).

brasileiro, apresentando várias cláusulas gerais em seu texto. Como exemplo, podem ser citadas a boa-fé objetiva, a função social do contrato e a função social da propriedade.

Embora tais preceitos tenham origem mais clara em disposições de direito material, é possível identificar no próprio direito processual civil algumas cláusulas gerais que norteiam o desenvolvimento da relação processual e a resolução de conflitos. Parecem expressar bem essa concepção a ideia contida no princípio do devido processo legal, a lealdade e boa-fé processuais, o poder geral de cautela do juiz e cláusula geral dos chamados negócios jurídicos processuais que será tratada em momento próprio adiante. É possível identificar, assim, pelo menos duas categorias de cláusulas gerais que influenciam a atuação do julgador: as de direito material e as próprias de direito processual.

Aliás, José Manoel de Arruda Alvim Netto explica o caráter histórico-cultural, dinâmico e instrumental que o Código de Processo Civil de 2015 assume. As cláusulas gerais, assim, estão intimamente ligadas a esse contexto:

> O primeiro aspecto a ser notado em relação ao CPC/2015, portanto, é a tentativa de *codificar* novamente, isto é, de dar coerência a um texto de lei que, inevitavelmente, tem um aspecto ideológico forte. O código é feito de opções legislativas e, portanto, é resultado de um pensamento jurídico próprio do seu tempo, carregando consigo um indubitável caráter histórico cultural. Entender o CPC/2015 é, então, antes de tudo, compreender que a sociedade sofreu intensas modificações da década de 1970 até os dias de hoje. Dentre elas, podemos destacar de forma sintética: (a) a chamada "ascensão das massas" e a locomoção de novos grupos sociais dentro de uma mesma sociedade, agora detentores de interesses juridicamente tuteláveis; (b) a imprescindibilidade de utilização do Direito como sistema de controle social; (c) a necessidade de reconstrução conceitual do Direito e superação – em largos e importantes setores do Direito – das metodologias puramente dedutivas ou subsuntivas de sua aplicação [...]; (d) o problema da ineficiência da autoridade (e da falta de efetividade da Justiça) [...]. Essas constatações levaram a comunidade jurídica a perceber que o direito processual civil – como ramo intensamente prático do direito, que responde a anseios sociais – precisa ser mais dinâmico e instrumental, inclusive reclamando a utilização de técnicas que flexibilizem o procedimento por meio de *cláusulas gerais* e de texto mais abertos, fluidos, e propositadamente menos rígidos, em sintonia com a mesma evolução que se passou e se passa com o direito material. Assim, busca-se mais solucionar conflitos de interesse do que dar importância a métodos procedimentais. O código quer, com efeito, que o foco de atenção do jurista seja o mínimo possível voltado ao próprio processo, já que este ser como veículo de realização/aplicação do direito material.[3]

Pois bem. As cláusulas gerais são preceitos de conteúdo propositalmente amplo, indeterminado e vago. Não prescrevem um determinado comportamento, mas definem valores e parâmetros hermenêuticos. Constituem, dessa forma, em

---

3   ALVIM, Arruda. *Novo contencioso...*, p. 45-47.

verdadeiras referências interpretativas que permitem ao intérprete, sobretudo ao julgador, realizar o ajuste normativo do ordenamento às circunstâncias e características do caso em concreto.⁴ Dependem, portanto, da direta atuação do aplicador. Como bem explica José Manoel de Arruda Alvim Netto, as cláusulas gerais representam uma técnica legislativa excelente de manutenção das leis diante das mudanças sociais.⁵

A utilização de cláusulas gerais se contrapõe à chamada *técnica casuística* que, em linhas gerais, é caracterizada pela disposição de textos normativos que disciplinam ou prescrevem comportamentos de forma mais detalhada e rígida, em que a atuação do intérprete é restrita. Essa contraposição é salutar para a sustentação do ordenamento, já que o trabalho conjunto das duas técnicas viabiliza a completude e a coerência dos sistemas normativos, bem como permite a busca pelo equilíbrio entre segurança jurídica e adequação à realidade social.⁶

Em que pesem as várias definições e conceitos para as cláusulas gerais, há duas características fundamentais que as identificam e que são pertinentes ao raciocínio desenvolvido nesse tópico. São elas: a *indeterminação* ou *vagueza* e a *necessidade de precisão*. A *indeterminação* é extraída pela utilização de uma linguagem intencionalmente vaga, aberta ou fluida, indicando um quadro amplo de possibilidades para o preenchimento do seu conteúdo. A *necessidade de precisão* ou a *Präzisierungsbedürfigkeit* apontada pela doutrina alemã é consequência dire-

---

4   Gustavo José Mendes Tepedino conceitua as cláusulas gerais como "normas que não prescrevem uma certa conduta mas, simplesmente, definem valores e parâmetros hermenêuticos. Servem assim como ponto de referência interpretativo e oferecem ao intérprete os critérios axiológicos e os limites para a aplicação das demais disposições normativas." (TEPEDINO, Gustavo. Introdução..., p. 5).

5   Conceito exposto verbalmente, durante a disciplina *Negócios jurídicos imobiliários – aspectos reais e obrigacionais* ministrada no primeiro semestre de 2014 no curso de Mestrado junto à Pontifícia Universidade Católica de São Paulo.

6   Nesse sentido, explica Fredie Didier Júnior.: "A cláusula geral é uma técnica legislativa que vem sendo cada vez mais utilizada, exatamente porque permite uma abertura do sistema jurídico a valores ainda não expressamente protegidos legislativamente, a 'standards, máximas de conduta, arquétipos exemplares de comportamento, de deveres de conduta não previstos legislativamente (e, por vezes, nos casos concretos, também não advindos da autonomia privada), de direitos e deveres configurados segundo os usos do tráfego jurídico, de diretivas econômicas, sociais e políticas, de normas, enfim, constantes de universos metajurídicos, viabilizando a sua sistematização e permanente ressistematização no ordenamento positivo'. A técnica das 'cláusulas gerais' contrapõe-se à técnica casuística. Não há sistema jurídico exclusivamente *estruturado em cláusulas gerais* (que causariam uma sensação perene de insegurança) ou em regras casuísticas (que tornariam o sistema sobremaneira rígido e fechado, nada adequado à complexidade da vida contemporânea). Uma das principais características dos sistemas jurídicos contemporâneos é exatamente a harmonização de enunciados normativos de ambas as espécies." (DIDIER JÚNIOR, Fredie. Cláusulas gerais processuais, *Revista de Processo*, vol. 187, p. 69, Set.2010)

ta da primeira característica e indica que o texto da cláusula geral está inacabado, necessitando da precisão e construção do intérprete ou julgador.[7]

Nesse sentido, considerando esse papel de construção e adequação do intérprete, a técnica das cláusulas gerais parece evidenciar, com mais nitidez, a distinção existente entre texto e norma. Sem adentrar na profundidade que o tema merece, pode se dizer que as normas não são os textos normativos, mas o resultado ou sentido construído e adequado a partir da interpretação.[8]

A esse respeito, inclusive, é notável a proposta da teoria estruturante de Friedrich Müller. Segundo o autor alemão, os textos que apresentam cláusulas gerais sequer indicam o âmbito normativo a ser considerado pelo intérprete, mas tão somente programas normativos vagos. Desse modo, a construção da norma, a partir dos textos das cláusulas gerais, depende diretamente do estabelecimento prévio de outras normas a partir de textos mais específicos, que indiquem seus âmbitos normativos respectivos.[9] Pode se dizer então, dentro dessa concepção estruturante, que as cláusulas gerais, além de não se confundirem com as normas, estariam em uma segunda etapa de raciocínio e adequação normativa do intérprete, atuando após o estabelecimento prévio do âmbito normativo.

Além disso, a abertura interpretativa proporcionada pelas cláusulas gerais permite a concreção da eficácia irradiante da inafastabilidade enquanto direito fundamental, colaborando para que o postulado constitucional penetre na construção normativa infraconstitucional.[10]

Igualmente, parece permitir, ainda que de forma indireta, certo juízo de equidade por parte do julgador. Equidade compreendida aqui no conceito proposto por Miguel Reale de adequação justa do direito à realidade da vida [11], que, a propó-

---

7   MENKE, Fabiano. op. cit.
8   ÁVILA, Humberto. op. cit., p. 50.
9   Explica Friedrich Müller que: "Se em termos da teoria da norma, o âmbito normativo é parte integrante da norma, então a norma não pode ser colocada no mesmo patamar do texto normativo. [...] Em cláusulas gerais, como, por exemplo, o princípio geral da igualdade, que em seu texto não faz referência a um âmbito normativo e, de acordo com sua ideia normativa fundamental e formal, não aponta para nenhum âmbito normativo atual, ou seja, em cláusulas que somente precisam ser especialmente concretizadas no caso particular, podem ser totalmente desenvolvidos alguns tipos dessas circunstâncias reais, sem que o texto literal seja positivamente responsável por isso. [...] Cláusulas gerais como os §§ 242 ou 826 do CC [dispositivos do Código Civil alemão] permitem antes apenas programas normativos vagos, aos quais precisam ser acrescentados, no caso particular, os âmbitos normativos das normas a serem então primeiramente estabelecidas pelo juiz." (MÜLLER, Friedrich. *Teoria estruturante do direito*, tradução de Peter Naumann e Eurides Avance de Souza, 3ª ed. rev. e atual., São Paulo : Editora Revista dos Tribunais, 2011, p. 187, 205 e 211).
10 Sobre esse ponto, ver item 2.3 do trabalho.
11 Pondera o jurista: "Há certos casos em que a aplicação rigorosa do Direito redundaria em ato profundamente injusto. *Summum jus, summa injuria*. Esta afirmação, para nós, é uma das mais belas e profundas da Jurisprudência romana, porque ela nos põe em evidência a noção fun-

sito, muito se aproxima à ideia de acesso à ordem jurídica justa atrelada à garantia da inafastabilidade. Nesse raciocínio, as cláusulas gerais representam importante mecanismo na tentativa de afastar injustiças, pois proporcionam o ajuste do direito às características do conflito posto para solução.

Colocado tudo isso, é possível concluir que a técnica das cláusulas gerais se apresenta de forma importante no contexto do princípio da inafastabilidade, contribuindo de forma direta com sua observância e eficácia. Notadamente, as cláusulas gerais colocam à disposição do julgador preceitos amplos e relevantes que possibilitam uma atividade jurisdicional mais ajustada, adequada e efetiva às circunstâncias e necessidades do caso concreto.

4.2. O julgamento de improcedência liminar do pedido

Inserido no Código de Processo Civil de 1973 pela Lei nº 11.277 de 2006, em seção dedicada à petição inicial, o art. 285-A já possibilitava o chamado *julgamento de improcedência liminar* ou, como também é reconhecido pela doutrina, o *julgamento de improcedência das ações repetitivas*. O Código de Processo Civil de 2015 não só repete o preceito como amplia seu alcance. Prevê seu art. 332 que:

> Art. 332. Nas causas que dispensem a fase instrutória, o juiz, independentemente da citação do réu, julgará liminarmente improcedente o pedido que contrariar:
> I – enunciado de súmula do Supremo Tribunal Federal ou do Superior Tribunal de Justiça;
> II – acórdão proferido pelo Supremo Tribunal Federal ou pelo Superior Tribunal de Justiça em julgamento de recursos repetitivos;
> III – entendimento firmado em incidente de resolução de demandas repetitivas ou de assunção de competência;
> IV – enunciado de súmula de tribunal de justiça sobre direito local.

Da leitura desse novo artigo, observa-se que a Lei colocou à disposição do processo e do julgador um mecanismo importante para a adequação e efetividade da atividade jurisdicional, em consonância com os princípios constitucionais da inafastabilidade e da duração razoável do processo. Diante da presença de determinados requisitos e pressupostos legais, possibilita que o julgador, de plano, prolate sentença de total improcedência dos pedidos formulados pelo autor.

> damental de que o Direito não é apenas sistema lógico-formal, mas, sobretudo, a apreciação estimativa, ou axiológica da conduta. Diante de certos casos, mister é que a justiça se ajuste à vida. Este ajustar-se à vida, como momento do dinamismo da justiça, é que se chama equidade, cujo conceito os romanos inseriram na noção de Direito, dizendo: *jus est ars aequi et boni*. É o princípio da igualdade ajustada à especificidade do caso que legitima as *normas de equidade*. Na sua essência, a equidade é a justiça bem aplicada, ou seja, prudentemente aplicada ao caso. A equidade, no fundo, é, repetimos, o momento dinâmico da concreção da justiça em suas múltiplas formas." (REALE, Miguel. op. cit., p. 125).

Antes de discorrer propriamente sobre dois de seus requisitos e sobre as discussões acerca da constitucionalidade do art. 285-A do Código de 1973 e agora do art. 332, cumpre dizer que a nova redação parece ter sanado uma imprecisão terminológica. O texto anterior e ainda vigente adota a expressão *matéria controvertida*, porém nessa fase não há controvérsia propriamente, o demandado sequer foi citado e muito menos respondeu às imputações que lhe foram feitas.[12] Assim, ao que parece, a nova redação é mais correta ao suprimir a referida locução.

Pois bem. Um requisito específico relacionado ao art. 285-A parece que remanesce com a redação do art. 332: *a necessidade de identidade jurídica entre o caso proposto e aquele tido como paradigma em qualquer das hipóteses dispostas nos incisos.*

À expressão *casos idênticos* utilizada pelo art. 285-A é compreendida pela identidade jurídica entre os casos precedentes já julgados e o proposto. Deve ser observada, assim, a identidade entre os pedidos e os fundamentos jurídicos das ações em comparação. A existência de especificidades de fato, *a priori*, não permite o julgamento liminar de improcedência.[13]

O art. 332 do Código de 2015 não emprega mais essa expressão, porém, ao que parece, a verificação da *conformidade* ou *contrariedade* do que foi pedido com o que já foi anteriormente decidido passa pelo mesmo entendimento. Nesse sentido, são úteis os conceitos de *ratio decidenti* e *obter dicta*,[14] bem como o aprofundamento dos estudos sobre o tema dos precedentes judiciais.

Há, ainda, um outro requisito que, embora não seja específico para a hipótese do art. 332, é de fundamental importância: *a motivação da decisão*. O tema já foi objeto de estudo nesse trabalho, de modo que tudo o estudado no capítulo anterior se aplica ao julgamento de improcedência liminar do pedido, sobretudo considerando sua aptidão para formar coisa julgada material.

---

12 NERY JÚNIOR, Nelson. *Princípios...*, p. 105.

13 Nesse sentido, bem comentam José Manoel de Arruda Alvim Netto, Araken de Assis e Eduardo Pellegrini de Arruda Alvim: "Devemos frisar que a lei fala em 'casos idênticos', expressão que deve ser entendida como compreensiva de identidade jurídica entre os casos (especificidades fáticas, pois, em linhas de princípio, desautorizam a aplicação do dispositivo). O que conta é a identidade jurídica entre a situação sob apreciação e os precedentes do mesmo juízo, não havendo espaço para cogitar-se, neste caso, da teoria da tríplice identidade." (*Comentários...*, p. 580).

14 José Manoel de Arruda Alvim Netto é preciso sobre o tema: "A identificação do que vem a ser 'casos idênticos' poderá servir-se, senão deverá servir-se, das noções de *ratio decidendi* e *obter dicta*. *Ratio decidendi* diz respeito à essência de um litígio, que, no caso, será igual a outro. E *obter dicta* é o que possa constar de uma decisão, mas que não se terá colocado como necessário para decidi-la. Essas duas noções podem ser úteis porque, certamente – conquanto se reputem casos idênticos –, não haverá identidade necessária nos argumento que possam constar desses casos. Mas haverá uma *essência* dessa argumentação que se projetará nas decisões (*ratio decidendi*), e haverá parte dessa argumentação que se evidenciará como desnecessária." (*Manual...*, p. 738).

Não basta, por exemplo, a juntada de mera cópia reprográfica ou digitalizada da decisão anterior ou singela referência ao enunciado ou entendimento anteriormente firmado. Na mesma linha de pensamento estabelecida pela jurisprudência e pela doutrina sobre a aplicação do art. 285-A, isso não satisfaz a necessária motivação do ato. Além de mencionar as decisões anteriores e reproduzi-las na nova decisão,[15] é preciso que o julgador demonstre que a *ratio decidendi* ou as razões das decisões e enunciados anteriores se identificam com o novo caso e sirvam para seu julgamento nos moldes do art. 332.[16]

---

15 Nesse sentido, já se posicionou a Primeira Turma do Superior Tribunal de Justiça: "PROCESSUAL CIVIL E ADMINISTRATIVO. AGRAVO REGIMENTAL NO AGRAVO DE INSTRUMENTO. PERCEPÇÃO DO ADICIONAL DE INATIVIDADE CALCULADO COM BASE EM PERCENTUAL INCIDENTE SOBRE O SOLDO. JULGAMENTO ANTECIPADO DA LIDE. VIOLAÇÃO DO ARTIGO 285-A DO CPC. REEXAME DE MATÉRIA FÁTICO-PROBATÓRIA. IMPOSSIBILIDADE. SÚMULA 7/STJ. 1. Caso em que o agravante insurge-se contra o acórdão *a quo* que anulou a sentença de primeiro grau, pois exarada em desconformidade com o artigo 285-A do CPC. 2. Esta Corte Superior de Justiça possui o entendimento de que a aplicação do artigo 285-A do CPC está adstrita às hipóteses em que a matéria controvertida for exclusivamente de direito e que no juízo já tenha sido proferida sentença de total improcedência em casos idênticos, não sendo bastante a mera menção às sentenças anteriormente prolatadas, pois necessária a sua reprodução.[...]" (STJ, AgRg no Ag nº 1.406.083/PE, Rel. Min. Benedito Gonçalves, Primeira Turma, j. 25.out.2011, DJe 28.out.2011). Do mesmo modo: REsp nº 1.086.991/MG, REsp nº 1.217.828/RS.

16 Embora a referência seja em relação ao artigo 285-A, o seu conteúdo parece se ajustar ao novo art. 332. Bem explica José Manoel de Arruda Alvim Netto: "Há julgados que exigem a menção expressa às sentenças anteriores de improcedência, e até mesmo, a reprodução de trechos das decisões anteriormente prolatadas, considerando inválidas as sentenças que, embora fundamentadas no art. 285-A do CPC, não atendam a tais exigências. Exige-se, também, que se possa extrair da sentença a semelhança entre do caso com a hipótese julgada pela sentença paradigma. Afigura-se-nos correto esse posicionamento, tendo em vista a necessidade de, a partir da fundamentação da sentença, propiciar-se o controle da existência ou não dos requisitos legais para a improcedência liminar do pedido." (*Manual...*, p. 737). Igualmente, é a seguinte decisão unânime da Segunda Turma do Superior Tribunal de Justiça: "PROCESSO CIVIL. TRIBUTÁRIO. COMPENSAÇÃO DE ICMS. PRECATÓRIO CEDIDO. DECRETO 418/2007. INDEFERIMENTO LIMINAR DA INICIAL. IMPOSSIBILIDADE. [...] 2. O julgamento da demanda com base no art. 285-A, do CPC, sujeita-se aos seguintes requisitos: i) ser a matéria discutida exclusivamente de direito; ii) haver o juízo prolator do decisum julgado improcedente o pedido em outros feitos semelhantes, fazendo-se alusão aos fundamentos contidos na decisão paradigma, demonstrando-se que a *ratio decidendi* ali enunciada é suficiente para resolver a nova demanda proposta. 3. No caso, o acórdão recorrido indeferiu a inicial, ao argumento de que não havia direito líquido e certo à compensação do tributo, tendo em vista precedente da Corte Especial do Tribunal de Justiça do Estado do Paraná, que reconheceu a constitucionalidade do Decreto 418/2007. Não se indicou expressamente a aplicação do art. 285-A, do CPC, nem houve menção aos fundamentos de decisões anteriores proferidas pelo mesmo juízo em processos semelhantes. 4. O aresto impugnado deve ser anulado para que seja reapreciada a petição inicial do mandado de segurança, à luz dos dispositivos processuais incidentes na espécie. 5. Recurso ordinário em mandado de segurança provido. (STJ, RMS nº 31.585/PR, Rel. Min. Castro Meira, Segunda Turma, v. u., j. 6.abr.2010, DJe 14.abr.2010).

Examinados esses dois pressupostos que autorizam e tornam possível o julgamento de improcedência liminar, passa-se ao estudo da principal questão que relaciona o art. 332 com o estudo do princípio da inafastabilidade: a discussão de sua constitucionalidade.

Ao que parece, existem duas posições bem delineadas, sobretudo, considerando o desenvolvimento do pensamento em relação ao art. 285-A do Código de 1973 que serve para uma primeira compreensão do novo art. 332. Uma primeira concepção entende pela inconstitucionalidade do dispositivo por violação direta à garantia da inafastabilidade e aos princípios do devido processo legal, contraditório, da ampla defesa, entre outros.[17] E uma segunda, a qual esse estudo se filia, entende pela inexistência de qualquer vício nesse sentido, consistindo o art. 332, e antes o art. 285-A, em importante mecanismo em benefício da otimização da prestação jurisdicional.[18]

Exemplo bem representativo dessa controvérsia, é a Ação Direta de Inconstitucionalidade nº 3.695 contra a íntegra da Lei nº 11.277 de 2006, proposta pelo Conselho Federal da Ordem dos Advogados do Brasil contra o art. 285-A. Na petição inicial, entende o Conselho pela existência de violação dos princípios da isonomia, segurança jurídica, contraditório, devido processo legal e da inafastabilidade da jurisdição. Em particular, com relação à inafastabilidade, objeto desse trabalho, aponta que o art. 285-A atingiria direito constitucional do autor de provocar o surgimento da relação processual triangular formada pelo autor, pelo réu e pelo julgador.[19]

Em contrapartida, o Instituto Brasileiro de Direito Processual - IBDP, intervindo na qualidade de *amicus curiae* na ação, defende a constitucionalidade do dispositivo. Especificamente com relação ao princípio da inafastabilidade, pondera corretamente que o art. 285-A, e, portanto, o novo art. 332, não impede a formação

---

17 Como defensores da inconstitucionalidade podem ser citados Nelson Nery Júnior e Rosa Maria de Andrade Nery (*Código de processo civil comentado e legislação extravagante*, 14ª ed. rev., ampl. e atual, São Paulo : Editora Revista dos Tribunais, 2014, p. 690); Elpídio Donizetti (*Curso didático de direito processual civil*, 12ª ed. rev., ampl. e atual., Rio de Janeiro : Lumen Juris, 2009, p. 74).

18 Como partidários dessa segunda posição podem ser citados: Humberto Theodoro Júnior (*Curso...*, p. 759-761); Luiz Rodrigues Wambier e Eduardo Talamini (*Curso avançado...vol. 1...*, p. 373-376); Luiz Guilherme Marinoni e Sérgio Cruz Arenhart (*Processo de conhecimento*, 12ª ed., São Paulo : Editora Revista dos Tribunais, 2014, p. 97); José Manoel de Arruda Alvim Netto(*Manual...*, p. 738-739); Araken de Assis e Eduardo Pellegrini de Arruda Alvim (*Comentários...*, p. 580); Daniel Amorim Assumpção Neves (op. cit., p. 317).

19 Convém transcrever trecho da inicial sobre esse ponto: "Restringe de forma desarrazoada, sem margem para dúvidas, o diploma legal, o princípio do direito de ação [...]. O direito de ação é, pela norma fustigada, limitado, restringido, ante a eliminação que se faz do procedimento normal pela pronta prolação da sentença emprestada. O direito de ação é direito de provocar o surgimento da relação processual triangular (autor-juiz-réu)." (p. 7-8 da petição inicial datada de 24.mar.2006).

da relação processual triangular, já que é facultado ao autor o manejo do recurso de apelação, viabilizando não só o juízo de retratação do juiz como a citação do réu para oferecer contrarrazões. Além disso, o art. 285-A se apresenta como condicionante infraconstitucional razoável, não podendo o direito constitucional de ação ser compreendido como direito de obtenção de resultados favoráveis.[20]

De fato, não há inconstitucionalidade no mecanismo instituído pelo art. 285-A e reafirmado pelo novo art. 332, mas uma manifestação de uma postura equilibrada do legislador. Não há violação ao princípio da inafastabilidade e dos outros princípios que também informam seu conteúdo.

Seriam três os fundamentos principais da inconstitucionalidade apontados pela doutrina: o impedimento da formação da relação processual triangular, como, por exemplo, se baseia a inicial da referida ADI; a possível ofensa ao direito de influir do autor, consistindo prejuízo ao seu direito ao contraditório; e a possível violação do contraditório e da ampla defesa com relação ao demandado. No entanto, parece que eles não se sustentam.

Primeiramente, com base em outro dispositivo da própria lei processual, é possível considerar lícito que a relação processual triangular não se forme, não infringindo o direito de ação e, muito menos, o princípio da inafastabilidade, os quais, como já visto, são preceitos distintos. Prevê o § 1º do mesmo artigo 332, o indeferimento *in limine litis* do pedido do autor caso seja verificada a prescrição ou a decadência, independentemente da citação do réu como dispõe o *caput*. Observa-se que, mesmo presente o direito de ação com todas suas condições e pressupostos, é permitido o julgamento de mérito sem a citação do demandado em caso de decadência ou prescrição [21], nos termos do art. 484, inc. II, também do Novo CPC. Parece que o art. 332 atua de forma semelhante. Além disso, ao autor é facultada a interposição de apelação, nos termos do art. 332, §§ 2º e 3º, oportu-

---

20 Igualmente, cumpre transcrever trecho da petição do IBDP: "É certo que a regulamentação infraconstitucional do direito de ação tem que confinar-se 'dentro de limites que lhe impedissem reduzir desarrazoadamente ou aniquilar a garantia constitucional', 'sem limitar a garantia da possibilidade concreta de desenvolver a atividade necessária para obter o pronunciamento do juiz sobre a razão do pedido, em todas as fases processuais'; mas isto, com o devido respeito, não significa não ser absolutamente lícito ao legislador infraconstitucional estabelecer, como estabeleceu a Lei n. 11.277/2006, a possibilidade de, em certos casos, conferir ao magistrado a possibilidade de rejeitar *in limine*, mesmo antes da citação do réu, a petição inicial pela *patente* improcedência do pedido. Verifique-se que, ao contrário do que poderia se supor da leitura da petição inicial, o Estado-juiz, nos casos regulados pelo art. 285-A dá ao autor uma resposta jurisdicional. Ela é, contudo, negativa."(p. 10-11 da petição do IBDP datada de 18.abr.2006).

21 Nesse sentido, pontuam Luiz Rodrigues Wambier e Eduardo Talamini que: "Essa, contudo, não é a primeira vez que a lei prevê a possibilidade de um julgamento, *in limine litis*, de rejeição do pedido. Desde a promulgação do Código de Processo Civil já se encontrava disposto no art. 295, inc. IV, o indeferimento da petição inicial quando verificada pelo juiz, desde logo, a decadência ou prescrição." (*Curso avançado...*vol. 1..., p. 373).

nidade na qual o réu deverá ser citado para contrarrazoar o recurso, garantindo, assim, a formação *a posteriori* da relação processual triangular.

É preciso pontuar que o princípio da inafastabilidade, como já foi estudado no segundo capítulo desse estudo, trabalha com uma realidade pré-processual. O que o postulado garante é o direito de provocar o exercício da função e apreciação jurisdicional, inexistindo qualquer violação nesse sentido caso iniciada essa atividade o julgador observar que, presentes todos os requisitos legais, é o caso de julgamento de improcedência liminar. Aliás, se é constitucional condicionar o exercício do direito processual de ação e extinguir o processo por esse motivo, também é constitucional a resposta de mérito negativa nos moldes do art. 332.

Também não há ofensa ao direito de influir do autor. A princípio, é importante lembrar que o julgamento de improcedência liminar é possibilidade conhecida ou, ao menos deveria ser, do patrono do autor. Nesse sentido, embora os advogados não saibam qual o juízo que apreciará o feito após livre distribuição, devem se atentar para a jurisprudência do Tribunal local e dos Tribunais Superiores, de modo a demonstrar na petição inicial seu interesse processual e as peculiaridades do caso. Em outras palavras, a petição inicial já se apresenta como uma primeira oportunidade do exercício da garantia da inafastabilidade e o direito de influir do demandante.

Do mesmo modo, a referida possibilidade de interposição do recurso de apelação preserva o direito de influir do autor, eis que poderá convencer o julgador das peculiaridades jurídicas de sua demanda. Aliás, não por outra razão, é possível o juízo de retratação do julgador que, se convencido da inexistência de identidade dos casos, poderá não manter a sentença e determinar a citação do demandado.[22]

Igualmente, não parece haver violação ao direito do contraditório e da ampla defesa das partes. É certo que, como examinado no capítulo precedente, o princípio da inafastabilidade determina o desenvolvimento da atividade jurisdicional mediante a construção do diálogo consistente entre as partes. Porém, o mecanis-

---

22 Luiz Guilherme Marinoni e Sérgio Cruz Arenhart bem explica que: "Nesses casos, *não há sequer espaço para pensar em agressão ao direito de defesa*, mas apenas em violação ao direito de ação, aí compreendido o direito de influir sobre o convencimento do juiz. Porém, para se evitar violação ao direito de influir, confere-se ao autor o direito de interpor recurso de apelação, mostrando as dessemelhanças entre sua situação concreta e a que foi definida na sentença que julgou o caso tomado como idêntico." (*Processo de conhecimento...*, p. 99). Do mesmo modo, colocam Luiz Rodrigues Wambier e Eduardo Talamini que: "Alguns autores apontam ainda que, no caso, poderia se cogitar apenas de uma violação ao direito de ação, nele compreendido o direito do autor de influir sobre o convencimento do juiz. Mas, justamente para se evitar isso, foi conferido ao autor o direito de apelar, a fim de eu possa demonstrar que o seu caso concreto não é idêntico ao apreciado na sentença tomada como referência. Mais, da mesma forma como ocorre com a apelação interposta contra as demais sentenças de indeferimento da petição inicial (art. 296 do CPC), a apelação do autor permitiria o juízo de retratação pelo magistrado, no prazo de cinco dias e não de 48 horas, (§ 1º do art. 285-A), garantindo-se, dessa forma o contraditório em favor do autor." (*Curso avançado...*vol. 1..., p. 375).

mo do art. 332 não afasta tal possibilidade, apenas a coloca para um momento posterior, caso o autor interponha apelação. Particularmente ao demandado, a decisão de improcedência não lhe acarreta qualquer prejuízo.[23]

Feitas tais colocações, parece acertada a posição que defende a constitucionalidade do julgamento de improcedência liminar. Não só não há violação ao princípio da inafastabilidade, como é possível dizer que tal preceito, integrado pelo postulado constitucional da duração razoável do processo, dá sustentação material ao art. 332.[24] A opção feita pelo legislador tem, assim, justificação constitucional na busca por um estado ideal das coisas consistente no exercício célere e adequado da atividade jurisdicional, ainda que isso implique em postergar a formação da relação processual triangular e o contraditório.

No mais, para encerrar esse tópico, é preciso dizer que o julgamento pormenorizado de ações repetitivas, em que sempre as mesmas teses jurídicas são discutidas, torna a atividade jurisdicional contraproducente e prejudica diretamente a apreciação de outros tantos casos em que as particularidades são manifestas. Nesse contexto, o mecanismo do art. 330 se apresenta como uma legítima possibilidade de adequação e otimização do processo colocado à disposição da função jurisdicional, servindo toda a coletividade. Sobre isso, embora em referência ao art. 285-A do Código de 1973, é precisa a lição de Luiz Guilherme Marinoni e Sérgio Cruz Arenhart:

> Ademais, é preciso dar atenção à multiplicação das ações que repetem litígios calcados em fundamentos idênticos, solucionáveis unicamente a partir da interpretação da norma. A multiplicação de ações desta natureza, muito frequente na sociedade contemporânea, especialmente nas relações travadas entre o cidadão e as pessoas jurídicas de direito público ou privado – como aquelas que dizem respeito à cobrança de um tributo ou à interpretação de contrato de adesão –, geram, por consequência lógica, mais trabalho à administração da justiça, tomando, de forma absolutamente

---

23 Ensina Humberto Theodoro Júnior que: "A aplicação do art. 332, como se vê, só se presta para rejeitar a demanda, nunca para acolhê-la. Na rejeição, é irrelevante qualquer acertamento sobre o suporte fático afirmado pelo autor. A improcedência somente favorece o réu, eliminando pela *res iudicata* qualquer possibilidade de extrair o promovente alguma vantagem do pedido declarado sumariamente improcedente. Limitando-se ao exame da questão de direito na sucessão de causas idênticas, para a rejeição liminar do novo pedido ajuizado por outro demandante, pouco importa que o suporte fático afirmado seja verdadeiro ou não. Pode ficar de lado esse dado, porque no exame do efeito jurídico que dele se pretende extrair a resposta judicial será fatalmente negativa para o autor e benéfica para o réu." (*Curso...*, p. 760).

24 Nesse sentido, bem comentam José Manoel de Arruda Alvim Netto, Araken de Assis e Eduardo Pellegrini de Arruda Alvim: "A iniciativa do legislador, com a introdução deste dispositivo pela Lei 11.277/2006, parece-nos louvável e inteiramente conforme o Texto Constitucional. Mais do que isso, parece que ela atende e dá corpo do preceito estampado no inc. LXXVIII do art. 5º do Texto Maior: 'A todos, no âmbito judicial e administrativo, são assegurados a razoável duração do processo e os meios que garantam a celeridade de sua tramitação', introduzido pela EC 45/2004." (*Comentários...*, p. 580).

irracional, tempo e dinheiro do Poder Judiciário. Tal situação é muito comum na prática forense. A multiplicação de demandas idênticas é algo que faz parte do dia a dia da Justiça Federal. Quando as ações, propostas isoladamente, começam a se repetir com o mesmo fundamento, visando obter tutela jurisdicional em face da União Federal ou de um entre público federal, as sentenças passam a ser reproduzidas, com o auxílio do computador, na mesma proporção em que as petições iniciais e as contestações têm alterados apenas os dados relativos às partes. A multiplicação de ações repetitivas desacredita o Poder Judiciário, expondo a racionalidade do sistema judicial. Portanto, é lamentável que se chegue a pensar na inconstitucionalidade do art. 285-A. Somente muita desatenção pode permitir imaginar que esta norma fere o direito de defesa. Por isto mesmo, parece que a afirmação de inconstitucionalidade do art. 285-A tem mais a ver com a intenção de garantir alguma reserva de mercado, já que é sabidamente interessante, do ponto de vista financeiro, reproduzir, por meio de máquinas, petições e recursos absolutamente iguais.[25]

4.3. As tutelas provisórias: o regime do Código de Processo Civil de 2015 e a inconstitucionalidade das leis que impedem a concessão de tais medidas contra a Fazenda Pública

Seguindo o exame de pontos pertinentes ao princípio da inafastabilidade, é precisamente importante o estudo do instituto da tutela provisória. Não se ignora a amplitude e a relevância do tema. Porém, nesse tópico, a análise se concentrará na importância do instituto na implementação do direito fundamental à inafastabilidade, passando por sua sistematização no Código de Processo Civil de 2015, e na questão que surge sobre a inconstitucionalidade das leis que impedem a concessão de medidas de antecipação de tutela contra o Poder Público.

O Código de Processo Civil de 2015, diversamente do que dispunha o seu antecessor de 1973, concentra a matéria da tutela provisória em um único livro de sua Parte Geral. Em seu Livro V, mais precisamente dos artigos 294 a 311, dispõe sobre a "tutela provisória" enquanto gênero, da qual são espécies a "tutela de urgência" (arts. 300 a 310) e a "tutela da evidência" (art. 311). O Código apresenta, assim, uma nova classificação das tutelas concedidas provisoriamente[26] e com base em cognição sumária.

---

25 MARINONI, Luiz Guilherme, ARENHART, Sérgio Cruz. *Processo de conhecimento...*, p. 96.

26 O termo "provisória" adotado pelo Código de Processo Civil de 2015 parece que deve ser entendido da forma mais ampla possível no sentido de que as tutelas ali dispostas não solucionam de forma definitiva o mérito ou a crise de direito material, mas apenas implicam a proteção jurisdicional provisória, um juízo provisório. É esse, por exemplo, o significado adotado pela Quarta Turma do Superior Tribunal de Justiça: "O recurso especial interposto contra aresto que julga a antecipação de tutela ou liminar deve limitar-se aos dispositivos relacionais aos requisitos da tutela de urgência, notadamente em casos em que o seu deferimento ou indeferimento importa ofensa direta às normas legais que disciplinam tais medidas. Dessa forma fica obstada a análise da suposta violação de normas infraconstitucionais relacionadas ao mérito da ação principal, porquanto as instâncias ordinárias não decidiram definitivamente sobre o tema, sendo proferido, apenas e tão somente, um juízo provisório sobre a questão (STJ, AgRg

Dentre as tutelas de urgência, estão previstas a tutela de urgência antecipada e a tutela de urgência cautelar que serão cabíveis quando "houver elementos que evidenciem a probabilidade do direito e o perigo de dano ou o risco ao resultado útil do processo" (art. 300, *caput*, do CPC/15). O Código de 2015, assim, bem reconhece que ambas as medidas possuem uma essência cautelar, na acepção mais ampla da ideia, indicando que tanto a tutela antecipada como a tutela cautelar têm por finalidade garantir uma atuação jurisdicional eficaz, no intuito de evitar que o decurso do tempo comprometa a efetividade da jurisdição.[27] Porém, ainda que espécies de um mesmo gênero, pode se dizer que a ideia de "urgência", em si considerada, se manifesta de forma diferente em cada uma delas. Na tutela de urgência antecipada o próprio bem da vida pleiteado corre risco no mundo dos fatos, já na tutela de urgência cautelar é a eficácia do processo, enquanto instrumento, que pode ser comprometida com o tempo.

De outro lado, além das tutelas de urgência, prevê o Código de Processo Civil de 2015 a chamada tutela da evidência (art. 311), por meio da qual se viabiliza a

---

no AREsp nº 764.603/PR, Rel. Min. Luís Felipe Salomão, Quarta Turma, v. u., j. 27.out.2015, DJ 5.nov.2015). Isso parece explicar, por exemplo, porque as tutelas de urgência cautelar, temporárias por essência, também são tidas como espécies de tutelas provisórias. Diz-se que as providências cautelares são temporárias e não *estritamente* provisórias porque, embora seus efeitos sejam limitados no tempo, são definitivos dentro daquilo que se propõe. As medidas *estritamente* provisórias, por assim dizer, são destinadas à substituição por medidas definitivas. Sobre essa diferença é precisa e didática a lição de Alfredo de Araújo Lopes da Costa: "'Temporário', em verdade, é o que dura determinado tempo. 'Provisório', porém, é o que, por algum tempo, serve até que venha o 'definitivo'. O temporário se define em absoluto, apenas em face do tempo; 'provisório', além do tempo, exige a previsão de outra cousa em que se sub-rogue. Os andaimes da construção são 'temporários'. Ficam apenas até que se acabe o trabalho no exterior do prédio. São, porém, definitivos, no sentido de que nada virá substituí-los. Já, entretanto, a barraca onde o desbravador dos sertões acampa, até melhor habitação, não é apenas temporária, é provisória também. O provisório é sempre trocado por um definitivo." (COSTA, Alfredo de Araújo Lopes. *Medidas preventivas*. 2. ed., Belo Horizonte : Livraria Bernardo Álvares Editora, 1958, p. 16).

27 Como diz José Roberto dos Santos Bedaque: "Importa, na verdade, compreender a função da tutela de urgência no sistema processual, independentemente do conteúdo conservativo ou antecipatório da providência urgente. Pouco adiantaria a garantia constitucional de acesso à justiça para obtenção de tutela cognitiva, visando à formulação da regra de direito material para a situação concreta, ou executiva, destinada à atuação prática da norma, não houvesse meio processual de assegurar ao possível titular do direito a efetividade de tal proteção, afastando os riscos causados pela duração até mesmo fisiológica do processo. Com certa frequência surge a necessidade de medidas urgentes, sem as quais o resultado prático e definitivo do processo pode ser insuficiente para restabelecer o direito violado ou evitar que a lesão ocorra. É preciso que a atuação do direito proporcionada pela tutela jurisdicional seja apta a conferir ao respectivo titular a situação em que ele se encontraria se a regra fosse espontaneamente observada. Parece-me ser esse o aspecto fundamental da tutela de urgência, ao qual o processualista deve dedicar sua atenção. Embora relevante o conteúdo da medida (conservativo ou satisfativo), não é esse o elemento a ser considerado para sistematização e melhor compreensão da natureza do instituto" (*Tutela cautelar...*, p. 167).

antecipação dos efeitos da decisão final de mérito, por decisão sumária, independentemente de qualquer urgência. A ideia da tutela da evidência não é, portanto, atender uma cautelaridade presente no plano dos fatos, mas de afastar um estado notório e flagrante de ilicitude e injustiça por meio da antecipação sumária do bem da vida para aquele que é prestigiado pela ordem jurídica e tem o exercício de seu direito indevidamente limitado ou impossibilitado.[28]

É, na essência, um meio de redistribuição do ônus do tempo do processo, já que o tempo do processo é transferido do requerente da medida, que antes deveria aguardar todo o trâmite processual mesmo sendo evidente seu direito, para o requerido [29]. Desse modo, presentes quaisquer das situações previstas no artigo 311 do Código de 2015 ou outras viabilizadas expressamente que perfazem a *evidência*, como *v.g.* a manutenção reintegração sumária da posse (art. 562 do CPC/15), é permitida a antecipação da tutela em prestígio à adequação e efetividade da atividade jurisdição.

O Código de 2015 também estabelece um procedimento simplificado para requerimento da tutela provisória de urgência antecipada (arts. 303 e 304), por ele denominada de "tutela provisória requerida em caráter antecedente". Nos casos em que a urgência for contemporânea à propositura da ação, é facultado à parte requerer inicialmente apenas a tutela provisória de urgência antecipada, limitando-se sua petição inicial a esse requerimento e à indicação do pedido final. Pode se dizer, assim, que o Código de 2015 atua de forma bifronte em prestígio à inafastabilidade,[30] não só viabilizando a antecipação dos efeitos da decisão final,

---

28 "A tutela de evidência não se funda no fato da situação geradora do perigo de dano, mas no fato de a pretensão de tutela imediata se apoiar em comprovação suficiente do direito material da parte. Justifica-se pela possibilidade de aferir a liquidez e certeza do direito material, ainda que sem o caráter de definitividade, já que o debate e a instrução processuais ainda não se completaram. (...) Mesmo abstraindo o risco de dano material imediato, a tutela de evidência parte do princípio de que a duração do processo não deve redundar em maior prejuízo para quem já demonstrou, satisfatoriamente, melhor direito dentro do conflito material a ser no final composto por provimento definitivo." (THEODORO JÚNIOR, Humberto. *Curso...*, p. 675).

29 A ação de depósito parece ser um bom exemplo para esclarecer o escopo da tutela de evidência. Pois bem, em âmbito material, existe um contrato de depósito por meio do qual o depositário tem a obrigação de guardar e conservar a coisa até que o depositante a reclame, momento no qual aquele deverá restituí-la a esse (art. 627 do Código Civil). Inobservada essa obrigação, nasce ao depositante o direito de pleitear em juízo a restituição do bem, como já previa o Código de 1973 em seu art. 901. No caso, há claramente toda uma sistematização pela tutela da restituição da coisa ao depositante. Juridicamente falando, faltaria sentido privá-lo de uma tutela sumária, mesmo com a existência de um contrato perfeito de depósito e da prova do descumprimento da obrigação pelo depositário. Não à toa, reconhece o Código de 2015 essa possibilidade no inc. III do seu art. 311.

30 É o que pontua Robson Renault Godinho em comentários tecidos em obra de coordenação de Antonio do Passo Cabral e outros: "O art. 303 é uma inovação do CPC e regula o procedimento da tutela antecipada requerida em caráter antecedente, justificada pela urgência. Trata-se de uma sumarização formal para a tutela da sumarização material. Com efeito, basicamente, pode-se dizer

mas também promovendo procedimentos menos complexos para a concessão da tutela provisória.

Prevê, ainda, a possibilidade de *estabilização da tutela antecipada requerida em caráter antecedente* que talvez seja a maior novidade em relação ao tema da tutela provisória (art. 304 do CPC/15). Reconhece-se a viabilidade de que a tutela antecipada, eventualmente concedida nos moldes do parágrafo anterior, seja capaz de solucionar a crise de direito material no plano dos fatos, satisfazendo as partes na prática, as quais não teriam mais interesse em discutir o mérito.[31] Desse modo, presentes determinados pressupostos, confere-se autonomia à tutela provisória antecipada permitindo que ela se perpetue independentemente da discussão de mérito, tornando ultrativos os seus efeitos.[32-33] O mecanismo se apresenta, por assim dizer, como mais uma tentativa de adequação da atividade jurisdicional à realidade do caso concreto, retirando das partes, que queiram usufruir dos efeitos antecipados obtidos jurisdicionalmente, o ônus da discussão da questão de fundo quando essa, para elas, não se fizer necessária.

O trato da tutela provisória pelo Código de Processo Civil de 2015 é, portanto, pensado para prestigiar a inafastabilidade da jurisdição. Como já se teve oportunidade de dizer, o art. 5º, inciso XXXV, da Constituição, ao dispor que "a lei não

---

que a sumariedade do processo significa a abreviação procedimental (sumariedade formal) e a adoção de técnicas que tornem mais ágil a prestação da tutela jurisdicional (sumariedade material)." (CABRAL, Antonio do Passo. CRAMER, Ronaldo [coord.]. *Comentários ao novo Código de Processo Civil*. Rio de Janeiro : Forense, 2015, p. 477).

31 Dois exemplos parecem deixar essa conceituação mais clara. Um primeiro em que a pessoa precisa com urgência realizar procedimento cirúrgico cuja cobertura dos custos é negada pela administradora do plano de saúde. Nesse caso, seria possível ao paciente requerer a tutela antecipada em caráter antecedente, nos termos do art. 303 do CPC/15. Obtida a tutela provisória e realizada a cirurgia, é possível que ambas as partes já estejam satisfeitas. O paciente porque já fez a cirurgia e a administradora porque, ao já ter arcado com os custos do procedimento, pode não ter qualquer interesse em discutir o contrato. E um segundo exemplo em que um estudante que, sem concluir o ensino médio, é aprovado no exame vestibular, mas tem sua matrícula negada pela universidade privada pela falta de formação anterior exigida pelo Ministério da Educação. Poderia então, no período próximo ao início das aulas, esse estudante requerer de forma antecedente a tutela provisória antecipada para conseguir se matricular. Concedida a tutela provisória e obtida a matrícula, ambas as partes podem não ter mais interesse em discutir a questão de fundo. O estudante porque já está matriculado e a universidade porque o incorporou em seu quadro discente, apenas não tendo feito isso antes por determinações do referido Ministério.

32 Difere, portanto, da sistemática disposta pelo Código de 1973, na qual, extinto o processo por qualquer motivo, extinguia-se também a tutela antecipada e seus efeitos.

33 Na perspectiva histórica, o fenômeno da estabilização da tutela guarda inspiração em dois grandes modelos estrangeiros em que a autonomização da tutela provisória é verificada. Um primeiro, caracterizado pelos *référés* do direito francês e dos *provvedimenti d'urgenza* do direito italiano. E um segundo que se apresenta nas recentes reformas processuais realizadas em Portugal, notadamente com o Código de Processo Civil Português de 2013.

excluirá da apreciação do Poder Judiciário lesão ou ameaça a direito" assegura a apreciação jurisdicional, *a posteriori*, em caso de efetiva lesão a direito e também de forma antecipada em caso de ameaça a direito. Trata-se, vale lembrar, de inovação do texto constitucional, determinando expressamente a atuação da jurisdição não só na resolução dos conflitos e diante da lesão a direito, mas também de forma antecipada ou provisória, após a legítima provocação, no intuito de evitar possíveis prejuízos aos interesses jurídicos.

Diante dessa imposição, cabe à legislação infraconstitucional estabelecer mecanismos que viabilizem o acesso à jurisdição antes que o direito da parte seja atingido, bem como elaborar critérios que permitam aquele que estiver investido na função jurisdicional compreender a existência da ameaça e adotar a medida mais adequada para evitar a lesão ao direito.

Do mesmo modo, também como já dito, o princípio constitucional da inafastabilidade da função jurisdicional assegura que o exercício dessa função se desenvolva com *qualidade*, que se manifesta, sobretudo, por meio do binômio *adequação* e *efetividade*. Assim, além de tornar certo o mais amplo acesso à jurisdição nos casos de ameaças e lesões a direito, o Estado tem o dever constitucional de exercer a função jurisdicional e o processo sob a orientação desses dois parâmetros e desenvolver mecanismos jurídicos que viabilizem uma atividade jurisdicional mais apropriada possível às necessidades das partes.

A atividade jurisdicional para ser considerada *adequada* deve ser a mais ajustada às disposições do direito objetivo e à realização dos direitos materiais. O exercício adequado da jurisdição é aquele que melhor se ajusta à natureza da pretensão, à situação de fato com todas as suas circunstâncias e às próprias condições das partes. No mesmo sentido, a prestação jurisdicional será dotada de *efetividade* se demonstrar a capacidade de viabilizar resultados e soluções práticas e de satisfazer os interesses daqueles buscaram a resolução do conflito pelo ente jurisdicional. Em apertada síntese, processo adequado e efetivo é aquele que dispõe de meios adequados à promoção do direito material, sendo esse, ao que parece, o norte que orientou a disciplina da tutela provisória no Código de 2015.

Além disso, o postulado igualmente constitucional da duração razoável do processo impõe a prestação jurisdicional tempestiva, isto é, exercida em tempo razoável, sem dilações indevidas, na procura constante pelo equilíbrio entre celeridade e segurança. Em outras palavras, a Constituição impõe a existência de uma jurisdição equipada por procedimentos que viabilizem o atendimento às necessidades temporais dos casos postos à resolução. Os mecanismos atinentes à tutela provisória também se inserem nesse contexto epistemológico.[34] Assim, a

---

34   José Manoel de Arruda Alvim Netto bem coloca que "Há, nos últimos tempos, no Brasil, de uma forma especial, uma tendência acentuada de, por intermédio da lei – na medida em que a lei pode realmente constituir-se numa variável em favor da celeridade do processo, *especialmente com vistas à satisfação do autor* – engendram-se institutos com esta finalidade de *precipitar no tempo a satisfação da pretensão. A decisão proferida dentro de um sistema, mais célere, em que*

lei infraconstitucional autoriza, mediante a presença de determinados requisitos, a antecipação de determinado ato processual, ou seja, a sua realização antes de seu momento normal, como forma de ajustar a prestação jurisdicional ao caso em concreto, com intuito de dar eficácia à garantia constitucional da inafastabilidade.

Nesse sentido, a doutrina reconhece o princípio da inafastabilidade como grande fundamento constitucional para a tutela provisória. Eduardo Pellegrini de Arruda Alvim, em brilhante tese de doutorado dedicada ao tema, ensina com extrema precisão que:

> A antecipação de tutela vem ao encontro da necessidade de transpor dois obstáculos à adequada entrega da prestação jurisdicional, a duração e o custo do processo, que, como é evidente, fazem-se sentir de forma muito mais intensa no caso daqueles economicamente menos favorecidos [...]. Soa-nos inegável estar prevista na Constituição Federal (art. 5.º, inc. XXXV), tanto a proteção à lesão de direito, restaurando-o, como à ameaça, o que, em nosso entender, abrange as medidas antecipatórias de tutela e as ações cautelares. Desse modo, uma primeira ideia que é importante ser fixada, é a de que o fenômeno da antecipação de tutela deve ser estudado também, necessária e ontologicamente, a partir de um prisma constitucional. Se o acesso à justiça encontra-se garantido, inclusive em relação à ameaça de lesão (CF, art. 5.º, inc. XXXV), é certo que, em muitos casos, esta somente pode ser obstada através de uma tutela de urgência, como é o caso da antecipação de tutela. Assim, para o estudo da antecipação de tutela e das cautelares, devemos ter presente, sempre e necessariamente, o disposto no inciso XXXV, do art. 5.º do Texto Constitucional, que garante a todos o amplo e irrestrito acesso ao Poder Judiciário em caso de lesão ou ameaça de lesão ao direito. Esse dispositivo – inciso XXXV, do art. 5.º, CF – de seu turno, não pode deixar de ser interpretado em consonância com outros dispositivos constitucionais, igualmente importantes para a compreensão dos institutos em questão. Dentre estes, destaca-se o inciso LIV do mesmo art. 5.º, que assegura o princípio do devido processo legal. O primeiro dispositivo a que aludimos – inciso XXXV, do art. 5.º – o qual se assegura o amplo e irrestrito acesso ao Poder Judiciário, vem sendo, modernamente entendido como assecuratório não apenas do amplo e irrestrito acesso ao Poder Judiciário, mas do amplo, irrestrito e efetivo acesso ao Poder Judiciário.[35]

Luiz Guilherme Marinoni também coloca que:

> O princípio da inafastabilidade, ou da proteção judiciária, previsto no art. 5.º, XXXV, da Constituição da República, consagra, em nível constitucional, o direito à adequa-

---

se prescinda de audiência, sem lesão às partes, corresponde à ambição generalizada de uma justiça mais célere. A demora dos processos é um mal universal. Essa tendência continuada dos legisladores, de tentarem agilizar a Justiça, tem sido a resposta correspondente ao grande número do acesso à Justiça, mercê do qual o aparato estatal tradicional, seja tendo em vista o seu tamanho, a sua eficiência, não tem logrado atender com a rapidez desejável." (Manual..., p. 863).

35 ARRUDA ALVIM, Eduardo. *Antecipação da tutela*. 1ª ed., Curitiba : Juruá, 2011, p. 23 e 27-28.

da tutela jurisdicional [...]. O art. 5.º, XXXV, da Constituição da República, garante o direito fundamental à tutela jurisdicional efetiva, o qual obriga o Estado a instituir técnicas processuais idôneas à tutela dos direitos. O cidadão que afirma ter um direito deve ter ao seu dispor as medidas e os instrumentos necessários à realização do seu eventual direito. Se o direito à adequada tutela jurisdicional é garantido constitucionalmente, o legislador infraconstitucional é obrigado a estruturar o sistema processual de modo a permitir a efetividade da tutela dos direitos. Um sistema de tutela dos direitos que não contenha procedimento adequado à tutela de uma determinada situação de direito substancial não está estruturado de acordo com a exigência constitucional. Se a realidade da sociedade contemporânea muitas vezes não comporta a espera do tempo despendido para a cognição exauriente da lide, em muitos casos o direito ao devido processo legal somente poderá se realizar através de uma tutela de cognição sumária. Quem tem direito à adequada tutela tem direito à tutela antecipatória.[36]

Igualmente, explicam José Miguel Garcia Medina, Fábio Caldas de Araújo e Fernando da Fonseca Gajardoni:

De acordo com o art. 5.º, XXXV, da Constituição Federal, a lei não excluirá da apreciação do Poder Judiciário lesão ou ameaça a direito. Orienta, a norma constitucional, a *concepção de normas infraconstitucionais* e, também, a *atividade jurisdicional*. Atua a jurisdição, assim, com o intuito de realizar o Direito, não apenas restaurando a ordem jurídica violada, mas também, *evitando que tal violação ocorra*. Decorre do mencionado comando constitucional, ainda, que a previsão, na ordem jurídica, de um direito material compreende também uma dimensão processual adequada a garantir sua eficácia (*due process*). Inexistisse, no plano do processo, procedimento apropriado à realização *eficaz* do direito material, chegar-se-ia à conclusão paradoxal de que este direito material inexistiria concretamente, mas apenas abstratamente. Para que se alcance, plenamente, a aspiração contida no art. 5.º, XXXV, da CF/1988, prevê o ordenamento jurídico *formas de tutela de urgência que tenham aptidão de evitar a ocorrência de lesão a direitos merecedores de proteção jurídica*. Muitas vezes, tais modalidades de tutelas dizem respeito a fatos que ocorrem no cotidiano, dos quais emerge a necessidade de concessão de solução emergencial, ainda que provisória, sob pena de ocorrência de lesão grave ou irreparável ao bem jurídico que se pretende proteger.[37]

No mesmo sentido, ainda, são as obras de Cássio Scarpinella Bueno, de José Roberto dos Santos Bedaque, de Teori Albino Zavascki e de Wallace Couto Dias.[38]

---

36 MARINONI, Luiz Guilherme. *Antecipação de tutela*, 11ª ed., rev. e atual., São Paulo : Editora Revista dos Tribunais, 2009, p. 133-135.

37 MEDINA, José Miguel Garcia, ARAÚJO, Fábio Caldas de, GAJARDONI, Fernando de Fonseca. *Procedimentos cautelares e especiais : ações coletivas, ações constitucionais, jurisdição...*, 4ª ed. rev., atual. e ampl., São Paulo : Editora Revista dos Tribunais, 2013, p. 41-42.

38 Cássio Scarpinella Bueno ensina que: "O que deve haver, do ponto de vista do dano, é uma *tutela jurisdicional* apta a evitá-lo – uma tutela jurisdicional preventiva, portanto, verdadei-

É certa, assim, a importância dos mecanismos de tutela provisória dispostos pela lei processual na tarefa de buscar um estado ideal das coisas a ser buscado de pleno acesso adequado, efetivo e tempestivo à função jurisdicional, e, portanto, na implementação do postulado constitucional da inafastabilidade.

Posto isso, passa-se à análise da segunda parte a que esse tópico se dedica: a inconstitucionalidade das leis que impedem a concessão de tutelas provisórias contra a Fazenda Pública.

Inicialmente, parece oportuno traçar um breve escorço histórico sobre o te-

---

ramente inerente ao exercício da função jurisdicional." (*Curso sistematizado de direito processual civil : tutela antecipada, tutela cautelar, procedimentos cautelares específicos*, vol. 4, 2ª ed. rev., atual. e ampl., São Paulo : Saraiva, 2010, p. 24). José Roberto dos Santos Bedaque, por sua vez, pondera que: "A efetividade significa que todos devem ter pleno acesso à atividade estatal, sem qualquer óbice (*effetività soggettiva*); têm a seu dispor meios adequados (*effetività técnica*) para a obtenção de um resultado útil (*effetività qualitativa*), isto é, suficiente parra assegurar aquela determinada situação da vida reconhecida pelo ordenamento jurídico material (*effetività oggettiva*). Processo efetivo, portanto, é aquele dotado de mecanismos adequados à proteção de qualquer direito e acessíveis a quem se apresente como o respectivo titular [...]. O que pode o consumidor dos serviços judiciários exigir do Estado, em resposta ao seu direito de acesso à ordem jurídica justa, tal como assegurada pela Constituição Federal? A resposta a essa indagação só pode ser uma. Todos têm direito de exigir do Estado-Jurisdição que desenvolva sua atividade por meio de um processo. Mas não se trata de um processo qualquer [...]. A garantia constitucional da tutela jurisdicional somente se cumpre efetivamente se forem asseguradas plenas condições de obtenção tempestiva da proteção requerida. Isso pressupõe o poder de pleitear a adoção, de medidas idôneas e suficientes para adequar, em tempo hábil, a situação de fato à realidade jurídica afirmada. São providências destinadas a eliminar os inconvenientes causados pelos efeitos do tempo necessário à plena cognição dos fatos e fundamentos desse suposto direito. Inafastável, portanto, a necessidade de o sistema processual prever e regular uma providência jurisdicional destinada a eliminar qualquer risco decorrente da demora na oferta da prestação requerida. Trata-se, sem dúvida, de proteção inerente à garantia constitucional da ação." (*Tutela cautelar...*, p. 79-80 e 85). Teori Albino Zavascki vai além e estabelece que "a função jurisdicional acautelatória – chamemo-la assim para englobar as várias espécies de tutela provisória – justifica-se constitucionalmente como mecanismo de concretização e de harmonização de direitos fundamentais em conflito. Sua origem, sua importância, sua indispensabilidade, sua legitimidade, enfim, decorrem não de outro dispositivo específico, e sim do próprio sistema constitucional organicamente considerado." (*Antecipação da tutela*, 7ª ed., São Paulo: Saraiva, 2009, p. 63). Wallace Couto Dias, em brilhante dissertação de mestrado, igualmente explica que: "O instituto está calcado na garantia de acesso à Justiça (art. 5º, inciso XXXV), sendo este compreendido como muito mais do que garantir ao cidadão o direito de petição ou a apreciação dos órgãos jurisdicionais sobre a demanda, é, sobretudo, conceder uma resposta eficaz e legítima de acordo com as necessidades da causa. O acesso à Justiça elimina a aplicação de qualquer norma do ordenamento que afaste o cidadão de seu direito: desde não permitir o ajuizamento de demandas até tornar este ato pesaroso, transformando-o numa longa missão inócua." (*Restrições às antecipações liminares contra a fazenda pública*. Dissertação de Mestrado em Direito, 2014, 113 p, São Paulo, Pontifícia Universidade Católica de São Paulo, p. 40).

ma.[39] A primeira limitação na concessão de liminares contra a Fazenda Pública[40] se deu em 1956 pela Lei nº 2.770 impedindo a concessão de medidas liminares nas ações e procedimentos judiciais de qualquer natureza que visem a liberação de mercadorias, bens ou coisas provenientes do exterior. Em 1964, a antiga lei do mandado de segurança nº 4.348 previu a impossibilidade de concessão de antecipações caso a demanda objetivasse a reclassificação ou equiparação de servidores públicos, concessão de aumento ou de vantagens. Em 1989, a Lei nº 7.969 ampliou ainda mais tais hipóteses.

Não bastasse, em 1990, com a Medida Provisória nº 198 foi estabelecida a suspensão de concessões liminares que antecipem os efeitos da tutela em mandados de segurança. Em 1992, a Medida Provisória foi definitivamente positivada com a promulgação da Lei nº 8.437, que ainda vigora. Em 1997, foi elaborada nova Medida Provisória nº 1.570, estabelecendo que as tutelas antecipadas já previstas nos artigos 273 e 461 do Código de Processo Civil de 1973 também deveriam respeitar a Lei nº 8.437/1992. Essa segunda MP foi também aprovada e positivada como a Lei nº 9.494 de 1997, também vigente.

Ainda em 1997, foi ajuizada a Ação Direta de Constitucionalidade nº 4 pleiteando a concessão de medida cautelar e a declaração de constitucionalidade das restrições estabelecidas pela Lei nº 9.494/1997. Em 1998, a medida cautelar foi

---

39   A esse respeito, sugere-se a leitura da detalhada narrativa feita por Wallace Couto Dias em sua dissertação, na qual, inclusive, se baseia esse trabalho. (*Restrições...*, p. 67-74).

40   Importa, nesse ponto, fazer breve digressão sobre a utilização do termo *liminar* pelas disposições normativas que impedem sua concessão e parece que a conceituação desenvolvida por Teori Albino Zavascki bem explica a questão. Para o autor, o termo *liminar* assume duas acepções: uma de ordem topográfica e outra referente ao seu conteúdo. Assim, o termo ora deve ser compreendido como *a realização de algum ato processual antes do momento padrão ou normal do rito procedimental* (topográfico) e ora como *a providência antecipatória contida na medida liminar*. Essa segunda acepção é a empregada nas leis que restringem a concessão de medidas antecipatórias contra o Poder Público. Explica o autor: "O termo *liminar* não tem significado unívoco, especialmente no direito positivo. Segundo um critério estritamente topográfico, como o adotado por De Plácido e Silva, liminar é 'derivado do latim *liminaris*, de *limen* (porta, entrada) para indicar tudo o que se faz *inicialmente*, em *começo*. Liminar, pois, quer exprimir *desde logo, sem mais tardança, sem qualquer outra coisa*". Nesse sentido, a palavra representaria um adjunto adverbial de tempo. Bem se vê, no entanto, que tal critério apanha só um aspecto pouco representativo da palavra liminar, sendo absolutamente insuficiente para identificar seu significado real e completo [...]. Na verdade, o sentido mais comum da palavra liminar é o que decorre da formulação elíptica da expressão 'medida liminar'. Com esse sentido, a palavra não realça o *momento* da decisão, mas sim o seu *conteúdo*. Quando se *requer* uma liminar se está pedindo *alguma coisa*, e não apenas que a decisão seja proferida *em dado momento*. E quando se defere uma liminar se está expedindo um provimento com *certo conteúdo*, e não, simplesmente, decidindo *initio litis* [...]. Para as disposições normativas que estabelecem restrições à concessão de medidas liminares, o sentido que interessa – e que é por elas utilizado – é este segundo, e não o topográfico. Restringe-se o deferimento de liminares, não por serem provimentos baixados nesse ou naquele momento, mas sim em razão da providência antecipatória que neles está contida." (*Antecipação de tutela...*, p. 197-198).

concedida, suspendendo, até o final do julgamento da ADC, qualquer decisão sobre medida antecipatória contra a Fazenda Pública que tivesse como fundamento a questão da constitucionalidade.[41] Em 2008, por fim, o mérito da ADC foi julgado procedente por maioria de votos, cessando qualquer possibilidade de questionamento a esse respeito,[42] conforme a seguinte ementa:

> Ação declaratória de constitucionalidade. Processo objetivo de controle normativo abstrato. Natureza dúplice desse instrumento de fiscalização concentrada de constitucionalidade. Possibilidade jurídico-processual de concessão de medida cautelar em sede de ação declaratória de constitucionalidade. Inerência do poder geral de cautela em relação à atividade jurisdicional. Caráter instrumental do provimento cautelar cuja função básica consiste em conferir utilidade e assegurar efetividade ao julgamento final a ser ulteriormente proferido no processo de controle normativo abstrato. Importância do controle jurisdicional da razoabilidade das leis restritivas do poder cautelar deferido aos juízes e tribunais. Inocorrência de qualquer ofensa, por parte da lei nº 9.494/97 (art. 1º), aos postulados da proporcionalidade e da razoabilidade. Legitimidade das restrições estabelecidas em referida norma legal e justificadas por razões de interesse público. Ausência de vulneração à plenitude da jurisdição e à cláusula de proteção judicial efetiva. Garantia de pleno acesso à jurisdição do estado não comprometida pela cláusula restritiva inscrita no preceito legal disciplinador da tutela antecipatória em processos contra a fazenda pública. Outorga de definitividade ao provimento cautelar que se deferiu, liminarmente, na presente causa. Ação declaratória de constitucionalidade julgada procedente para confirmar, com efeito vinculante e eficácia geral e "ex tunc", a inteira validade jurídico-constitucional do art. 1º da lei 9.494, de 10/09/1997, que "disciplina a aplicação da tutela antecipada contra a fazenda pública (STF, ADC nº 4/DF, Rel. Min. Sydney Sanches, Rel. para o acórdão Min. Celso de Mello, Tribunal Pleno, j. 1.out.2008, DJe 30.out.2014).

Além das Leis nº 8.437/1992 e nº 9.494/1997, em 2009 foi promulgada a nova Lei do Mandado de Segurança nº 12.016, a qual, por meio do art. 7º, § 2º,

---

41 Oportunamente, o Supremo Tribunal Federal sumulou entendimento de que tal suspensão não atingia as decisões antecipatórias em matéria previdenciária. Esse é o teor da Súmula nº 729: "A decisão na ADC-4 não se aplica à antecipação de tutela em causa de natureza previdenciária.".

42 Eduardo Pellegrini de Arruda Alvim, desde antes do julgamento de procedência da ADC já alertava para tal impossibilidade: "Todavia, tenhamos presente, neste passo, que o art. 1.º da Lei nº 9.494/97 foi alvo da ADC nº 4/MC, relatada pelo Min. Sydney Sanches, tendo sido deferida medida liminar, de modo que não há de se questionar, sob enfoque algum, sua constitucionalidade, até julgamento final da ação. Nessa ADC n.º 4/MC, foi deferida medida liminar para suspender 'ex nunc e com efeito vinculante, até o julgamento final da ação a concessão de tutela antecipada contra a Fazenda Pública, que tenha por pressuposto a constitucionalidade ou inconstitucionalidade do art. 1.º da Lei nº 9.494 de 10.9.97'. Com isso, como dito, não há mais falar-se em discussão acerca da constitucionalidade de referido art. 1.º da Lei nº 9.494/97, até julgamento final da ação, dada a força vinculante da decisão proferida na ação declaratória de constitucionalidade n.º 4/MC, cabendo reclamação ao STF em caso de descumprimento dessa decisão (CF, art. 102, I, l, e art. 13 da Lei 8.038/90)." (*Antecipação...*, p. 349).

também prevê limitações à concessão de medidas antecipatórias contra a Fazenda Pública [43]. Contra essa última lei, o Conselho Federal da Ordem dos Advogados do Brasil ajuizou a Ação Direta de Inconstitucionalidade nº 4.296/DF, a qual, apesar da expectativa, ainda não foi julgada.

Pois bem, feita essa breve narrativa histórica e dentro da proposta acadêmica em que se enquadra o estudo, parece que as leis que restringem e impedem a concessão de medidas provisórias, na denominação adotada pelo Código de Processo Civil de 2015, contra a Fazenda Pública não se ajustam ao princípio da inafastabilidade, sendo, portanto, inconstitucionais.

Conquanto o posicionamento ainda vigente do Supremo Tribunal Federal seja pela constitucionalidade de tais medidas, nenhuma lei infraconstitucional pode excluir do ente jurisdicional a possibilidade de conceder a tutela mais adequada e efetiva ao caso proposto para solução.[44]

Como dito, o art. 5º, inciso XXXV, da Constituição trouxe importante inovação. A utilização do termo *ameaça*, de forma expressa no texto constitucional, tem de ser compreendida com a importância que merece, com um significado dentro da fundamentalidade inerente ao preceito. O emprego desse termo tem um porquê, uma razão, não está no texto por mero deleite do constituinte, mas sim para determinar justamente a atuação da jurisdição para evitar possíveis e iminentes lesões e danos a interesses jurídicos. Não parece legítimo que a ordem infraconstitucional impeça a concessão de tutelas provisórias, considerando o termo *ameaça* como se irrelevante fosse. Entender o contrário, certamente, é aceitar a negativa de prestação jurisdicional e reconhecer a atividade jurisdicional como algo *afastável*.

---

43   Prevê o dispositivo que: "Art. 7º, § 2º. Não será concedida medida liminar que tenha por objeto a compensação de créditos tributários, a entrega de mercadorias e bens provenientes do exterior, a reclassificação ou equiparação de servidores públicos e a concessão de aumento ou a extensão de vantagens ou pagamento de qualquer natureza."

44   Nesse sentido, é o que diz Nelson Nery Júnior: "Pelo princípio constitucional do direito de ação, além do direito ao *processo justo*, todos têm o direito de obter do Poder Judiciário a *tutela jurisdicional adequada*. Não é suficiente o direito à tutela jurisdicional. É preciso que essa tutela seja a *adequada*, sem o que estaria vazio de sentido o princípio. Quando a tutela adequada para o jurisdicionado for medida urgente, o juiz, preenchidos os requisitos legais, tem de concedê-la, independentemente de haver lei autorizando ou, ainda, que haja lei proibindo a tutela urgente. Isto ocorre casuisticamente no direito brasileiro, com a edição de medidas provisórias ou mesmo de leis que restringem ou proíbem a concessão de liminares, o mais das vezes contra o poder público. Essas normas têm de ser interpretadas conforme a Constituição. Se forem instrumentos impedientes de o jurisdicionado obter a tutela jurisdicional adequada, estarão em desconformidade com a Constituição e o juiz deverá ignorá-las, concedendo a liminar independentemente de a norma legal proibir essa concessão [...]. Nisso reside a essência do princípio: o jurisdicionado tem direito de obter do Poder Judiciário a tutela jurisdicional *adequada*. A lei infraconstitucional que impedir a concessão da tutela adequada será ofensiva ao princípio constitucional do direito de ação." (*Princípios...*, p. 187-188).

Cumpre notar, que as leis vigentes não condicionam o exercício da garantia constitucional, mas excluem categoricamente a concessão da tutela provisória para determinados casos.[45] Isso definitivamente não é possível. Ainda que a Fazenda Pública goze de algumas prerrogativas razoáveis no desenvolvimento do processo, como os prazos diferenciados previstos no art. 183 do Código de Processo Civil de 2015, isso não justifica elidir o direito fundamental à jurisdição inafastável. Do mesmo modo, ainda que o julgador possa afastar a regra de impedimento diante do caso em concreto, como defendem alguns,[46] o que é questionável diante da eficácia da decisão de procedência firmada na ADC nº 4 pelo STF, isso só reforça a inconstitucionalidade das disposições normativas abstratas.

Assim, esse trabalho coaduna com a doutrina que reconhece a inconstitucionalidade de tais disposições que impedem a concessão de medidas antecipatórias em face da Fazenda Pública, inclusive pode se dizer que o artigo 1.059 do Código de Processo Civil de 2015 já nasceu eivado de tal vício.[47] Nesse sentido, é exemplar a lição de Eduardo Pellegrini de Arruda Alvim em obra sobre o mandado de segurança:

> Afigura-se-nos atritar com o Texto Constitucional o disposto no art. 1º da Lei nº 8.437/92, no sentido do descabimento de medida liminar contra atos do Poder Público em quaisquer ações de natureza cautelar ou preventiva, toda vez que semelhante providência não puder ser obtida via mandado de segurança, em virtude de vedação legal. Assim, também, o § 5º do art. 7º, da Lei nº 12.016/09, que estende as vedações relacionadas com a concessão de liminares em mandado de segurança, à antecipação de tutela a que se referem os arts. 273 e 461 do CPC. Mesmo

---

45 Wallace Couto Dias, na sua dissertação sobre o tema, pontua: "Embora se tente conceder razoabilidade a norma proibitiva para aproveitá-la ao máximo, razoável ela não é em seu texto e essência, vez que proíbe sem esmero a concessão e tenta imiscuir-se na urgência do caso concreto de determinadas causas pelo tipo de pedido. A única salvação para a teoria que aceita as limitações seria interpretar que existem graus de urgência, dividindo-se este em *comum* e *urgência extremada*, sendo que somente o grau *extremo* possibilitaria a concessão contra a Fazenda Pública, mas há um novo problema: a análise *fática* dos *graus* de urgência não pode ser feita *in abstrato*, isto é, em lei ou decisão ampla do STF (ADC). Além disto, ficaria difícil sustentar critérios razoáveis para diferenciar urgências em graus, se é que estes existem. A lei não cria um pressuposto mas uma vedação ao magistrado, daí decorre sua inconstitucionalidade, se a legislação fixasse um pressuposto concessivo não teria ela cometido o mesmo exagero da descrição dos casos em que são incabíveis as antecipações liminares. O pressuposto é uma norma aberta, em branco, que permite o magistrado trabalhar seu ofício sem sentir-se preso com as amarras de um legislador arbitrário. Quando se legisla sobre um *pressuposto* ou o *requisito* não há invasão da análise do caso concreto, isto significa que a lei cumpre seu papel que é regular *em abstrato* as prescrições de conduta." (*Restrições...*, p. 67-74).

46 Nesse sentido, é o posicionamento de Teori Albino Zavascki (*Antecipação de tutela...*, p. 206-209).

47 "Art. 1.059. À tutela provisória requerida contra a Fazenda Pública aplica-se o disposto nos arts. 1o a 4o da Lei no 8.437, de 30 de junho de 1992, e no art. 7o, § 2o, da Lei no 12.016, de 7 de agosto de 2009."

porque, quaisquer limitações impostas por diplomas legais infraconstitucionais ao cabimento de liminar em mandado de segurança são, segundo nosso entendimento, insofismavelmente inconstitucionais. Deste modo, segundo nossa posição não é possível à lei infraconstitucional restringir as hipóteses de cabimento de liminar em mandado de segurança.[48]

Do mesmo modo, ensina Luiz Guilherme Marinoni:

> O cidadão, de fato, tem direito constitucional à tutela antecipatória. Do princípio da inafastabilidade decorre o direito ao devido processo legal, aí incluído, entre outros, o direito à adequada tutela jurisdicional, abrangendo o direito de petição, como "autêntico direito abstrato de agir", o direito à tutela urgente, e os direitos ao procedimento, à cognição ao provimento e aos meios executivos adequados. A legislação infraconstitucional, portanto, ainda que possa delimitar o direito de ação, estabelecendo condições para o seu exercício, bem como disciplinar procedimentos, não pode, sob pena de lesão ao princípio constitucional, impedir o direito de ação, negar o direito de postulação de uma tutela urgente, ou ainda, porque resultaria no mesmo, estabelecer procedimento, cognição, provimento e meios executivos inadequados a uma determinada situação conflitiva concreta [...]. Se é possível a tutela antecipatória contra o particular, nada deve impedir a tutela antecipatória contra a Fazenda Pública [...]. Ora, se o legislador infraconstitucional está obrigado, em nome de direito fundamental à tutela jurisdicional efetiva, a prever tutelas que, atuando internamente no procedimento, permitam uma efetiva e tempestiva tutela jurisdicional, ele não pode decidir, em contradição com o próprio princípio da efetividade, que o cidadão somente tem direito à tutela efetiva e tempestiva contra o particular. Dizer que não há direito à tutela antecipatória contra a Fazenda Pública em caso de "fundado receio de dano" é o mesmo que afirmar que o direito do cidadão pode ser lesado quando a Fazenda é ré.[49]

4.4. O ônus da prova, suas regras de distribuição e a teoria da carga dinâmica da prova disposta no art. 373, § 1º, do Código de Processo Civil de 2015

Outro ponto igualmente pertinente ao estudo do princípio da inafastabilidade no direito processual civil brasileiro é o tema do *ônus da prova*. A atividade probatória é inerente ao exercício e eficácia das garantias de acesso à atividade jurisdicional em caso de ameaça ou lesão a direito, do devido processo legal, da ampla defesa e do efetivo contraditório. Há, portanto, notável fundamento constitucional na produção da prova. José Roberto dos Santos Bedaque bem explica essa premissa:

---

48 ARRUDA ALVIM, Eduardo. *Mandado de segurança : de acordo com a lei federal nº 12.016, de 07/08/2009*, 3ª ed. ref. atualizada, Rio de Janeiro : LMJ Mundo Jurídico, 2014, p. 267-268.

49 MARINONI, Luiz Guilherme. *Antecipação de tutela...*, p. 135, 257 e 259.

Natureza constitucional do direito à prova. A premissa estabelecida no item anterior, além de compatível com o escopo do processo, confere efetividade à garantia da ampla produção probatória, cuja natureza constitucional é incontroversa. O acesso efetivo à prova é direito fundamental, compreendido nas ideias de acesso à justiça, devido processo legal, contraditório e ampla defesa (art. 5.º, XXXV, LIV e LV da CF/1988). Assegurar o direito de ação, no plano constitucional, é garantir o acesso ao devido processo legal, ou seja, ao instrumento tal como concebido pela própria Constituição Federal. Entre os princípios inerentes ao processo, destacam-se o *contraditório* e a *ampla defesa*. Expressões diferentes para identificar o mesmo fenômeno: a necessidade de o sistema processual infraconstitucional assegurar às partes a possibilidade da mais ampla participação na formação do convencimento do juiz. Isso implica, evidentemente, a produção das provas destinadas à demonstração dos fatos controvertidos. Contraditório efetivo e defesa ampla compreendem o poder conferido à parte de se valer de todos os meios de prova possíveis e adequados à reconstrução dos fatos constitutivos, impeditivos, modificativos ou extintivos do direito afirmado. O direito à prova é componente inafastável do princípio do contraditório e do direito de defesa [...]. Necessário examiná-lo do ponto de vista da garantia constitucional ao instrumento adequado à solução das controvérsias, dotado de efetividade suficiente para assegurar ao titular de um interesse juridicamente protegido em sede material a tutela jurisdicional. Em última análise, o amplo acesso aos meios de prova constitui corolário natural dos direitos de ação e de defesa. Para que o processo possibilite real acesso à ordem jurídica juta, necessária a garantia da produção da prova, cujo titular é, em princípio, a parte, mas não exclusivamente ela, pois ao juiz, como sujeito interessado no contraditório efetivo e equilibrado e na justiça das decisões, também assiste o poder de determinar as provas necessárias à formação de seu convencimento.[50]

O ônus da prova, suas regras de distribuição e a novidade legislativa empregada pelo art. 373, § 1º, do Código de Processo Civil de 2015, nesse contexto, assumem especial relevância no desenvolvimento da atividade jurisdicional adequada e efetiva.

O termo *ônus*, em uma compreensão genérica, pode corresponder a *encargo, incumbência, missão* ou *tarefa*. *Prova*, por sua vez, pode ser conceituada como meio destinado a convencer o juiz sobre os fatos relativos pertinentes ao deslinde do processo.[51] Posto isso, o instituto do ônus da prova pode ser entendido como a *incumbência ou tarefa de apontar, elaborar ou realizar os meios necessá-*

---

50 BEDAQUE, José Roberto dos Santos. *Poderes instrutórios do juiz*, 7ª ed., rev., atual. e ampl., São Paulo : Editora Revista dos Tribunais, 2013, p. 25-27.

51 Nesse sentido, bem explica Eduardo Pellegrini de Arruda Alvim que: "A expressão 'prova' pode ser compreendida em dois significados: um objetivo, abrangente dos meios destinados a convencer o juiz dos fatos relativos ao processo; outro subjetivo, relativo à *'convicção* que as provas produzidas no processo geram no espírito do juiz quanto à existência ou inexistência dos fatos'." (*Direito processual...*, p. 515).

rios para convencimento do julgador sobre determinado fato, esse pertinente ao julgamento da lide.[52]

A compreensão da ideia de *ônus da prova* também passa pela diferença importante com relação às concepções de *obrigação* e *dever*. Com relação à *obrigação*, há duas distinções. Uma primeira de que na obrigação o seu adimplemento ou cumprimento traz benefício à parte que ocupa o outro lado da relação jurídica, inclusive, há a possibilidade de compelir a parte omissa a cumprir com sua parte. E uma segunda de que o eventual descumprimento da obrigação permite sua conversão em pecúnia. Já com relação ao *dever*, esse possui uma profunda característica de perpetuidade, enquanto o ônus se esgota com seu cumprimento ou com o fim da sua oportunidade de realização. José Manoel de Arruda Alvim Netto de forma precisa e completa, como lhe é de costume, bem explica tais distinções:

> A distinção que nos parece primordial é a de que a obrigação pede uma conduta cujo adimplemento ou cumprimento traz benefícios à parte que ocupa o outro polo da relação jurídica. Havendo omissão do obrigado, este será ou poderá ser coercitivamente obrigado pelo sujeito ativo. Já com relação ao ônus, o indivíduo que não o cumprir sofrerá, pura e simplesmente, em regra, as consequências negativas do descumprimento que recairão sobre ele próprio. Aquela é essencialmente transitiva e o ônus só o é reflexamente. Outra distinção importante que cabe fazer entre ônus e obrigação é a circunstância de esta última ter um valor de poder, assim, ser convertida em pecúnia, o que não ocorre no que tange ao ônus. Há, ainda, uma terceira figura, a do *dever* (*stricto sensu*). Além de não ser conversível em pecúnia, tem como característica básica a "perpetuidade", ao contrário do ônus e da obrigação, que se esgotam com o seu cumprimento.[53]

O ônus de realizar os meios de prova para convencer o julgador sobre os fatos afirmados consiste fundamentalmente em uma *faculdade* ou *opção* da parte, salvo se a prova for determinada pelo magistrado nos casos possíveis. Em outros termos, a parte pode ou não tentar provar os fatos que alega, porém se sujeita às consequências inerentes à sua escolha. Nas palavras de João Batista Lopes, a parte sujeita um interesse próprio a outro interesse próprio.[54]

---

52 Sobre o conceito de ônus da prova, é oportuno citar Luiz Rodrigues Wambier e Eduardo Talamini: "O ônus consiste na atribuição de determinada incumbência a um sujeito no interesse desse próprio sujeito. Ou seja, prescreve-se ao onerado uma conduta a adotar, pela qual ele poderá obter uma vantagem ou impedir uma situação que lhe seja desfavorável." (*Curso avançado...*vol. 1..., p. 525). No mesmo sentido, ensina Cândido Rangel Dinamarco: "Ônus da prova é *o encargo, atribuído pela lei a cada uma das partes, de demonstrar a ocorrência dos fatos de seu próprio interesse para as decisões a serem proferidas no processo.*" (*Instituições de direito processual civil*, vol. III, 6ª ed., rev. e atual., São Paulo : Malheiros Editores, 2008, p. 70).

53 ALVIM, Arruda. *Manual...*, p. 969-970.

54 João Batista Lopes assim explica e exemplifica: "Para a perfeita compreensão do instituto do ônus da prova, cumpre, desde logo, fixar a diferença entre ônus e obrigação. Por ônus entende-se não um dever jurídico, mas a subordinação de um interesse próprio a outro interesse

Assim, por exemplo, em uma ação civil pública em que o Ministério Público pretende a condenação de determinada pessoa jurídica por danos ambientais, cabe primordialmente ao *parquet* demonstrar a existência dos danos, assumindo o risco da *possibilidade* da ação ser julgada improcedente caso não o faça. Possibilidade sim, já que o julgamento desfavorável à parte que não cumpre com seu ônus não é, em regra, um resultado automático.

Ainda atinente à caracterização do ônus da prova, a doutrina reconhece sua manifestação semântica em dois aspectos: *subjetivo* e *objetivo*. Sob o aspecto *subjetivo* o ônus da prova é identificado pela distribuição dos encargos e incumbências entre as partes, cabendo a cada uma provar os fatos afirmados, em busca do convencimento do julgador. Já sob o aspecto *objetivo*, há a representação de que as regras que perfazem ônus probatório são destinadas à orientação do julgador.[55]

Nesse sentido, embora também orientem as atividades das partes, as *regras de distribuição* perfazem essencialmente o aspecto *objetivo* do ônus da prova. Estão dispostas na lei processual com o fim precípuo de orientar o julgamento. Assim, em que pese a divergência doutrinária, tais regras de distribuição do ônus probatório são *regras de julgamento* ou *regras do juízo*.

Como já estudado no capítulo anterior, uma das manifestações infraconstitucionais da garantia da inafastabilidade é o princípio da indeclinabilidade da função jurisdicional, que, em termos simples, significa a imposição legal de que o julgador deve decidir a demanda proposta e considerar os fundamentos apontados pelas partes. Deve fornecer uma resposta aqueles que lhe dirigiram uma pretensão. Inclusive, não sendo possível um julgamento de mérito por ausência de algum requisito de ordem processual, deve o julgador igualmente decidir, devidamente fundamentando sua posição. É vedado, portanto, o *non liquet*.

---

próprio, ao passo que na obrigação ocorre a subordinação de um interesse próprio a outro, alheio. Por exemplo: o réu não tem obrigação, dever jurídico de contestar a ação, mas apenas o ônus, a carga de fazê-lo. A ausência de contestação não implica necessariamente decretação da procedência do pedido, salvo em casos especiais [...] Contestando o feito, o réu fica, é curial, em melhor situação. Entretanto, não é de se estranhar que, em certos casos, o juiz decida o processo em favor de réu revel, por não considerar provado o fato constitutivo alegado pelo autor. Não há falar, pois, em dever de contestar, pois o magistrado julgará a demanda levando em consideração todos os elementos constantes dos autos ("Quod non est in actis non est in mundo") e poderá decidi-la em favor do réu revel. No ônus há, de conseguinte, a idéia de carga e não de obrigação ou dever.". (O ônus da prova, *Doutrinas Essenciais de Direito Civil*, vol. 5, p. 1035, out.2010).

55 Nesse sentido, ensina Vivian Von Hertwig Fernandes de Oliveira: "Embora se trate de uma noção unitária, o ônus da prova, por sua complexidade, pode ser examinado sob dupla perspectiva: ônus subjetivo, do qual decorre uma regra de procedimento voltada para os litigantes, e ônus objetivo, de que se origina uma regra de julgamento dirigida ao magistrado." (A distribuição do ônus da prova no processo civil brasileiro: a teoria da distribuição dinâmica, *Revista de Processo*, vol. 231, p. 13-35, Mai.2014).

Ocorre, porém, que é bem possível, e às vezes até comum, que mesmo após toda a instrução processual o julgador não esteja convicto sobre qual das partes tem razão, permanecendo no que a doutrina denomina como *estado da dúvida*.[56] Nesse caso e sendo inviável a maior e até interminável instrução, por uma série de razões, a lei processual coloca à disposição do julgador as regras de distribuição do ônus da prova, de modo que, na dúvida, o mérito será resolvido de acordo com as incumbências probatórias de cada parte. Nesse sentido, são completos os ensinamentos de Luiz Rodrigues Wambier e Eduardo Talamini:

> O ônus da prova é de fundamental importância quando *não há prova* de determinado fato no processo. Como a prova não pertence à parte, cabe-lhe manuseá-la a seu favor, tentando extrair dos fatos demonstrados a consequência jurídica que pretende. Se a prova vem aos autos, independentemente de quem a produziu, compete ao juiz reconhecer os efeitos que ela produz. Se *há prova* nos autos, as regras do ônus são totalmente desnecessárias. Provados os fatos, o juiz tão somente os adequará à norma jurídica pertinente. Mas se não há prova, é necessário que o sistema trace os critérios a serem trilhados pelo juiz para chegar à solução da demanda. Isso porque o processo não pode durar indefinidamente em busca da verdade dos fatos – sob pena de gerar ainda mais males às partes e à sociedade. É preciso que, em dado momento, o processo acabe. Por outro lado, o juiz não se pode eximir de decidir apenas porque não conseguiu formar seu convencimento sobre os fatos da causa. Então, há um momento em que o processo precisa acabar e o juiz tem de sentenciar, tenha ou não formado convencimento. É estritamente para essas situações que a lei fixa as regras sobre distribuição do ônus da prova. Se todo o procedimento já se desenvolveu sem que o juiz conseguisse formar convicção sobre a ocorrência ou inocorrência de determinado fato relevante para o julgamento da causa, cabe-lhe aplicar as regras sobre ônus da prova, decidindo contra aquele a quem cabia a prova de tal fato. Nesse sentido, as regras sobre a divisão do ônus da prova funcionam como uma "tábua de salvação", um último recurso, para o juiz decidir nos casos em que fracassaram todos os mecanismos disponíveis para a formação da convicção judicial.[57]

---

56 Muitas vezes, aliás, a dificuldade de esclarecimento dos fatos está no próprio direito material, conforme bem pondera Francisco de Barros e Silva Neto: "Perceba-se que o problema nasce no direito material: se a hipótese de incidência de determinada norma compõe-se de fatos de difícil demonstração, ainda que na causalidade típica do direito a mera existência desses fatos conduza à incidência e, *a fortiori*, à produção dos seus efeitos jurídicos (direitos, deveres etc.), em outra perspectiva o sujeito ativo dessa relação começa a sua caminhada já sobre um terreno inóspito e, possivelmente, sem o instrumental necessário para completar o seu percurso. Descobrirá, em pouco tempo, a grande diferença que existe entre a consciência de que tal fato existe e a demonstração deste fato a terceiros." (Dinamização do ônus da prova no novo código de processo civil, *Revista de Processo*, vol. 239/2015, p. 407-418, Jan.2015).

57 WAMBIER, Luiz Rodrigues. TALAMINI, Eduardo. *Curso avançado*...vol. 1..., p. 525-526. Do mesmo modo, bem ensina e exemplifica Eduardo Pellegrini de Arruda Alvim: "O ônus da prova é *regra de juízo*. Destina-se especificamente ao juiz, que deverá considerar os fatos por não provados se a parte, que tinha o ônus de prová-los, não se desincumbiu desse ônus adequadamente. Figurem-se os seguintes exemplos práticos. Numa ação de despejo por falta de paga-

No direito processual civil brasileiro, é tradicional a distribuição do ônus da prova de modo que ao autor incumbe a prova do fato constitutivo do seu direito e ao réu a prova da existência de fato impeditivo, modificativo ou extintivo. Chamada por parte da doutrina como *teoria estática do ônus da prova*, essa sistemática, ao que parece, foi preservada, em regra, pelo *caput* do artigo 373 do Código de Processo Civil de 2015.[58]

Entretanto, há momentos em que essa distribuição rígida não se mostra suficiente ou é inadequada diante das peculiaridades do caso em concreto [59]. É pos-

---

mento, o réu nega a existência da relação locatícia. Caberá ao autor, por força da regra do art. 333, I, fazer prova da relação da locação. Se, porém, o réu alega que efetuou os pagamentos que o autor alegou não efetuados, caber-lhe-á demonstrar a existência de tais pagamentos, por se tratar de fato extintivo do direito do autor (art. 333, II)." (*Direito processual...*, p. 530). Cândido Rangel Dinamarco, por sua vez, explica que: "Subjacente ao conceito do ônus da prova e às normas sobre sua distribuição está uma importantíssima *regra de julgamento*, não escrita mas inerente e vital ao sistema, segundo a qual toda alegação não comprovada deve ser tomada por contrária à realidade dos fatos – ou, por outras palavras, *fato não provado é fato inexistente*. O problema sequer existe, quando a prova convence o juiz do acerto ou do erro de uma alegação (veracidade ou inveracidade), porque nessas hipóteses ele simplesmente decidirá segundo sua convicção e não há por que pensar no ônus da prova ou saber qual das partes ele recaía. *Fato provado é fato existente* e o juiz julga segundo ele [...]. Quando dá por encerrada a instrução probatória e se dispõe a julgar, o juiz desenvolve uma atividade mental de diversos itens, consistentes em (a) identificar o pedido e a categoria jurídico-material em que se apoia (direito de propriedade, responsabilidade civil *etc.*); b) identificar os pressupostos de fato do direito afirmado pelo autor, segundo as normas de direito substancial pertinentes (fatos constitutivos descritos na *fattispecie* legal); c) confrontar os fatos alegados com o pedido feito, para ver se em tese eles autorizam a pretensão do autor; d) *verificar a ocorrência dos fatos* (Micheli). É nesse momento que a regra de julgamento pode ter relevância *para o juiz*, o que acontecerá se ainda permanecer em dúvida quanto à ocorrência dos fatos alegados." (*Instituições...*, vol. III, p. 81-82). Francisco de Barros e Silva Neto, de forma semelhante, coloca: "O ônus da prova exerce atração sobre o processualista, quer quando atua como um aguilhão a acicatar as partes, lembrando-as de sua corresponsabilidade pelo êxito do processo, quer quando se mostra como diretriz do sistema destinada àqueles casos em que restam infrutíferas as tentativas de investigação da 'vida como ela é'. Sob certo aspecto, é o último comando dirigido ao juiz pelo ordenamento jurídico processual: a solução final, o plano B do processo. Com muito esforço se trata este resultado como cognição exauriente, pois foram exauridos – apenas – os esforços para se compreender o mundo (*rectius*, aquela parcela de mundo que estava em discussão), que ainda se deita em um leito de dúvidas." (Dinamização...).

58   "Art. 373. O ônus da prova incumbe: I – ao autor, quanto ao fato constitutivo do seu direito; II – ao réu, quanto à existência de fato impeditivo, modificativo ou extintivo do direito do autor.".

59   Nesse sentido, Luiz Guilheme Marinoni e Sérgio Cruz Arenhart explicam que: "Da mesma forma que a regra do ônus da prova decorre do direito material, algumas situações específicas exigem o seu tratamento diferenciado. Isso pela simples razão de que as situações de direito material não são uniformes. A suposição de que a inversão do ônus da prova deveria estar expressa na lei está presa a ideia de que esta, ao limitar o poder do juiz, garantiria a liberdade das partes. Atualmente, contudo, não se deve pretender limitar o poder do juiz, mas sim controlá-lo, e isso não pode ser feito mediante uma previsão legal da conduta judicial, como se

sível que o autor não tenha como fazer prova do fato que constitui o seu direito alegado e o réu tenha maior possibilidade de fazê-lo. Ou, ao contrario, o réu não tenha como provar a existência de fato impeditivo, modificativo ou extintivo do direito do autor e esse possa. A manutenção da referida divisão estática, diante dessas circunstâncias, é inadequada e não se coaduna com a garantia da inafastabilidade jurisdicional.

O conhecimento dessas circunstâncias pelo julgador no caso em concreto e a preservação da distribuição estática é como se a função jurisdicional admitisse tranquilamente permanecer no estado da dúvida, ignorando a finalidade para qual foi concebida, mesmo sabendo que uma das partes pode fornecer os esclarecimentos necessários, com a distribuição do ônus da prova. A dúvida após o fim da instrução e a utilização do ônus da prova como regra de julgamento alternativa, evitando-se o *non liquet*, tem de ser a *ultima ratio* do julgador e não a regra. Mesma razão pela qual, aliás, são admitidos os poderes instrutórios do juiz e, por parte da doutrina, a chamada teoria da verossimilhança preponderante.[60]

---

a lei pudesse dizer o que o juiz deve fazer para prestar a adequada tutela jurisdicional diante de todas as situações concretas. Como as situações de direito material são várias, deve-se procurar a justiça do caso concreto, o que repele as teses de que a lei poderia controlar o poder do juiz. Esse controle, atualmente, somente pode ser obtido mediante a imposição de uma rígida justificativa racional das decisões, que podem ser auxiliadas por regras, como as da proporcionalidade e suas sub-regras. Se não é possível ao legislador afirmar, como se estivesse tratando de situações uniformes, que o juiz deve sempre aplicar a regra do ônus da prova, também não lhe é possível dizer que apenas uma ou outra situação de direito material pode permitir a sua inversão." (*Processo de conhecimento...*, p. 269). Do mesmo modo, pondera João Batista Lopes que "As regras sobre o ônus da prova só tem relevância no momento da sentença, isto é, são 'regras de julgamento'. Por outro lado, na aplicação dessas regras, deverá o juiz atender às circunstâncias do caso concreto, dispensando a parte do ônus da prova quando for impossível ou extremamente difícil fazê-lo." (*A prova do direito processual civil*, 3ª ed., rev., atual. e ampl., São Paulo : Editora Revista dos Tribunais, 2007, p. 51).

60 A Terceira Turma do Superior Tribunal de Justiça já reconheceu essa teoria: "Recurso especial. Direito processual civil. Ação de reparação por danos materiais e compensação por danos morais. Ônus da prova. Teoria da verossimilhança preponderante. Compatibilidade, na hipótese específica dos autos, com o ordenamento processual vigente. Convicção do julgador. Livre apreciação da prova. Persuação racional. Artigos analisados: 212, iv, do cc; 126, 131, 273, 333, 436 e 461 do cpc. 1. Ação de reparação por danos materiais e compensação por danos morais ajuizada em 22/7/1999. Recurso especial concluso ao Gabinete em 7/10/2011. 2. Controvérsia que se cinge a definir se o julgamento do mérito da presente demanda, mediante aplicação da teoria da verossimilhança preponderante, violou a regra de distribuição do ônus da prova. 3. De acordo com o disposto no art. 333 do CPC, ao autor incumbe provar os fatos constitutivos de seu direito; ao réu, os fatos impeditivos, modificativos ou extintivos do direito do autor. 4. O ônus da prova, enquanto regra de julgamento - segundo a qual a decisão deve ser contrária à pretensão da parte que detinha o encargo de provar determinado fato e não o fez -, é norma de aplicação subsidiária que deve ser invocada somente na hipótese de o julgador constatar a impossibilidade de formação de seu convencimento a partir dos elementos constante dos autos. 5. Em situações excepcionais, em que o julgador, atento às peculiaridades da

De nada adiantaria garantir o amplo acesso à jurisdição, se o ente nela investido, sabidamente, ignora a possibilidade de realização da prova por quem ordinariamente não teria o ônus de fazê-la. O aceite passivo da dúvida não se ajusta ao exercício da atividade jurisdicional adequada e efetiva.

Igualmente, sob outra ótica, a manutenção da distribuição fixa do ônus da prova, mesmo sendo conhecida a impossibilidade da parte em realizar as provas que lhe cabem, implica, em última análise, negar a natureza instrumental do processo [61]. Não parece ser adequado preservar as regras processuais estritamente, ainda que, para tanto, se saiba que o direito material possa perecer.

Todavia, também cabe reconhecer a vinculação do julgador à lei processual, o que muito dificulta a relativização das regras estáticas de distribuição do ônus da prova. As possibilidades de inversão do ônus, como as presunções legais, como a inversão convencional,[62] operada raramente pelas próprias partes, e, ainda, a inversão do Código de Defesa do Consumidor,[63] restrita *a priori* às relações de consumo, não parecem ser suficientes.

Diante disso, ganhou força a chamada *teoria da carga dinâmica da prova*, *distribuição dinâmica do ônus da prova* ou, ainda, *dinamização do ônus da prova*.

---

hipótese, necessita reduzir as exigências probatórias comumente reclamadas para formação de sua convicção em virtude de impossibilidades fáticas associadas à produção da prova, é viável o julgamento do mérito da ação mediante convicção de verossimilhança. 6. A teoria da verossimilhança preponderante, desenvolvida pelo direito comparado e que propaga a ideia de que a parte que ostentar posição mais verossímil em relação à outra deve ser beneficiada pelo resultado do julgamento, é compatível com o ordenamento jurídico-processual brasileiro, desde que invocada para servir de lastro à superação do estado de dúvida do julgador. É imprescindível, todavia, que a decisão esteja amparada em elementos de prova constantes dos autos (ainda que indiciários). Em contrapartida, permanecendo a incerteza do juiz, deve-se decidir com base na regra do ônus da prova. 7. O juiz deve formar seu convencimento a partir dos elementos trazidos a juízo, mas constitui prerrogativa sua apreciar livremente a prova produzida. 8. No particular, infere-se da leitura do acórdão recorrido que os fatos alegados no curso da fase de instrução foram examinados pelo Tribunal de origem e que a prova produzida foi devidamente valorada, de modo que a formação da convicção dos julgadores fundou-se nas circunstâncias fáticas reveladas pelo substrato probatório que integra os autos. 9. Negado provimento ao recurso especial. (STJ, REsp nº 1.320.295/RS, Rel. Min. Nancy Andrigui, Terceira Turma, j. em 15.out.2013, DJe 29.nov.2013).

---

61   Sobre o tema, ver item 2.6 desse trabalho.

62   No Código de Processo Civil de 2015, essa hipótese está disposta no art. 373, § 3º: "A distribuição diversa do ônus da prova também pode ocorrer por convenção das partes, salvo quando: I - recair sobre direito indisponível da parte; II - tornar excessivamente difícil a uma parte o exercício do direito."

63   "Art. 6º. São direitos básicos do consumidor: [...] VIII – a facilitação da defesa de seus direitos, inclusive com a inversão do ônus da prova, a seu favor, no processo civil, quando, a critério do juiz, for verossímil a alegação ou quando for ele hipossuficiente, segundo as regras ordinárias de experiências.".

Suas bases estão nos trabalhos do doutrinador argentino Jorge W. Peyrano e de outros juristas por ele coordenados, sendo ali conhecida como *teoría de las cargas probatórias dinâmicas*.

Nas palavras do professor argentino, decisões fundadas nas regras estáticas do ônus da prova, que ele chama como uma *norma de clausura*, implicam claramente no reconhecimento do fracasso da função jurisdicional e de seus mecanismos, justificando a redistribuição dinâmica do ônus probatório:

> Desde sempre os sistemas jurídicos processuais civis contaram com uma norma de clausura que possibilita solucionar as causas, mesmo no caso de falta ou insuficiência de provas. Na atualidade, essa norma é conhecida como regra do ônus da prova. Desde sempre, a solução judicial de uma controvérsia civil por meio da aplicação de uma norma de clausura tem gerado uma espécie de má consciência porque implica o reconhecimento do fracasso do processo como ferramenta probatória.[64]

A *teoria da carga dinâmica* consiste em um método ou técnica processual por meio da qual o ordenamento jurídico, mediante a presença de alguns requisitos ou não, autoriza o julgador a repartir *previamente* os encargos de produção probatória entre as partes, de acordo com suas características e as peculiaridades do caso em concreto. O que o ordenamento permite, assim, é a definição das regras de distribuição do ônus da prova de forma *particularizada* ao caso em apreço, regras essas que servirão, ao final, como regra de julgamento para encerrar o estado da dúvida, caso a instrução não tenha sido suficiente. Sobre o tema, é clara a lição de Francisco de Barros e Silva Neto:

> A dinamização do ônus da prova, ao seu turno, tal qual a inversão deste ônus, corresponde a um modelo intermediário, no qual o ordenamento fixa de antemão a forma de repartição dos encargos, mas convida o juiz (e, conforme o caso, as partes) a redefinir este comando e a redistribuir a posição das peças do jogo, em atenção às peculiaridades do caso concreto, normalmente a partir de conceitos abertos. Parte-se da premissa de que a distribuição estática do ônus da prova (ou seja, a fixação a priori), conquanto baseada em critérios gerais aplicáveis a todos os litigantes e, assim, abstratamente compatível com a igualdade e com a paridade de armas, pode se mostrar injusta no caso concreto e assim interferir negativamente no fair play, ao colocar uma das partes em situação de excessiva vantagem sobre a outra. E, como visto, a depender do volume de informações disponíveis nos autos, esta posição de

---

64 Texto original em espanhol: "*Desde siempre los sistemas jurídicos procesales civiles han contado con una norma de clausura que posibilita resolver las causas, aún en el caso de faltas o insuficiencia de pruebas. En la actualidad, dicha norma es conocida como regla de la carga de la prueba. Desde siempre, la solución judicial de una controversia civil mediante la aplicación de una norma de clausura ha suscitado una suerte de mala conciencia porque implica el reconocimiento del fracaso del proceso como herramienta probatoria.*" (PEYRANO, Jorge W. La regla de la carga de la prueba enfocada como norma de clausura del sistema, *Doutrinas essenciais de processo civil*, vol. 4, p. 901, Out.2011).

vantagem pode ser determinante na resolução do litígio e assim na realização, ou não, do direito material em disputa. A dinamização surge, portanto, como mais um resultado possível na antiga busca pelo equilíbrio entre a segurança e a previsibilidade (de um lado) e a justiça do caso concreto (de outro).[65]

Feitas todas essas considerações, parece ter feito bem o legislador brasileiro ao permitir, excepcionalmente, a dinamização do ônus da prova no Código de Processo Civil de 2015. Dispõe seu art. 373, §1º:

> Art. 373, §1º. Nos casos previstos em lei ou diante de peculiaridades da causa, relacionadas à impossibilidade ou à excessiva dificuldade de cumprir o encargo nos termos do caput ou à maior facilidade de obtenção da prova do fato contrário, poderá o juiz atribuir o ônus da prova de modo diverso, desde que o faça por decisão fundamentada. Neste caso, o juiz deverá dar à parte a oportunidade de se desincumbir do ônus que lhe foi atribuído.

Observa-se, assim, a adoção expressa da teoria da carga dinâmica da prova, permitindo ao julgador, com base nas peculiaridades do caso concreto, *atribuir de modo diverso* o ônus da prova.

Trata-se de medida excepcional, já que a regra geral continua sendo a distribuição estática da prova nos moldes do *caput* do mesmo art. 373. Inclusive, nesse sentido, devem ser respeitados alguns requisitos de modo a preservar a segurança jurídica[66]. Notadamente, essa redistribuição do ônus deve ser feita de forma fun-

---

[65] Dinamização... Parece igualmente oportuna a explicação ofertada por Vivian von Hertwig Fernandes de Oliveira. Segundo a autora "a teoria da distribuição dinâmica do ônus da prova foi desenvolvida e sistematizada no final do século XX por juristas argentinos coordenados por Jorge W. Peyrano, sendo por eles denominada de *teoría de las cargas probatórias dinâmicas*. Surgiu inicialmente com o objetivo de solucionar alguns casos de responsabilidade civil por culpa, em especial as hipóteses de erro médico, em que a aplicação do regime tradicional do ônus probatório frequentemente produzia soluções injustas, vez que a parte autora, em regra, não possui condições de comprovar a conduta negligente do médico. Posteriormente, sua aplicação foi ampliada para as mais diversas situações. Segundo essa teoria, que rompe com a concepção rígida e apriorística da doutrina tradicional, o ônus da prova incumbe à parte que se encontra em melhores condições de produzi-la, independente de sua posição no processo (se autora ou ré) e da espécie do fato a ser provado (se constitutivo, impeditivo, modificativo ou extintivo). [...] Dessa forma, analisando as circunstâncias específicas do caso concreto posto à sua disposição, o magistrado, tendo como norte a facilidade e acessibilidade das partes à prova, atribui o ônus da prova, bem como os riscos de seu descumprimento, ao litigante que está em melhores condições de comprovar cada um dos fatos controvertidos discutidos no processo. A adoção da teoria, contudo, não significa um abandono dos critérios clássicos de distribuição do ônus da prova, que devem ser preservados e seguidos pelos sujeitos processuais, podendo, contudo, ser flexibilizados nas hipóteses em que a parte onerada encontra-se impossibilitada de apresentar a prova que lhe incumbe por razões alheias à sua vontade." (A distribuição...)

[66] A doutrina, a esse respeito, já alertava sobre a necessidade de estabelecer requisitos para a dinamização do ônus da prova para preservar a segurança jurídica. João Batista Lopes, por

damentada e justificada nas manifestas particularidades do caso, em cooperação com as partes quando do saneamento do processo,[67] conforme previsões dos arts. 6º e 357, inc. III também do Código de 2015.[68]

Assim, em vista de tudo que foi colocado nesse tópico e da notória importância das regras de distribuição do ônus da prova no direito processual civil, é possível concluir que o Código de Processo Civil de 2015 positiva importante e elogiável mecanismo de adequação e aperfeiçoamento da atividade jurisdicional, em harmonia com o princípio da inafastabilidade.

4.5. A ação civil pública

As ações coletivas e, fundamentalmente, a ação civil pública, assumem notável papel no contexto de promoção do princípio da inafastabilidade no direito processual civil brasileiro. Os mecanismos de tutela dos direitos difusos e coletivos e de tutela coletiva dos direitos individuais homogêneos são fundamentais na busca por um estado ideal das coisas, representado por uma situação de pleno acesso ou de uma jurisdição inafastável, em que as pessoas têm à disposição meios para as soluções efetivas e adequadas dos conflitos.

---

exemplo, coloca que: "A aplicação prática da teoria das *cargas dinâmicas da prova* exige, porém, especial cuidado e critério do juiz ante os riscos da indiscriminada flexibilização." (*A prova do direito processual civil...*, p. 52).

---

67   Sobre o ônus da prova e o princípio da cooperação no Código de Processo Civil de 2015, é esclarecedora a lição de Francisco de Barros e Silva Neto: "ao se ter em mente que o novo Código entroniza fortemente o princípio da cooperação, que altera a própria estrutura de repartição de poderes e responsabilidades entre os integrantes da relação processual. O juiz, conquanto encarregado do julgamento, deixa de estar no centro de gravidade da relação, compartilhando a direção do processo com as partes. No que tange à alteração dos encargos probatórios, conquanto possa ser determinada *ex officio* pelo juiz (portanto numa postura assimétrica em relação às partes), é obrigatório o prévio debate sobre o tema, é necessária a prévia participação dos interessados, que poderão fornecer subsídios para influenciar o julgador sobre qual a regra de julgamento mais adequada ao caso concreto. Assim, as partes se tornam, sob certo aspecto, também coautoras da nova regra de julgamento, legitimada pela participação e pelo debate cooperativo. Ademais, o princípio da cooperação veda terminantemente as decisões surpresa, de modo que o deslocamento da carga probatória deve permitir ao novo titular do encargo condições para dele se desincumbir regularmente. Em síntese, no modelo proposto há de fato um maior grau de incerteza no início do processo, pois a regra de julgamento prevista abstratamente para os casos de dúvida poderá ser afastada mediante decisão judicial. Contudo, a criação dessa norma se dará em momento compatível com a atividade das partes, de modo que a diminuição da margem de previsibilidade não provocará prejuízos para o novo responsável pelo encargo." (Dinamização...).

68   "Art. 6º. Todos os sujeitos do processo devem cooperar entre si para que se obtenha, em tempo razoável, decisão de mérito justa e efetiva." e "Art. 357. Não ocorrendo qualquer das hipóteses deste Capítulo, deverá o juiz, em decisão de saneamento e de organização do processo: [...] III – definir a distribuição do ônus da prova, observado o art. 373.".

Como já se teve oportunidade de estudar nesse trabalho, uma das grandes novidades introduzidas pelo art. 5º, inciso XXXV, da Constituição Federal é a determinação de que a inafastabilidade também deve ser observada no caso de lesão ou ameaça de lesão a direitos metaindividuais, transindividuais ou coletivos *lato sensu*. O dispositivo constitucional, aliás, está em consonância com um contexto internacional preocupado em ampliar e aprimorar a tutela coletiva, com destaque, novamente, para o já referido *Projeto de Florença*, coordenado por Mauro Cappelletti e Bryant Garth entre 1973 e 1978.

Dentro desse raciocínio, os direitos metaindividuais podem ser compreendidos em três categorias: os *direitos difusos*, os *direitos coletivos stricto sensu* e os *direitos individuais homogêneos*. Os *direitos difusos* são os direitos transindividuais, de natureza indivisível, de que sejam titulares pessoas indeterminadas e ligadas por circunstâncias de fato. Os *direitos coletivos stricto sensu* são os direitos transindividuais de natureza indivisível, de que seja titular grupo, categoria ou classe de pessoas ligadas entre si ou com a parte contrária por uma relação jurídica básica. Por último, os *direitos individuais homogêneos* são aqueles decorrentes de origem comum. Esses são, na essência, direitos individuais, mas são também qualificados como direitos metaindividuais, justamente porque o ordenamento permite que eles sejam tutelados coletivamente.[69]

A natureza desses direitos justifica a evolução da tutela processual coletiva e o aprimoramento da função jurisdicional. Os direitos difusos e coletivos *stricto sensu* não se ajustam bem em um processo civil de regras ditadas e pensadas para a resolução de conflitos individuais, com dificuldades conceituais e procedimentais de várias ordens.[70] Igualmente, os direitos individuais homogêneos também não se ajustam nessa sistemática, exemplo disso é o regime de substituição processual. Enquanto no Código de Processo Civil, o substituído suporta os resultados benéficos ou prejudiciais da decisão, nas ações coletivas, os substituídos só serão beneficiados, por meio da chamada *coisa julgada in utilibus*. Além disso, os direitos individuais homogêneos, embora substancialmente individuais, por vezes ensejam sua tutela processual em conjunto, seja, por exemplo, pelo profundo interesse social que representam ou como medida de facilitação e economia procedimental.[71]

---

69 Sobre o tema, ver item 2.5 desse trabalho.

70 Nesse ponto, se permite nova citação do relatório elaborado por Mauro Cappelletti e Bryanth Garth: "A concepção tradicional do processo civil não deixava espaço para a proteção dos direitos difusos. O processo era visto apenas como um assunto entre duas partes, que se destinava à solução de uma controvérsia entre essas mesmas partes a respeito de seus próprios interesses individuais. Direitos que pertencessem a um grupo, ao público em geral ou a um segmento do público não se enquadravam bem nesse esquema. As regras determinantes da legitimidade, as normas de procedimento e a atuação dos juízes não era destinadas a facilitar demandas por interesses difusos intentadas por particulares." (op. cit., p. 49-50).

71 Teori Albino Zavascki, a esse respeito, bem coloca que "a lesão a certos direitos individuais homogêneos pode assumir tal grau de profundidade ou extensão que acaba comprometendo

A falta de ajuste do direito processual civil com essas realidades, que já não podem ser mais chamadas de novas, prejudica a proteção dos referidos direitos materiais, enfraquece o caráter instrumental do processo e, em última análise, ignora as razões pelas quais a função jurisdicional foi concebida.

Nesse cenário jurídico, a *ação civil pública* se apresenta como principal mecanismo na tutela processual dos direitos transindividuais no direito brasileiro,[72] possuindo íntima ligação com o conteúdo do princípio da inafastabilidade. Parece apropriada, então, dentro dos objetivos propostos nesse capítulo, a análise de alguns pontos relacionados à ação civil pública sob o enfoque do acesso adequado e efetivo à função jurisdicional.

---

também interesses sociais. Realmente, há certos interesses individuais que, quando visualizados em seu conjunto, em forma coletiva e impessoal, têm a força de transcender a esfera de interesses puramente individuais e passar a representar, mais que a soma de interesses dos respectivos titulares, verdadeiros interesses da comunidade como um todo." (*Processo coletivo: tutela de direitos coletivos e tutela coletiva de direitos*, 6ª ed. rev., atual. e ampl., São Paulo : Editora Revista dos Tribunais, 2014, p. 47-48). No mesmo sentido, esclarece bem Aluísio Gonçalves de Castro Mendes que: "Os direitos individuais são vistos, por vezes, como passageiros de segunda classe, ou até indesejáveis, dentro desse meio instrumental que é a tutela judicial coletiva. O estigma não passa de preconceito e resistência diante dos novos meios processuais. A defesa coletiva de direitos individuais atende aos ditames da economia processual; representa medida necessária para desafogar o Poder Judiciário, para que possa cumprir com qualidade e tempo hábil as suas funções; permite e amplia o acesso à Justiça, principalmente para conflitos em que o valor diminuto do benefício pretendido significa manifesto desestímulo para a formulação da demanda; e salvaguarda o princípio da igualdade da lei, ao resolver molecularmente as causas denominadas *repetitivas*, que estariam fadadas a julgamentos de teor variado, se apreciadas de modo singular." (*Ações coletivas...*, p. 220-221).

72 A esse respeito, cumpre mencionar a crescente preocupação do legislador brasileiro em ampliar o objeto da ação civil pública e enfatizar sua importância no direito positivo. Nesse sentido, podem ser citados: a Lei nº 7.853 de 1989 que prevê a possibilidade da propositura da ação civil pública em defesa dos interesses das pessoas com deficiência; a Lei nº 7.913 de 1989 que possibilita o manejo da ação em caso de responsabilidade por dano ocorrido junto ao mercado de valores mobiliários; a Lei nº 8.069 de 1990 – Estatuto da Criança e do Adolescente que viabiliza a ação civil pública na tutela de direitos coletivos ali protegidos; a Lei nº 10.257 de 2001 – Estatuto da Cidade que incluiu como objeto possível da ação a ordem urbanística; a Lei nº 10.741 de 2003 – Estatuto do Idoso que prevê a possibilidade de propositura da ação para proteção de seus direitos; a Lei nº 11.448 de 2007 que reformulou o rol de legitimados para manejo da ação, notadamente acrescentando as entidades e órgãos da administração pública direta ou indireta e a Defensoria Pública; as Leis nº 12.529 de 2011, nº 12.966 de 2014 e nº 13.004 de 2014 que possibilitaram a propositura da ação em caso de ameaça ou dano, respectivamente, à ordem econômica, à honra e à dignidade de grupos raciais, étnicos ou religiosos, e ao patrimônio público e social; e, por fim, o Código de Processo Civil de 2015 que institui a possibilidade do magistrado oficiar o Ministério Público, a Defensoria Pública e os outros legitimados à propositura da ação civil pública quando se deparar com diversas demandas individuais repetitivas, para que, se for o caso, promovam a ação coletiva (art. 139, inc. X).

Desse modo, serão estudados a seguir algumas questões que parecem importantes: a) *a competência para apreciação da ação*; b) *a teoria da representatividade adequada*; c) *a limitação territorial dos efeitos da coisa julgada do art. 16 da Lei da Ação Civil Pública*; e d) *a vedação da propositura da ação civil pública com pretensões relacionadas a tributos, a contribuições previdenciárias, ao Fundo de Garantia do Tempo de Serviço e demais fundos de natureza institucional.*

Pois bem. Com relação ao primeiro dos temas, a *competência para a apreciação jurisdicional da ação civil pública*, segue-se a regra estampada no art. 2º da Lei da Ação Civil Pública nº 7.347 de 1985, segundo o qual "As ações previstas nesta Lei serão propostas no foro do local onde ocorrer o dano, cujo juízo terá competência funcional para processar e julgar a causa".

Desse texto é possível apreender a junção de dois critérios. Um primeiro de ordem *territorial* estabelece que o foro competente será o do local do dano, ou seja, o juízo que, em tese, melhor exerceria a função jurisdicional por conta da maior proximidade com os fatos. E um segundo de ordem *funcional*, atrelado a razões de ordem pública e à função do órgão jurisdicional [73].

O primeiro questionamento se dá em saber qual a natureza da competência, justamente pela adoção simultânea desses dois critérios. A competência territorial tem natureza relativa, a funcional, por sua vez, absoluta. Diante disso, a doutrina e os Tribunais se debruçaram sobre o tema, chegando ao entendimento de que a competência para a propositura da ação no local do dano é de *natureza absoluta* [74]. Nesse sentido, já decidiu a Primeira Seção do Superior Tribunal de Justiça [75]

---

73   ALVIM, Eduardo Arruda. *Direito processual...*, p. 103-104.

74   Motauri Ciocchetti de Souza explica que: "A lei na hipótese, utilizou-se da somatória de dois critérios para a fixação da competência: de início, citou regra territorial (juiz do local do dano) e, em arremate, disse que ela será funcional. Temos, assim, que a competência para o julgamento de ação civil pública é formada por um critério composto: ela é, pela literalidade da lei, *territorial-funcional*. Em face do uso do vocábulo funcional, ela é *absoluta*, não admitindo prorrogação." (*Ação civil pública e inquérito civil*, 5ª ed. atualizada de acordo com as Leis federais n. 12.651/2012 e 12.727/2012 (novo Código Florestal), São Paulo : Saraiva, 2013, p. 52). Igualmente, coloca João Batista de Almeida que "o foro competente, tem-se que o juízo deste 'terá competência funcional', ou seja, de natureza absoluta, improrrogável por vontade das partes". (*Aspectos controvertidos da ação civil pública*, 3ª ed. rev., atual. e ampl., São Paulo : Editora Revista dos Tribunais, 2011, p. 104).

75   Essa é a decisão proferida no AgRg nos EDcl no Conflito de Competência nº 113.788/DF: Administrativo. Agravo regimental no conflito negativo de competência. Ação civil pública. Desocupação de área localizada no aeroporto internacional do galeão. Local do dano. Art. 2º da lei 7.347/85. Competência da justiça federal do rio de janeiro. Agravo não provido. 1. Hipótese de ação civil pública ajuizada na Seção Judiciária do Rio de Janeiro, na qual o Ministério Público Federal propôs contra a empresa Aata Drogaria Ltda., com o objetivo de ver desocupada a área situada no Aeroporto Internacional do Galeão. 2. O art. 2º da Lei 7.347/85, que disciplina a Ação Civil Pública, estabelece que ações da norma elencada "serão propostas no foro do local onde ocorrer o dano, cujo juízo terá competência funcional para processar e julgar a causa". 3. No caso em exame, verifica-se que o objeto da demanda é a desocupação de área

e, inclusive, é o que diz o texto da exposição de motivos da Lei nº 7.347 de 1985 [76].

A principal razão para essa conclusão é que o foro do local do dano será o mais habilitado para exercer a função jurisdicional [77]. Faz-se uma leitura correta à luz do princípio da inafastabilidade. Isso seria indevidamente relegado a um segundo plano se prevalecesse a natureza relativa do critério territorial e todas as suas consequências, normalmente atreladas aos interesses das partes.

Há, portanto, uma integração de dois critérios a partir de uma premissa de que o processo tem de ser o melhor instrumento possível para a tutela do direito

---

irregularmente ocupada pela ora agravante, em razão de extinção de contrato de concessão de uso firmado com a Infraero, localizada no Aeroporto Internacional do Galeão, na cidade do Rio de Janeiro. 4. Na hipótese de ação civil pública, a competência se dá em função do local onde ocorreu o dano. Trata-se de competência absoluta, devendo ser afastada a conexão com outras demandas. [...] (STJ, AgRg nos EDcl no CC 113.788/DF, Rel. Min. Arnaldo Esteves Lima, Primeira Seção, j. 14.nov.2012, DJe 23.nov.2012). Igualmente: "Recurso especial. Processual civil. Ação civil pública por ato de improbidade administrativa. Competência territorial funcional. Natureza absoluta. Aplicação do art. 2º da lei da ação civil pública. Instalação de novas varas federais. Circunscrição que abrange o local do aventado dano. Exceção ao princípio da perpetuatio jurisdictionis. Regra do art. 87 do CPC. Recurso especial provido para determinar a redistribuição do feito a uma das varas federais da subseção judiciária de feira de Santana/BA. 1. É firme a jurisprudência do Superior Tribunal de Justiça quanto ao cabimento de propositura de ação civil pública para apuração de improbidade administrativa, aplicando-se, para apuração da competência territorial, a regra prevista no art. 2o. da Lei 7.347/85, que dispõe que a ação deverá ser proposta no foro do local onde ocorrer o dano (AgRg no AgRg no REsp. 1.334.872/RJ, Rel. Min. ARNALDO ESTEVES LIMA, DJe 14.08.2013). 2. Trata-se de uma regra de competência territorial funcional, estabelecida pelo legislador, a par da excepcionalidade do direito tutelado, no intuito de facilitar o exercício da função jurisdicional, dado que é mais eficaz a avaliação das provas no Juízo em que se deram os fatos. Destarte, tem-se que a competência do local do dano é funcional e, portanto, de natureza absoluta. [...]" (STJ, REsp 1.068.539/BA, Rel. Min. Napoleão Nunes Maia Filho, Primeira Turma, j. 3.set.2013, DJe 3.out.2013).

76   Assim dispôs o texto: "as causas serão aforadas no lugar onde o dano se verificou ou onde deverá verificar-se. Deu-se à competência a natureza absoluta, já que funcional, a fim de não permitir a eleição de foro ou a sua derrogação pela não apresentação de exceção declinatória. Esse critério convém ao interesse público existente naquelas causas.".

77   Nesse sentido, discorre Rodolfo de Camargo Mancuso: "É plenamente justificável que assim seja, dado ser intuitivo que é o juízo 'do local onde ocorrer o dano o mais indicado, mais habilitado na espécie, pela proximidade física com o evento. Demais disso, a ação é de índole reparatória, condenatória; o objeto prevalecente é o dano produzido, e busca-se a recondução das coisas ao statu quo ante" (*Ação civil pública : em defesa do meio ambiente, do patrimônio cultural e dos consumidores: Lei 7.347/1985 e legislação complementar*, 11ª ed. rev. e atual., São Paulo : Ed. Revista dos Tribunais, 2009, p. 71). Motauri Ciocchetti de Souza segue o mesmo caminho: "O fundamento para a escolha do critério em foco é o da proximidade do juiz: teoricamente, o magistrado da comarca possui melhores condições de avaliar o dano, de obter a prova necessária para o julgamento da ação e, assim, resguardar de forma mais efetiva os interesses da comunidade a que serve." (op. cit., p. 53).

material. Em outras palavras, observa-se que a regra de competência para julgamento da ação civil pública foi pensada e é interpretada em consonância com a garantia de acesso à jurisdição.

O segundo ponto relativo à ação civil pública e que parece importante para o presente tópico, é o tema da *teoria da representatividade adequada*, compreendida no âmbito de estudo da legitimidade ativa para propositura da referida ação.

Sua origem remonta às ações de classe previstas no sistema norte-americano denominadas *class actions*. Traz a ideia de que as entidades, grupos ou associações, para adquirirem a legitimidade ativa, necessitam ter uma especial qualidade, consistente essa na aptidão para a defesa eficiente, na esfera judicial, dos interesses transindividuais em sintonia com as expectativas da coletividade [78].

Naquele sistema das *class actions*, a doutrina da representatividade adequada é baseada na atuação justa e adequada das partes na proteção dos interesses da classe. Tais critérios são avaliados incidentalmente pelo ente jurisdicional que deve fiscalizar e zelar pela correta observância desse requisito [79].

No ordenamento jurídico brasileiro, inexiste qualquer possibilidade do julgador verificar a adequada representação daquele que propõe a ação coletiva no caso em concreto. A Lei nº 7.347 de 1985 estabelece, tão somente, critérios objetivos para determinar a legitimidade ativa da entidade ou associação, quais sejam a *pré-constituição* e a *pertinência temática* (art. 5º, inc. V, *a* e *b*): constituição há pelo menos um ano nos termos da lei civil e inclusão, entre as finalidades institucionais, a proteção do interesse transindividual.

O único dispositivo legal que permite certa análise concreta pelo julgador é o § 4º do referido art. 5º que permite o afastamento do requisito da pré-constituição "quando haja manifesto interesse social evidenciado pela dimensão ou característica do dano". Porém, ainda nesse caso, não é permitida a análise da adequada representação, mas a dispensa da pré-constituição em razão de peculiaridades do objeto da ação e não de quem lhe propõe.

Em contrapartida, diferentemente do sistema das *class actions* previstas no sistema norte-americano e justamente pela inaplicabilidade da *teoria da representatividade adequada*, o ordenamento jurídico brasileiro procura preservar os interesses individuais.

---

78 MIRRA, Álvaro Luiz Valery. Ação civil pública em defesa do meio ambiente: a representatividade adequada dos entes intermediários legitimados para a causa. In MILARÉ, Édis [coord.]. *A ação civil pública após 20 anos: efetividade e desafios*, São Paulo : Editora Revista dos Tribunais, 2005, p. 44.

79 Sobre aquele sistema, ensina Aluísio Gonçalves de Castro Mendes que: "A possibilidade de representação conferida pela lei só se justifica e se valida na medida em que for exercida devida e adequadamente. Consequentemente, estabeleceu o Estado, enquanto legislador, para os órgãos judiciais, o dever de fiscalizar e zelar, a todo momento, pela observância da denominada representação adequada (adequacy of representation)." (op. cit., p. 79).

No Brasil, a sentença proferida na ação coletiva poderá beneficiar os indivíduos, por meio da já referida *coisa julgada in utilibus*, possibilitando-lhes a promoção da liquidação e execução individualizada, salvo se, nos termos do art. 104 do Código de Defesa do Consumidor, já possuírem ações individuais em curso e devidamente cientificados optarem por continuar com suas próprias demandas. Além disso, decisões coletivas desfavoráveis não prejudicam interesses individuais (art. 103, §1º, CDC).

De maneira diversa, há uma inversão lógica no sistema norte-americano. No caso de propositura de ações coletivas, as decisões nelas exaradas, a princípio, vinculam interesses individuais, independente de seu conteúdo, favorável ou não. Isso só não ocorrerá se os indivíduos, cientificados da propositura da ação coletiva, se manifestarem requerendo sua exclusão, por meio do sistema chamado *opt-out* ou *direito à auto-exclusão*, uma espécie de renúncia ao mecanismo coletivo de tutela.

De todo modo, feita essa breve e necessária distinção, a *teoria da representatividade adequada* parece ser uma opção mais concernente com o postulado da inafastabilidade da jurisdição, especialmente, porque permite a avaliação em concreto do julgador a respeito da legitimidade daqueles que promovem a ação civil pública. Não se ignora a necessidade de estabelecer em lei um rol de legitimados até como forma de orientar o ajuizamento e processamento da ação civil pública. No entanto, considerando que a Constituição Federal, em vários momentos, assegura processual e materialmente a tutela dos direitos transindividuais, a limitação da atuação do julgador na avaliação da legitimidade por critérios estritamente objetivos não parece se ajustar muito bem nesse cenário.

Sobre isso, ainda, Rodrigo Mendes de Araujo, em obra completa sobre o tema intitulada *A Representação Adequada nas Ações Coletivas*, cuja leitura se recomenda, bem pondera que a não adoção dessa teoria enfraquece o acesso à função jurisdicional e o próprio devido processo legal:

> Embora alguns autores defendam a ideia de que a legislação brasileira relativa às ações coletivas teria sido influenciada pela experiência norte-americana na utilização das *class actions*, o fato é que o legislador pátrio optou por um regime de ações coletivas manifestamente distinto daquele adotado pelo legislador norte-americano [...] há uma franca distinção no que tange à questão da legitimidade ativa nos dois sistemas. Os norte-americanos optaram por conferir legitimidade aos indivíduos, criando uma fórmula bastante interessante para que as classes ou grupos "surjam": devem existir questões comuns aos indivíduos (*commonality*) e a pretensão do representante deve ser semelhante às dos demais membros do grupo (*typicality*). Já o legislador brasileiro conferiu legitimidade a apenas determinados entes, fazendo uma nítida opção pela seletividade em detrimento do acesso irrestrito à justiça [...]. Às referidas diferenças, costuma-se somar outra, relativa à aferição da representatividade adequada: enquanto nos Estados Unidos da América a representação adequada é um pré-requisito das *class actions*, cuja existência deve ser aferida em concreto pelo magistrado (*ope judis*), no Brasil os legitimados para a propositura da ação coletiva já estariam previamente elencados em lei, com presunção *iure et iure*

de que seriam adequados representantes da coletividade, de modo que não caberia ao magistrado brasileiro a tarefa de analisar em concreto a presença da representação adequada. [...] Com efeito, o "representante adequado" é uma figura central nos processos coletivos, pois é através de sua atuação que os direitos dos membros ausentes são tutelados em juízo. [...] Diante do exposto, podemos concluir que o regime das ações coletivas no Brasil não se encontra em total consonância com o princípio do devido processo legal, o que demonstra a necessidade de um controle judicial mais efetivo da representação adequada nas ações coletivas. [80]

O terceiro ponto relevante se trata da limitação territorial dos efeitos da coisa julgada relativa à sentença proferida no âmbito das ações civis públicas. Prevê o art. 16 da Lei nº 7.347 de 1985 que "A sentença civil fará coisa julgada *erga omnes*, nos limites da competência territorial do órgão prolator, exceto se o pedido for julgado improcedente por insuficiência de provas". Essa limitação tem suscitado muita controvérsia, sendo diferentes as posições doutrinárias encontradas.

Juristas de referência, como Antonio Gonçalves de Castro Mendes, por exemplo, entendem que tal regra é manifestamente inconstitucional por infringir o princípio da inafastabilidade, o poder de jurisdição dos juízes, a razoabilidade e o devido processo legal [81].

Em outro sentido, cumpre destacar, a posição de Nelson Nery Júnior, Rosa Maria de Andrade Nery e Hugo Nigro Mazzilli para os quais a regra do art. 16 é ineficaz, vez que o art. 103 do Código de Defesa do Consumidor exauriu posteriormente a matéria atinente à coisa julgada nas ações coletivas, revogando tacitamente o art. 16 da Lei da Ação Civil Pública, notadamente pela determinação da integração dos dois sistemas legais. E mais, para tais autores o legislador realizou uma confusão entre os conceitos de limites subjetivos da coisa julgada (as pessoas atingidas pela qualidade de imutabilidade da sentença) e jurisdição e competência territorial [82]. Nelson Nery Júnior e Rosa Maria de Andrade Nery, ainda, exemplificam muito bem tal confusão dizendo que a solução proposta pelo art. 16 seria, do mesmo modo, dizer que a sentença de divórcio proferida por juiz de São Paulo não pudesse valer no Rio de Janeiro e nessa comarca o casal continuasse casado.

Há, ainda, juristas que entendem pela aplicação da regra do artigo 16, sendo aplicável para qualquer interesse ou direito transindividual [83].

No Superior Tribunal de Justiça há o entendimento firmado por sua Corte Especial, em recurso representativo da controvérsia, de que os efeitos da sentença

---

[80] ARAUJO, Rodrigo Mendes de. *A representação adequada nas ações coletivas*, Salvador : Editora Juspodivm, 2013, p. 204-205, 208 e 218-219.

[81] MENDES, Aluisio Gonçalves de Castro. *Ações coletivas e meios de resolução coletiva de conflitos no direito comparado e nacional*, 3ª ed. rev., atual. e ampl., São Paulo : Editora Revista dos Tribunais, 2012, p. 220.

[82] MAZZILLI, Hugo Nigro, op. cit., p. 625-626.

[83] Nesse mesmo sentido, é a doutrina de Teori Albino Zavascki. (*Processo coletivo...*, p. 64-67).

não estão sujeitos a lindes geográficos, mas aos limites objetivos e subjetivos do decidido:

> Direito processual. Recurso representativo de controvérsia (art. 543-C, CPC). Direitos metaindividuais. Ação civil pública. Apadeco x Banestado. Expurgos inflacionários. Execução/liquidação individual. Foro competente. Alcance objetivo e subjetivo dos efeitos da sentença coletiva. Limitação territorial. Impropriedade. Revisão jurisprudencial. Limitação aos associados. Inviabilidade. Ofensa à coisa julgada. 1. Para efeitos do art. 543-C do CPC: 1.1. A liquidação e a execução individual de sentença genérica proferida em ação civil coletiva pode ser ajuizada no foro do domicílio do beneficiário, porquanto os efeitos e a eficácia da sentença não estão circunscritos a lindes geográficos, mas aos limites objetivos e subjetivos do que foi decidido, levando-se em conta, para tanto, sempre a extensão do dano e a qualidade dos interesses metaindividuais postos em juízo (arts. 468, 472 e 474, CPC e 93 e 103, CDC). 1.2. A sentença genérica proferida na ação civil coletiva ajuizada pela Apadeco, que condenou o Banestado ao pagamento dos chamados expurgos inflacionários sobre cadernetas de poupança, dispôs que seus efeitos alcançariam todos os poupadores da instituição financeira do Estado do Paraná. Por isso descabe a alteração do seu alcance em sede de liquidação/execução individual, sob pena de vulneração da coisa julgada. Assim, não se aplica ao caso a limitação contida no art. 2º-A, caput, da Lei n. 9.494/97. 2. Ressalva de fundamentação do Ministro Teori Albino Zavascki. 3. Recurso especial parcialmente conhecido e não provido (STJ, REsp 1.243.887/PR, Rel. Min. Luis Felipe Salomão, Corte Especial, j. 19.out.2011, DJe 12.dez.2011).

Na mesma Corte, porém, mais precisamente em sua Terceira Turma, verifica-se também o entendimento de que a limitação territorial é aplicável e possível em se tratando de direitos individuais homogêneos por serem, na essência, divisíveis:

> Recurso especial. Direito civil e processual civil. Legitimidade ativa do Ministério Público para propositura de ação civil pública tutelando mutuários do sistema financeiro da habitação. Sistema de amortização em "série gradiente". Legalidade. Plano de equivalência salarial. Compatibilidade reconhecida. Criação de conta apartada para destinação dos valores não amortizados a fim de evitar anatocismo. Eficácia *erga omnes* da sentença civil. Art. 16 da lei n. 7.347/1985. Natureza do direito tutelado. Incidência nas ações cujo objeto sejam direitos individuais homogêneos. Exame meritório pelo STJ em sede recursal. Alteração dos limites subjetivos da causa. Não ocorrência. 1. O Ministério Público tem legitimidade ad causam para propor ação civil pública com a finalidade de defender interesses coletivos e individuais homogêneos dos mutuários do Sistema Financeiro da Habitação. Precedentes. [...] 4. Estando em pleno vigor o art. 16 da LACP, que restringe o alcance subjetivo da sentença civil, e atuando o julgador nos limites do direito posto, cabe-lhe, mediante interpretação sistêmica, encontrar hipótese para sua incidência. 5. O caráter indivisível dos direitos difusos e coletivos stricto sensu conduz ao impedimento prático, e mesmo lógico, de qualquer interpretação voltada a cindir os efeitos da sentença civil em relação àqueles que estejam ligados por circunstâncias de fato ou que estejam ligados entre si ou com a parte contrária por uma relação jurídica base preexistente à lesão ou à ameaça de lesão. 6. O art. 16 da LACP encontra aplicação naquelas

ações civis públicas que envolvam direitos individuais homogêneos, únicos a admitir, pelo seu caráter divisível, a possibilidade de decisões eventualmente distintas, ainda que não desejáveis, para os titulares dos direitos autônomos, embora homogêneos. 7. Dado o caráter de subsidiariedade das normas do CDC em relação às ações civis públicas, revelado pela redação do art. 21 da LACP, o legislador, ao editar a Lei n. 9.494/1997, não se preocupou em modificar o art. 103 do CDC. (STJ, REsp nº 1.114.035/PR, Rel. Min. Sidnei Beneti, Rel. p/ Acórdão Min. João Otávio de Noronha, Terceira Turma, j. 7.out.2014, DJe 23.out.2014, Informativo nº 552).

Em que pesem os diferentes posicionamentos e sem se filiar por completo a algum deles, fato é que o art. 16 da Lei da Ação Civil Pública deve ser pensado dentro da lógica pela qual os mecanismos coletivos de solução dos conflitos foram desenvolvidos no ordenamento. Isso ocorreu, em linhas gerais, por três fatores principais, todos ligados à ideia de acesso à justiça: a necessidade de tutela dos direitos indivisíveis, economia processual e a necessidade de viabilização de direitos de indivíduos que, se considerados separadamente, enfrentariam, problemas das mais diversas ordens para buscar a prestação jurisdicional.

Inclusive, em relação aos direitos individuais homogêneos, a questão de saber o alcance da sentença de procedência, ou seja, saber os indivíduos que serão beneficiados, não parece se resolver em critérios territoriais, mas sim na avaliação da representatividade de quem se porta como legitimado ativo e, sobretudo, nos limites do pedido formulado.

Com essa leitura, parece ilógico, limitar territorialmente os efeitos da coisa julgada, tal restrição está colocada em um sistema que foi pensado e desenvolvido para a solução coletiva dos conflitos e, em última análise, para promoção do princípio constitucional da inafastabilidade.

Por fim, o último ponto relativo à ação civil pública e pertinente ao estudo da garantia da inafastabilidade está na análise da vedação disposta no art. 1º, parágrafo único, da Lei da Ação Civil Pública, segundo o qual "não será cabível ação civil pública para veicular pretensões que envolvam tributos, contribuições previdenciárias, o Fundo de Garantia do Tempo de Serviço - FGTS ou outros fundos de natureza institucional cujos beneficiários podem ser individualmente determinados". A doutrina se divide sobre a constitucionalidade ou não dessa restrição.

José dos Santos Carvalho Filho, por exemplo, entende que a restrição é legítima [84]. Hugo Nigro Mazzilli, porém, entende de forma acertada que tal medida fere a garantia de inafastabilidade do controle jurisdicional e a sistemática constitucional em prol da tutela coletiva de conflitos, posição essa com a qual esse trabalho concorda. Diz o autor:

---

84 É o caso, por exemplo, de José dos Santos Carvalho Filho. (*Ação civil pública - Comentários por artigo*, 6ª ed., rev., ampl. e atual., Rio de Janeiro : Lumen Juris, 2007, p. 36-37).

O parágrafo único do art. 1º da LACP, introduzido pela Med. Prov. n. 1.984-21/00 e mantido na Med. Prov. n. 2.180-35/01, fere a regra constitucional de que a lei não excluirá da apreciação do Poder Judiciário lesão ou ameaça a direito. Essa regra não se refere apenas a lesão ou ameaça de lesão a direitos *individuais*, e sim também *coletivos*, pois de ambos cuida o art. 5º da Constituição. Considerando que o sistema processual clássico não viabilizava a defesa judicial em caso de lesões difusas, coletivas ou individuais homogêneas, a Constituição de 1988 instituiu o acesso coletivo à jurisdição, que tem a mesma índole do acesso individual: é garantia fundamental. Suprimida que seja a possibilidade de acesso coletivo à jurisdição, inúmeras lesões transindividuais ficarão efetivamente sem proteção judicial, pois o acesso individual em casos de lesões fragmentárias é simplesmente inviável. Considerando, pois, que o acesso coletivo à jurisdição por via de ação civil pública ou coletiva, sobre ser garantia constitucional, é ainda *o único meio eficiente previsto em nosso Direito para garantir que todos os lesados possam ver submetidas suas pretensões ao Judiciário* (pois, pelo sistema da legitimação individual, está demonstrado que a maioria dos lesados fica sem efetiva tutela jurisdicional), qualquer lei que impeça ou inviabilize a tutela coletiva é claramente inconstitucional. [85]

Os Tribunais Superiores, ao que consta, não enfrentaram diretamente a questão da constitucionalidade do art. 1º, p. ú., da Lei no 7.347 de 1985, tendo considerado a regra como válida.

O Supremo Tribunal Federal, por exemplo, em duas oportunidades já tangenciou o tema. No julgamento do Recurso Extraordinário nº 195.056/PR, estabeleceu que o Ministério Público não teria legitimidade para pleitear restituição de valores pagos a título de IPTU, já que não se tratava de uma relação de consumo[86]. Em outro momento, mais recente, no julgamento do Recurso Extraordinário nº 576.155/

---

85 MAZZILLI, Hugo Nigro, op. cit., p. 793-794.

86 Constitucional. Ação civil pública. Impostos: IPTU. Ministério público: legitimidade. Lei 7.374, de 1985, art. 1º, II, e art. 21, com a redação do art. 117 da Lei 8.078, de 1990 (Código do Consumidor); Lei 8.625, de 1993, art. 25. C.F., artigos 127 e 129, III. I. - A ação civil pública presta-se a defesa de direitos individuais homogêneos, legitimado o Ministério Público para aforá-la, quando os titulares daqueles interesses ou direitos estiverem na situação ou na condição de consumidores, ou quando houver uma relação de consumo. Lei 7.374/85, art. 1º, II, e art. 21, com a redação do art. 117 da Lei 8.078/90 (Código do Consumidor); Lei 8.625, de 1993, art. 25. II. - Certos direitos individuais homogêneos podem ser classificados como interesses ou direitos coletivos, ou identificar-se com interesses sociais e individuais indisponíveis. Nesses casos, a ação civil pública presta-se a defesa dos mesmos, legitimado o Ministério Público para a causa. C.F., art. 127, caput, e art. 129, III. III. - O Ministério Público não tem legitimidade para aforar ação civil pública para o fim de impugnar a cobrança e pleitear a restituição de imposto - no caso o IPTU - pago indevidamente, nem essa ação seria cabível, dado que, tratando-se de tributos, não há, entre o sujeito ativo (poder público) e o sujeito passivo (contribuinte) uma relação de consumo (Lei 7.374/85, art. 1º, II, art. 21, redação do art. 117 da Lei 8.078/90 (Código do Consumidor); Lei 8.625/93, art. 25, IV; C.F., art. 129, III), nem seria possível identificar o direito do contribuinte com "interesses sociais e individuais indisponíveis." (C.F., art. 127, caput). IV. - R.E. não conhecido. (STF, RE nº 195.056/PR, Rel. Min. Carlos Velloso, Tribunal Pleno, j. 09.dez.1999, DJ 30.mai.2003).

DF, foi reconhecida a validade do dispositivo, porém foi permitida o manejo da ação civil pública, pois seu pedido era pela anulação de ato administrativo[87].

No Superior Tribunal de Justiça, em caminho semelhante, há o entendimento de que só é possível veicular matéria tributária no âmbito da ação civil pública, se o tema estiver compreendido na causa de pedir e não no pedido. A restrição, assim, tem sido considerada válida. Exemplo disso é o acórdão da Segunda Turma proferido nos autos do Recurso Especial nº 1.387.960/SP em que é feita essa distinção. No caso, o Ministério Público, por meio da ação coletiva, pleiteou a condenação por ato de improbidade do agente político e a desconstituição de crédito e repetição de indébito tributários. Na oportunidade, foi admitido somente o primeiro pedido em que a questão tributária figurou como causa de pedir.[88]

---

[87] Ação civil pública. Legitimidade ativa. Ministério público do distrito federal e territórios. Termo de Acordo de Regime Especial - TARE. Possível lesão ao patrimônio público. Limitação à atuação do parquet. Inadmissibilidade. Afronta ao art. 129, III, da CF. Repercussão geral reconhecida. Recurso extraordinário provido. I - O TARE não diz respeito apenas a interesses individuais, mas alcança interesses metaindividuais, pois o ajuste pode, em tese, ser lesivo ao patrimônio público. II - A Constituição Federal estabeleceu, no art. 129, III, que é função institucional do Ministério Público, dentre outras, "promover o inquérito e a ação civil pública, para a proteção do patrimônio público e social, do meio ambiente e de outros interesses difusos e coletivos". Precedentes. III - O Parquet tem legitimidade para propor ação civil pública com o objetivo de anular Termo de Acordo de Regime Especial - TARE, em face da legitimação ad causam que o texto constitucional lhe confere para defender o erário. IV - Não se aplica à hipótese o parágrafo único do artigo 1º da Lei 7.347/1985. V - Recurso extraordinário provido para que o TJ/DF decida a questão de fundo proposta na ação civil pública conforme entender. (STF, RE nº 576.155/DF, Rel. Min. Ricardo Lewandowski, Tribunal Pleno, j. 12.ago.2010, DJe 01.fev.2011).

[88] Administrativo. Recurso especial. Ação civil pública. Improbidade. Art. 1º, parágrafo único, da Lei n. 7.347/85. Ato de improbidade. Ofensa ao princípio da legalidade. Matéria tributária como causa de pedir. Legitimidade do Ministério Público. Ausência de legitimação da associação autora. Exclusão do feito. 1. Hipótese de ação civil pública que se encontra fora do alcance da vedação prevista no parágrafo único do art. 1º da Lei n. 7.347/85, porquanto a matéria tributária figura como causa de pedir, e não como pedido principal, sendo sua análise indispensável para que se constate eventual ofensa ao princípio da legalidade imputado na inicial ao agente político tido como ímprobo. 2. No entanto, os demais pedidos veiculados na ação civil pública - ressarcimento dos contribuintes no valor equivalente ao excesso cobrado a título de taxa de lixo, por meio da constituição de fundo próprio, a ser posteriormente dividido entre os prejudicados - revela que se trata de pretensões insertas na vedação prevista na Lei de Ação Civil Pública quanto ao uso da referida medida judicial na defesa de interesses individuais e de questões tributárias. 3. Nas ações coletivas relacionadas a direitos individuais a legitimidade do Ministério Público não é universal, e decorre diretamente da lei, que atribui ao órgão ministerial funções compatíveis com sua finalidade, nos termos do que dispõe o art. 129, IX, da CF. 4. Controvérsia nos autos que difere do que decidido pelo STF em relação ao TARE (RE 576.155, Rel. Ministro Ricardo Lewandowski, DJe 24.11.2010), hipótese em que a legitimidade do Ministério Público para impugnar o benefício fiscal baseou-se no art. 129, III, da CF, que legitima a atuação do Ministério Público nas ações coletivas em sentido estrito e difusos, e não no art. 129 IX, da CF, este último a relacionar-se de forma direta ao presente caso, por ser a fonte da

Pois bem, encerrando o presente tópico, é possível concluir que a vedação do art. 1º, p. ú., da Lei da Ação Civil Pública é inconstitucional.

Seguindo o raciocínio já exarado em outros momentos nesse trabalho e a despeito do entendimento jurisprudencial e doutrinário contrário, a restrição à propositura da ação civil pública com pedidos que envolvam matérias tributárias parece violar o princípio da inafastabilidade.

Embora o dispositivo não afaste completamente as matérias tributárias da apreciação jurisdicional, exclui aquelas que assumem o caráter de transindividualidade, seja pela natureza indivisível da pretensão, seja porque a demanda individual se mostra inviável, justificando o processamento coletivo. Além disso, limita expressamente a atuação de um mecanismo procedimental que se mostra mais adequado e eficiente dentro daquilo para o que se propõe, isto é, provocar a atuação jurisdicional em caso de ameaça ou lesão a direito transindividual.

4.6. A Justiça Desportiva prevista no Texto Constitucional

A questão atinente à Justiça Desportiva já foi objeto de estudo nesse trabalho quando da análise do princípio da inafastabilidade e a atividade administrativa. No entanto, dentro do propósito desse quarto capítulo e considerando o caráter exemplificante que o tema assume, é oportuno reiterar rapidamente o que já foi estudado.

Como visto, o Brasil adota o sistema de *jurisdição única* ou *sistema inglês de jurisdição*, com raízes notórias na evolução política e jurídica observada na Inglaterra. Esse modelo deriva, fundamentalmente, da consolidação da teoria da separação dos poderes e da especialização institucional do Estado, solidificando o exercício da função jurisdicional pelo Poder Judiciário. Essa lógica é excepcionada, ao menos no cenário ocidental, por um sistema de *duplicidade de jurisdições*, no qual é previsto o exercício de um *contencioso administrativo*. O maior exemplo desse segundo sistema é o modelo adotado na França, em que o Poder Executivo também exerce função jurisdicional com relação a atos administrativos.

Essa segunda forma de organização, ao que parece, não se ajusta à concepção contemporânea de separação dos poderes e, sobretudo, ao dever de obediência ao Direito que a Administração possui, materializado, no Brasil, pelos postulados do devido processo legal e da legalidade.

---

proteção coletiva dos direitos individuais homogêneos. 5. Recurso especial provido, em parte, para trancar a ação civil pública no tocante aos pleitos de desconstituição dos créditos e repetição de indébito tributários, mantendo-a no que concerne aos supostos atos de improbidade, excluindo, por consequência, a Associação Sociedade de Amigos do Jardim Teixeira do feito, em razão de sua ilegitimidade ativa em demandas fulcradas na Lei n. 8.429/92. (STJ, REsp nº 1.387.960/SP, Rel. Min. Og Fernandes, Segunda Turma, j. 22.mai.2014, DJe 13.jun.2014). No mesmo sentido: AgRg no AREsp nº 476.375/DF, AgRg no AREsp nº 413.797/MG e REsp nº 840.752/PR.

Em síntese, de acordo com o já explicado em momento pertinente, nenhum conflito de interesses que envolva a Administração pode deixar de ser apreciado jurisdicionalmente. Inclusive, como consequência lógica dessa acepção, é regra a desnecessidade do uso ou esgotamento das vias administrativas para a provocação do exercício da função jurisdicional.

Muito bem. Essa ideia é expressamente excepcionada pela própria Constituição Federal que, em seu art. 217, § 1º, prevê a imprescindibilidade do exaurimento dos meios administrativos de solução de questões desportivas como condição ao exercício da jurisdição:

> Art. 217. É dever do Estado fomentar práticas desportivas formais e não-formais, como direito de cada um, observados:
> [...]
> § 1º O Poder Judiciário só admitirá ações relativas à disciplina e às competições desportivas após esgotarem-se as instâncias da justiça desportiva, regulada em lei.
> § 2º A justiça desportiva terá o prazo máximo de sessenta dias, contados da instauração do processo, para proferir decisão final.

Da leitura do Texto Constitucional, é evidente que as questões estritamente esportivas devem ser previamente submetidas às vias administrativas de apreciação, leia-se as discussões referentes à disciplina e às competições para as quais uma estrutura alternativa e especializada de resolução de demandas se justifica [89]. Matérias criminais e trabalhistas, por exemplo, não estão compreendidas.

De todo modo, essa exceção não tem o condão de retirar da apreciação jurisdicional as matérias relacionadas ao esporte. Nesse sentido, ensina com precisão Eduardo Pellegrini de Arruda Alvim:

> Hoje, a CF/88 admite tal exceção apenas em se tratando de justiça desportiva (art. 217, § 1º) [...]. Deve se ter presente, ademais, que a exigência de prévio esgotamento das vias administrativas, em se tratando de justiça desportiva, absolutamente não

---

[89] Sobre isso, coloca Rafael Teixeira Ramos que "a implementação da Justiça do Desporto às margens do Poder Judiciário foi uma opção constituinte para responder aos anseios da dinamicidade, celeridade e tipicidade da matéria esportiva." (Autonomia e independência da justiça desportiva brasileira, *Revista Brasileira de Direito Desportivo*, vol. 14, p. 68-75, Dez.2008). De modo semelhante, ensina Alexandre Hellender de Quadros: "Pode-se aliar mais um elemento importante como obstáculo à ordem jurídica justa, quando se fala em conflitos desportivos, que se relaciona a pouca intimidade dos órgãos jurisdicionais à atividade desportiva, suas regras e especialidades. Reconhecendo a necessidade de desafogar o aparelho judiciário, a ordem jurídica privilegia meios alternativos de solução de conflitos de interesse [...]. A previsão constitucional da Justiça Desportiva enquadra-se nessa perspectiva, pois a pretensão do constituinte revela-se na instituição de uma instância de solução de conflitos de interesse célere, de baixos custos e integrada às peculiaridades da atividade desportiva." (Justiça desportiva vs. Poder Judiciário: um conflito constitucional aparente, *Revista Brasileira de Direito Desportivo*, vol. 4, p. 168-193, Dez. 2003).

implica esteja obstado o acesso ao Judiciário, senão que é perfeitamente possível, exauridas as vias administrativas, submeter a contenda ao Poder Judiciário. [90]

Em bem da verdade, o referido art. 217 explicita a preocupação do Texto Constitucional em garantir máxima amplitude ao princípio da inafastabilidade. A própria condição de exaurimento das vias administrativas é condicionada e limitada sob seu aspecto temporal, sendo nítido seu § 2º em estabelecer o prazo de sessenta dias para uma decisão administrativa final.

Há, em nome do direito fundamental de acesso à jurisdição, verdadeira *condição da condição* como bem reconheceu o Min. Marco Aurélio do Supremo Tribunal Federal no julgamento das medidas cautelares nas ações diretas de inconstitucionalidade nº 2.139 e nº 2.160:

> No inciso XXXV do art. 5º, previu-se que "a lei não excluirá da apreciação do Poder Judiciário lesão ou ameaça de lesão a direito". Poder-se-ia partir para distinção, colocando-se, em planos diversos, a exclusão propriamente dita e a condição de esgotar-se, antes do ingresso em juízo, uma determinada fase. Todavia, a interpretação sistemática da Lei Fundamental direciona a ter-se o preceito com outro alcance, o que é reforçado pelo dado histórico, ante a disciplina pretérita. O próprio legislador constituinte de 1988 limitou a condição de ter-se o exaurimento da fase administrativa, para chegar-se a formalização de pleito no Judiciário. Fê-lo no tocante ao desporto [...], no § 1º [...]. Vale dizer que, sob o ângulo constitucional, o livre acesso ao Judiciário sofre uma mitigação e, aí, consubstanciando o preceito respectivo exceção, cabe tão só o empréstimo de interpretação estrita. Destarte, a necessidade de esgotamento da fase administrativa está jungida ao desporto e, mesmo assim, tratando-se de controvérsia a envolver disciplina e competições, sendo que a chamada justiça desportiva há de atuar dentro do prazo máximo de sessenta dias, contados da formalização do processo, proferindo, então, decisão final. (STF, ADI 2.139 – MC/DF e ADI 2.160 – MC/DF, voto relator para o acórdão Min. Marco Aurélio, Tribunal Pleno, j. 13.mai.2009, DJe 23.out.2009).

Posto isso, entende-se que a exceção constitucional referente à prévia utilização de vias administrativas para resolução de questões desportivas não mitiga o princípio da inafastabilidade e o sistema de jurisdição única adotado pelo ordenamento jurídico brasileiro. Não tem a capacidade de afastar as matérias esportivas da apreciação jurisdicional.

---

90 ALVIM, Eduardo Arruda. *Direito processual...*, p. 141. No mesmo sentido, pontua Luis César Cunha Lima: "As questões estritamente desportivas devem ser levadas primeiramente à JD, mas isso não significa que não possam chegar à Justiça Estatal. Segundo o art. 5º, XXXV, da Constituição Federal de 1988 nenhuma lesão ou ameaça a direito pode ser excluída da apreciação do Poder Judiciário. Em razão disso, também são admitidas perante à Justiça Comum as ações relativas à disciplina e às competições esportivas." (A justiça desportiva no ordenamento jurídico brasileiro, *Revista Brasileira de Direito Desportivo*, vol. 10, p. 130-185, Dez.2006).

4.7. A arbitragem

A arbitragem é certamente um dos temas mais importantes no contexto do princípio da inafastabilidade da função jurisdicional no direito processual civil brasileiro. Notadamente, essa discussão é construída sob dois pilares fundamentais: a natureza jurídica da arbitragem e os questionamentos sobre sua constitucionalidade. Diante disso, é oportuna a análise desses dois pontos na tentativa de demonstrar que o instituto na arbitragem não só convive perfeitamente com a garantia do acesso à jurisdição como contribui com a realização de seu conteúdo.

Com relação à natureza jurídica da arbitragem, podem ser identificados pelo menos quatro entendimentos, com fortes bases na dicotomia estabelecida entre direito público e privado: a) *um primeiro que defende a natureza jurisdicional da arbitragem*; b) *um segundo que compreende o instituto como um fenômeno contratual*; c) *um terceiro, intermediário ou misto, que buscar conciliar os elementos conceituais dos dois primeiros*; e d) *um quarto que define a arbitragem como um instituto sui generis, chamado por alguns como teoria autonomista da arbitragem.*

A esse respeito, parece interessante transcrever trechos do artigo de Ana Tereza Palhares Basílio e André Ricardo Cruz Fontes. Os autores, embora defendam a quarta corrente apontada, expõem o raciocínio sobre a natureza jurídica da arbitragem de forma muito completa:

> Apresentam-se sob a forma de discussão polarizada as opiniões doutrinárias sobre a natureza jurídica da arbitragem. Entendem os estudiosos que seu enquadramento nas diversas classes de idéias que preponderam no Direito resumir-se-ia ao dualismo público-privado, ou mais especificamente às noções de jurisdição e contrato. A jurisdição seria, para muitos autores, o paradigma que melhor explicaria a natureza jurídica da arbitragem, especialmente porque ela, a arbitragem, seria um modo de resolução de conflitos, no qual incumbiria a um terceiro dar a palavra final. De outro lado, aqueles que se orientam pela noção de contrato exprimem-se de modo a retomar a clássica visão contratual como um meio de duas partes atenderem aos seus interesses, inicialmente contrapostos [...]. A Teoria Intermediária da arbitragem adota como elementos conceituais aspectos da Teoria da Jurisdição e da Teoria do Contrato, simultaneamente. Por associar elementos de duas outras teorias, nós a denominamos também de Teoria Mista, exatamente por tratar dessas posições intermediárias, que tantas dúvidas provocam. [...]A teoria que melhor explica a arbitragem, por conseguinte, será aquela lastreada na afirmação de que arbitragem é arbitragem, e não jurisdição, ou contrato ou ainda um misto de jurisdição e contrato.[91]

Em que pesem essas várias posições, sobretudo aquela que defende a natureza contratual da arbitragem[92], e dentro do objeto deste trabalho, pa-

---

91 BASÍLIO, Ana Tereza Palhares. FONTES, André R. C. A teoria autonomista da arbitragem. *Doutrinas Essenciais Arbitragem e Mediação*, vol. 1, p. 667, Set.2014.

92 Não se ignora a qualidade com que a doutrina defende a natureza contratual da arbitragem. Exemplo disso é o raciocínio construído em prol da natureza contratual da arbitragem por Luis

rece que a natureza jurisdicional é a que melhor se ajusta ao instituto da arbitragem.

De fato, uma visão mais clássica ou conservadora dos institutos de direito processual justificou, em dado momento, e ainda justifica para parte da doutrina, a compreensão da arbitragem como um fenômeno contratual. Na síntese dessa concepção, a arbitragem seria uma criação da autonomia da vontade das partes, estando o árbitro sem qualquer poder de coerção, e a jurisdição seria uma função exclusiva do Estado, esse sim dotado de poder de dar efetividade às suas decisões. Nessa separação conceitual, inexiste qualquer possibilidade de identificação entre os dois institutos, assumindo a arbitragem a condição de *equivalente ou substituto jurisdicional*.

No entanto, parte da doutrina contemporânea, com a qual concorda esse trabalho, entende que a função jurisdicional passa por uma mudança de paradigma, notadamente após a promulgação da Lei nº 9.307 de 1996, conhecida como Lei da Arbitragem, a qual, a propóstio foi recentemente alterada pela Lei nº 13.129 de 2015. A jurisdição exercida pelo Estado ou jurisdição estatal é *protagonista* no sistema brasileiro, mas não mais exclusiva, na esteira do que foi dito no capítulo inaugural desse trabalho.

A Lei da Arbitragem, em clara manifestação da função legislativa estatal, conferiu uma série de atribuições ao árbitro, investindo-o em verdadeira função jurisdicional. Em outras palavras, aquele legitimamente escolhido pelas partes para a solução de seus conflitos está autorizado pelo próprio Estado a exercer a jurisdição. Não se ignora que a gênese do juízo arbitral está na livre e privada opção das partes em não submeter o conflito sobre direito patrimonial disponível à apreciação do Estado, porém a origem não pode ser confundida com a natureza do instituto.

A esse respeito, o ensinamento preciso de José Manoel de Arruda Alvim Netto parece explicar bem a natureza jurisdicional da arbitragem:

> Havíamos manifestado, anteriormente à vigência da Lei 9.307/1996 e com fundamento na visão ortodoxa, então vigente, da soberania estatal – atualmente questionada diante das transformações culturais que envolvem o fenômeno da globalização – entendimento no sentido da natureza eminentemente contratual do instituto da arbitragem, diversamente do que ocorria com a jurisdição estatal, reflexo do poder soberano do Judiciário de dirimir conflitos. Contudo, a partir das inovações trazidas pela Lei 9.307/1996 que, no compasso de transformações jurídicas mais abrangentes, conferiu ao árbitro amplos poderes para proferir sentença com eficácia de sentença judicial (art. 31) e para decidir, inclusive, sobre a própria competência (art. 8º), parece-nos ter-se modificado profundamente o panorama em que expressamos tal opinião. Diante disso, a atividade do árbitro, que antes poderia ser considerada

---

Guilherme Marinoni em sua obra notável sobre a teoria geral do processo, à qual, inclusive, já foram feitas várias referências nesse trabalho. (*Teoria geral...*, p. 158-164). Outros exemplos são os ensinamentos de Flávio Luiz Yarshell (*Curso...*, p. 176).

como "equivalente" jurisdicional, pode, atualmente, inserir-se no próprio conceito de jurisdição, como espécie privada deste gênero. Para essa conclusão contribuem, além da mudança de paradigma já assinalada, com enfoque na *finalidade* da jurisdição e na ampliação do acesso à justiça em detrimento da *titularidade estatal*, as demais características da jurisdição, com a presença se detecta, em maior ou menor escala, no instituto da arbitragem: (a) a arbitragem é revestida de *substitutividade*, já que o árbitro detém poderes para se sub-rogar à vontade das partes e, dessa forma, aplicar o direito; (b) a sentença arbitral produz coisa julgada, de molde que seus efeitos revestem-se da característica da *imutabilidade*, inerente à atividade jurisdicional, que é definitiva por natureza; (c) o árbitro atua na qualidade de terceiro desinteressado, satisfazendo o requisito da *imparcialidade*; (d) a despeito de não estar investido de um cargo público, o árbitro, assim como o juiz, está investido de *poderes decisórios* cuja eficácia equipara-se à sentença judicial; (e) é certo que a arbitragem deve ser exercida em *contraditório regular*, muito embora o procedimento arbitral não seja idêntico àquele estabelecido para o processo judicial; e, enfim, (f) a atividade do árbitro, tanto como a do juiz, é *inerte*, pois depende da provocação dos interessados.[93]

Dentre essas características, a aptidão da sentença arbitral de fazer coisa julgada é certamente uma das mais notáveis, como dispõe o art. 31 da Lei da Arbitragem: "A sentença arbitral produz, entre as partes e seus sucessores, os mesmos efeitos da sentença proferida pelos órgãos do Poder Judiciário, e, sendo condenatória, constitui título executivo.". Em outras palavras, a Lei confere à decisão da arbitragem a qualidade de *imutável*, resolvendo definitivamente o conflito entre as partes, como se decisão judiciária fosse. Nesse sentido, pontua Fredie Didier Júnior:

> A decisão arbitral fica imutável pela coisa julgada material. Poderá ser invalidada a decisão, mas, ultrapassado o prazo nonagesimal, a coisa julgada torna-se soberana. É por conta desta circunstância que se pode afirmar que a arbitragem, no Brasil, não é equivalente jurisdicional: é propriamente jurisdição, exercida por particulares, com autorização do Estado e como consequência do exercício do direito fundamental de auto-regramento (autonomia privada).[94]

---

93 ALVIM, Arruda. *Manual...*, p. 204-205.
94 DIDIER JUNIOR, Fredie. *Curso de direito processual civil...*, p. 172. No mesmo sentido, ensina José Eduardo Carreira Alvim: "Na arbitragem existe o exercício de verdadeira jurisdição, só que exercida por órgãos-pessoas, aos quais o Estado reconhece uma parcela do seu poder, e cujas decisões ele chancela com o selo de sua autoridade, outorgando-lhes idêntica eficácia à que confere às decisões de seus próprios juízos (órgãos-entes). Daí chamar-se *sentença arbitral* as decisões finais de mérito proferidas pelos árbitros." (op. cit., p. 83). Eduardo Pellegrini de Arruda Alvim, igualmente, coloca que: "Não se trata propriamente de uma substitutiva da jurisdição, mas de uma espécie de jurisdição privada. Nesse sentido, reformulamos a opinião expressa na primeira edição desta obra, em que afirmamos ser o juízo arbitral substitutivo da jurisdição. Trata-se, isto sim, de jurisdição privada." (*Direito processual...*, p. 67).

Há, por certo, diferenças pontuais entre a jurisdição estatal e a arbitragem, como por exemplo, a maior ingerência de princípios privatistas sobre a atividade do juízo arbitral e a dependência que esse possui para a execução de suas decisões. Enquanto o Estado aplica o direito ao caso em concreto e executa suas próprias decisões, a arbitragem invariavelmente depende da atuação judicial para a realização prática das providências por ela definidas, em caso de resistência daquele para quem a decisão foi desfavorável. Aliás, essa ausência da característica de *executio* ou de *poder de coerção* é um dos principais alvos de críticas da doutrina contrária à sua natureza jurisdicional.[95]

Pode se dizer, portanto, dentro do que o objeto desse trabalho permite discutir, que após a Lei nº 9.307 de 1996 há um gênero denominado *jurisdição* do qual a *jurisdição estatal* e a *arbitragem ou jurisdição privada* são espécies. Nesse raciocínio, pode se concluir também que a arbitragem não vai de encontro ao princípio da inafastabilidade, mas integra seu conteúdo, como será melhor explicado adiante.

O Código de Processo Civil de 2015, aliás, parece consolidar essa concepção, explicitando no plano normativo o que pode ser entendido como *não exclusividade do Estado no exercício da jurisdição*.

O já referido art. 3º do novo diploma, diferentemente do que prevê a Constituição, utiliza a expressão *apreciação jurisdicional* e não *apreciação do Poder Judiciário* como faz o Texto Constitucional. Admite-se, portanto, o exercício da jurisdição por alguém ou ente que não o Estado. Não bastasse, o §1º do art. 3º dispõe que "É permitida a arbitragem, na forma da lei.", inserindo a arbitragem dentro do que pode ser compreendido no termo *jurisdicional* colocado no *caput*. Essa noção pode ser apreendida, também, da leitura do novo art. 42 que, em matéria de competência, reconhece o juízo arbitral: "As causas cíveis serão processadas e decididas pelo juiz nos limites de sua competência, ressalvado às partes o direito de instituir juízo arbitral, na forma da lei.". Diante disso, em verdade, pode se dizer que o texto do Código de 2015 deixa claro o caráter jurisdicional do juízo arbitral aqui defendido.[96]

---

95 Sobre isso, é interessante a explicação de Fredie Didier Júnior. de que não seria, propriamente, um problema de falta de jurisdição, mas de incompetência do juízo arbitral: "Um outro argumento contrário à natureza jurisdicional da arbitragem é o fato de o árbitro não poder executar as suas decisões. A questão, aqui, é de incompetência e não de falta de jurisdição: a lei, ao permitir a arbitragem, investe-lhe em competência apenas para certificar direitos, não para efetivá-los. Basta lembrar, por exemplo, da execução penal: normalmente, o juiz da execução não é o mesmo juiz que proferiu a sentença penal condenatória." (*Curso de direito processual civil...*, p. 173).

96 Nesse sentido, concluem José Antonio Fichtner, Sérgio Nelson Mannheimer e André Luís Monteiro, inclusive em referência à evolução legislativa do texto do Código de Processo Civil de 2015: "No Substitutivo aprovado no Senado Federal, repetindo regra presente no Anteprojeto, havia uma disposição que poderia causar alguma repercussão na arbitragem, ao menos sob o ponto de vista teórico. O texto do art. 3º estatuía que 'não se excluirá da apreciação jurisdicio-

Não bastasse, a já referida Lei nº 13.129 de 2015, que alterou a Lei de Arbitragem, indica a intenção do legislador brasileiro no mesmo sentido. Foi incluído no art. 19 da Lei nº 9.307 de 1996 o §2º, segundo o qual "A instituição da arbitragem interrompe a prescrição, retroagindo à data do requerimento de sua instauração, ainda que extinta a arbitragem por ausência de jurisdição.". Uma interpretação da parte final desse dispositivo indica que, se faltar jurisdição à arbitragem essa será extinta, o que *a contrario sensu* permite concluir que o procedimento arbitral se reveste de caráter jurisdicional.

Promulgada a Lei nº 9.307 de 1996, surgiu a interpretação de que alguns de seus dispositivos seriam inconstitucionais, pois incompatíveis com a garantia fundamental de acesso à jurisdição. Esse entendimento, porém, não prevaleceu.

Em 12 de dezembro de 2001, o Supremo Tribunal Federal teve oportunidade de enfrentar o tema, afirmando a constitucionalidade da arbitragem no cenário jurídico brasileiro, quando do julgamento do pedido de homologação de uma sentença estrangeira SE nº 5.206-7, em que era pedida a homologação de sentença arbitral proferida na Espanha que dirimiu o conflito sobre direitos patrimoniais disponíveis entre duas sociedades comerciais.[97]

Naquela oportunidade, além do pedido de homologação em si, o então Min. Moreira Alves, que à época integrava a Corte, suscitou a questão de constitucionalidade da nova lei [98]. Feito isso, o Plenário entendeu, por maioria de votos, que a Lei da Arbitragem representava um grande avanço e estava em consonância com o princípio da inafastabilidade, conforme ementa do acórdão:

---

nal ameaça ou lesão a direito, ressalvados os litígios voluntariamente submetidos à solução arbitral, na forma da lei.' Como se vê, a referida regra possuía inspiração no art. 5º, XXXV, da Constituição da República, segundo o qual 'a lei não excluirá da apreciação do Poder Judiciário lesão ou ameaça a direito'. A reprodução, porém, não havia sido fiel ao texto constitucional e isso poderia ter dado margem a interpretações delicadas a respeito de aspecto fundamental da arbitragem, qual seja, a sua natureza jurídica. Literalmente, o art. 3º do Substitutivo excluía a arbitragem do conceito de apreciação jurisdicional, isto é, estatuía que a arbitragem não representava apreciação jurisdicional. Observe-se que o mencionado texto do Substitutivo não falava em 'apreciação judicial', nem em 'apreciação pelo Poder Judiciário', mas sim em 'apreciação jurisdicional'. Essa disposição poderia ter ressuscitado interpretações equivocadas a respeito da natureza jurídica da arbitragem. [...] Felizmente, para evitar dúvida, o Projeto adotou outra redação, estabelecendo no art. 3º que 'não se excluirá da apreciação jurisdicional ameaça ou lesão a direito'. Logo em seguida, no §1º, dispõe-se que 'é permitida a arbitragem, na forma da lei'. A nova redação, de fato, sepultou qualquer eventual dúvida que surgisse em relação à natureza jurisdicional da arbitragem, cuja discussão nos parece superada na doutrina brasileira. [...] Atribuir natureza jurisdicional à arbitragem é outorgar à sociedade civil – e não só ao Estado – papel fundamental na tarefa de pacificação social, o que o Projeto da Câmara dos Deputados fez questão de respeitar."(*Novos temas de arbitragem*, Rio de Janeiro : Editora FGV, 2014, p. 409-410)

97 Informações disponíveis no sítio eletrônico do Supremo Tribunal Federal, cujo acesso se deu em 27.jan.2015.

98 ALVIM, Eduardo Arruda. *Direito processual civil...*, p. 60-61.

1. Sentença estrangeira: laudo arbitral que dirimiu conflito entre duas sociedades comerciais sobre direitos inquestionavelmente disponíveis - a existência e o montante de créditos a título de comissão por representação comercial de empresa brasileira no exterior: compromisso firmado pela requerida que, neste processo, presta anuência ao pedido de homologação: ausência de chancela, na origem, de autoridade judiciária ou órgão público equivalente: homologação negada pelo Presidente do STF, nos termos da jurisprudência da Corte, então dominante: agravo regimental a que se dá provimento,por unanimidade, tendo em vista a edição posterior da L. 9.307, de 23.9.96, que dispõe sobre a arbitragem, para que, homologado o laudo, valha no Brasil como título executivo judicial. 2. Laudo arbitral: homologação: Lei da Arbitragem: controle incidental de constitucionalidade e o papel do STF. A constitucionalidade da primeira das inovações da Lei da Arbitragem - a possibilidade de execução específica de compromisso arbitral - não constitui, na espécie, questão prejudicial da homologação do laudo estrangeiro; a essa interessa apenas, como premissa, a extinção, no direito interno, da homologação judicial do laudo (arts. 18 e 31), e sua conseqüente dispensa, na origem, como requisito de reconhecimento, no Brasil, de sentença arbitral estrangeira (art. 35). A completa assimilação, no direito interno, da decisão arbitral à decisão judicial, pela nova Lei de Arbitragem, já bastaria, a rigor, para autorizar a homologação, no Brasil, do laudo arbitral estrangeiro, independentemente de sua prévia homologação pela Justiça do país de origem. Ainda que não seja essencial à solução do caso concreto, não pode o Tribunal - dado o seu papel de "guarda da Constituição" - se furtar a enfrentar o problema de constitucionalidade suscitado incidentemente (v.g. MS 20.505, Néri). 3. Lei de Arbitragem (L. 9.307/96): constitucionalidade, em tese, do juízo arbitral; discussão incidental da constitucionalidade de vários dos tópicos da nova lei, especialmente acerca da compatibilidade, ou não, entre a execução judicial específica para a solução de futuros conflitos da cláusula compromissória e a garantia constitucional da universalidade da jurisdição do Poder Judiciário (CF, art. 5º, XXXV). Constitucionalidade declarada pelo plenário, considerando o Tribunal, por maioria de votos, que a manifestação de vontade da parte na cláusula compromissória, quando da celebração do contrato, e a permissão legal dada ao juiz para que substitua a vontade da parte recalcitrante em firmar o compromisso não ofendem o artigo 5º, XXXV, da CF. Votos vencidos, em parte - incluído o do relator - que entendiam inconstitucionais a cláusula compromissória - dada a indeterminação de seu objeto - e a possibilidade de a outra parte, havendo resistência quanto à instituição da arbitragem, recorrer ao Poder Judiciário para compelir a parte recalcitrante a firmar o compromisso, e, conseqüentemente, declaravam a inconstitucionalidade de dispositivos da Lei 9.307/96 (art. 6º, parág. único; 7º e seus parágrafos e, no art. 41, das novas redações atribuídas ao art. 267, VII e art. 301, inciso IX do C. Pr. Civil; e art. 42), por violação da garantia da universalidade da jurisdição do Poder Judiciário. Constitucionalidade - aí por decisão unânime, dos dispositivos da Lei de Arbitragem que prescrevem a irrecorribilidade (art. 18) e os efeitos de decisão judiciária da sentença arbitral (art. 31). (STF, SE nº 5.206 AgR/EP, Rel. Min. Sepúlveda Pertence, Tribunal Pleno, j. em 12.dez.2001, DJ 30.abr.2004).

Convém citar trecho do voto do então Min. Sepúlveda Pertence:

> O direito brasileiro, contudo, vem de sofrer, no particular, radical inversão de rumos, que elide ambas as linhas de fundamentação da nossa jurisprudência anterior.

> Refiro-me, é claro, à recentíssima L. 9.307, de 23.9.96, que dispõe sobre a arbitragem [...]. Estou em que não há óbices constitucionais a que o fizesse a nova lei. [...] Não creio que – com relação às primeiras – as sentenças arbitrais brasileiras - à sua equiparação às sentenças judiciais se possa opor a garantia constitucional da universalidade da jurisdição do Poder Judiciário. O que a Constituição não permite à lei é vedar o acesso ao Judiciário da lide que uma das partes quisesse submeter, forçando-a a trilhar a via alternativa da arbitragem [...]. O compromisso arbitral, contudo, funda-se no consentimento dos interessados e só pode ter por objeto a solução de conflitos sobre direitos disponíveis, ou seja, de direitos a respeito dos quais podem as partes transigir.

Feita esse breve e importante referência, e sem ignorar posições contrárias, o entendimento aqui adotado é o de que a arbitragem é um instituto plenamente constitucional.

A Lei nº 9.307 de 1996 em nenhum momento restringe o acesso à função jurisdicional ou torna obrigatória a resolução do conflito por meio do juízo arbitral. Permite que o jurisdicionado, nos casos dos direitos patrimoniais disponíveis, escolha pela arbitragem, opção essa que é legitimada na garantia igualmente constitucional da liberdade privada.[99] O acesso à jurisdição estatal não é obstado ou afastado, ele é plenamente possível, mas as pessoas optam espontaneamente pela jurisdição privada. Existem duas opções ou faculdades, os jurisdicionados legitimamente escolhem uma delas.

Nesse sentido, bem resume Nelson Nery Júnior que:

> O fato de as partes constituírem convenção de arbitragem não significa ofensa ao princípio constitucional do direito de ação. Isto porque somente os direitos disponíveis podem ser objeto de convenção de arbitragem, razão por que as partes quando celebram, estão abrindo mão da faculdade de fazerem uso da jurisdição estatal,

---

[99] Nesse sentido, bem pondera Luiz Antonio Scavone Junior que "as partes podem ingressar no Judiciário e, se não quiserem, em razão do princípio da autonomia da vontade, podem optar pela via arbitral para dirimir os litígios decorrentes de direitos passíveis de transação (patrimoniais disponíveis). [...] Em resumo, o que se entendeu, e acompanhamos, é que o princípio da inafastabilidade da tutela jurisdicional pelo Poder Judiciário (art. 5º, XXXV, da CF) significa – o que parece óbvio a partir do dispositivo constitucional – que 'a lei não excluirá da apreciação jurisdicional do Poder Judiciário lesão ou ameaça a direito.' Ou seja, nenhuma lei pode impor a aplicação compulsória da arbitragem. Não é isso que faz a Lei 9.307/1996, vez que não impõe a ninguém a utilização compulsória da arbitragem. De outro lado, ao contratar, as partes já dispõem de ampla e constitucional possibilidade de acessar o Judiciário, o que está à disposição de qualquer cidadão. Todavia, por se tratar de direitos patrimoniais e disponíveis, podem, manifestando livremente sua vontade, preferir levar seus eventuais conflitos para a solução arbitral e não judicial. E essa decisão, que decorre da autonomia da vontade das partes sobre os seus direitos patrimoniais disponíveis, passíveis, portanto, de transação, é perfeitamente constitucional."(*Manual de arbitragem*, 5ª ed. rev., atual. e ampl., Rio de Janeiro: Forense, 2014, p. 75-76).

optando pela jurisdição arbitral. Terão, portanto, sua lide decidida pelo árbitro, não lhes sendo negada a aplicação da atividade jurisdicional.[100]

Do mesmo modo, explica José Manoel de Arruda Alvim Netto que:

> A Lei 9.307/1996 é um reflexo da mudança de paradigma nos estudos que envolvem os métodos de solução de conflitos, pois sinaliza novas possibilidades para a aplicação do direito aos litígios, alternativas à via judicial. O que se preconiza atualmente é que o Estado não é único – e, algumas vezes, sequer é o mais adequado ente vocacionado para esta função, que pode muito bem ser exercida por particulares, algumas vezes com resultados mais proveitosos do que aqueles obtidos no âmbito do Judiciário. Não se trata de destituição do poder estatal para solucionar conflitos e, menos ainda, de inobservância do princípio da inafastabilidade da apreciação jurisdicional; o poder-dever do Estado remanesce, facultando-se às partes a utilização da arbitragem para os litígios patrimoniais que envolvam direitos disponíveis e entre partes que sejam maiores e capazes ("pessoas capazes de contratar", art. 1º, da Lei 9.307/1996).[101]

Além de inexistir violação do princípio da inafastabilidade da função jurisdicional, pode se dizer que a arbitragem contribui de forma importante com a realização de seu conteúdo, ou seja, com a promoção de um estado ideal das coisas de acesso pleno, adequado, efetivo e tempestivo à função jurisdicional.

Isso pode ser verificado, sobretudo, em duas perspectivas. Uma primeira de que o Poder Judiciário, no seu estágio de estruturação administrativa, é reconhecidamente ineficiente o para prestar a atividade jurisdicional de forma efetiva e

---

100 NERY JÚNIOR, Nelson. *Princípios...*, p. 188.
101 ALVIM, Arruda. *Manual...*, p. 203. Também defendem a constitucionalidade da arbitragem, por exemplo: Fredie Didier Jr.: "Não há qualquer vício de inconstitucionalidade na instituição da arbitragem, que não é compulsória; trata-se de opção conferida a pessoas capazes para solucionar problemas relacionados a direitos disponíveis." (*Curso de direito processual civil...*, p. 170); Luis Guilherme Marinoni: "O princípio da inafastabilidade, ao afirmar que 'a lei não excluirá da apreciação do Poder Judiciário lesão ou ameaça a direito'(CF, art. 5.º, XXXV), evidentemente não proíbe que pessoas capazes possam excluir a possibilidade de o Poder Judiciário rever conflitos que digam respeito a direitos patrimoniais disponíveis. Portanto, não há qualquer cabimento em pensar em lesão ao princípio da inafastabilidade quando as partes, usando livremente da vontade, optam pela arbitragem. Nesse caso, como é óbvio, não se exclui direito algum do cidadão ou se retira qualquer poder do Estado, pois os litigantes, quando se definem pela arbitragem, *exercem uma faculdade que está em suas mãos como corolário do princípio da autonomia da vontade.*" (*Teoria geral...*, p. 158-159); e Miguel Reale: "Não há dúvida que uma das conquistas fundamentais da democracia é a proclamada pelo art. 5.º, XXXV, da CF/1988, segundo o qual 'a lei não excluirá da apreciação do Poder Judiciário lesão ou ameaça a direito.'. Pois bem, somente uma errônea interpretação poderia ver na arbitragem uma violação desse mandamento, sobretudo nos termos em que a disciplina a citada Lei 9.307 de 1996." (Crise da justiça e arbitragem, *Doutrinas Essenciais Arbitragem e Mediação*, vol. 1, p. 603, Set.2014).

tempestiva a toda demanda que lhe é dirigida.[102] E, uma segunda, de que o instituto da arbitragem, em si, viabiliza julgamentos mais técnicos e especializados dos conflitos.[103]

---

[102] Nesse sentido, bem explica Miguel Reale que já em 2005, quando escreveu o artigo, ressaltou os problemas da jurisdição estatal: "Após reiterados estudos e debates, nos quais tomaram parte os nossos mais cultos e experientes juristas e advogados, com o pronunciamento sereno e objetivo de nossos mais esclarecidos magistrados, creio que já foi atendida grande parte da Crise da Justiça, com a promulgação da recente EC 45, de 08.12.2004. Restaram, todavia, em suspenso algumas importantes questões, além de demandarem longo tempo as reformas legislativas programadas. Desde a alarmante morosidade para obtenção de sentenças definitivas e sua imediata execução - ponderando-se que justiça tardia é justiça nenhuma - até o leal reconhecimento de que nem mesmo o Poder Judiciário ficou isento dos malefícios da corrupção, pode-se dizer que não houve causa relevante que não fosse aduzida para explicação da mencionada crise [...].À vista de todos esses obstáculos, parece-me que chegou a vez e a hora da arbitragem, tornando-se evidente a necessidade que deveriam ter as empresas e os advogados de fazer mais constante e habitual emprego da Lei 9.307, de 23.09.1996, que a implantou no País. É preciso, em suma, superar quanto antes o caráter de excepcionalidade que prevalece, no Brasil, quanto ao emprego da arbitragem." (Crise...). Igualmente, Sebastião José Roque critica o cenário estatal de resolução dos conflitos: "Tem a arbitragem o mesmo objetivo do processo judicial: dirimir conflitos e choques de idéias. Tem, contudo, muitos pontos de diferença em seus métodos e na sua dogmática. É, antes de mais nada, um sistema pacífico de solução de controvérsias, destituído da alta litigiosidade que vem caracterizando cada vez mais a jurisdição oficial. É um dos pontos chaves da arbitragem. O Poder Judiciário foi transformado em verdadeiro campo de batalha, em vista da elevada agressividade com que as partes se apresentam perante a Justiça. Os próprios advogados encampam os rancores de seus clientes, transformando-se em partes da lide, ou melhor, da guerra judicial. É o que se vê no direito de família; marido e mulher comparecem perante a Justiça trocando farpas, acusações infamantes e ofensas das mais ferinas. Esse comportamento judicial acirra mais os rancores, deixando para o futuro um relacionamento bem deteriorado e marcas profundas." (A arbitragem implanta-se enfim no Brasil, *Doutrinas Essenciais Arbitragem e Mediação*, vol. 1, p. 1215, Set.2014).

[103] Sobre isso, é pontual a lição de Ellen Grace: "Sou de há muito entusiasta dos meios de solução de litígios que se desenvolvem *a latere* da jurisdição estatal. Não apenas porque sejam fórmula eficiente para o desafogo das atividades forenses, mas também e principalmente porque as considero meio mais aperfeiçoado de realização da Justiça. Ninguém haverá de negar que, em condições adequadas, a controvérsia entre partes que atuam em nicho especializado de atividade tem melhores condições de ser adequadamente solvida por um especialista naquele ramo de negócio do que por um generalista jurídico." (A importância da arbitragem, *Doutrinas Essenciais Arbitragem e Mediação*, vol. 1, p. 907, Set.2014). No mesmo sentido, é a explicação colocada pelo Senador Marco Maciel na exposição de motivos da Lei da Arbitragem: "A arbitragem é instituto utilizado para solução de controvérsias desde os tempos mais remotos e, em última análise, consubstancia a participação do povo na administração da justiça, a semelhança do que já ocorre com o tribunal do júri. [...]. Agora, é necessário criar um foro adequado às causas envolvendo questões de direito comercial, negócios internacionais ou matérias de alta complexidade, para as quais o Poder Judiciário não está aparelhado. É neste contexto que a arbitragem surge como excelente e insuperável alternativa para a solução de litígios, funcionando ainda para descongestionar os órgãos jurisdicionais estatais, excessivamente sobrecar-

Por essas razões, notadamente, não há como ignorar a compreensão de que a arbitragem é instituto que convive perfeitamente com a garantia de acesso à jurisdição e, na qualidade de verdadeira jurisdição privada, viabiliza a prestação jurisdicional mais adequada ao caso concreto. Pode se dizer que *qualifica* a atividade jurisdicional que o Estado deve colocar à disposição dos jurisdicionados e, em última análise, contribui com a finalidade para qual a função jurisdicional foi concebida.

Nesse contexto, é interessante e pertinente a proposta colocada por Carlos Alberto de Salles no artigo *Mecanismos Alternativos de Solução de Controvérsias e Acesso à Justiça: a inafastabilidade da tutela jurisdicional recolocada*. Segundo o autor, a garantia da inafastabilidade deve ser entendida também como um dever do Estado, figurando a arbitragem e os outros meios alternativos à jurisdição estatal como instrumentos auxiliares da jurisdição estatal na tarefa para qual ela foi originalmente desenvolvida. Nesse sentido, permite-se citar alguns trechos da obra:

> Para além da vedação expressa, a garantia do inc. XXXV do art. 5.o da CF pode ser entendida como 'direito à prestação jurisdicional'. Quer dizer, a regra constitucional estabelece uma proibição à restrição do acesso à justiça, mas garante, também, por via transversa, o direito de acesso à prestação jurisdicional do Estado diante de toda e qualquer lesão ou ameaça a direito. [...] O atual conteúdo da cláusula constitucional não pode ser entendido apenas sob a ótica da vedação constitucional. Deve-se considerar, também, o aspecto da obrigação de prestação de serviço pelo Estado. Nesse sentido, a garantia adquire uma feição prestacional, isto é, não de simples garantia passiva, mas de uma prestação a ser ativamente prestada pelo Estado. É necessário, portanto, entender a garantia da inafastabilidade sob o duplo enfoque, de vedação constitucional e prestação devida pelo Estado ao jurisdicionado. Vista a questão sob a lógica exclusiva da vedação, limita-se o alcance da problemática e o sentido da garantia constitucional no contexto da sociedade e do Estado contemporâneos. A prestação jurisdicional, implicitamente garantia pela norma constitucional, é o dado mais relevante a ser considerado na atual interpretação do preceito. Não significa esvaziar de sentido a proibição de exclusão de apreciação judicial, marco essencial do sistema e fundamental contra aventuras autoritárias, mas de reforçar e dar correto entendimento ao caráter prestacional da norma. Esse enfoque permite um alargamento do entendimento dos mecanismos alternativos de solução de controvérsias diante da garantia da inafastabilidade. Quer dizer, estes deixam de ser considerados formas de exclusão ou limitação da jurisdição estatal para passarem a ser vistos como instrumentos auxiliares desta última ao atingimento de seu objetivo de prestar universalmente serviços de solução de controvérsias. Vistos dessa maneira, os mecanismos alternativos não concorrem com a jurisdição estatal, mas a ela se somam, propiciando novos canais para dar efetividade à garantia de prestação do serviço judiciário. [...] A assimilação pelo sistema jurídico brasileiro de mecanismos alternativos de solução de conflitos, como dito acima, leva a uma nova

regados, na esteira do que vem ocorrendo nos mais diversos países, especialmente europeus e sulamericanos." (Exposição de motivos da lei de arbitragem: justificação, *Revista de Arbitragem e Mediação*, vol. 9, p. 317, Abr.2006).

consideração do próprio conceito de jurisdição. Por certo, a consideração contemporânea do instituto tenderá a ressaltar suas características de função e atividade e abrandar sua consideração enquanto poder estatal. De fato, introduzindose no objeto de estudo dos juristas e, em especial, dos processualistas novas formas de solução de controvérsias, não inseridas na burocracia judiciária estatal, o enfoque da jurisdição naturalmente recairá sobre sua função de pacificação social e atividade, caracterizada enquanto método de solucionar disputas. Dessa maneira, em uma definição alargada, o conceito de jurisdição poderá contemplar mecanismos alternativos de solução de controvérsias, ainda que não abrigados no aparato judiciário do Estado. Aceitar a inclusão no conceito de jurisdição de mecanismos não judiciais de solução de conflitos permite uma interpretação mais próxima das finalidades na norma de inafastabilidade discutida acima. Afinal, o objetivo do legislador constitucional não é outro do que aquele de propiciar uma resposta adequada a qualquer ameaça ou lesão a direito. [...] O modo judicial de solução de controvérsias deve ser visto como umas das formas dentro do universo de alternativas parcial ou totalmente direcionadas aos mesmos fins.[104]

Por fim, nesse mesmo sentido, rememorando o estudado no segundo capítulo do trabalho, mais precisamente no item 2.3, a inafastabilidade da função jurisdicional é direito fundamental e assim deve ser compreendida. Na classificação reconhecida por Robert Alexy, assume a condição de *direito de proteção* e de *direito a organização e procedimento*, nessa sob duas feições.

Uma primeira, de que a inafastabilidade determina a sistematização de regras e princípios, que, em atuação normativa conjunta, promovem os ideais de organização e procedimento, permitindo a persecução de outros direitos igualmente fundamentais. E uma segunda, na qual, em vez de instrumento, a inafastabilidade constitui o próprio direito fundamental a ser garantido. Nesse caso, é a coordenação normativa dos demais direitos de organização e procedimentos que viabilizam o acesso amplo à jurisdição. Parece que a arbitragem, por tudo o que foi estudado, tem importante papel nessa tarefa. É o que bem pontua José Manoel de Arruda Alvim Netto:

> Importa notar que a redação do art. 3.º do CPC/2015 propositalmente não contrapõe a jurisdição à arbitragem. Nesse ponto, adotou o código uma posição melhor do que a versão original do Anteprojeto do código, que dizia não ser excluída da apreciação a lesão a direito, "ressalvados os litígios voluntariamente submetidos à solução arbitral". Arbitragem aparecia, nesse sentido, como um contraponto à inafastabilidade da jurisdição, o que não parece ser a melhor abordagem do tema. [...] Não se trata de destituição do poder estatal para solucionar conflitos e, menos ain-

---

[104] SALLES, Carlos Alberto de. Mecanismos alternativos de solução de controvérsias e acesso à justiça: a inafastabilidade da tutela jurisdicional recolocada. In FUX, Luiz, NERY JR., Nelson, WAMBIER, Teresa Arruda Alvim. Processo e Constituição: estudos em homenagem ao professor José Carlos Barbosa Moreira, São Paulo : Editora Revista dos Tribunais, 2006, p. 781782 e 784.

da, de inobservância ao princípio da inafastabilidade da apreciação jurisdicional; o poder-dever do Estado remanesce, facultando-se às partes a utilização da arbitragem para os litígios patrimoniais que envolvam direitos disponíveis e entre partes que sejam maiores e capazes. A perspectiva de utilização da arbitragem, por seu caráter célere e informal, antes de reduzir, amplia o espectro do acesso à justiça. E, sendo o acesso à Justiça e a obtenção de tutela em tempo razoável as maiores preocupações da processualística dos dias atuais, parece que a finalidade da jurisdição (resolução de conflitos e aplicação do direito) se deve sobrepor à titularidade para exercê-la – que em princípio e na visão tradicional, seria exclusivamente do Estado.[105]

Desse modo, concluindo esse tópico do trabalho, chega-se ao entendimento de que o instituto da arbitragem, como verdadeira jurisdição privada, ajusta-se perfeitamente ao conteúdo do princípio da inafastabilidade. Além disso, por suas próprias características, atua procedimental que se mostra mais adequado e eficiente dentro daquilo para o que se propõe, isto é, provocar a atuação jurisdicional em caso de ameaça ou lesão a direito transindividual.

4.8. A adoção do modelo multiportas pelo Código de Processo Civil de 2015

Sob a mesma perspectiva sugerida no tópico anterior, impõe a breve menção do que parece ser a consolidação do novo paradigma pelo qual passa o conceito de jurisdição indicada ao longo do trabalho.

A jurisdição estatal, compreendida como aquela exercida pelo Poder Judiciário, não pode ser mais vista como o único meio de solução de conflitos, mas sim como método protagonista. Diante das ineficiências e inadequações de diversas ordens, como a morosidade e a falta de conhecimentos específicos de seus operadores, a jurisdição estatal passa a conviver com outros métodos que a auxiliam na execução da tarefa para qual foi concebida. O princípio da inafastabilidade, na linha do que já foi dito, impõe esse repensar dos modelos de resolução de conflitos, determinando o desenvolvimento de mecanismos que melhor se ajustem à natureza dos conflitos sociais e permitam a melhor atuação do direito material. A esse respeito, é o que bem sinaliza a professora argentina Maria Valeria Di Bernardo: trechos da obra:

> Los medios alternativos de resolución de conflictos (MARC) ocupan un lugar relevante en la reforma y modernización del sector justicia. Se incluye bajo este nombre toda forma de resolución de conflictos que no pase por la sentencia judicial, el uso de la fuerza e o el abandono del conflicto. Se ha sostenido que és obligación de um Estado democrático y moderno, preocupado por el bienestar social, el proveer a la sociedade de um servicio de justicia heterogéneo. Ello significa que el deber que

---

105 ALVIM, Arruda. *Novo contencioso...*, p. 53-54.

tiene el Estado de tutelar los derechos amenazados de sus ciudadanos no se satisface com la sola organización de um Poder Judicial eficiente, probo, transparente, sino que exige que se ofrezcan y se apoyen también otros mecanismos de solución de controversias que pueden resultar, de acuerdo com la naturaleza del conflicto, más efectivos y menos costosos em términos económicos, rápidos en relación com el tempo empleado en su solución, convenientes en cuanto impidan la recurrencia del conflito, y socialmente más valiosos si posibilitan y mejoran la relación futura entre las partes.[106]

Nesse sentido, é elogiável a nova sistemática colocada pelo Código de Processo Civil de 2015. Além do diploma reconhecer o caráter jurisdicional da arbitragem em seu art. 3º, como visto anteriormente, assenta o chamado *modelo multiportas de solução de conflitos*, integrando a jurisdição estatal, enquanto meio protagonista, à arbitragem, à conciliação, à mediação e a outros meios de solução consensual.

Esse *modelo multiportas de solução de conflitos* ou *Tribunal multiportas*, como também é conhecido, se caracteriza, fundamentalmente, pela estruturação normativa de um sistema coordenado que dispõe de vários meios de solução de conflitos. Coloca-se à disposição das partes em conflito diversas possibilidades para chegar à pacificação, de modo a viabilizar que cada conflito seja encaminhado para a técnica ou meio mais adequado para obter a sua melhor solução.[107]

É o que faz o Código de 2015, alterando substancialmente o sistema de resolução dos conflitos ao disponibilizar para as partes outros meios de sanar suas divergências. Estabelece, assim, verdadeiro cardápio de métodos, de forma que possa ser escolhido aquele mais ajustado à realidade dos fatos. Destacam-se os métodos da conciliação e mediação, mas o diploma, vale dizer, com extrema felicidade, deixa em aberto a possibilidade de utilização de outros meios que venham a ser elaborados em prol do referido ajuste e da essência consensual na composição dos interesses.

Nesse contexto, podem ser enfatizados alguns de seus dispositivos: art. 3º, §2º: "o Estado promoverá, sempre que possível, a solução consensual dos conflitos." e §3º "A conciliação, a mediação e outros métodos de solução consensual dos conflitos deverão ser estimulados por juízes, advogados, defensores públicos e membros do Ministério Público, inclusive no curso do processo judicial."; art. 139, inc. V: "O juiz dirigirá o processo conforme as disposições deste Código, incumbindo-lhe: V – promover, a qualquer tempo, a autocomposição, preferencialmente com auxílio de conciliadores e mediadores judiciais."; art. 149: "São auxiliares da Justiça [...] o mediador, o conciliador judicial [...]."; art. 165: "Os tribunais criarão

---

[106] BERNARDO, Maria Valeria Di. Médios alternativos de resolución de conflictos em Argentina. *In* CABRAL, Antonio do Passo. NOGUEIRA, Pedro Henrique. *Grandes temas do novo CPC*, vol. 1, Salvador : Juspodivm, 2015, p. 559.

[107] LESSA NETO, João Luiz. O novo CPC adotou o modelo multiportas!!! E agora?!, *Revista de Processo*, vol. 244, p. 427-441, jun.2015.

centros judiciários de solução consensual de conflitos."; art. 319,   inc. VII: "A petição inicial indicará: VII – a opção do autor pela realização ou não da audiência de conciliação e mediação."; e o art. 334: "Se a petição inicial preencher os requisitos essenciais e não for o caso de improcedência liminar do pedido, o juiz designará audiência de conciliação ou mediação.".

A partir da leitura desses dispositivos percebe-se a notória opção pelo *método multiportas* e a relevância dada aos métodos consensuais de solução dos conflitos. Em primeiro lugar, observa-se que tais meios foram elevados à condição de *normas fundamentais do processo* (art. 3º). Em segundo, verifica-se o reconhecimento expresso da lei de que o magistrado não é o agente mais apto, *a priori*, para promover a solução consensual dos conflitos, determinando que a tarefa será preferencialmente realizada por profissional especializado (art. 139, V). Considerando que o juiz é quem mais personifica o Poder Judiciário, essa imposição legal assume um caráter simbólico importante, denotando o reconhecimento legal de que a jurisdição estatal não é a mais adequada para todas as situações. Em terceiro, no artigo 149, utiliza-se o termo *Justiça* com letra maiúscula, evidenciando a importância dos conciliadores e mediadores na promoção do *valor e ideal constitucional de Justiça*, não como serventuários ajudantes da Administração. No mais, a audiência de conciliação ou mediação do art. 334 não se trata de uma faculdade, há o dever de sua designação pelo magistrado no caso do interesse das partes em sua realização, ressaltando que no silêncio do autor na petição inicial, seu interesse ma conciliação será presumido.

Concluindo, pode se dizer que o Código de Processo Civil de 2015 fez bem em encampar, ao lado da jurisdição estatal, outros meios de solução de conflito. Viabiliza, desse modo, a utilização do método mais adequado ao conflito social, inclusive, após esse já ter sido submetido à apreciação do Poder Judiciário. É norma, portanto, que reconhece a eficácia absoluta e a aplicabilidade imediata do princípio da inafastabilidade e aperfeiçoa a busca por um estado ideal das coisas caracterizado pelo pleno acesso a soluções adequadas e efetivas dos conflitos.

Nesse sentido e encerrando esse breve, mas ao que parece, relevante tópico, cumpre citar a lição de Humberto Theodoro Júnior, Dierle José Coelho Nunes, Alexandre Melo Franco Bahia e Flávio Quinaud Pedron:

> Ao analisar o disposto no art. 3.º do Novo CPC, percebe-se uma notória tendência de estruturar um modelo multiportas que adota a solução jurisdicional tradicional agregada à absorção dos meios alternativos. Busca-se, assim, a adoção de uma solução integrada dos litígios, como corolário da garantia constitucional do livre acesso do inc. XXXV do art. 5.º da CR/1988. A mescla dessas técnicas de dimensionamento de litígios se faz momentaneamente necessária pela atávica característica do cidadão brasileiro de promover uma delegação da resolução dos conflitos ao judiciário, fato facilmente demonstrável pela hiperjudicialização de conflitos, mesmo daqueles que ordinariamente em outros sistemas são resolvidos pela ingerência das próprias partes mediante autocomposição. [...] Nos termos postos, vislumbra-se que, para além de pensar na jurisdição como última via para dimensionar um conflito, hoje

é possível pensar que as chamadas técnicas *integradas* podem ser utilizadas como vias plúrimas e adequadas para a solução mais apropriada, quando bem estruturadas e levadas a cabo de modo profissional, independentemente do nível de complexidade do conflito que se apresente. [...] o Novo CPC, buscando reduzir os déficits de sua eficiência, diante até da ausência de profissionalismo no uso das técnicas, tenta promover um peculiar modelo multiportas no qual o processo judicial encampa a solução adjudicada (jurisdicional), além da possibilidade endoprocessual de uma conciliação e/ou mediação profissionalizada. [108]

4.9. Negócios jurídicos processuais

Além de conferir caráter jurisdicional à arbitragem e estabelecer o referido modelo multiportas de solução de conflitos, ideias que têm por escopo último viabilizar a solução mais efetiva e adequada ao conflito, o Código de Processo Civil de 2015 reafirma sua preocupação no ajuste da atividade jurisdicional ao caso concreto, ampliando as possibilidades de realização dos chamados *negócios jurídicos processuais*.[109]

Na essência, o Código de 2015 respeita e valoriza, assim, a autonomia de vontade das partes ou adota, como preferem alguns autores, o princípio do respeito ao autorregramento da vontade no processo.[110] Assegura que as próprias partes, caso assim desejem, livremente estipulem mudanças procedimentais que se adequem às especificidades da causa (art. 191 do CPC/15). Pelas finalidades publicistas do processo, essa liberdade de estipulação não alcança alguns patamares existentes

---

108 THEODORO JÚNIOR, Humberto, NUNES, Dierle, BAHIA, Alexandre Melo Franco, PEDRON, Flávio Quinaud. *Novo CPC – Fundamentos e sistematização...*, p. 240-241, 247-248 e 256.

109 "A feição democrática do Estado brasileiro, em estágio de consolidação desde a Constituição de 1988, criou uma ambiência favorável à ampliação das modalidades de estruturação do processo mediante participação das partes – os verdadeiros titulares dos interesses postos em disputa por meio do processo. A garantia constitucional do livre acesso à justiça (CF/88, art. 5º, XXXV), reafirmada no art. 3º, §3º do CPC/2015 vem descortinar um ambiente bem propício ao uso das técnicas integradas, utilizadas como vias plúrimas e adequadas, para resolução dos conflitos." (NOGUEIRA, Pedro Henrique. *Negócios jurídicos processuais*, Salvador : Juspodivm, 2016, p. 243-244).

110 Como pontua Fernando da Fonseca Gajardoni, o plano de fundo cogente das normas procedimentais deve conviver com a realidade das partes: "Não me parece que o extremismo de parte da doutrina pátria na manifestação pela cogência das regras procedimentais seja compatível com o ideário instrumentalista e com os escopos do processo, tampouco com o princípio da liberdade, que é base de nosso sistema constitucional. Se por um lado, como regra, as normas processuais no todo (incluídas as procedimentais) são de ordem pública e, como tal, de observância obrigatória por todos os atores processuais – com o que não discordamos em princípio –, por outro, inúmeras situações ligadas ao direito material, à realidade das partes, ou simplesmente à inexistência de prejuízo, devem permitir a eleição do procedimento inclusive pelas próprias partes." (GAJARDONI, Fernando da Fonseca. *Flexibilização procedimental: um novo enfoque para o estudo do procedimento em matéria processual, de acordo com as recentes reformas do CPC*, São Paulo : Atlas, 2008, p. 215).

no direito civil material, mas, de todo modo, implica consistente avanço em prol de uma atividade jurisdicional adequada e efetiva.[111]

No que pertine ao presente trabalho, interessa compreender a relação entre o conteúdo do princípio da inafastabilidade e os negócios jurídicos processuais, a qual, aparentemente, se perfaz na limitação da vontade das partes. No entanto, antes, cumpre tecer algumas considerações sobre os negócios jurídicos processuais em si considerados.

Pois bem. Os negócios jurídicos processuais não podem ser compreendidos como uma enorme novidade do Código de 2015. Seu antecessor de 1973 já viabilizava alguns negócios processuais típicos, como *v.g.* a eleição de foro competente nos casos permitidos (art. 111) e suspensão convencional do processo (art. 265, II).[112] O Código de 2015 prevê igualmente alguns exemplos de negócios processu-

---

[111] "A liberdade é um dos principais e mais antigos direitos fundamentais (art. 5º, *caput*, CF/1988). O direito fundamental à liberdade possui conteúdo complexo. Há a liberdade de pensamento, de crença, de locomoção, de associação etc. No conteúdo eficacial do direito fundamental à liberdade está o direito ao autorregramento: o direito que todo sujeito tem de regular juridicamente seus interesses, de poder definir o que reputa melhor ou mais adequado para a sua existência; o direito de regular a própria existência, de construir o próprio caminho e de fazer escolhas. Autonomia privada ou autorregramento da vontade é um dos pilares da liberdade e dimensão inafastável da dignidade da pessoa humana. O Direito Processual Civil, embora ramo do Direito Público, ou talvez exatamente por isso, também é regido por esse princípio. Pode-se chama-lo de *princípio do autorregramento da vontade no processo*. É certo que esse princípio não tem no Direito Processual Civil, a mesma roupagem dogmática com que se apresenta, por exemplo, no Direito Civil. Por envolver o exercício de uma função pública (a jurisdição), a negociação processual é mais regulada e o seu objeto, mais restrito. Isso, porém, não diminui sua importância, muito menos impede que se lhe atribua o merecido destaque de ser um dos princípios estruturantes do direito processual civil brasileiro, uma de suas *normas fundamentais*." (DIDIER JÚNIOR, Fredie. *Curso de direito processual...*, p. 132).

[112] Além desses, Leonardo Carneiro da Cunha, em texto dedicado ao tema, elenca uma série de exemplos do que para ele seriam negócios processuais típicos já presentes no CPC/73, originados tanto a partir de posturas comissiva ou omissiva das partes: "Há, no Código de Processo Civil brasileiro de 1973, vários negócios processuais típicos. Destacam-se, dentre outros, os seguintes: a) modificação do réu na nomeação à autoria (arts. 65 e 66); b) sucessão do alienante ou cedente pelo adquirente ou cessionário da coisa litigiosa (art. 42, §1º); c) acordo de eleição de foro (art. 111); d) prorrogação da competência territorial por inércia do réu (art. 114); e) desistência do recurso (art. 158; art. 500, III); f) convenções sobre prazos dilatórios (art. 181); g) convenção para suspensão do processo (art. 265, II, e 792); h) desistência da ação (art. 267, §4º; art. 158, parágrafo único); i) convenção de arbitragem (art. 267, VII; art. 301, IX); j) revogação da convenção de arbitragem (art. 301, IX, e §4º); k) reconhecimento da procedência do pedido (art. 269, II); l) transação judicial (arts. 269, III, 475-N, III e V, e 794, II); m) renúncia ao direito sobre o qual se funda a ação (art. 269, V); n) convenção sobre a distribuição do ônus da prova (art. 333, parágrafo único); o) acordo para retirar dos autos o documento cuja falsidade foi arguida (art. 392, parágrafo único); p) conciliação em audiência (arts. 447 a 449); q) adiamento da audiência por convenção das partes (art. 453, I); r) convenção sobre alegações finais orais de litisconsortes (art. 454, §1º); s) liquidação por arbitramento em razão de convenção das partes (art. 475-C, I); t) escolha do juízo da execução (art. 475-P, parágrafo

ais que podem ser denominados como negócios processuais *típicos*, como, *v. g.*, a prorrogação da competência relativa (art. 65), o adiamento convencionado da audiência (art. 362, I) e, talvez o mais notório de todos, a formulação de calendário processual (art. 191).[113]

Mas o diploma processual vigente foi além e nesse ponto reside a novidade. Prevê em seu art. 190 que "Versando o processo sobre direitos que admitam autocomposição, é lícito às partes plenamente capazes estipular mudanças no procedimento para ajustá-lo às especificidades da causa e convencionar sobre os seus ônus, poderes, faculdades e deveres processuais, antes ou durante o processo.". Institui, assim, verdadeira *cláusula geral de negociação processual*, permitindo, em extraordinário avanço,[114] que, respeitados determinados limites, as partes possam ajustar o procedimento de acordo com as especificidades do caso concreto.

único); u) renúncia ao direito de recorrer (art. 502); v) requerimento conjunto de preferência no julgamento perante os tribunais (art. 565, parágrafo único); w) desistência da penhora pelo exequente (art. 667, III); aa) administração de estabelecimento penhorado (art. 677, §2º); bb) dispensa da avaliação se o exequente aceitar estimativa do executado (art. 684, I); cc) opção do exequente por substituir a arrematação pela alienação via *internet* (art. 689-A); dd) opção do executado pelo pagamento parcelado (art. 745-A); ee) acordo de pagamento amigável pelo insolvente (art. 783); ff) escolha de depositário de bens sequestrados (art. 824, I); e gg) acordo de partilha (art. 1.031)." (CUNHA, Leonardo Carneiro da. Negócios jurídicos processuais no Processo Civil Brasileiro. *In* CABRAL, Antonio do Passo. NOGUEIRA, Pedro Henrique. *Grandes temas do novo CPC*, vol. 1, Salvador : Juspodivm, 2015, p. 42-43).

113 Como explica Pedro Henrique Nogueira: "No calendário, as partes e juiz manifestam vontade com vistas a definir, negocialmente, os momentos para a prática dos atos do processo e somente em casos excepcionais e justificados os prazos definidos no calendário podem ser revistos. Trata-se de instrumento valioso de combate ao tempo ocioso e desperdiçado ao longo do procedimento. O momento propício para fixação do calendário é o da audiência de conciliação, no início do procedimento, ocasião em que os sujeitos preveem o átimo dos atos sucessivos do processo, dispensando as intimações posteriores, porquanto as datas serão definidas previamente, proporcionando maior rendimento e concretizando a eficiência (CPC/2015, art. 8º), mas nada impede que seja feito em outro momento. É possível também estipular um calendário apenas para uma das fases do processo (especialmente a instrução), fixando-se, por exemplo, um calendário para produção de prova pericial, com datas de entrega do laudo, protocolo de manifestações, depósito de honorários periciais já previamente definidas." (NOGUEIRA, Pedro Henrique. *Negócios jurídicos...*, p. 243-244). Sobre o tema, ainda, sugere-se a leitura de artigo pontual e preciso de Eduardo José da Fonseca Costa (COSTA, Eduardo José da Fonseca. Calendarização processual. *In* CABRAL, Antonio do Passo. NOGUEIRA, Pedro Henrique. *Grandes temas do novo CPC*, vol. 1, Salvador : Juspodivm, 2015).

114 "O advento do CPC/2015 significou um extraordinário avanço, no direito brasileiro, para expansão das possibilidades de negociação sobre o processo. Criou-se uma cláusula geral de negociação sobre o processo (art. 190) ao lado da regra que estipula a eficácia imediata dos atos e negócios processuais celebrados pelas partes (art. 200). Além disso, foram positivadas diversas modalidades de negócios processuais típicos, a ponto de já se afirmar a existência de um microssistema de negociação processual, cujo regime se estende também aos negócios unilaterais e plurilaterais." (NOGUEIRA, Pedro Henrique. *Negócios jurídicos...*, p. 224).

No direito estrangeiro a experiência nessa temática é mais consistente e parece produtiva sua menção. Como exemplos, podem ser citados: (i) o *contract procedure* norte-americano, com profunda verificação na prática comercial;[115] (ii) os *prozessuale Verfügungsverträge* ou contratos de procedimento em estrito senso e os *prozessuale Verpflichtungsverträge* ou contratos que criam uma obrigação em relação aos procedimentos do direito alemão, por meio dos quais, no primeiro caso, se altera ou se exclui a aplicação de determinada regra ou se cria uma regra até então não regularmente prevista, ou, no segundo caso, em que se determina o comportamento futuro de determinada parte, como, *v.g.*, que essa não usará determinadas espécies de prova ou não irá recorrer da decisão prolatada;[116] e, ainda, (iii) o *contrat de procédure* do direito francês, que, embora tenha recebido diversas acepções historicamente, reconhece o poder de disposição negocial das partes e advogados [117] para, *v.g.* firmar calendários procedimentais, estabelecer ônus, obrigações e deveres diferentes dos padronizados em lei e celebrar a chamada *cláusula de paz*, essa, aliás, que constitui importante exemplo da relação entre o princípio da inafastabilidade e o negócio jurídico processual, como será adiante apontado.

Em termos de nomenclatura, várias são as expressões utilizadas, como *convenções processuais, acordos processuais, negócios jurídicos processuais*, entre outras. Qualquer análise e justificativa nessa seara ensejaria considerações bem mais aprofundadas. Adota-se, assim, a expressão *negócios jurídicos processuais* tão somente por ela ser a mais comumente utilizada pela doutrina recente. Diversidade parecida também se observa com relação às mais diferentes classificações dadas a tais negócios.[118]

Questão de extremo interesse que surge é saber qual o regime jurídico aplicável a esses negócios jurídicos, com base no qual se dará a interpretação da existência, validade e eficácia desses atos [119]. Exemplo que soa claro dessa dificuldade

---

115 O tema é analisado de forma interessante em artigo de Kevin E. Davis e Helen Hershkoff (DAVIS, E. Kevin. HERSHKOFF, Helen. Contracting for procedure. *In* CABRAL, Antonio do Passo. NOGUEIRA, Pedro Henrique. *Grandes temas do novo CPC*, vol. 1, Salvador : Juspodivm, 2015.

116 KERN, Christoph A. Procedural contracts in Germany. *In* CABRAL, Antonio do Passo. NOGUEIRA, Pedro Henrique. *Grandes temas do novo CPC*, vol. 1, Salvador : Juspodivm, 2015.

117 ALMEIDA, Diogo Assumpção Rezende de. As convenções processuais na experiência francesa e no Novo CPC. *In* CABRAL, Antonio do Passo. NOGUEIRA, Pedro Henrique. *Grandes temas do novo CPC*, vol. 1, Salvador : Juspodivm, 2015. A esse respeito, indica-se também s obra de Loïc Cadiet: Les conventions relatives au procès em droit français sur la contractualisation du réglement dês litiges, *Revista de Processo*, vol. 160, jul.2008.

118 Sobre o tema, sugere-se a leitura atenta às seguintes obras: CABRAL, Antonio do Passo. NOGUEIRA, Pedro Henrique. *Grandes temas do novo CPC*, vol. 1, Salvador : Juspodivm, 2015; CABRAL, Antonio do Passo. *Convenções processuais*, Salvador : Juspodivm, 2016; e NOGUEIRA, Pedro Henrique. *Negócios jurídicos*....

119 Essa problemática já era objeto de preocupação, por exemplo, de José Carlos Barbosa Moreira em texto emblemático sobre o tema. Segundo o autor, à luz do Código antecessor de 1973: "Conforme se sabe, a disciplina estabelecida pelo direito processual civil para os atos das par-

é o regime de nulidades, enquanto no plano do direito material as nulidades impedem, em regra, a produção dos efeitos do negócio, em âmbito processual o ato poderá ser considerado válido e apto, portanto, para produção dos seus efeitos se não resultar em prejuízos às partes e atender à sua finalidade (art. 277 do CPC/15).

A esse respeito, aliás, é interessante a classificação proposta por Pedro Nogueira entre *negócios jurídicos sobre o processo* e *negócios jurídicos processuais*, esses que se referem a procedimentos pendentes e concretos e aqueles celebrados antes da existência de demanda, aos quais faltaria *processualidade*.[120] Estabelecendo um marco temporal, separando negócios jurídicos sobre processo – na acepção mais ampla da denominação – com características em certa medida diferentes, tenta o autor delimitar quando se aplica cada um dos regimes.

De todo modo, em que pese a provocante e cativante discussão, com relação ao presente estudo, a identificação do regime aplicável aos negócios jurídicos processuais fica, em certa medida, relegada a segundo plano. Seja sob o regime de direito material, seja sob o regime de direito processual, os negócios jurídicos processuais, isto é, os negócios jurídicos que versem sobre processo antes ou não da existência da demanda, devem observar o conteúdo do princípio da inafastabilidade da jurisdição. Em outras palavras, essa garantia constitucional é limite intransponível à vontade das partes, seja para negócios cuja eficácia fica condicionada à existência de demanda futura, seja para negócios celebrados durante o tramite do processo.

Como estudado no segundo capítulo desse trabalho, a inafastabilidade da jurisdição, enquanto garantia e princípio fundamental imanente ao Estado de Direito, goza de características inerentes a essa condição que tem implicações profundas na discussão proposta.

Conforme visto, a inafastabilidade possui eficácia irradiante, horizontal e absoluta [121]. O preceito, portanto, permeia todo o ordenamento jurídico e é viés obrigatório ou verdadeiro *norte* de interpretação de comportamentos e texto legislativos. Além disso, não deve ser observado como direito frente ao Estado – em

---

tes nem sempre coincide com a prevista no direito civil para os atos jurídicos privados. Diferença importante é a que concerne ao requisito subjetivo de validade; ela resulta da circunstância de admitir-se que litiguem em juízo entes desprovidos de personalidade – e, portanto, de capacidade – no plano civil. Assim, por exemplo, a massa falida, a herança jacente ou vacante, o espólio, o condomínio, para o direito civil não são pessoas, nem podem, por isso mesmo, praticar validamente atos jurídicos privados; permite-se-lhes, entretanto, figurar como partes de um processo e, pois, realizar atos processuais de cuja validade, por esse ângulo, não há duvidar. Cabe indagar a que regulamentação se submetem as convenções de que estamos tratando, nos pontos que a lei deixou de disciplinar." (MOREIRA, José Carlos de Barbosa. *Temas de direito processual : terceira série*, São Paulo : Saraiva, 1984, p. 92-93).

120 NOGUEIRA, Pedro Henrique. *Negócios jurídicos...*, p. 231.
121 Sobre isso, sugere-se a leitura do item 2.3 do estudo.

sua perspectiva vertical – mas também em perspectiva horizontal nas relações entre particulares, e, ainda, não pode ser diminuído ou atrofiado por lei infraconstitucional. Dessa forma, parece inconteste que os termos de qualquer negócio processual, em sua acepção mais ampla, deve observar o conteúdo do princípio da inafastabilidade. Deve, portanto, ser assegurado o exercício da função jurisdicional, seja pelo Poder Judiciário seja pelo juízo arbitral.[122]

Nesse sentido, Pedro Henrique Nogueira, *v.g.*, bem assinala que as normas constitucionais do processo civil, dentre elas a inafastabilidade e os demais princípios cujos conteúdos a ela integram, são limites objetivos às disposições dos negócios jurídicos processuais:

> As normas constitucionais do processo civil, inclusive os princípios, funcionam como limites objetivos aos negócios processuais e convenções sobre o processo e não se admite a prática de atos negociais que afastem suas prescrições. Por isso, não seriam válidos os negócios que afastassem o regime de publicidade externa dos atos processuais fora das exceções constitucionais (CF/88, art. 5º, LX), que implicasse escolha do juiz da causa, ou modificação da competência absoluta, em face do princípio do juiz natural (CF/88, art. 5º, XXXVII e LIII), ou que implicasse a criação de diversas medidas e providências que contrariassem a observância da razoável duração do processo (CF/88, art. 5º, LIV), ou que liberasse o juiz dos seus deveres de cooperação, ou que afastasse a exigência de motivação das decisões judiciais (CF/88, art. 93, IX e CPC/2015, art. 489), ou que liberasse as partes para litigar de modo temerário (contrariando o dever de probidade) etc. Em síntese, a dimensão objetiva do devido processo legal é um limite à negociação processual.[123]

Assim, não é válido negócio jurídico processual – na acepção mais ampla da locução – que atrofie ou obste a verificação prática do conteúdo do princípio da inafastabilidade da jurisdição, sendo essa a principal conclusão desse tópico. Nesse contexto, a casuística parece apresentar melhores elementos de compreensão do aqui afirmado.[124]

---

122 Nessa perspectiva, a convenção de arbitragem pode ser compreendida como negócio processual.

123 NOGUEIRA, Pedro Henrique. *Negócios jurídicos...*, p. 238. No mesmo sentido, escreve Flávio Luiz Yarshell (YARSHELL, Flávio Luiz. Convenção das partes em matéria processual: rumo a uma nova era?. *In* CABRAL, Antonio do Passo. NOGUEIRA, Pedro Henrique. *Grandes temas do novo CPC*, vol. 1, Salvador : Juspodivm, 2015, p. 70).

124 Além dos exemplos que serão a seguir colocados, a doutrina apresenta interessantes situações pontuais em que, embora não se trate especificamente da inafastabilidade, os negócios jurídicos processuais estariam limitados. José Manoel de Arruda Alvim Netto, por exemplo, diz que "não é possível, de modo algum, que sejam firmadas convenções visando a possibilitar o uso de provas ilícitas no processo (art. 5.º, LVI, da CF/1988), ou, ainda, que permitam a prolação de decisões judiciais não fundamentadas [...]. Nessa mesma linhas, exemplificativamente, a doutrina já identificou como limites – não exaustivos – à convenção procedimental das partes: (a) exclusão ou restrição da intervenção do Ministério Público, quando esta é determinada por

Não parece ser válido, por exemplo, negócio jurídico processual que impeça as partes, ligadas por determinada relação jurídica, de provocar a atividade jurisdicional no caso de conflito de interesses futuros. Desse modo, não seria válida, *v.g.*, convenção pela não utilização de ação de despejo em contrato de locação pelo descumprimento das obrigações do locatário ou convenção pela não utilização da adjudicação compulsória em compromisso de compra e venda pela não entrega do imóvel ao comprador adimplente.

Também não parece possível negócio processual que afasta a utilização das tutelas provisórias. Como visto no item 4.3 precedente, o Código de 2015 trata a tutela provisória como importante mecanismo de prestígio à garantia da inafastabilidade, não só assegurando o atendimento jurisdicional, por assim dizer, das situações de urgência, como também a redistribuição do ônus do tempo do processo com o fulcro de afastar estado notório e flagrante de ilicitude e injustiça. Desse modo, caracterizados os pressupostos que justificam a tutela provisória de urgência, antes ou durante a relação processual instalada, e sendo do interesse da parte, a tutela deve ser concedida, não podendo negócio processual prévio limitá-la ou inviabilizá-la. Cumpre lembrar que, conforme já defendido, nem mesmo a lei poderia fazê-lo, sob pena de insofismável inconstitucionalidade. Igualmente, considerando o escopo processual de adequação e efetividade que caracteriza a tutela de evidência, também não parece ser possível que negócio processual afaste a aplicação do art. 311 do CPC/15.

Igualmente, não se afigura válido negócio jurídico processual que limite o direito de defesa que, conforme explanado no item 2.10, a inafastabilidade também assegura o direito contra quem se litiga e todas as garantias a ele inerentes. Desse modo, *v.g.*, negócio jurídico processual não poderia limitar as matérias a serem tratadas na contestação, restringindo as matérias dos arts. 336 e 337 do CPC/15.

De forma semelhante, os mecanismos coletivos de defesa dos direitos metaindividuais ou coletivos *lato sensu* não poderiam ser negociados, pois esses também estão assegurados pela garantia da inafastabilidade. Assim, por exemplo, não seria válida cláusula em contrato de compra e venda de veículo em que a fabricante dispõe que o comprador não poderia se beneficiar *in utilibus* de eventual sentença proferida em ação que se discutiu direitos individuais homogêneos, como no caso de defeito em fabricação em série que, de origem comum, resultou em danos individualmente aferíveis.

---

lei ou pela Constituição; (b) a alteração de regras cuja inobservância conduz à incompetência absoluta; (c) a disposição sobre normas de organização judiciária; (d) a dispensa das partes dos deveres à litigância proba; (e) a criação de sanções processuais por atos atentatórios à dignidade da justiça ou por litigância de má-fé; (f) a criação de recursos não previstos em lei; (g) a criação de hipóteses de ação rescisória e de outras medidas tendentes a desconstituir a coisa julgada e (h) a dispensa do requisito do interesse processual." (ALVIM, Arruda. *Novo contencioso...*, p. 144).

Do mesmo modo, não parece válido negócio jurídico que de alguma forma obste o controle jurisdicional da atividade administrativa, nos moldes propostos no item 2.11 desse estudo. Não seria possível, *v.g.*, que a Administração em contrato de concessão de prestação de determinado serviço público convencione cláusula no sentido de que o particular concessionário não poderá discutir futura e jurisdicionalmente eventuais ilegalidades praticadas pelo próprio poder concedente.

No mais, seguindo o já dito no trabalho, os negócios jurídicos processuais estão igualmente limitados pelo conteúdo dos princípios que fundamentam e integram a inafastabilidade. Não poderiam, assim, afastar o núcleo essencial do devido processo legal, as garantias do contraditório e ampla defesa, o juiz natural e a imparcialidade do julgador, a motivação das decisões judiciais ou, ainda, estabelecer prazos dilatados em demasia em claro comprometimento da duração razoável do processo.[125]

Além de todos esses exemplos e encerrando esse tópico, surge interessante e exemplificante discussão sobre a já mencionada *cláusula de paz* presente, em especial, no cenário jurídico francês. Por meio dela, as partes acordam que se surgir eventual conflito ou divergência durante a relação jurídica, elas procurarão uma solução negocial antes de provocar a atividade jurisdicional estatal ou arbitral.[126] Dentro do que foi até aqui estudado, isso parece perfeitamente legítimo. Notoriamente, duas razões principais induzem a essa opinião.

Em primeiro lugar, tal convenção não obsta ou limita o exercício jurisdicional, apenas o posterga para outro momento por vontade das partes. Logicamente, tal acordo deverá respeitar certos requisitos inerentes ao negócio jurídico, como a observância da livre manifestação de vontade das partes e o equilíbrio da relação jurídica. Além disso, cumpre salientar que devem ser ressalvadas as situações de urgência caracterizadas antes e durante tal período prévio de negociação. Presentes os pressupostos da tutela provisória de urgência, a cláusula de paz perderá sua eficácia em nome da garantia da inafastabilidade.

Por fim, em segundo lugar, como preconiza o princípio da inafastabilidade da jurisdição, deve ser conferido às partes de determinada relação jurídica o meio mais adequado e efetivo para solução do conflito. O acordo por tentativas de negociação antes da provocação jurisdicional afigura-se claramente apto para tanto, seja pela natureza dos métodos utilizados, como, *v.g.*, a adoção de meios como a mediação ou conciliação,[127] seja sob uma perspectiva temporal em que o decurso

---

125 Fala-se em prazos "dilatados em demasia" porque parece que o aumento *razoável* dos prazos é possível, considerando, sobretudo, que pode o juiz fazê-lo oficiosamente (art. 139, VI, do CPC/15).

126 ALMEIDA, Diogo Assumpção Rezende de. As convenções processuais na experiência francesa e no Novo CPC. *In* CABRAL, Antonio do Passo. NOGUEIRA, Pedro Henrique. *Grandes temas do novo CPC*, vol. 1, Salvador : Juspodivm, 2015, p. 253 e CADIET, Loïc. Les conventions..., p. 63.

127 Aliás, cumpre lembrar que o próprio o CPC/15 prevê como regra, em seu procedimento comum, a realização de audiência de mediação e conciliação . Ora, se a negociação é regra no

do tempo pode ser fator crucial para o sucesso da negociação e o fim do conflito. Imagine-se, por exemplo, caso duas pessoas jurídicas celebrem um contrato para a entrega de equipamentos, esses são entregues pela fornecedora, mas a outra empresa atrasa o pagamento por falta de recursos. A princípio, a empresa fornecedora poderia pleitear a cobrança jurisdicionalmente, porém seria possível que, mediante a convenção prévia de cláusula de paz, elas ficassem obrigadas à negociação prévia por período de 30 dias e que, nesse interregno, a empresa devedora obtivesse crédito para adimplir o contrato.

4.10. As comissões de conciliação prévia na Justiça do Trabalho

Ainda sob a mesma ótica dos dois itens anteriores, é oportuna a referência às comissões de conciliação prévia na Justiça do trabalho, especialmente com relação aos dissídios individuais, dispostas nos artigos 625-A a 625-H da Consolidação das Leis do Trabalho – CLT. Conquanto não se trate de um tema estritamente afeto ao direito processual civil, sua força exemplificativa e uma visão unitária do Direito justificam alguns comentários.

Acrescentados à CLT pela Lei nº 9.958 de 2000, os referidos artigos estabelecem outro mecanismo de solução das lides trabalhistas individuais. Em síntese, determinam que podem ser criadas comissões de conciliação entre empregadores e empregados. Essas comissões ficam encarregadas de tentar realizar, em prazo definido, a conciliação dos conflitos que tenham as relações de trabalho como fundo, na tentativa legítima do legislador de evitar a submissão do conflito à disputa contenciosa junto ao Poder Judiciário.

A grande questão que aproxima esse instituto com o princípio da inafastabilidade da jurisdição, justificando a rápida menção do tema nesse trabalho, é saber se tais comissões são ou não constitucionais. Dentro de tudo que foi estudado até aqui, parece que sim.

Muito bem. No estudo da doutrina especializada, a questão da constitucionalidade passa pela discussão da própria natureza jurídica do instituto, onde se destacam duas posições bem delineadas.

Existe uma primeira que compreende as comissões de conciliação prévia como verdadeiro pressuposto processual do trabalho. Instituída a comissão na localidade onde é verificada a relação de trabalho discutida, cumpre ao empregado tentar previamente a conciliação, sob pena de ter seu processo trabalhista extinto sem resolução do mérito. Em outras palavras, existente a comissão só se desenvolverá o processo trabalhista se o empregado ou reclamante comprovar que tentou a conciliação e essa foi infrutífera. Amador Paes de Almeida, por exemplo, tece comentários em defesa dessa posição:

---

próprio desenrolar da atividade jurisdicional, não existem razões para vedá-la anteriormente se assim as partes desejarem.

Na existência de Comissão de Conciliação Prévia na localidade da prestação de serviço, o empregado deve, obrigatoriamente, submeter sua reivindicação à Comissão, como condição à propositura da ação trabalhista. [...] A tentativa de conciliação prévia se traduz, pois, num dos pressupostos processuais trabalhistas, tanto para os dissídios individuais (Lei n. 9.958/2000, art. 625-D) como para os dissídios coletivos (CF, art. 114, §§ 1º e 2º, Instrução Normativa n. 04/93, inciso V, *d*). Não atendido tal pressuposto, ao juiz da Vara do Trabalho não restará outro procedimento senão julgar extinta a ação sem exame do mérito, nos termos do art. 267, IV, do Código de Processo Civil.[128]

Diferentemente, há uma segunda posição que não entende as comissões como pressuposto processual, mas sim como meio extrajudicial de solução de controvérsias trabalhistas, constituindo, eminentemente, em uma faculdade do trabalhador. Sobre esse entendimento, pode se destacar a lição de Carlos Henrique Bezerra Leite:

Alguns autores sustentam, contrariamente ao nosso entendimento (vide Capítulo VI, item 6.3), que o art. 625-D da CLT consagra uma espécie de pressuposto processual negativo. [...] Para nós, a Comissão de Conciliação Prévia - CCP nada mais é do que um "meio alternativo de solução extrajudicial dos conflitos intersubjetivos de natureza trabalhista", na perspectiva da "terceira onda" de acesso à Justiça preconizada por Mauro Cappelletti. Como meio alternativo de acesso à justiça, não pode ser considerado um pressuposto processual, mas faculdade do interessado.[129]

Essa parece ser a posição adotada pelo Supremo Tribunal Federal que no julgamento da Medida Cautelar na Ação Direta de Inconstitucionalidade nº 2.160/DF, em 13 de maio de 2009, decidiu por dar interpretação conforme ao art. 625-D da CLT de modo que, em respeito à garantia da inafastabilidade, a passagem pela comissão de conciliação seria uma faculdade do empregado, não lhe podendo ser impedido o acesso ao Poder Judiciário pela ausência de tentativa de conciliação prévia. O Tribunal Superior do Trabalho, igualmente, tem adotado esse posicionamento.[130]

---

128   ALMEIDA, Amador Paes de. *CLT Comentada*, 8ª ed. rev. e atual., São Paulo : Saraiva, 2014, p. 444 e 446.
129   LEITE, Carlos Henrique Bezerra. *Curso de direito processual do trabalho*, 12ª ed., São Paulo : LTr, 2014, p. 376-377.
130   Exemplo disso, é o trecho da seguinte decisão exarada pela sua 7ª Turma: "COMISSÃO DE CONCILIAÇÃO PRÉVIA. PORTUÁRIOS. INEXIGIBILIDADE. ORIENTAÇÃO JURISPRUDENCIAL Nº 391 DA SBDI-1 DO TST. O entendimento desta Corte Superior é no sentido de que não se exige a submissão do litígio à Comissão de Conciliação Prévia como condição de admissibilidade de ajuizamento de ação, uma vez que constitui mera faculdade do autor. Ademais, tal exigência contraria a garantia constitucional de livre acesso ao Poder Judiciário, prevista no artigo 5º, XXXV, da Constituição Federal. Aplicação da Orientação Jurisprudencial nº 391 da SBDI-1 do TST. Recurso de revista de que não se conhece." (TST, RR nº 188600-55.2006.5.03.0022, Rel. Min. Cláudio Mascarenhas Brandão, 7ª Turma, j. em 26.ago.2015, DEJT 4.set.2015).

De todo modo, independentemente da natureza jurídica do instituto, pode se concluir pela inexistência de qualquer incompatibilidade entre a comissão de conciliação prévia e o princípio da inafastabilidade da jurisdição.

Caso se considere como pressuposto processual do trabalho, já foi visto nesse estudo que é plenamente legítimo que a lei condicione o exercício do direito de ação, sobretudo, se tais requisitos estiverem fundados em justificativas razoáveis como parece ser o caso.

O princípio da inafastabilidade da jurisdição trabalha com uma *realidade pré-processual*, assegurando a possibilidade de provocação da Justiça do Trabalho ainda que seja para se manifestar pela impossibilidade de apreciação do mérito por falta da tentativa de conciliação prévia. Assegura, igualmente, que o Poder Judiciário afaste esse requisito diante de circunstâncias do caso concreto, seja pela inexistência de comissão na localidade da prestação de serviço, por alguma impossibilidade do empregado que justifique o ingresso direto da reclamação trabalhista ou, ainda, pela existência de algum vício na instituição ou atuação da comissão.

A conclusão é a mesma se as comissões de conciliação prévia forem vistas não mais como pressuposto processual, mas sim como meio de solução consensual do conflito. Como também já foi visto em vários momentos desse estudo, inclusive no tópico anterior, a disposição de outros meios de solução em paralelo à jurisdição estatal não macula a inafastabilidade. Pelo contrário. Em bem da verdade aperfeiçoa a busca por um estado ideal das coisas caracterizado pelo pleno acesso a soluções adequadas e efetivas dos conflitos.

4.11. Os procedimentos executivos extrajudiciais da Lei de Alienação Fiduciária nº 9.514 de 1997 e do Decreto-Lei nº 70 de 1966

Outro ponto igualmente importante de ser explorado nesse trabalho e em continuidade ao objetivo de entender e exemplificar o princípio da inafastabilidade da jurisdição no direito processual civil brasileiro e como seu conteúdo influencia a interpretação, compreensão e aplicação de outros institutos jurídicos, é a análise da constitucionalidade dos *procedimentos executivos extrajudiciais* previstos na Lei de Alienação Fiduciária nº 9.514 de 1997 e no Decreto-Lei nº 70 de 1966 frente ao princípio da inafastabilidade da jurisdição.

Inicialmente, cumpre tecer breves comentários conceituais sobre os temas tratados nesse tópico, especialmente, a *alienação fiduciária em garantia de coisa imóvel* e a *hipoteca* disciplinadas nos referidos diplomas e das quais decorrem os referidos procedimentos executivos extrajudiciais.

A Lei nº 9.514 de 1997 dispõe sobre o Sistema de Financiamento Imobiliário, sua finalidade, as entidades que podem operá-lo, o modo pelo qual os negócios de financiamento serão realizados e notadamente as garantias que podem ser utilizadas para assegurar as referidas operações. Dentre elas, é instituída a *alienação fiduciária em garantia de coisa imóvel* que, nos termos do art. 22 do referido diploma, é "o negócio jurídico pelo qual o devedor, ou fiduciante, com o escopo de garantia, contrata a transferência ao credor, ou fiduciário, da propriedade resolúvel de coisa imóvel.".

A *alienação fiduciária em garantia*, em si, não é instituto novo. Sua inauguração no ordenamento jurídico brasileiro remonta ao art. 66 da Lei nº 4.728 de 1965 que disciplina o desenvolvimento do mercado de capitais, sendo prevista e alterada posteriormente por várias outras normas específicas.[131] Seu conceito é bem explicado nas precisas palavras de Everaldo Augusto Cambler e Andréia Tavares Siraque:

> A alienação fiduciária é uma espécie ou modalidade de garantia de gênero negócio fiduciário. [...] Na concepção majoritária de negócio fiduciário, o negócio fiduciário tem natureza dualista, em razão da existência de dois contratos dentro do negócio fiduciário: o contrato real positivo (transferência do direito de propriedade ou crédito) e o obrigatório negativo (obrigação do fiduciário de restituir a coisa após a quitação do débito que garantia). [...] Assim, entende-se que a alienação fiduciária em garantia é uma modalidade de prestação de garantia, espécie do gênero negócio fiduciário, em que o devedor transmite fiduciariamente ao credor, ou seja, em garantia, o domínio resolúvel e a posse indireta de bens móveis ou imóveis de sua propriedade, com ou sem a entre deles, conservando a posse direta do bem [...]. Os sujeitos do contrato de alienação fiduciária são os seguintes: um devedor- fiduciante, que transferiu em garantia ao credor bem de sua propriedade, e o credor-fiduciário, que tem o crédito contra o devedor garantido pelo bem que lhe foi transmitido fiduciariamente. O objeto pode ser bem móvel ou imóvel, concluído ou em construção, inclusive o que já integrava o patrimônio do alienante, ou seja, não precisa ter sido comprado com o financiamento.[132]

A *alienação fiduciária em garantia de bem imóvel*, dentro do que se propõe nesse tópico, pode então ser entendida como uma modalidade de garantia prestada por meio de um direito real sobre bem imóvel para assegurar o cumprimento de determinado direito pessoal. Há uma obrigação, um credor e um devedor, os quais, em razão do negócio fiduciário constituído, são denominados, respectivamente, como *credor-fiduciário* e *devedor-fiduciante*.

---

131 Notadamente, podem ser citadas: Decreto-Lei 911 de 1969 que alterou a Lei nº 4.728 de 1965; Lei nº 4.864 de 1965 de Estímulo à Indústria de Construção Civil; Lei nº 6.404 de 1976 das Sociedades por Ações que admitiu a alienação fiduciária em garantia para ações; Lei nº 7.565 de 1986 que dispõe sobre o Código Brasileiro de Aeronáutica e tornou possível a constituição de alienação fiduciária em garantia de aeronaves e seus equipamentos; e o Código Civil que em seus artigos 1.361 a 1.368-A regulamenta a propriedade fiduciária de bens móveis infungíveis com escopo de garantia. (CAMBLER, Everaldo Augusto, SIRAQUE, Andréia Tavares. A recepção do leilão extrajudicial pela Constituição Federal, In AURELLI, Arlete Inês [coord.] et al, *O Direito de estar em juízo...*, p. 144-146).

132 CAMBLER, Everaldo Augusto, SIRAQUE, Andréia Tavares. op. cit., p. 147-148.

Para assegurar o cumprimento dessa obrigação, o devedor-fiduciante transfere, como garantia, a propriedade resolúvel do bem imóvel ao credor-fiduciário.[133] Além disso, há o desdobramento da posse, ficando o credor com a posse indireta do bem, enquanto o devedor conserva a posse direta. Cumprida a obrigação, encerra-se a garantia consolidando a propriedade e a posse na pessoa do até então devedor-fiduciante. Porém, se não cumprida a obrigação, ao credor-fiduciário são asseguradas medidas jurídicas para satisfação de seu crédito.

Dentre essas medidas, a Lei 9.514 de 1997 dispõe de um *procedimento executivo extrajudicial* em seus artigos 26 a 30. Em apertada síntese, vencida e não paga a obrigação, o credor-fiduciário providencia a intimação do devedor-fiduciante, por meio do oficial de Registro de Imóveis, para que satisfaça a obrigação no prazo de quinze dias. Caso essa não seja cumprida, o devedor-fiduciante é constituído em mora (art. 26).

Realizada essa primeira etapa e sem ter o devedor-fiduciante purgado a mora, a propriedade consolida-se na pessoa do credor-fiduciário (art. 26, §7º), com a respectiva averbação na matrícula do imóvel dado em garantia. Feito isso, o credor poderá, em trinta dias, leiloar publicamente o imóvel para sua alienação (art. 27). Essa fase é conhecida como *leilão extrajudicial*.

Por sua vez, o Decreto-Lei nº 70 de 1966, institui a chamada *cédula hipotecária* que, conforme dicção de seu artigo 10,[134] é um título ou instrumento que

---

133 Melhim Namem Chalhub bem explica essa sistemática: "Ao disciplinar a constituição da propriedade fiduciária para fins de garantia, o direito positivo brasileiro adotou a matriz da propriedade resolúvel, pela qual se viabiliza a transmissão da propriedade de forma restrita e temporária, com o subsequente restabelecimento da situação jurídica anterior, uma vez implementada a condição, ou com a transmissão da propriedade plena ao fiduciário ou a terceiro adquirente, na hipótese de deixarem de existir as limitações da propriedade fiduciária. Com efeito, a despeito do poder absoluto e exclusivo sobre a coisa, que caracteriza o domínio, há uma espécie de domínio que por virtude do título de sua constituição é revogável ou resolúvel, fenômeno este que ocorre quando a causa de aquisição do domínio encerra em si um princípio ou condição resolutiva do mesmo domínio, expressa ou tácita. [...] De acordo com a configuração da propriedade resolúvel, o efeito da condição opera de forma automática, tão logo implementada (na alienação fiduciária, pelo pagamento), daí resultando a extinção da propriedade para o fiduciário e sua conseqüente reversão para o fiduciante. A estrutura da alienação fiduciária em garantia sustenta-se na articulação de um ato de transmissão da propriedade, em caráter resolúvel, e de um pacto de restituição; mas, não obstante este último tenha caráter obrigacional, não há dúvida que está vinculado ao implemento da condição e, assim sendo, implica a automática reversão da propriedade." (Propriedade fiduciária de bens móveis em garantia, *Revista de Direito Bancário e do Mercado de Capitais*, vol. 21, p. 302, Jul.2003).

134 "Art. 10. É instituída a cédula hipotecária para hipotecas inscritas no Registro Geral de Imóveis, como instrumento hábil para a representação dos respectivos créditos hipotecários, a qual poderá ser emitida pelo credor hipotecário nos casos de: I - operações compreendidas no Sistema Financeiro da Habitação; II - hipotecas de que sejam credores instituições financeiras em geral, e companhias de seguro; III - hipotecas entre outras partes, desde que a cédula hi-

representa o crédito hipotecário estabelecido no Sistema Financeiro de Habitação, de que sejam credores instituições financeiras ou companhias de seguro ou de que sejam credores outras partes, desde que, nesse último caso, a cédula tenha sido originalmente emitida em favor dessas pessoas jurídicas mencionadas. Existe, assim, uma hipoteca constituída nessas condições e um título que a representa.

Hipoteca é um direito real de garantia, isto é, um direito sobre alguma *coisa* que tem por finalidade garantir a obrigação. Há um vínculo real de afetação de coisa imobiliária à garantia de um débito, porém sem o desapossamento do proprietário. Em outras palavras, há uma obrigação, um credor e um devedor. Para garantir que a obrigação será cumprida, o devedor *concede* ao credor um direito sobre a coisa. Por consequência, descumprida a obrigação, pode o então *credor--hipotecário* utilizar da coisa para satisfazer o seu crédito, opondo esse direito a terceiros e promovendo a respectiva execução da hipoteca.[135]

---

potecária seja originàriamente emitida em favor das pessoas jurídicas a que se refere o inciso II supra. § 1º A cédula hipotecária poderá ser integral, quando representar a totalidade do crédito hipotecário, ou fracionária, quando representar parte dêle, entendido que a soma do principal das cédulas hipotecárias fracionárias emitidas sôbre uma determinada hipoteca e ainda em circulação não poderá exceder, em hipótese alguma, o valor total do respectivo crédito hipotecário em nenhum momento."

---

135 A esse respeito, é elucidativa a lição de José Manoel de Arruda Alvim Netto em artigo dedicado ao tema: "Os direitos reais de garantia gozam, por tudo quanto se disse, de uma tutela ou *garantia* de caráter absoluto. '[São] os direitos reais de garantia (...) direitos que conferem o poder de, pelo valor de uma coisa ou pelo valor dos seus rendimentos, um indivíduo obter, com preferência sobre todos os outros credores, o pagamento de uma dívida de que é titular ativo'. Por *terceiros* devem-se entender não só aqueles que são estranhos a um dado negócio, que esteja protegido por garantia real, como também os que possam pretender ter um direito subjetivo, que eventualmente possa ser confrontado com uma situação constitutiva de direito real. É esse terceiro sempre alguém estranho 'aos sujeitos entre os quais uma determinada relação se constituiu, e também no que diz respeito à hipoteca pode-se reconhecer uma tutelabilidade *erga omnes*, como nos outros direitos reais'. [...] A hipoteca é um direito real pela circunstância, verdadeiramente qualificante dos direitos reais, da sua oponibilidade a terceiros adquirentes. A hipoteca pode ser descrita como 'uma garantia real, em princípio imobiliária, que se realiza sem o desapossamento do devedor. Afeta-se um imóvel à garantia de uma obrigação, de tal modo que, da afetação resultam o direito de *preferência*, oponível aos demais credores do devedor comum, e o direito de *sequela*, que, no que interessar à eficácia da garantia hipotecária, se opõe [mesmo] a qualquer direito real ou de outra natureza'. O direito de preferência, a seu turno, "consiste no dever de pagar o credor hipotecário, pelo produto da alienação da coisa, *antes e com exclusão de qualquer outro credor*. Também é sabido que o direito de sequela autoriza a perseguição da coisa, para garantir-se a dívida a que ela se vinculara realmente". Diga-se mais ainda que 'a hipoteca constitui-se sem o desapossamento do devedor, o que significa que este conserva a posse da coisa juridicamente vinculada ao crédito garantido'. Isto deixa claramente evidente que a hipoteca marca-se pelo vínculo real de afetação da coisa imobiliária à garantia de um débito, sem que se cogite de transferência da posse ao credor hipotecário. Esta remanesce com o devedor hipotecário, podendo este transferi-la a outrem. Se, todavia, o devedor transferir a posse a outrem, nem por isso desaparece a garantia real, a qual subsiste

Nesse contexto, além da cédula hipotecária, o Decreto-Lei nº 70 de 1966, principalmente após as alterações operadas pela Lei nº 8.004 de 1990, prevê em seus artigos 29 e 41 uma forma de *execução extrajudicial* da hipoteca constituída nos cenários ali previstos, ou seja, no Sistema Financeiro de Habitação ou que tenha por credor-hipotecário instituição financeira ou companhia de seguro. Dessa forma, nos termos do seu art. 29, é facultado ao credor, cuja obrigação não foi satisfeita, promover a execução nos termos da legislação processual civil ou extrajudicialmente por meio da *execução hipotecária* disciplinada na sequência pela norma (arts. 31 a 38).

O procedimento dessa *execução hipotecária extrajudicial*, em breve descrição, ocorre da seguinte forma: vencida e não paga a obrigação é estabelecido um agente fiduciário, que necessariamente é uma pessoa jurídica alheia à relação obrigacional garantida pela hipoteca;[136] nos dez dias subsequentes, esse agente fiduciário promove a notificação do devedor que terá para vinte dias para purgar a mora; caso o devedor não purgue a mora, nos próximos quinze dias, o agente fiduciário pode começar a promover os leilões públicos do bem gravado com a hipoteca para saldar a dívida; efetivada a alienação do imóvel, é emitida a respectiva carta de

---

integralmente. Com isto fica evidente que a mutação na situação possessória não influi e não afeta a plenitude da garantia. O que é elementar à hipoteca, para ser ela considerada como tal, é o requisito da publicidade, com o qual se instaura efetivamente o direito real de garantia hipotecária."(Direitos reais de garantia, *Soluções Práticas de Direito, Direito Público, Arruda Alvim*, vol. 3, p. 295, Ago.2011). No mesmo sentido, é o conceito trazido por Carlos Roberto Gonçalves: "*Hipoteca* é o direito real de garantia que tem por objeto bens imóveis, navio ou avião pertencentes ao devedor ou a terceiro e que, embora não entregues ao credor, asseguram-lhe, preferencialmente, o recebimento de seu crédito. No direito moderno, a hipoteca é concebida e regulada, de modo geral, como direito real de garantia que consiste em sujeita um imóvel, preferentemente, ao pagamento de uma dívida de outrem, sem retirá-lo da posse do dono." (*Direito civil brasileiro, vol. 5 : direito das coisas*, 9ª Ed, São Paulo : Saraiva, 2014, p. 597).

136 Assim disciplina o Decreto-Lei nº 70: "Art. 30. Para os efeitos de exercício da opção do artigo 29, será agente fiduciário, com as funções determinadas nos artigos 31 a 38: I - nas hipotecas compreendidas no Sistema Financeiro da Habitação, o Banca Nacional da Habitação; II - nas demais, as instituições financeiras inclusive sociedades de crédito imobiliário, credenciadas a tanto pelo Banco Central da República do Brasil, nas condições que o Conselho Monetário Nacional, venha a autorizar. §1º O Conselho de Administração ao Banco Nacional da Habitação poderá determinar que êste exerça as funções de agente fiduciário, conforme o inciso I, diretamente ou através das pessoas jurídicas mencionadas no inciso II, fixando os critérios de atuação delas. §2º As pessoas jurídicas mencionadas no inciso II, a fim de poderem exercer as funções de agente fiduciário dêste decreto-lei, deverão ter sido escolhidas para tanto, de comum acôrdo entre o credor e o devedor, no contrato originário de hipoteca ou em aditamento ao mesmo, salvo se estiverem agindo em nome do Banco Nacional da Habitação ou nas hipóteses do artigo 41. § 3º Os agentes fiduciários não poderão ter ou manter vínculos societários com os credores ou devedores das hipotecas em que sejam envolvidos. § 4º É lícito às partes, em qualquer tempo, substituir o agente fiduciário eleito, em aditamento ao contrato de hipoteca."

arrematação; devidamente registrada a carta de arrematação, pode o adquirente requerer em Juízo a imissão na posse (art. 37, §2º).

Ainda em sede inicial, é importante dizer que, embora a Lei nº 9.514 de 1997 e o Decreto-Lei nº 70 de 1966 possuam essas duas sistemáticas de forma separada, elas acabam por atuar de forma conjunta. Em especial o art. 39, inc. II, da Lei de Alienação Fiduciária determina que o procedimento de *execução hipotecária extrajudicial* é aplicado às operações de financiamento imobiliário por ela disciplinadas. Qualquer posicionamento adotado sobre o Decreto-Lei repercute sobre o Sistema de Financiamento Imobiliário. Pode se dizer, assim, que existe verdadeira complementariedade entre os sistemas de garantia referidos em epígrafe.

Pois bem. Essas conceituações iniciais foram necessárias porque é sobre os institutos do *leilão extrajudicial do imóvel alienado fiduciariamente* (Lei nº 9.514 de 1997) e da *execução hipotecária extrajudicial* (Decreto-Lei nº 70 de 1966) que repousa o tema discutido nesse ponto e que tem relação com o estudo desenvolvido no trabalho: *saber se esses procedimentos executivos extrajudiciais, em si considerados, são constitucionais frente ao princípio da inafastabilidade da jurisdição.*

Historicamente, a constitucionalidade desses procedimentos executivos extrajudiciais foi esmagadoramente reconhecida, viabilizando a consolidação de mecanismos de proteção ao crédito imobiliário no ordenamento jurídico brasileiro e, por consequência direta, a oferta do crédito à população, sobretudo àquela mais carente de moradia. Igualmente, após a promulgação da Constituição Federal de 1988, a recepção dos institutos pela nova ordem constitucional foi reiteradamente confirmada.

Os Tribunais de Justiça,[137] o antigo Tribunal Federal de Recursos, o Superior Tribunal de Justiça e o Supremo Tribunal Federal, nesses quase cinquenta anos de jurisprudência não vislumbraram, notoriamente, qualquer inconstitucionalidade dos preceitos.

Em 1976, o antigo Tribunal Federal de Recursos, por exemplo, ainda sob a égide da Constituição de 1967, teve oportunidade de apreciar a matéria e confirmou a compatibilidade entre a *execução hipotecária extrajudicial* e a garantia da inafastabilidade. Para ilustrar, é oportuna a citação de trecho do acórdão de relatoria do então Min. Décio Miranda no julgamento de um recurso de apelação em mandado de segurança nº 77.152/SP:

> O DL nº 70, de 21.11.66, no art. 29, autoriza o credor hipotecário no regime do Sistema Financeiro da Habitação, a optar pela execução do crédito na forma do C. Pr. Civil, ou na forma dos arts. 31 a 38 do mesmo Decreto-lei. E os arts. 31 a 38

---

137 A única exceção isolada cuja menção parece ser possível, diz respeito à Súmula nº 39 do antigo 1º Tribunal de Alçada Cível do Estado de São Paulo estabelecida em 1994, segundo a qual "São inconstitucionais os artigos 30, parte final, e 31 a 38 do Decreto-lei 70, de 22.11.1966". Esse entendimento restou superado pelo Tribunal de Justiça do Estado de São Paulo que sucedeu aquele 1º TAC, sendo editada a Súmula nº 20, segundo a qual "A execução extrajudicial, fundada no Decreto-Lei nº 70, de 21.11.1966, é constitucional.".

instituem nova modalidade de execução. [...] Alega-se que o procedimento não se harmoniza com o disposto no art. 153, § 4o, da Constituição, segundo o qual não poderá a lei excluir da apreciação do Poder Judiciário qualquer lesão de direito individual. Não houve, porém, supressão do controle judicial. Estabeleceu-se, apenas, uma deslocação do momento em que o Poder Judiciário é chamado a intervir. No sistema tradicional, ao Poder Judiciário se cometia em sua inteireza o processo de execução, porque dentro dele se exauria a defesa do devedor. No novo procedimento, a defesa do devedor sucede ao último ato da execução, a entrega do bem excutido ao arrematante. No procedimento judicial, o receio de lesão ao direito do devedor tinha prevalência sobre o temor de lesão ao direito do credor. Adiava-se a satisfação do crédito, presumivelmente líquido e certo, em atenção aos motivos de defesa do executado, quaisquer que fossem. No novo procedimento, inverteu-se a ordem, deu-se prevalência à satisfação do crédito, conferindo-se à defesa do executado não mais condição impediente da execução, mas força rescindente, pois, se prosperarem as alegações do executado no processo judicial de imissão de posse, desconstituirá a sentença não só a arrematação como a execução, que a antecedeu. Antes, a precedência, no tempo processual, dos motivos do devedor; hoje, a dos motivos do credor, em atenção ao interesse social da liquidez do Sistema Financeiro da Habitação. [...] Se, no novo procedimento, vier a sofrer detrimento o direito individual concernente à propriedade, a reparação pode ser procurada no Poder Judiciário, seja pelo efeito rescindente da sentença na ação de imissão de posse, seja por ação direta contra o credor ou o agente fiduciário. Assim, a eventual lesão ao direito individual não fica excluída de apreciação judicial. [...] Restou demonstrado, efetivamente, de modo irretorquível, que o DL nº 70/66, além de prever uma fase de controle judicial, antes da perda da posse do imóvel pelo devedor (art. 36, § 2º), não impede que eventual ilegalidade perpetrada no curso do procedimento de venda do imóvel seja, de logo, reprimida pelos meios processuais próprios. Nessas condições, é fora de dúvida que não cabe falar, como fez o acórdão recorrido, em ofensa às normas dos incisos XXXV, XXXVII e LIII do art. 5º da Constituição, nem, tampouco, em inobservância dos princípios do devido processo legal, do contraditório ou da ampla defesa. (TRF, AMS nº 77.152/SP, Rel. Min. Décio Miranda, Segunda Turma, j. em 5.mar.1976).

Em 1998, o Supremo Tribunal Federal também se manifestou sobre o tema e reconheceu a constitucionalidade dos procedimentos executivos, superando a discussão. No julgamento do Recurso Extraordinário nº 223.075-1/DF, de relatoria do então Min. Ilmar Galvão, foi definida a compatibilidade dos mecanismos com a Constituição Federal, eis que, notadamente, além de permitir um controle jurisdicional *a posteriori* não impede a provocação da atividade jurisdicional. Desde então, a Corte manteve esse posicionamento.[138] Para explicitá-lo, vale citar trecho do referido acórdão:

---

138 Isso pode ser notado em decisões posteriores ao julgamento do RE nº 223.075-1/DF proferidas, por exemplo, nos Recursos Extraordinários nº 240.361-8/RS de 29.jun.1999, nº 148.872-7/RS de 21.mar.2000, nº 287.453/RS de 18.set.2001, nº 408.224/SE de 3.ago.2007, nº 513.546/SP de 24.jun.2008 e nº 523.966/SP de 15.dez.2009, bem como nos Agravos Regimentais nº 509.379/PR de 4.out.2005, nº 514.565/PR de 13.dez.2005, nº 312.004/SP de 7.mar.2006, nº 600.876/SP de 18.dez.2006, nº 600.257/SP de 27.nov.2007, nº 688.010/SP de 20.mai.2008, nº 709.499/PR de 30.jun.2009, nº 663.578/SP de 4.ago.2009 e nº 678.256/SP de 2.mar.2010.

No antigo Tribunal Federal de Recursos, onde foram julgadas dezenas de milhares de ações de execução da mesma natureza da que ora se examina, por igual, nunca se pôs em dúvida a constitucionalidade da execução extrajudicial prevista no referido texto normativo. [...] Restou demonstrado, efetivamente, de modo irretorquível, que o DL nº 70/66, além de prever uma fase de controle judicial, antes da perda da posse do imóvel pelo devedor (art. 36, §2º), não impede que eventual ilegalidade perpetrada no curso do procedimento de venda do imóvel seja, de logo, reprimida pelos meios processuais próprios. [...] Nessas condições, é fora de dúvida que não cabe falar, como fez o acórdão recorrido, em ofensa às normas dos incisos XXXV, XXXVII e LIII do art. 5º da Constituição, nem, tampouco, em inobservância dos princípios do devido processo legal, do contraditório ou da ampla defesa. A venda efetuada pelo agente fiduciário, na forma prevista em lei, e no contrato, como um meio imprescindível à manutenção do indispensável fluxo circulatório dos recursos destinados à execução do programa da casa própria, justamente porque provenientes, na quase totalidade, como se sabe, do Fundo de Garantia do Tempo de Serviço (FGTS), é, portanto, um ato que não refoge ao controle judicial, estando, por isso, longe de configurar uma ruptura no monopólio do Poder Judiciário. (STF, RE nº 223.075-1/ DF, Rel. Min. Ilmar Galvão, Primeira Turma, j. em 23.jun.1998).

No entanto, mesmo estabilizado jurisprudencialmente o debate, o Supremo Tribunal Federal aceitou revisitar a matéria recentemente, reforçando a contemporaneidade do tema aqui tratado.

Precisamente, existem dois Recursos Extraordinários com julgamento conjunto em curso na Corte em que a compatibilidade da *execução hipotecária extrajudicial* do Decreto-Lei nº 70 de 1966 com a Constituição Federal é discutida: o Recurso nº 627.106/DF de relatoria do Min. Dias Toffoli, com repercussão geral reconhecida, e o Recurso nº 556.520/SP de relatoria do Min. Marco Aurélio. Os ministros Luiz Fux, Cármen Lúcia Antunes Rocha, Ayres Britto e Marco já votaram pela inconstitucionalidade e não recepção do dispositivo, enquanto os ministros Dias Toffoli e Ricardo Lewandowski votaram pela constitucionalidade dessa modalidade de execução. Desde 18 de agosto de 2011, o julgamento está suspenso após pedido de vista do Min. Gilmar Mendes.[139]

Feita essa contextualização do tema e em que pese o novo posicionamento do Supremo com relação ao Decreto-Lei nº 70 de 1966, por ora majoritário e parcial, que repercutirá diretamente na sistemática da Lei nº 9.514 de 1997, parece que os *procedimentos executivos extrajudiciais*, ou seja, o *leilão extrajudicial do imóvel alienado fiduciariamente* e a *execução hipotecária extrajudicial*, são constitucionais e foram perfeitamente recepcionados pela Constituição Federal, sendo plenamente compatíveis com o princípio da inafastabilidade da jurisdição. Há fundamentos firmes e consistentes para pensar dessa forma.

---

139 Conforme noticia o sítio eletrônico do Supremo Tribunal Federal. Disponível em: <http://www.stf.jus.br/portal/cms/verNoticiaDetalhe.asp?idConteudo=186899&caixaBusca =N>. Acesso em 1.ago.2015.

Em primeiro lugar, é forçoso reconhecer que inexiste qualquer disposição que vede ou obste o exercício da função jurisdicional. Em nenhum momento, as normas aqui discutidas afastam matérias pertinentes à execução extrajudicial da apreciação jurisdicional ou preveem que a jurisdição não poderá atuar. É plenamente possível, portanto, a provocação da jurisdição em qualquer momento dos procedimentos executórios.[140] Se assim não fosse, a inconstitucionalidade seria patente. Bem explica José Manoel de Arruda Alvim Netto:

> Diante de tudo quanto acima foi exposto tem-se que o Dec.-lei 70/66 não afastou (e nem pretendeu afastar) do controle do Poder Judiciário qualquer lesão ou ameaça a direito, nada tendo sido sonegado da apreciação judicial, de modo que, pela implicação que daí decorre, também não priva o mutuário do bem sem atenção ao prévio devido processo legal, porque é da própria lei a afastabilidade do agente fiduciário que não se mostre imparcial (art. 41, § 1.º), mas, é da própria lei que o devedor será cientificado de todo o procedimento de execução de seu débito, garantindo-lhe, portanto, uma execução leal (é preciso que se esclareça: o que sempre se pretendeu é o adimplemento que gera recursos para novas moradias e não o desapossamento sem causa de qualquer mutuário. Não se querem criar mais problemas habitacionais e sim resolvê-los). Por outro lado, havendo lesão ou ameaça a direito, terá o mutuário as ações judiciais cabíveis para atacar o ato ou fato lesivo ou ameaçador, quando, então, o contraditório e a ampla defesa, com os meios e recursos a ela inerentes, serão plenamente garantidos.[141]

Do mesmo modo, conclui Afrânio Carlos Camargo Dantzger em dissertação de mestrado sobre o tema:

> O procedimento extrajudicial de cobrança e leilão para fins de realização de garantia é inelutavelmente constitucional, compatível que é com os Direitos Fundamentais da Ampla Defesa e do Livre Contraditório, uma vez que o Poder Judiciário pode ser invocado a qualquer momento, quer antes, durante ou mesmo depois da consolidação da propriedade fiduciária em nome do credor fiduciário

---

140 A esse respeito, pontua Darli Barbosa: "O princípio da inafastabilidade do controle jurisdicional também não foi violado pelo Decreto-lei70/66. Em nenhum momento estabeleceu-se que o mutuário estaria impedido de se socorrer junto ao Poder Judiciário, houve apenas um deslocamento desta intervenção que, de regra, verificar-se-á no ato de imissão de posse (art. 37, § 2.º), quando o mutuário poderá argüir toda e qualquer matéria de defesa.Antes, porém, de se concretizar a arrematação ou adjudicação, o mutuário pode, e de regra ocorre, questionar a regularidade do procedimento, como (1) a remessa dos avisos de cobrança, (2) a notificação para pagamento, (3) a publicação dos editais de leilão e (4) a notificação das datas designadas para o leilão e até mesmo a existência de pagamento ou consignação do valor cobrado." (Decreto-Lei 70/66 - Constitucionalidade, *Revista de Direito Bancário e do Mercado de Capitais*, vol. 5, p. 333, Mai.1999).

141 ALVIM, Arruda. Alienação fiduciária de bem imóvel o contexto da inserção do instituto em nosso direito e em nossa conjuntura econômica. Características., *Doutrinas Essenciais de Direito Empresarial*, vol. 4, p. 249-284, Dez.2010.

em caso de inadimplemento do devedor, estando assim, a salvo, a regularidade constitucional.[142]

Nesse sentido, por exemplo, pode o devedor, após ser notificado para purgar a mora, discutir em juízo a validade do contrato firmado, a dívida em si ou também os reajustes aplicados, buscando medida jurisdicional que impeça o trâmite da execução.

A Segunda Seção do Superior Tribunal de Justiça, aliás, reconheceu no Recurso Especial nº 1.067.237/SP, julgado como recurso repetitivo, que é perfeitamente possível a suspensão da execução extrajudicial se presentes os requisitos autorizadores da tutela provisória cautelar. Para ilustrar, segue a ementa:

> Recurso especial repetitivo. Julgamento nos moldes do art. 543-c do CPC. Sistema financeiro da habitação. Execução extrajudicial de que trata o decreto-lei nº 70/66. Suspensão. Requisitos. Cadastros de restrição ao crédito. Manutenção ou inscrição. Requisitos. 1. Para efeitos do art. 543-C, do CPC: 1.1. Em se tratando de contratos celebrados no âmbito do Sistema Financeiro da Habitação, a execução extrajudicial de que trata o Decreto-lei nº 70/66, enquanto perdurar a demanda, poderá ser suspensa, uma vez preenchidos os requisitos para a concessão da tutela cautelar, independentemente de caução ou do depósito de valores incontroversos, desde que: a) exista discussão judicial contestando a existência integral ou parcial do débito; b) essa discussão esteja fundamentada em jurisprudência do Superior Tribunal de Justiça ou do Supremo Tribunal Federal (*fumus boni iuris*).[...] (STJ, REsp nº 1.067.237/SP, Rel. Min. Luís Felipe Salomão, Segunda Seção, j. 24.jun.2009).

Parece oportuno também, citar trecho do acórdão que é ainda mais preciso:

> Em realidade, no caso de contratos de financiamento imobiliário celebrados no âmbito do SFH, a dívida está garantida com a hipoteca do próprio imóvel e, prosseguindo a execução seu curso, a ação revisional do contrato poderia tornar-se imprestável a qualquer finalidade. No caso de o agente financeiro optar pelo procedimento disciplinado no Decreto-lei nº 70/66 - que é mais célere e desdobra-se ao largo do crivo do Poder Judiciário, além do fato de a dívida também estar plenamente garantida por hipoteca -, com mais razão, penso eu, deve-se propiciar a suspensão do procedimento particular de expropriação do imóvel. A possibilidade de intervenção do Poder Judiciário na execução extrajudicial prevista no Decreto-lei nº 70/66, quando houver lesão ao direito do mutuário, é da essência da declaração de constitucionalidade proferida pelo Supremo Tribunal Federal no recurso extraordinário mencionado. Ou seja, *a contrario sensu*, se não fosse possível ao Poder Judiciário intervir no procedimento de alienação extrajudicial do imóvel, fatalmente, o Diploma de 66 ora examinado padeceria de inconstitucionalidade.

---

142 DANTZGER, Afrânio Carlos Camargo. *Alienação fiduciária de bens imóveis análise do instituto à luz dos princípios constitucionais,* Dissertação de Mestrado em Direito das Relações Sociais, 2004, 186 p, Osasco, Centro Universitário FIEO, p. 124.

Em segundo lugar, além de não afastar a atuação da atividade jurisdicional, o Decreto-Lei nº 70 de 1966 assegura, expressamente, a avaliação jurisdicional sobre o procedimento executório. Conforme já referido, estabelece seu art. 37, §2º, que, feito o leilão e registrada a carta de arrematação junto ao Registro de Imóveis, pode o adquirente requerer ao juízo a imissão da posse no imóvel,[143] oportunidade na qual, será o devedor citado para apresentar eventuais fundamentos que ilegitimem a execução extrajudicial e outros que entenda pertinentes. Observa-se, assim, que não só não é obstado o acesso à jurisdição, como protege-se a posse do devedor, vinculando a sua perda à necessária apreciação jurisdicional.

Tecnicamente, com base nesses dois primeiros fundamentos, pode se dizer que a *lógica* da prestação jurisdicional é invertida. Comumente, caberia ao credor provocar o Poder Judiciário para realizar a execução e a satisfação do seu crédito. Ao devedor, por sua vez, caberia apresentar as eventuais defesas que fossem cabíveis. No entanto, é autorizada ao credor a utilização de meio extrajudicial de execução, como opção mais célere e adequada, restando ao devedor, se assim entender, dar início à contenda jurisdicional. Além disso, também é possível compreender essa inversão sob a ótica da atuação jurisdicional em si considerada. Em vez do Poder Judiciário atuar previamente aos atos executórios, avaliando o título executivo extrajudicial, essa tarefa é postergada e concentrada para após a arrematação do bem.[144]

---

143 "Art. 37. [...] § 2º Uma vez transcrita no Registro Geral de Imóveis a carta de arrematação, poderá o adquirente requerer ao Juízo competente imissão de posse no imóvel, que lhe será concedida liminarmente, após decorridas as 48 horas mencionadas no parágrafo terceiro dêste artigo, sem prejuízo de se prosseguir no feito, em rito ordinário, para o debate das alegações que o devedor porventura aduzir em contestação."

144 Nesse sentido, Samir José Caetano Martins bem explica que: "Seja qual for a concepção de *acesso à Justiça* que se pretenda adotar – a mais restrita, que é a corrente; ou uma mais ampla, como se propõe – não há como se vislumbrar nas hipóteses vigentes de execuções extrajudiciais uma violação a esta garantia fundamental. Primeiro, porque o próprio credor não se furta à busca da tutela jurisdicional, que apenas é submetida a uma técnica de concentração, consistente em transportar toda a cognição jurisdicional para o momento da demanda de imissão na posse, quando o Poder Judiciário não só pode como deve apreciar a regularidade da execução extrajudicial, até porque não está em discussão a posse (a"ação de imissão de posse" não é uma das chamadas ações possessórias, disciplinadas entre os arts. 920 e 945 do CPC sendo certo que esta demanda tem natureza petitória (o que será examinado pelo juiz é a existência de um título que atribua ao demandante o *ius possidendi*).Segundo, porque o devedor tem franco acesso à máquina judiciária, à qual pode acorrer visando à "sustação do leilão" (isto é, ao impedimento de sua realização, quer antes, quer durante o procedimento satisfativo extrajudicial) ou visando à declaração de sua nulidade, desconstituindo-se os seus efeitos. O que se verifica aqui é uma técnica de inversão do ônus de demandar – ainda assim, se considerada a demanda no seu sentido estrito de busca *imediata* da tutela jurisdicional, pois o credor tem o ônus de deflagrar a execução extrajudicial (o que equivale a uma demanda) e o ônus de demandar, perante o Poder Judiciário, a imissão na posse – fazendo com que sobre o devedor recaia o ônus de deflagrar a jurisdição para manter (ou recuperar,

Há, portanto, nítido respeito ao princípio da inafastabilidade da jurisdição, sendo permitida a provocação da função jurisdicional a qualquer momento e sendo assegurada apreciação do Poder Judiciário *a posteriori* sobre a regularidade e correção dos procedimentos da *execução hipotecária extrajudicial*.[145]

Em terceiro lugar, na linha do que foi defendido até então nesse trabalho, a função jurisdicional passa por uma mudança de paradigma e a jurisdição exercida pelo Estado é protagonista, mas não mais exclusiva. A inafastabilidade, enquanto direito fundamental de proteção e de organização e procedimento, preconiza a elaboração normativa de outros meios que auxiliem a jurisdição estatal no exercício de sua tarefa primordial. Esse é, como visto, o caso da arbitragem, o caso da mediação e parece ser também o caso dos procedimentos executivos extrajudiciais.

Tanto o *leilão extrajudicial do imóvel alienado fiduciariamente* como a *execução hipotecária extrajudicial* são meios mais adequados para solução das crises obrigacionais verificadas no âmbito do financiamento imobiliário. Aliás, nessa perspectiva, o Decreto-Lei nº 70 assume certo aspecto de vanguarda, considerando, sobretudo, que foi elaborado há quase cinquenta anos.

A maior celeridade com que tais procedimentos se desenvolvem, em contraposição à morosidade do Poder Judiciário, prestigia a execução dos sistemas de financiamento de moradia e habitação onde o *tempo* é um fator importante.[146] Se

---

conforme o caso) sua situação jurídica de proprietário." (Execuções extrajudiciais de créditos imobiliários: o debate sobre sua constitucionalidade, *Revista de Processo*, vol. 196, p. 21-64, Jun.2011).

145   Na essência, a possibilidade de controle jurisdicional *a posteriori* é um dos pontos fundamentais de sustentação das elogiáveis decisões já referendadas nesse tópico.

146   Nesse sentido, bem concluem Everaldo Augusto Cambler e Andréia Tavares Siraque: "O legislador, ao possibilitar a realização do leilão extrajudicial na alienação fiduciária em garantia e em diversos diplomas legais, pretendeu imprimir maior velocidade à execução do bem alienado fiduciariamente, dando maior efetividade ao instituto da alienação fiduciária e assim garantir o direito ao crédito. Assim sendo, o leilão extrajudicial dever ser preservado como importante instrumento de manutenção da política habitacional, remédio célere para a execução extrajudicial dos imóveis dos mutuários inadimplentes, como resposta à necessidade de cobrança rápida dos créditos integrantes do Sistema Financeiro de Habitação e Imobiliário." (CAMBLER, Everaldo Augusto, SIRAQUE, Andréia Tavares. op. cit., p. 154). Igualmente, pontua Darli Barbosa: "Tem ainda o aspecto político, o Poder Judiciário já exerce uma carga imensa de atribuições e estaria avocando mais atribuições, quando a própria lei, nestes casos, não exige a sua intervenção de imediato, deslocando-a para o momento da imissão de posse. Muito se tem criticado a estrutura do Poder Judiciário brasileiro ao argumento de que a nação não tem condições de suportar um encargo financeiro de forma a dar um número compatível de juízes a toda população. Se no momento não há como diminuir o número de processos que tramitam no Judiciário, não há por que levar ao Judiciário toda a cobrança do SFH se este não tem condições de dar uma solução no tempo eficaz. Se os recursos aplicados no SFH não são recuperados em tempo hábil, não há, por consequência lógica, como reaplicá-los. O equilíbrio financeiro do SFH para toda a coletividade deve se sobrepor ao interesse individual do mutuário inadimplente." (op. cit.). Do mesmo modo, ainda, pondera Samir José Caetano

os créditos aplicados e garantidos na alienação fiduciária ou por meio da hipoteca não são rapidamente recuperados, não podem ser rapidamente reaplicados. Em outras palavras, a utilização obrigatória da jurisdição estatal, em desconsideração de outros meios mais adequados de satisfação do crédito, engessaria o sistema circulatório, tornando-o ineficaz.

Nesse contexto, há quem defenda, até de forma consistente como faz Samir José Caetano Martins, que os procedimentos executivos extrajudiciais seriam uma forma legítima de autotutela e necessária em razão da ineficiência da jurisdição estatal frente às necessidades do mercado de créditos imobiliários. O Estado, dessa forma, autorizaria a interferência direta e concreta do credor na esfera jurídica do devedor sem o consentimento desse.[147]

Entretanto, não parece que os institutos assumam essa natureza. Ainda que essa forma de resolução de conflitos assuma contornos contemporâneos, a sua essência ainda remanesce, exigindo a completa ausência de consenso e a subjugação de um interesse por outro, pela imposição de um poder de uma das partes sobre a outra.[148]

Nos procedimentos executivos extrajudiciais, não há a imposição do interesse do credor, mas a busca legítima de satisfação de seu crédito. É preciso não perder de vista que no início da relação obrigacional existiu um consenso, uma manifestação de vontade do devedor já ciente de que o bem poderia ser expropriado extrajudicialmente.

A presença desse elemento de consenso é muito clara nas duas normas aqui tratadas. A Lei de Alienação Fiduciária exige que o contrato que servirá de título ao negócio fiduciário contenha a indicação do valor do imóvel para efeito de eventual venda em leilão público (art. 24, VI), ficando o credor ciente dessa possibilidade desde a contratação. Igualmente, o Decreto-Lei nº 70 determina que o agente fiduciário que procederá a execução deverá ser escolhido de comum acordo entre credor e devedor no contrato que estabelece a hipoteca, podendo ser substituído pelos contratantes a qualquer tempo (art. 30, §§ 2º e 4º). Aliás, nessa segunda hipótese, parece que a execução promovida por um agente fiduciário, terceiro ao conflito, é muito similar à figura do arbitramento estudada no item 1.1 desse trabalho.

Martins: "Uma avaliação realista do sistema revela que a jurisdição não é capaz de resolver de forma célere todos os conflitos de interesses que se apresentam na sociedade, por diversos motivos – desde a ineficácia espacial da jurisdição, como no caso dos conflitos internacionais, onde o Estado não tem condições políticas de estender a sua decisão soberana para além de seu território; passando pela ineficácia temporal, como no caso da legítima defesa, onde o Estado não tem condições físicas de estar em todos os lugares ao mesmo tempo; chegando até mesmo à ineficácia social, como nos casos de negativa do exercício de direitos por falta de norma regulamentadora." (op. cit.).

147 MARTINS, Samir José Caetano, op. cit.
148 A esse respeito, ver item 1.1 do trabalho.

Não se ignora que, no caso concreto, a manifestação de vontade pode não ser totalmente livre e pode não ser reservada opção ao devedor, como pode ocorrer, por exemplo, em contratos de adesão colocados pelas instituições financeiras. Porém, essa circunstância não parece, por si, ser capaz de definir as execuções extrajudiciais como mecanismos de autotutela, devendo ser estudada no âmbito de avaliação da regularidade do contrato e de suas disposições.

Um quarto fundamento firme da constitucionalidade dos *procedimentos executivos extrajudiciais*, é a sua estrita semelhança com outros institutos e mecanismos presentes no ordenamento jurídico brasileiro e que sempre conviveram harmoniosamente com o princípio da inafastabilidade da jurisdição.

Um primeiro exemplo é a própria execução judicial do crédito, que consiste, a propósito, na outra opção dada ao credor (art. 29 do Decreto-Lei nº 70 de 1966). No mecanismo judicial, a defesa do devedor é feita por meio da oposição de embargos à execução que, em regra, não possuem efeito suspensivo, conforme dicção do art. 919 do Código de Processo Civil de 2015. Tal efeito poderá ser concretamente atribuído caso o devedor demonstre a presença dos requisitos autorizadores da tutela provisória (art. 919, §1º, do Código de 2015).

Ora, se judicialmente a constrição do bem hipotecado é a regra e a suspensão da execução só é possível com a concessão do efeito suspensivo nos embargos diante da presença dos requisitos da tutela provisória, e na execução extrajudicial a sua suspensão também é possível a qualquer momento mediante provocação do ente jurisdicional e a presença dos mesmos requisitos, não parece haver uma diferença essencial entre os procedimentos executivos ou alguma vantagem clara para o devedor que justifique o afastamento de um procedimento mais célere e adequado.

Além desse, podem ser citados outros exemplos em que particulares praticam atos de execução ou de expropriação: a execução extrajudicial de bem móvel alienado fiduciariamente (art. 1.364 do Código Civil); a execução extrajudicial ou *venda amigável* do bem dado em penhor (art. 1.433, IV, do Código Civil); a venda de unidade em construção pertencente a condomínio (art. 63, §1º, da Lei nº 4.591 de 1964); a possibilidade de venda de aeronave ou de seus motores alienados fiduciariamente (art. 151 do Código Brasileiro de Aeronáutica); a alienação de bem penhorado por iniciativa privada (art. 880 do Código de Processo Civil de 2015); e a aquisição da propriedade após procedimento administrativo de legitimação da posse, por meio da chamada *usucapião administrativa*, admitida a partir da Lei nº 11.977 de 2009, que dispõe sobre o Programa Minha Casa Minha Vida.

Um quinto fundamento pode ser extraído de algumas experiências estrangeiras, sobretudo em países onde o princípio da inafastabilidade da jurisdição e outros princípios a ele integrados, como o devido processo legal e o contraditório, possuem inegável importância.

Para ilustrar, pode ser feita referência ao sistema de execução extrajudicial de hipotecas estabelecido nos Estados Unidos da América, à venda forçada dos direitos sociais permitida na França em caso de exclusão de sócio em sociedades de construção e à possibilidade de execução hipotecária direta pelo credor disposta na legislação processual civil da Espanha.

Além desses cinco fundamentos, que já parecem bem consistentes, há ainda uma sexta razão que reforça a constitucionalidade dos *procedimentos executivos extrajudiciais*: a função social da propriedade consagrada no art. 5º, XXIII, da Constituição Federal. Embora não se trate especificamente da garantia da inafastabilidade, é preceito que não pode ser ignorado nesse estudo, considerando, principalmente, que as execuções extrajudiciais otimizam o atendimento à função social da propriedade no âmbito do financiamento da habitação e da moradia.

Dentro do que esse trabalho se propõe, cumpre dizer que a função social da propriedade, ao que parece, possui *natureza jurídica multifacetária*. Em outras palavras, o preceito tem várias facetas ou tem vários conteúdos, os quais serão delimitados de acordo com o tipo de propriedade de que se trata, bem como de acordo com as próprias características da coisa cuja função social se analisa. Essa é a lição de José Manoel de Arruda Alvim Netto:

> As expressões função social da propriedade manifestam-se diferentemente ----- tem diversas facetas ----- em relação a este ou àquele tipo de propriedade. É legítimo distinguir-se as propriedades urbanas, rurais, a pessoal de bens móveis, variando-se a concretização da função social, em certa escala. A natureza multifacetária da função social da propriedade manifesta-se de modos variados. Exemplificativamente, podem-se citar: (a) a possibilidade de usucapir, mais rapidamente, diante de valores do trabalho, moradia e criação da riqueza; (b) a proteção da situação que "consistir em extensa área, na posse ininterrupta e de boa-fé, por mais de cinco anos, de considerável número de pessoas e, estas nela houverem realizado, em conjunto ou separadamente, obras e serviços considerados pelo juiz de interesse social e econômico relevante; (c) a transformação estrutural das cidades, como consta do Estatuto da Cidade, com vistas a afeiçoar as situações de propriedade ao desempenho de sua função social, o que virá a ocorrer ao longo do tempo, dependentemente de vontade política e da existência de recursos, os quais demandam articulação entre setor público e privado; (d) a vedação ao proprietário em exercer o seu direito de propriedade com ânimo ou espírito emulativo; (e) a exigência, já citada (Lei nº 8.629/1993), de aproveitamento adequado e racional do solo rural, bem como a utilização racional dos recursos naturais disponíveis etc.[149]

Assim, por exemplo, se está sob avaliação o atendimento à função social da propriedade rural devem ser analisados determinados parâmetros, enquanto para avaliar a função social da propriedade urbana serão verificados outros requisitos. No mesmo sentido, a função social da propriedade no Código Civil tem alguns con-

---

149 ALVIM, Arruda. *A função social da propriedade e os diversos tipos de direito de propriedade, e, a função social da posse*. Trabalho destinado à coleção sobre Função Social da Cidade, com os alunos de doutoramento da Pontifícia Universidade Católica de São Paulo, p. 29.

tornos próprios, também diferentes da função social da propriedade vislumbrada em contexto de preservação ambiental e tombamento.

Essa é a leitura que deve ser emprestada ao *leilão extrajudicial do imóvel alienado fiduciariamente* e à *execução hipotecária extrajudicial* tanto ao *leilão*. O atendimento da função social da propriedade *no âmbito do sistema de financiamento de habitação e moradia* parece exigir, entre outras coisas, a facilitação do crédito e sua maior oferta, sobretudo, considerando as necessidades da população que os diplomas normativos objetivam atingir. Tais meios de execução extrajudicial, portanto, ao potencializar a circulação do crédito imobiliário, parecem contribuir com a função social da propriedade explicitada na Constituição.[150]

A esse respeito, permite-se nova citação do já referido acórdão proferido pela Segunda Seção do Superior Tribunal de Justiça no Recurso Especial nº 1.067.237/SP. Precisamente, cumpre transcrever trecho muito consciente do voto do Rel. Min. Luis Felipe Salomão acompanhado em unanimidade:

> É bem verdade que o sucesso de políticas de crédito como as implementadas na década de sessenta (como, por exemplo, a regulamentação do Mercado de Capitais feita pela Lei nº 4.728 de 14 de julho de 1965, que também institui a alienação fiduciária em garantia nas operações bancárias, posteriormente disciplinada no Decreto-lei nº 911 de 1º de outubro de 1969, bem como a criação da cédula de crédito rural e industrial, e a execução especial hipotecária prevista na Lei nº 5.741/71) guarda estreita relação com a possibilidade de recuperação do crédito por parte das instituições financeiras. Vale dizer, quanto maior a garantia de adimplemento do crédito ou recuperação do aporte financeiro mutuado, menor será o custo do financiamento, facilitando, por conseqüência, o acesso da população às ditas políticas públicas.

---

150 "O legislador criou os procedimentos executivos extrajudiciais para que o credor fosse apropriadamente e rapidamente restituído de seu crédito e, com isso, ser mantida a oferta de crédito no mercado e com preço razoável para o consumidor, assim atendendo a função social da propriedade." (CAMBLER, Everaldo Augusto, SIRAQUE, Andréia Tavares. op. cit., p. 151). Igualmente, coloca Afrânio Carlos Camargo Dantzger: "É preciso que se esclareça, por ser demasiadamente importante, que o que sempre se pretendeu, tanto pelo Decreto-Lei no 70166 no que concerne à execução extrajudicial como pela Lei no 9.514197 no tocante à alienação fiduciária do bem imóvel, é o adimplemento que fomenta o circulo virtuoso de geração de novos negócios e jamais o desapossamento imotivado de qualquer mutuário. Pretende-se resolver os problemas habitacionais e não aumentá-los. [...] Está também em consonância com qualquer plano habitacional, pois como é cediço, o Poder Judiciário é moroso e se todas as questões contratuais houvessem de ser decididas no âmbito judicial, certamente os prejudicados seriam todos os que recorrem ao Sistema Financeiro de Habitação. Tal fato é incontroverso e se explica porque os investidores e as instituições financeiras, que já não têm muito incentivo para participar do sistema ante o alto grau de inadimplência que hoje assola o mercado financeiro imobiliário, seriam prejudicados consideravelmente ante a impossibilidade de execução extrajudicial e, em não sendo possível sua ocorrência, certamente o crédito seria restringido com amplo prejuízo para toda a sociedade. Assim, a possibilidade da execução extrajudicial é um fator que amplia o crédito e indubitavelmente foi recepcionada pela Constituição Federal de 1988, não refugindo aos ditames nela inseridos." (op. cit., p. 107 e 115-116).

Com esse desiderato - o de baixar o custo operacional das operações bancárias e, a um só tempo, permitir solução mais célere na cobrança de débitos inadimplidos -, vem a lume o Decreto-lei nº 70/66, que, em apertada síntese, permite ao credor, à sua escolha, executar a hipoteca nos termos do Código de Processo Civil ou do aludido Decreto-lei.

Ainda sobre esses vários pontos, é extremamente pertinente a referência à lição de Orlando Gomes que bem sintetiza o tema:

> Objeta-se que a *execução hipotecária* por via *extrajudicial* atenta contra a Constituição, por excluir, da apreciação do Judiciário, a relação jurídica constitutiva da *garantia real* da dívida do adquirente de imóvel residencial. Realmente toda e qualquer lesão a direito individual não pode ser subtraída dessa apreciação e consequente julgamento, mas o controle jurisdicional atribuído constitucionalmente ao Poder Judiciário não está infringindo a disposição legal que assegura esse modo de execução da hipoteca. Diversos argumentos são invocados em favor da constitucionalidade das disposições assecuratórias da cobrança extrajudicial das dívidas vinculadas ao sistema financeiro da habitação, mas em resumo, arguem-se principalmente os seguintes: 1º) não se impede, nem se proíbe, o acesso à via judicial; 2º) se há lesão de direito no caso, quem a sofre é o credor por efeito do inadimplemento do devedor; e é a ele, credor, que a lei faculta a escolha da via extrajudicial; 3º) ao devedor não é defeso buscar a via judicial em qualquer fase da execução extrajudicial, não estando excluída por conseguinte, a cognição pelo Poder Judiciário; 4º) há exemplos na legislação nacional de execução ou cobrança por via extrajudicial (no penhor, na alienação fiduciária em garantia, na falência), sem que jamais houvesse arguido a inconstitucionalidade das disposições que as autorizam; 5º) a própria lei (*Dec.-Lei n. 70*) prevê o controle jurisdicional (art. 37), *ainda* que, a posteriori, exigindo carta de arrematação na venda por leiloeiro, que, transcrita no Registro de Imóveis, possibilita ao adquirente imitir-se , através da concessão liminar, na posse do bem; 6º) por último, responsabiliza o agente fiduciário que, mediante comprovada má-fé, alienar imóvel hipotecado pela via extrajudicial.[151]

Assim, encerrando o presente tópico, pode se concluir pela inexistência de qualquer inconstitucionalidade dos institutos do *leilão extrajudicial do imóvel alienado fiduciariamente* e da *execução hipotecária extrajudicial* frente ao princípio da inafastabilidade da jurisdição. Espera-se, assim, que o Supremo Tribunal Federal mantenha a orientação jurisprudencial já consolidada e prestigie a legítima circulação de crédito imobiliário e, notadamente, o sistema de financiamento de habitação e moradia.

---

151 GOMES, Orlando. *Direitos reais*, 20ª ed. Atualizada por Luiz Edson Fachin, Rio de Janeiro : Forense, 2010, p. 394.

4.12. A usucapião administrativa da Lei nº 11.977 de 2009 e a usucapião extrajudicial estabelecida pelo Código de Processo Civil de 2015

Na mesma linha de raciocínio adotada no item precedente, parece oportuno tecer alguns rápidos comentários em defesa da constitucionalidade da *usucapião administrativa* da Lei nº 11.977 de 2009 e da *usucapião extrajudicial* estabelecida pelo Código de Processo Civil de 2015.

A Lei nº 11.977 de 2009, também conhecida como *Lei Minha Casa Minha Vida* em razão do nome do programa habitacional por ela estabelecido, introduz no ordenamento jurídico brasileiro a chamada *usucapião administrativa*, permitindo a aquisição da propriedade por vias administrativas sem a atuação jurisdicional.

Em síntese, o possuidor pode ter sua posse legitimada por meio de ato do poder público que reconheça sua posse sobre imóvel objeto de demarcação urbanística e assim a registre no Cartório de Registro de Imóveis. Passados cinco anos desse registro e atendidos os demais requisitos caracterizadores do imóvel, pode o possuidor adquirir a propriedade do bem mediante pedido junto a esse mesmo ente registral. Cumpridas as formalidades de notificação do proprietário registrado e dos demais interessados, é efetuada a titulação da propriedade.[152]

---

[152] Assim dispõe a Lei nº 11.977 de 2009 "Art. 47. Para efeitos da regularização fundiária de assentamentos urbanos, consideram-se: [...]III – demarcação urbanística: procedimento administrativo pelo qual o poder público, no âmbito da regularização fundiária de interesse social, demarca imóvel de domínio público ou privado, definindo seus limites, área, localização e confrontantes, com a finalidade de identificar seus ocupantes e qualificar a natureza e o tempo das respectivas posses; IV – legitimação de posse: ato do poder público destinado a conferir título de reconhecimento de posse de imóvel objeto de demarcação urbanística, com a identificação do ocupante e do tempo e natureza da posse; [...] Art. 59. A legitimação de posse devidamente registrada constitui direito em favor do detentor da posse direta para fins de moradia. §1º. A legitimação de posse será concedida aos moradores cadastrados pelo poder público, desde que: I - não sejam concessionários, foreiros ou proprietários de outro imóvel urbano ou rural; II - não sejam beneficiários de legitimação de posse concedida anteriormente. §2º A legitimação de posse também será concedida ao coproprietário da gleba, titular de cotas ou frações ideais, devidamente cadastrado pelo poder público, desde que exerça seu direito de propriedade em um lote individualizado e identificado no parcelamento registrado.Art. 60. Sem prejuízo dos direitos decorrentes da posse exercida anteriormente, o detentor do título de legitimação de posse, após 5 (cinco) anos de seu registro, poderá requerer ao oficial de registro de imóveis a conversão desse título em registro de propriedade, tendo em vista sua aquisição por usucapião, nos termos do art. 183 da Constituição Federal. §1º Para requerer a conversão prevista no caput, o adquirente deverá apresentar: I – certidões do cartório distribuidor demonstrando a inexistência de ações em andamento que versem sobre a posse ou a propriedade do imóvel; II – declaração de que não possui outro imóvel urbano ou rural; III – declaração de que o imóvel é utilizado para sua moradia ou de sua família; e IV – declaração de que não teve reconhecido anteriormente o direito à usucapião de imóveis em áreas urbanas. §2º. As certidões previstas no inciso I do §1º serão relativas à totalidade da área e serão fornecidas pelo poder público. §3º. No caso de área urbana de mais de 250m² (duzentos e cinquenta metros quadrados), o prazo para requerimento da conversão do título de legitimação de posse em propriedade será o estabelecido na legislação pertinente sobre usucapião."

De forma semelhante, se apresenta a *usucapião extrajudicial* estabelecida pelo Código de 2015 que, em suas disposições finais, mais precisamente em seu art. 1.071, altera a Lei nº 6.015 de 1973, conhecida como Lei de Registros Públicos. Acrescenta-lhe o art. 216-A que permite o pedido extrajudicial de reconhecimento da propriedade junto ao Cartório de Registro de Imóveis, o qual deverá estar devidamente instruído com os requisitos pertinentes à hipótese de usucapião que se tratará.[153]

---

153 Prevê o novo art. 216-A: "Art. 216-A. Sem prejuízo da via jurisdicional, é admitido o pedido de reconhecimento extrajudicial de usucapião, que será processado diretamente perante o cartório do registro de imóveis da comarca em que estiver situado o imóvel usucapiendo, a requerimento do interessado, representado por advogado, instruído com: I - ata notarial lavrada pelo tabelião, atestando o tempo de posse do requerente e seus antecessores, conforme o caso e suas circunstâncias; II - planta e memorial descritivo assinado por profissional legalmente habilitado, com prova de anotação de responsabilidade técnica no respectivo conselho de fiscalização profissional, e pelos titulares de direitos reais e de outros direitos registrados ou averbados na matrícula do imóvel usucapiendo e na matrícula dos imóveis confinantes; III - certidões negativas dos distribuidores da comarca da situação do imóvel e do domicílio do requerente; IV - justo título ou quaisquer outros documentos que demonstrem a origem, a continuidade, a natureza e o tempo da posse, tais como o pagamento dos impostos e das taxas que incidirem sobre o imóvel. §1º O pedido será autuado pelo registrador, prorrogando-se o prazo da prenotação até o acolhimento ou a rejeição do pedido. §2º Se a planta não contiver a assinatura de qualquer um dos titulares de direitos reais e de outros direitos registrados ou averbados na matrícula do imóvel usucapiendo e na matrícula dos imóveis confinantes, esse será notificado pelo registrador competente, pessoalmente ou pelo correio com aviso de recebimento, para manifestar seu consentimento expresso em 15 (quinze) dias, interpretado o seu silêncio como discordância. §3º O oficial de registro de imóveis dará ciência à União, ao Estado, ao Distrito Federal e ao Município, pessoalmente, por intermédio do oficial de registro de títulos e documentos, ou pelo correio com aviso de recebimento, para que se manifestem, em 15 (quinze) dias, sobre o pedido. §4º O oficial de registro de imóveis promoverá a publicação de edital em jornal de grande circulação, onde houver, para a ciência de terceiros eventualmente interessados, que poderão se manifestar em 15 (quinze) dias. §5º Para a elucidação de qualquer ponto de dúvida, poderão ser solicitadas ou realizadas diligências pelo oficial de registro de imóveis. §6º Transcorrido o prazo de que trata o §4º deste artigo, sem pendência de diligências na forma do §5º deste artigo e achando-se em ordem a documentação, com inclusão da concordância expressa dos titulares de direitos reais e de outros direitos registrados ou averbados na matrícula do imóvel usucapiendo e na matrícula dos imóveis confinantes, o oficial de registro de imóveis registrará a aquisição do imóvel com as descrições apresentadas, sendo permitida a abertura de matrícula, se for o caso. §7º Em qualquer caso, é lícito ao interessado suscitar o procedimento de dúvida, nos termos desta Lei.
§8º Ao final das diligências, se a documentação não estiver em ordem, o oficial de registro de imóveis rejeitará o pedido. §9º A rejeição do pedido extrajudicial não impede o ajuizamento de ação de usucapião. §10. Em caso de impugnação do pedido de reconhecimento extrajudicial de usucapião, apresentada por qualquer um dos titulares de direito reais e de outros direitos registrados ou averbados na matrícula do imóvel usucapiendo e na matrícula dos imóveis confinantes, por algum dos entes públicos ou por algum terceiro interessado, o oficial de registro de imóveis remeterá os autos ao juízo competente da comarca da situação do imóvel, cabendo ao requerente emendar a petição inicial para adequá-la ao procedimento comum."

Aliada a essa novidade, é importante observar que o Código de 2015, diferente dos artigos 941 e seguintes de seu antecessor, não mais prevê um procedimento especial para processamento da ação de usucapião, denotando a clara intenção do legislador em privilegiar a utilização da via cartorária.

No que importa a esse estudo, é pertinente destacar que ambos os institutos permitem a aquisição da propriedade de forma integralmente extrajudicial. Resta então saber se essa peculiaridade está ou não em consonância com o princípio da inafastabilidade. Parece que sim. Pelos mesmos fundamentos já pontuados quando do estudo anterior sobre os procedimentos executivos extrajudiciais, parece ser possível sustentar a constitucionalidade da *usucapião administrativa* e da *usucapião extrajudicial*.

Primeiramente, é nítida a ausência de qualquer disposição, tanto na Lei nº 11.977 de 2009 como no novo art. 216-A da Lei nº 6.015 de 1973, que vede ou obste o exercício da função jurisdicional. Durante todo o trâmite extrajudicial da aquisição da propriedade, em ambos os casos, é permitida a utilização da via judicial por qualquer interessado que entenda que seu direito está ameaçado ou foi lesado.[154]

Em segundo lugar, cumpre observar que não só não se veda o acesso à jurisdição, como há a intenção clara de preservá-lo, sobretudo no texto do referido art. 216-A. Com efeito, seu *caput*, de forma muito significativa, já se inicia com a expressão *sem prejuízo da via jurisdicional*, assegurando ao possuidor, ao proprietário e aos demais interessados a opção pela provocação da jurisdição estatal ou privada.

Igualmente, são os textos dos seus parágrafos 9º e 10º segundo os quais *a rejeição do pedido extrajudicial não impede o ajuizamento da ação de usucapião* e *em caso de impugnação do pedido de reconhecimento extrajudicial de usucapião por qualquer interessado o oficial de registro de imóveis remeterá os autos ao juízo competente da comarca da situação do imóvel para apreciação.*

Aliás, é de se concordar com a doutrina de Flávio Tartuce, segundo o qual a ação de usucapião continua possível se atendidos os requisitos de direito material.[155] O

---

154 Sobre a usucapião administrativa, bem pontua Benedito Silvério Ribeiro ao afirmar que não disponta "inconstitucionalidade da lei, já que não há transferência coercitiva da propriedade, restando sempre a via judicial ao titular do domínio" (*Tratado de usucapião*, vol. 2, 8ª ed. rev. e atual. com a usucapião familiar, São Paulo : Saraiva, 2012, p. 1109).

155 Diz o autor: "Para o presente autor, ação de usucapião imobiliária é possível em qualquer uma de suas modalidades, inclusive nos casos de usucapião ordinária (art. 1.242 do CC/2002) ou extraordinária (art. 1.238 do CC/2002). [...] O fundamento para se entender que a via judicial continua possível para qualquer espécie de usucapião está na legislação material, e não na processual, especialmente no caput do art. 1.241 do Código Civil, pelo qual poderá o possuidor requerer ao juiz seja declarada adquirida, mediante usucapião, a propriedade imóvel. Segundo o seu parágrafo único, a declaração obtida na forma desse artigo constituirá título hábil para o registro no Cartório de Registro de Imóveis. Deve-se entender que, com o Novo CPC, a ação de usucapião passa a seguir o rito comum, antes denominado ordinário. Conforme o art. 318

trâmite extrajudicial disposto no art. 216-A se apresenta, em verdade, como mais um modo procedimental, por assim dizer, de reconhecimento da usucapião.

Em terceiro, é preciso dizer que os dois institutos bem exemplificam uma tendência de desjudicialização dos procedimentos em prol de trâmites mais céleres e desburocratizados. Como já defendido por diversas vezes nesse estudo, a função jurisdicional passa por uma mudança de paradigma, restando ao Poder Judiciário o papel de protagonista na solução dos conflitos de interesses, não mais como via exclusiva para realização dessa tarefa. Nesse sentido, bem sinaliza Rafael de Arruda Alvim Pinto:

> Pode-se dizer que se trata de uma tendência do legislador a partir de alguns casos exitosos de desjudicialização de determinados procedimentos, sobretudo diante dos bons resultados advindos da experiência com o divórcio consensual realizado por escritura pública quando não há filhos menores ou incapazes do casal (CPC 1973, art. 1.124-A, incluído pela Lei Federal nº 11.441/07). Muito longe de se diminuir o prestígio do Poder Judiciário, que continuará inafastável nos casos de lesão ou ameaça de lesão a direito por expressa determinação constitucional (CR, art. 5º, XXXV), esse tipo de iniciativa legislativa valoriza a busca pelo consenso, desburocratiza procedimentos e dá celeridade à prestação da tutela estatal (em sentido amplo), ainda que pelas vias extrajudiciais. O próprio dispositivo citado, por exemplo, garante o recurso à via judicial ("sem prejuízo da via jurisdicional") e também o procedimento de dúvida ("§7º Em qualquer caso, é lícito ao interessado suscitar o procedimento de dúvida, nos termos desta Lei"), indicando que o caminho extrajudicial é claramente uma alternativa ao interessado. Além disso, também há regra expressa no sentido de que a rejeição do pedido extrajudicial não impede o ajuizamento de ação de usucapião (§9º). Espera-se que, com isso, torne-se facilitado o desenrolar de muitas demandas antigas que tratam do tema, assim como se estimule a regularização de inúmeras situações possessórias, muito embora se saiba que o custo da via extrajudicial costuma ser maior do que o da judicial. [156]

---

do Estatuto Processual de 2015, 'Aplica-se a todas as causas o procedimento comum, salvo disposição em contrário deste Código ou de lei. Parágrafo único. O procedimento comum aplica-se subsidiariamente aos demais procedimentos especiais e ao processo de execução'." (TARTUCE, Flávio. *O novo CPC e o Direito Civil*, Rio de Janeiro : Forense; São Paulo : Método, 2015, p. 310-311).

156 PINTO, Rafael de Arruda Alvim. A usucapião extrajudicial no Novo Código de Processo Civil, *Instituto de Direito Contemporâneo*. Disponível em: <http://www.cpcnovo.com.br/blog/2015/04/23/a-usucapiao-extrajudicial-no-novo-codigo-de-processo-civil/>. Acesso em: 5.set.2015. No mesmo sentido, aponta Roberto Paulino de Albuquerque Júnior: "O instituto se insere no fenômeno da desjudicialização ou extrajudicialização do direito, caracterizado pelo deslocamento de competências do Poder Judiciário para órgãos extrajudiciais, notadamente as serventias notariais e registrais. [...] O movimento legislativo em questão busca atribuir aos notários e registradores a solução de questões em que há consenso e disponibilidade de direitos envolvidos, colaborando com o objetivo de agilizar a atividade jurisdicional. Notários, ou tabeliães, e oficiais de registros públicos, ou registradores, são profissionais do direito, admitidos mediante concurso público, para exercer atividade notarial e registral mediante

Além desses três fundamentos, é forçoso reconhecer que a aquisição da propriedade por meio da *usucapião administrativa* e da *usucapião extrajudicial*, na linha do que já foi dito no item anterior, guarda semelhança com outros procedimentos presentes há muito no ordenamento jurídico e que sempre foram vistos como ajustados à garantia da inafastabilidade.[157]

No mais, não se pode ignorar o problema de moradia enfrentado pela sociedade brasileira, sobretudo nos grandes centros urbanos. Nesse contexto e em alusão ao que foi colocado sobre os procedimentos executórios extrajudiciais, parece que a facilitação dos procedimentos de usucapião, pretendida pelos dispositivos em estudo, coaduna com a ideia de função social da propriedade estabelecida constitucionalmente.

Desse modo, com base nessas premissas, é possível concluir que as novas modalidades de usucapião, caracterizadas substancialmente por um procedimento extrajudicial, não violam o princípio da inafastabilidade da jurisdição.

---

delegação e fiscalização do Poder Público, em caráter privado. Dotados de fé pública, prestam serviços públicos voltados a garantir a publicidade, autenticidade, segurança e eficácia de atos jurídicos (CF, artigo 236; Lei 8.935, artigos 1º a 3º). Há importantes antecedentes legislativos de extrajudicialização, como a retificação extrajudicial de registro imobiliário (Lei 10.931/04), o divórcio e o inventário extrajudiciais (Lei 11.441/07), a consignação em pagamento extrajudicial (artigo 890 do CPC, com redação da Lei 8.951/94), a conciliação em serventias extrajudiciais (vide provimento 12/2013, da Corregedoria-Geral de Justiça do Ceará, que também trata de mediação), entre outros." (O usucapião extrajudicial no novo Código de Processo Civil, *Consultor Jurídico*, Disponível < http://www.conjur.com.br/2015-mai-18/direito-civil-atual--usucapiao-extrajudicial-codigo-processo-civil>, Acesso em 5.set.2015).

---

157 Vide exemplos relacionados no item 4.11 precedente do trabalho.

CONCLUSÃO

Concluindo o trabalho e sem qualquer pretensão de esgotar o tema, chega-se a uma compreensão ampla sobre o preceito da inafastabilidade da jurisdição e de como ele se apresenta no direito processual civil brasileiro.

Sua importância tem origem na sua própria construção histórica. Feita uma breve narrativa a esse respeito, foi possível concluir que a inafastabilidade da jurisdição é consequência lógica e necessária da evolução dos meios de solução dos conflitos sociais, desde a autotutela até o aperfeiçoamento da técnica da tripartição dos poderes, com a prevalência da jurisdição estatal.

Com relação à jurisdição em si considerada, isto é, aquela atividade que deve ser inafastável, observou-se que se trata de verdadeiro poder-dever do Estado, mas não de sua exclusiva titularidade, já que passa por uma mudança de paradigma no cenário jurídico brasileiro. A partir do momento em que, o Poder Judiciário não consegue com exclusividade solucionar adequadamente determinados conflitos que são colocados a sua apreciação, seja, por exemplo, em razão da morosidade dos procedimentos ou por falta de conhecimentos específicos de seus operadores, o Estado deve criar e proporcionar outros mecanismos que melhor desenvolvam a função jurisdicional.

Possui notável índole substitutiva, atuando em complementação à função legislativa e na insuficiência do direito objetivo, tendo como finalidade constitucional a pacificação dos conflitos que surgem no seio social. É inicialmente inerte e exercida por um terceiro imparcial, com aptidão de definitividade. Imparcialidade essa, aliás, que é respaldada pelas garantias de que gozam os prestadores da atividade jurisdicional.

No direito positivo, foi possível verificar que a previsão da inafastabilidade nos textos normativos acompanhou a evolução história do reconhecimento dos direitos humanos e das garantias individuais, desde sua primeira aparição na Magna Carta das Liberdades de 1215 na Inglaterra até a consolidação como garantia nos documentos internacionais mais relevantes. No Brasil, particularmente, a linha evolutiva da positivação da inafastabilidade permite perceber que o postulado assume correlação direta com os limites democráticos do regime de cada época, ficando nítida sua feição constitucional de garantia inerente ao Estado Democrático de Direito.

Foi feita, também, referência ao *Projeto de Florença* da década de 1970 e aos preceitos ali desenvolvidos que denotam a relevância do tema da inafastabilidade. Notadamente, a classificação em três ondas de acesso à justiça proposta por seus idealizadores no relatório conclusivo ilustra bem alguns pontos inerentes ao estudo desenvolvido.

Ainda no primeiro capítulo, procurou-se justificar a predileção pela denominação *princípio da inafastabilidade da jurisdição* adotada. As outras expressões utilizadas pela doutrina e jurisprudência não são erradas ou inválidas, mas essa, pelas razões já colocadas, parece ser a mais apropriada.

Em um segundo momento do trabalho, procurou-se estudar elementos importantes que permitissem uma compreensão do conteúdo da inafastabilidade da jurisdição. Com base no que foi estudado e sem limitar o tema, é possível formular uma proposta nesse sentido.

Primeiramente, ao que parece, a inafastabilidade da jurisdição possui mesmo natureza de verdadeiro princípio. Essa conclusão surge a partir da compreensão de que a inafastabilidade preconiza a busca constante por um estado ideal das coisas consistente no pleno acesso à jurisdição. A aplicação do preceito não se limita na subsunção do fato à descrição normativa, mas também na observação se os fatos e dispositivos contribuem ou não para o acesso.

Além disso, os vários conceitos extraídos da doutrina também apontam para esse sentido. Especialmente, é possível ver a inafastabilidade com superioridade material ou valorativa sobre as regras, como um mandado de otimização ou um mandamento nuclear no contexto de resolução de conflitos que permite uma série indefinida de aplicações. Pode ser compreendida, desse modo, como uma das normas mais fundamentais desse sistema, possuindo um significado mais importante.

O princípio da inafastabilidade é também direito fundamental e assim deve ser compreendido. Essencialmente, caracteriza-se como uma prestação positiva do Estado ou de quem estiver investido na jurisdição caracterizada pelo dever de solucionar adequadamente o conflito em caso de lesão ou ameaça a direito. Na classificação brilhante colocada na obra de Robert Alexy, por exemplo, pode ser entendido como um direito à organização e procedimento, ora na condição de instrumento principiológico para tutela de outros direitos fundamentais, ora na condição própria de objetivo fundamental a ser buscado pela coordenação normativa.

Como consequências diretas dessa condição, a inafastabilidade é reconhecida por consagrar uma das verdadeiras bases do Estado Democrático de Direito e por conceder aos indivíduos ou grupos titulares de direitos a faculdade de exigir do Estado uma atuação para preservá-los. É dotada das eficácias irradiante e horizontal, permeia todo o ordenamento jurídico e deve ser observada nas relações entre os particulares. Além disso, consiste em verdadeira cláusula pétrea, com características de universalidade, imprescritibilidade e irrenunciabilidade.

Na análise de seu conteúdo propriamente dito, foi visto que o acesso à jurisdição não é só garantido em caso de lesão a direito, mas também diante da ameaça de que isso ocorra, determinando a atuação antecipada da jurisdição quando devidamente provocada. No mesmo sentido, a atividade jurisdicional não é só assegurada para direitos individuais, mas também para os chamados direitos metaindividuais, compreendidos esses nos direitos difusos, coletivos *stricto sensu* e individuais homogêneos.

O princípio da inafastabilidade não garante qualquer atividade jurisdicional, mas preconiza que ela se desenvolva e seja exercida com qualidade, a qual é reconhecida, especialmente, pela manifestação do binômio adequação e efetividade. Desse modo, a prestação jurisdicional deve ser a mais apropriada aos preceitos de direito objetivo e à realização dos direitos materiais, bem como a mais ajustada ao caso concreto. Igualmente, deve ser capaz de viabilizar resultados ou soluções práticas, satisfazendo as necessidades dos demandantes e demandados. Aliás, atividade jurisdicional essa que será informada e construída pelas concepções da instrumentalidade do processo, da técnica processual e do princípio da cooperação.

Quanto aos destinatários do princípio da inafastabilidade, destacou-se que o Poder Legislativo é o principal alvo da determinação constitucional, eis que sua função típica de elaboração legislativa é limitada expressamente. Nenhuma lei poderá conter dispositivo expresso ou de conteúdo implícito que exclua lesão ou ameaça de lesão a direito da apreciação jurisdicional. Igualmente, os Poderes Executivo e Judiciário, no exercício de suas funções atípicas de elaboração normativa também estão limitados no mesmo sentido. O Poder Judiciário, especialmente, no próprio atuar jurisdicional, está constituído em verdadeiro poder-dever do Estado, não podendo negar o acesso à jurisdição, inclusive, se for o caso, deve optar pelo viés interpretativo que mais o privilegie.

Além dos Poderes estatais, pode se dizer que há a vinculação de todos indistintamente. Essa conclusão resulta, notadamente, da compreensão da inafastabilidade como direito fundamental, agregando-lhe eficácia absoluta, irradiante e horizontal. Representa, dessa forma, verdadeiro norte a ser observado não só na atuação do Estado, mas também nas relações entre particulares.

Também com relação ao conteúdo do princípio da inafastabilidade, verificou-se sua distinção e sua relação harmônica com o direito de ação em si considerado, com todos seus requisitos legítimos. O princípio constitucional garante o exercício da atividade jurisdicional e o direito de ação viabiliza a apreciação do mérito da demanda. No mesmo contexto, foi estudada a diferença entre a inafastabilidade e o direito de petição, sendo esse verdadeiro direito político contra o Estado.

A inafastabilidade da jurisdição não assegura só direitos aqueles que tenham uma pretensão, mas também garante o direito de defesa com todas as garantias constitucionais que lhe são inerentes. Também preconiza, desse modo, a proteção daqueles em face de quem a tutela jurisdicional é pedida. O texto constitucional determina a apreciação das pretensões por quem estiver investido na jurisdição, o que ocorrerá mediante o diálogo entre as partes envolvidas.

Ainda na segunda parte do trabalho, examinou-se como o princípio trabalha com o exercício da atividade administrativa. Especialmente, a compreensão mais notória dessa relação, é a de que o modelo de jurisdição única adotado no Brasil, fundado na essência da tripartição dos poderes, não permite que qualquer conflito envolvendo a Administração possa deixar de ser apreciado jurisdicionalmente.

Nessa lógica, é desnecessário o uso ou esgotamento prévio das vias administrativas para a provocação do exercício da jurisdição. Porém, parece ser legítimo que a lei infraconstitucional estabeleça condições de procedibilidade nesse sentido, desde que razoáveis. Isso não afasta do Poder Judiciário a possibilidade de entender por inconstitucionais tais requisitos diante da necessidade do caso em concreto. Condicionar o exercício da jurisdição, em similitude com que acontece com o direito de ação, não implica obstá-lo ou vedá-lo.

Igualmente, é sempre possível o controle jurisdicional dos atos administrativos para preservação da legalidade e para coibir desvios e abusos de poder, sejam atos vinculados ou discricionários. É vedada a ingerência jurisdicional sobre o chamado mérito administrativo, isto é, não é possível o controle sobre atos legítimos da Administração em que a opção é feita por critérios de conveniência e oportunidade. No entanto, mesmo nesse caso, impõe-se a atenção para a necessária correspondência entre o motivo determinante do ato e a finalidade da lei que lhe fundamenta, a opção da Administração deve ser feita dentro de um quadro de legalidade, evitando que o conceito de mérito administrativo seja aplicado de forma exagerada no caso concreto.

Assim, nesse momento de conclusão do trabalho, parece ser possível a formulação de uma proposta sobre o conteúdo mínimo do princípio da inafastabilidade. Nesse sentido, pode-se concluir que o preceito é verdadeiro princípio fundamental e inerente ao Estado Democrático de Direito. Preconiza a busca constante por um estado ideal das coisas representado pelo acesso pleno à jurisdição em caso de lesão ou ameaça de lesão a direito individual ou metaindividual. Não garante qualquer atividade jurisdicional, mas seu exercício com qualidade, de forma adequada e efetiva.

Distingue-se do direito de ação em si considerado e do direito de petição, assegurando os direitos de quem tem uma pretensão, mas também todos os direitos de defesa do demandado. Possui como destinatário primordial o Poder Legislativo, mas também deve ser obrigatoriamente observado pelos Poderes Executivo e Judiciário, e por todos, enquanto direito fundamental. Determina, ainda, que qualquer conflito envolvendo a Administração possa ser apreciado jurisdicionalmente.

Pois bem. Desenvolvidas essas duas primeiras partes, o trabalho voltou-se para o estudo da relação do princípio da inafastabilidade e outros princípios que lhe dão fundamento ou contribuem de algum modo para a construção de seu conteúdo, em verdadeira integração principiológica. Logicamente, o estudado não encerra a discussão, sobretudo considerando a dimensão normativa dos princípios elencados e a existência de outros postulados que, embora não tenham sido analisados especificamente, também estão nesse contexto, como a legalidade, a isonomia e vedação às provas ilícitas.

Nesse sentido, o primeiro princípio estudado, e não poderia ser diferente, foi o devido processo legal que está enraizado na própria concepção do Estado Democrático de Direito. É fundamento de toda ordem jurídica material e informa toda a atividade jurisdicional. Assim, não é possível pensar em acesso e desenvolvimento da jurisdição sem a observância dos seus preceitos. Os conteúdos da cláusula do devido processo e do princípio da inafastabilidade não só se ajustam, como possuem a mesma razão de ser. Embora sejam distintos e possuam igual relevância, inclusive sendo a inafastabilidade o grande vetor que permite a aplicação do devido processo legal, figurando quase como um pressuposto prático, seus conteúdos não só se ajustam como por vezes se confundem, não sendo mais possível, em dados momentos, identificar uma separação clara entre eles.

Seguindo o raciocínio foram estudados os princípios do contraditório e ampla defesa que, em síntese, agregam qualidade ao desenvolvimento da atividade jurisdicional, sendo evidente a integração com a garantia da inafastabilidade. Notadamente, o exercício do contraditório deve ser adequado e efetivo, com oportunidades concretas de manifestação das partes. A ampla defesa, por sua vez, assegura o direito amplo das partes de defenderem adequadamente os fundamentos que sustentam suas alegações. Não basta, portanto, garantir a oportunidade de acesso à jurisdição, é determinação constitucional que aquele que tenha uma pretensão ou um fundamento de defesa possa sustentá-los e prová-los de forma consistente e concreta.

Na sequência, foi estudado o princípio da indeclinabilidade da jurisdição que é uma notável manifestação da inafastabilidade em âmbito infraconstitucional. Impõe a quem estiver investido na jurisdição o dever de julgar e o dever de considerar todos os fundamentos das partes. Foram estudados, também, os princípios do juiz natural e da imparcialidade que, na essência, asseguram o desenvolvimento da atividade jurisdicional por um juiz previamente constituído, competente e imparcial, cuja ausência macula a legitimidade constitucional da jurisdição prestada.

Igualmente, foi verificado que o princípio da motivação das decisões judiciais é de fundamental importância e integra indissociavelmente a concepção da inafastabilidade da jurisdição. Sua inobservância caracteriza profunda negativa de prestação jurisdicional.

A motivação é componente essencial de qualquer ato jurisdicional de conteúdo decisório e deve ser minimamente completa, suficiente e adequada para expor as razões de convencimento do julgador. É por meio dela que as partes podem saber se todos seus fundamentos foram devidamente apreciados e considerados pelo ente jurisdicional, como determina o princípio da inafastabilidade. Além disso, a fundamentação constitui condição absoluta de legitimidade constitucional de todas as decisões, sendo o principal mecanismo de controle democrático contra eventuais arbitrariedades e a inobservância do ordenamento jurídico.

Foi estudado, ainda, o princípio da duração razoável do processo. Segundo o preceito, além de adequada e efetiva, a atividade jurisdicional prestada deve ser tempestiva. Impõe-se uma jurisdição exercida em tempo razoável, ou seja, equilibrada entre o respeito às garantias do processo e a rapidez, bem como ajustada aos outros meios de resolução de conflitos.

Desse modo, com o que foi desenvolvido no terceiro capítulo do trabalho, é possível apreender que a inafastabilidade possui íntima integração principiológica com os outros princípios que informam o desenvolvimento do processo civil. Pode se dizer que há uma colaboração normativa de mão dupla. Ao passo que a inafastabilidade orienta a aplicação dos demais princípios, esses contribuem diretamente na construção e preenchimento de seu conteúdo.

Por fim, na quarta e última parte do estudo, procurou-se examinar alguns outros pontos pertinentes e exemplificantes, dentre tantos possíveis, ao estudo do princípio da inafastabilidade da jurisdição. Temas em que a discussão sobre a garantia da inafastabilidade se apresenta, que contribuem na tarefa de entender como o postulado constitucional influencia a interpretação e aplicação de outros institutos jurídicos do direito processual civil e que de alguma forma exemplificam os conceitos até então estudados.

O primeiro ponto foi a técnica das cláusulas gerais as quais, em síntese, são preceitos de conteúdo propositalmente amplo, indeterminado e vago, definindo parâmetros hermenêuticos e valores. Contribuem de forma direta com a observância e eficácia do princípio da inafastabilidade, pois colocam à disposição do julgador preceitos amplos e relevantes que possibilitam uma prestação jurisdicional mais ajustada, adequada e efetiva às particularidades do caso em concreto.

Em seguida foi analisada a possibilidade do julgamento de improcedência liminar do pedido prevista no art. 285-A do Código de Processo Civil de 1973 e no art. 332 do Código de Processo Civil de 2015. Foi verificada a existência de duas posições bem delineadas, uma pela inconstitucionalidade do dispositivo, em violação ao preceito da inafastabilidade, e outra por sua constitucionalidade. Esse trabalho, pelas razões oportunamente colocadas, concorda com a segunda posição. A opção feita pelo legislador tem justificação na determinação constitucional de que seja realizada uma atividade jurisdicional adequada e célere, sem prejuízo ao direito de influir do autor, à formação triangular da relação processual e aos preceitos do contraditório e da ampla defesa.

O terceiro ponto foi o tema das tutelas provisórias que tem no princípio da inafastabilidade seu grande fundamento constitucional. São mecanismos que viabilizam o acesso à jurisdição antes que o direito da parte seja atingido e que colocam critérios à disposição do julgador, permitindo-o avaliar a existência da ameaça a direito e qual o meio mais adequado para evitar a lesão. Ou, ainda, mecanismos que permitem o afastamento sumário de situações flagrantes de injustiça ou ilicitude. Além disso, foi consignada a inconstitucionalidade das disposições normativas que impedem a concessão de tutelas provisórias contra a Fazenda Pública, justamente por violação à garantia da inafastabilidade.

Foram estudadas também as regras de distribuição do ônus da prova e a teoria da carga dinâmica da prova adotada como exceção no art. 373, §1º, do Código de Processo Civil de 2015, considerando que a atividade probatória é inerente ao princípio da inafastabilidade. Em resumo, foi possível constatar a distribuição dinâmica da prova se coaduna com a inafastabilidade, pois permite ao ente jurisdicional, sabedor de que as partes podem prestar os esclarecimentos necessários, ainda que não tenham ordinariamente o ônus de fazê-lo, distribuir previamente o ônus da prova de modo a reduzir as chances de, ao final da instrução, permanecer no estado da dúvida. Na essência, o Código de 2015 positiva importante e elogiável mecanismo de adequação e aperfeiçoamento da atividade jurisdicional, tendo como norte as razões pelas quais ela foi concebida.

Após, foi estudada a ação civil pública enquanto principal meio processual na tutela dos direitos metaindividuais no direito brasileiro, razão pela qual possui íntima relação com o princípio da inafastabilidade. Nesse contexto, teve-se a oportunidade de pontuar a natureza absoluta da competência para apreciar a ação, a teoria da representatividade adequada como uma opção mais concernente com a inafastabilidade, a incompatibilidade da limitação territorial dos efeitos da coisa julgada e a inconstitucionalidade do art. 1º, p. ú., da Lei da Ação Civil Pública que veda a promoção da ação com pedidos que envolvem matérias tributárias.

Na sequência, foi pontuado que a exceção constitucional referente à prévia utilização de vias administrativas para resolução de questões desportivas não mitiga o princípio da inafastabilidade e o sistema de jurisdição única adotado pelo ordenamento jurídico brasileiro. Não tem a capacidade de afastar as matérias esportivas da apreciação jurisdicional.

O trabalho dedicou-se também ao estudo da arbitragem que é, certamente, um dos temas mais relevantes na discussão sobre o princípio da inafastabilidade. Em que pese a existência de entendimentos diferentes, é possível concluir que a jurisdição no Brasil passa por uma mudança de paradigma, notadamente após a promulgação e declaração de constitucionalidade da Lei nº 9.307 de 1996. Nesse cenário, em clara manifestação do Estado, foi conferida ao árbitro uma série de atribuições, investindo-o em função jurisdicional. A arbitragem é, assim, verdadeira jurisdição privada que ao lado da jurisdição estatal formam as espécies do gênero jurisdição. Além disso, é instituto que convive perfeitamente com a garantia da inafastabilidade, viabilizando a prestação jurisdicional mais adequada ao caso concreto.

Sob a mesma perspectiva, foi feita breve referência ao modelo multiportas adotado pelo Código de Processo Civil de 2015, consolidando um novo paradigma conceitual da jurisdição e em aperfeiçoamento da busca por um estado ideal das coisas caracterizado pelo pleno acesso a soluções adequadas e efetivas dos conflitos.

Igualmente, estudou-se o tema dos negócios jurídicos processuais que, embora não possam ser considerados enorme novidade do Código de 2015, encontram extraordinário avanço no diploma por conta da previsão da cláusula geral de negociação processual. Com relação ao princípio da inafastabilidade, verificou-se que se trata de limite estanque ao à vontade das partes, de modo que seu conteúdo não poderá ser inobservado. Em bem da verdade, os negócios jurídicos processuais estão inseridos no mesmo contexto da arbitragem e do modelo multiportas de solução dos conflitos: viabilizar a solução mais adequada e efetiva ao caso concreto.

Foi analisada rapidamente, também, a constitucionalidade das comissões de conciliação prévia da Justiça do Trabalho, independentemente da natureza jurídica que o preceito assume. Possui plena compatibilidade com a inafastabilidade da jurisdição, seja como legítimo pressuposto processual ou como meio consensual de solução de demandas oriundas da relação de trabalho.

Procurou-se demonstrar, ainda, a íntegra compatibilidade entre os procedimentos executivos extrajudiciais com o princípio da inafastabilidade da jurisdição, em especial os procedimentos dispostos na Lei da Alienação Fiduciária nº 9.514 de 1997 e no Decreto-Lei nº 70 de 1966. Precisamente, parecem existir fundamentos consistentes para a conclusão nesse sentido, como a ausência de qualquer disposição que obste ou vede o exercício da jurisdição, a presença da avaliação *posteriori* dos procedimentos executórios, a maior adequação desses procedimentos em relação aos sistemas de financiamento de habitação e moradia, a existência de outros mecanismos extrajudiciais semelhantes que convivem harmoniosamente com a inafastabilidade e, ainda, o perfil que a função social da propriedade assume nesse contexto.

No mesmo sentido, defendeu-se a constitucionalidade da usucapião administrativa prevista na Lei nº 11.977 de 2009, também conhecida como Lei Minha Casa Minha Vida, e da usucapião extrajudicial estabelecida pelo Código de Processo Civil de 2015 que introduziu o art. 216-A na Lei de Registros Públicos nº 6.015 de 1973.

REFERÊNCIAS

ALBUQUERQUE JÚNIOR, Roberto Paulino. O usucapião extrajudicial no novo Código de Processo Civil, *Consultor Jurídico*, Disponível < http://www.conjur.com.br/2015-mai-18/direito-civil-atual-usucapiao-extrajudicial-codigo-processo-civil>, Acesso em 5.set.2015.

ALEXY, Robert. *Teoria dos direitos fundamentais*, trad. de Virgílio Afonso da Silva, São Paulo : Malheiros Editores, 2008.

ALMEIDA, Amador Paes de. *CLT Comentada*, 8ª ed. rev. e atual., São Paulo : Saraiva, 2014.

ALMEIDA, Diogo Assumpção Rezende de. As convenções processuais na experiência francesa e no Novo CPC. *In* CABRAL, Antonio do Passo. NOGUEIRA, Pedro Henrique. *Grandes temas do novo CPC*, vol. 1, Salvador : Juspodivm, 2015.

ALMEIDA, João Batista de. *Aspectos controvertidos da ação civil pública*, 3ª ed. rev., atual. e ampl., São Paulo : Editora Revista dos Tribunais, 2011.

ALVES, José Carlos Moreira. *Direito romano*, vol. I, 2ª ed. rev. e acresc., Rio de Janeiro : Editor Borsoi, 1967.

ALVIM, Arruda. *A função social da propriedade e os diversos tipos de direito de propriedade, e, a função social da posse*. Trabalho destinado à coleção sobre Função Social da Cidade, com os alunos de doutoramento da Pontifícia Universidade Católica de São Paulo.

____. Alienação fiduciária de bem imóvel o contexto da inserção do instituto em nosso direito e em nossa conjuntura econômica – características. *Doutrinas Essenciais de Direito Empresarial*, vol. 4, p. 249-284, Dez.2010.

____. Da Jurisdição – Estado-de-direito e função jurisdicional. *Doutrinas Essenciais de Processo Civil*, vol. 2, p. 331, Out.2011.

____. Direitos reais de garantia, *Soluções Práticas de Direito, Direito Público, Arruda Alvim*, vol. 3, p. 295, Ago.2011.

____. *Manual de direito processual civil*, 15ª ed. rev., atual. e ampl., São Paulo : Editora Revista dos Tribunais, 2012.

____. *Novo contencioso cível no CPC/2015*, São Paulo : Editora Revista dos Tribunais, 2016.

____. *Tratado de direito processual civil*, vol. I (arts. 1º ao 6º), 2ª ed., São Paulo : Editora Revista dos Tribunais, 1990.

____, ASSIS, Araken de, ALVIM, Eduardo Arruda. *Comentários ao código de processo civil*, 3ª ed. rev., ampl. e atual., São Paulo : Editora Revista dos Tribunais, 2014.

ARRUDA ALVIM, Eduardo. *Antecipação da tutela*. 1ª ed., Curitiba : Juruá, 2011.

____. *Direito processual civil*, 5ª ed. rev., atual. e ampl., São Paulo : Editora Revista dos Tribunais, 2013.

____. *Mandado de segurança : de acordo com a lei federal nº 12.016, de 07/08/2009*, 3ª ed. ref. atualizada, Rio de Janeiro : LMJ Mundo Jurídico, 2014.

ALVIM, José Eduardo Carreira. *Teoria geral do processo*, 16ª ed., Rio de Janeiro : Forense, 2014.

ARAUJO, Rodrigo Mendes de. *A representação adequada nas ações coletivas*, Salvador : Editora Juspodivm, 2013.

ASSIS, Araken de. Duração razoável do processo e reformas da lei processual civil. In FUX, Luiz, NERY JR., Nelson, WAMBIER, Teresa Arruda Alvim. *Processo e Constituição: estudos em homenagem ao professor José Carlos Barbosa Moreira*, São Paulo : Editora Revista dos Tribunais, 2006.

ÁVILA, Ana Paula Oliveira. O postulado da imparcialidade e a independência do magistrado no civil law, *Revista Brasileira de Direito Público*, vol. 31, Out/Dez.2010.

ÁVILA, Humberto. *Teoria dos princípios da definição à aplicação dos princípios jurídicos*. 15ª ed. rev., atual. e ampl., São Paulo : Malheiros Editores, 2014.

BARBOSA, Darli. Decreto-Lei 70/66 - Constitucionalidade, *Revista de Direito Bancário e do Mercado de Capitais*, vol. 5, p. 333, Mai.1999.

BARROSO, Luís Roberto. *Curso de direito constitucional contemporâneo: os conceitos fundamentais e a construção do novo modelo*, 4ª ed., São Paulo : Saraiva, 2013.

BARRUFINI, Frederico Liserre. Possibilidade de efetivação do direito à razoável duração do processo, *Revista de Processo*, vol. 139, p. 265, Set.2006.

BASÍLIO, Ana Tereza Palhares. FONTES, André R. C. A teoria autonomista da arbitragem. *Doutrinas Essenciais Arbitragem e Mediação*, vol. 1, p. 667, Set.2014.

BEDAQUE, José Roberto dos Santos. *Efetividade do processo e técnica processual*, 3ª ed., São Paulo : Malheiros Editores, 2010.

____. *Poderes instrutórios do juiz*, 7ª ed., rev., atual. e ampl., São Paulo : Editora Revista dos Tribunais, 2013.

____. *Tutela cautelar e tutela antecipada: tutelas sumárias e de urgência (tentativa de sistematização)*, 5ª ed., rev. e ampl., São Paulo : Malheiros Editores, 2009.

BERALDO, Maria Carolina Silveira. O dever de cooperação no processo civil, *Revista de Processo*, vol. 198, p. 455, Ago.2011.

BERNARDO, Maria Valeria Di. Médios alternativos de resolución de conflitos em Argentina. *In* CABRAL, Antonio do Passo. NOGUEIRA, Pedro Henrique. *Grandes temas do novo CPC*, vol. 1, Salvador : Juspodivm, 2015.

BONAVIDES, Paulo. *Curso de direito constitucional*. 28ª ed. atual., São Paulo : Malheiros Editores, 2013.

BUENO, Cássio Scarpinella. *Curso sistematizado de direito processual civil : teoria geral do direito processual civil*, vol. 1, 4ª ed. rev., atual. e ampl., São Paulo : Saraiva, 2010.

____. *Curso sistematizado de direito processual civil : tutela antecipada, tutela cautelar, procedimentos cautelares específicos*, vol. 4, 2ª ed. rev., atual. e ampl., São Paulo : Saraiva, 2010.

____. *Manual de direito processual civil : inteiramente estruturado à luz do novo CPC*, São Paulo : Saraiva, 2015.

CABRAL, Antonio do Passo. *Convenções processuais*, Salvador : Juspodivm, 2016.

____. CRAMER, Ronaldo [coord.]. *Comentários ao novo Código de Processo Civil*. Rio de Janeiro : Forense, 2015.

____. NOGUEIRA, Pedro Henrique. *Grandes temas do novo CPC*, vol. 1, Salvador : Juspodivm, 2015.

CADIET, Loïc. Les conventions relatives au procès em droit français sur la contractualisation du réglement dês litiges, *Revista de Processo*, vol. 160, jul.2008.

CÂMARA, Alexandre Freitas. Fundamentação das decisões judiciais é conquista no Novo CPC. *Justificando*. Disponível em: <http://justificando.com/2015/06/12/fundamentacao-das-decisoes-judiciais-e-conquista-do-novo-cpc/>. Acesso em 27.jul.2015.

____. *Lições de direito processual civil*, 20ª ed., Rio de Janeiro : Lumen Juris, 2010.

CAMBLER, Everaldo Augusto, SIRAQUE, Andréia Tavares. A recepção do leilão extrajudicial pela Constituição Federal, In AURELLI, Arlete Inês [coord.] et al, *O Direito de estar em juízo e a coisa julgada : estudos em homenagem a Thereza Alvim*, São Paulo : Editora Revista dos Tribunais, 2014.

CANOTILHO, J.J. Gomes. *Direito constitucional e teoria da constituição*, 7ª ed., 6 reimp., Coimbra, Portugal : Edições Almedina, 2003.

CAPPELLETTI, Mauro. GARTH, Bryant. *Acesso à Justiça*, tradução de Ellen Grace Northfleet, Porto Alegre : Fabris, 1988.

CARNEIRO, Athos Gusmão. Jurisdição – noções fundamentais, *Revista de Processo*, vol. 19, p. 9, Jul.1980.

CARNEIRO, Paulo Cezar Pinheiro. *Acesso à justiça: juizados especiais cíveis e ação civil pública: uma nova sistematização da teoria geral do processo*, 2ª ed., Rio de Janeiro : Forense, 2000.

CARVALHO FILHO, José dos Santos. *Ação civil pública - Comentários por artigo*, 6 ª ed., rev., ampl. e atual., Rio de Janeiro : Lumen Juris, 2007.

____. *Manual de direito administrativo*, 23ª ed. rev., ampl. e atualizada até 31.12.2009, Rio de Janeiro : Lumen Juris, 2010.

CHALHUB, Melhim Namem. Propriedade fiduciária de bens móveis em garantia, *Revista de Direito Bancário e do Mercado de Capitais*, vol. 21, p. 302, Jul.2003.

CINTRA, Antonio Carlos de Araújo; GRINOVER, Ada Pellegrini; DINAMARCO, Cândido Rangel. *Teoria geral do processo*. 25ª ed., São Paulo : Malheiros Editores, 2009.

COSTA, Alfredo de Araújo Lopes. *Medidas preventivas*. 2. ed., Belo Horizonte : Livraria Bernardo Álvares Editora, 1958.

COSTA, Eduardo José da Fonseca. Calendarização processual. *In* CABRAL, Antonio do Passo. NOGUEIRA, Pedro Henrique. *Grandes temas do novo CPC*, vol. 1, Salvador : Juspodivm, 2015.

CUNHA, Leonardo Carneiro da. Negócios jurídicos processuais no Processo Civil Brasileiro. *In* CABRAL, Antonio do Passo. NOGUEIRA, Pedro Henrique. *Grandes temas do novo CPC*, vol. 1, Salvador : Juspodivm, 2015.

CUNHA FILHO, José Sebastião Fagundes. *Acesso à Justiça no Direito Processual Civil Brasileiro*, Dissertação de Mestrado em Direito. 2008, 209 p., São Paulo, Pontifícia Universidade Católica de São Paulo.

DANTAS, Francisco Wildo Lacerda. *Teoria geral do processo (jurisdição, ação (defesa), processo)*, 2ª ed., São Paulo : Método, 2007.

DANTZGER, Afrânio Carlos Camargo. *Alienação fiduciária de bens imóveis análise do instituto à luz dos princípios constitucionais*, Dissertação de Mestrado em Direito das Relações Sociais, 2004, 186 p, Osasco, Centro Universitário FIEO.

DAVIS, E. Kevin. HERSHKOFF, Helen. *Contracting for procedure*. *In* CABRAL, Antonio do Passo. NOGUEIRA, Pedro Henrique. *Grandes temas do novo CPC*, vol. 1, Salvador : Juspodivm, 2015.

DERGINT, Augusto do Amaral. Aspecto material do devido processo legal, *Revista dos Tribunais*, vol. 709, p. 249, Nov. 1994.

DIAS, Wallace Couto. *Restrições às antecipações liminares contra a fazenda pública*. Dissertação de Mestrado em Direito, 2014, 113 p, São Paulo, Pontifícia Universidade Católica de São Paulo.

DIDIER JÚNIOR, Fredie. *Curso de direito processual civil – introdução ao direito processual civil, parte geral e processo de conhecimento*, vol. 1, 17ª ed. rev., ampl. e atual., Salvador : Juspodivm, 2015.

____. Cláusulas gerais processuais, *Revista de Processo*, vol. 187, p. 69, Set.2010.

____. O princípio da cooperação: uma apresentação, *Revista de Processo*, vol. 127, p. 75, Set.2005.

____. Os três modelos de direito processual: inquisitivo, dispositivo e cooperativo. *Revista de Processo*, vol. 198, p. 213, Ago.2011.

DINAMARCO, Cândido Rangel. *A instrumentalidade do processo*, 14ª ed., rev. e atual., São Paulo : Malheiros Editores, 2009.

____. *Capítulos de sentença*, 4ª ed., São Paulo : Malheiros Editores, 2009

____. *Instituições de direito processual civil*, vol. 1, 7ª ed., rev. e atual., São Paulo : Malheiros Editores, 2013.

____. *Instituições de direito processual civil*, vol. 3, 6ª ed., rev. e atual., São Paulo : Malheiros Editores, 2008.

DONIZETTI, Elpídio. *Curso didático de direito processual civil*, 12ª ed. rev., ampl. e atual., Rio de Janeiro : Lumen Juris, 2009.

FERNANDES, Bernardo Gonçalves. *Curso de direito constitucional*, 6ª ed., rev., ampl. e atual., Salvador : Editora Juspodivm, 2014.

FERREIRA, Álvaro Érix. Garantia constitucional de acesso à tutela jurisdicional, *Revista dos Tribunais*, vol. 659, p. 40, Set.1990.

FICHTNER, José Antonio. MANNHEIMER, Sérgio Nelson. MONTEIRO, André Luís. Novos temas de arbitragem, Rio de Janeiro : Editora FGV, 2014.

FIGUEIREDO, Lúcia Valle. *Curso de direito administrativo*, 9ª ed. rev., ampl. e atual., São Paulo : Malheiros Editores, 2008.

FUX, Luiz. *Curso de direito processual civil*, Rio de Janeiro : Forense, 2004.

GAJARDONI, Fernando da Fonseca. *Flexibilização procedimental: um novo enfoque para o estudo do procedimento em matéria processual, de acordo com as recentes reformas do CPC*, São Paulo : Atlas, 2008.

GALDINO, Flávio. A evolução das ideias de acesso à justiça. In: SARMENTO, Daniel. GALDINO, Flávio (orgs.), *Direitos fundamentais: estudos em homenagem ao professor Ricardo Lobo Torres*, Rio de Janeiro : Renovar, 2006.

GOMES, Luiz Flávio. Apontamentos sobre o princípio do juiz natural, *Revista dos Tribunais*, vol. 703, p. 417, Mai.1994.

GOMES, Orlando. *Direitos reais*, 20ª ed. Atualizada por Luiz Edson Fachin, Rio de Janeiro : Forense, 2010.

GONÇALVES, Carlos Roberto. *Direito civil brasileiro, vol. 5 : direito das coisas*, 9ª Ed, São Paulo : Saraiva, 2014.

GOUVEIA, Lúcio Grassi de. A função legitimadora do princípio da cooperação intersubjetiva no processo civil brasileiro, *Revista de Processo*, vol. 172, Jun.2009.

GRACIE, Ellen. A importância da arbitragem, *Doutrinas Essenciais Arbitragem e Mediação*, vol. 1, p. 907, Set.2014.

GRECO FILHO, Vicente. *Direito processual civil brasileiro*, vol. 1, 22ª ed., São Paulo : Saraiva, 2010.

GREGER, Reinhard. Cooperação como princípio processual, tradução de Ronaldo Kochem, *Revista de Processo*, vol. 206, p. 123, Abr.2012.

GRINOVER, Ada Pellegrini. *As garantias constitucionais do direito de ação*. São Paulo : Editora Revista dos Tribunais, 1973.

____. O princípio do juiz natural e sua dupla garantia, *Revista de Processo*, vol. 29, p. 11, Jan.1983.

____. *Os princípios constitucionais e o Código de Processo Civil*, São Paulo : Bushatsky, 1975.

HENTZ, Luiz Antonio Soares. A proteção aos direitos do cidadão e o acesso à justiça, *Revista de Direito Constitucional e Internacional*, vol. 3, p. 269, Abr.1993.

HOUAISS, Antônio, VILLAR, Mauro de Salles. *Dicionário Houaiss da língua portuguesa*, 1ª ed., Rio de Janeiro : Objetiva, 2009.

KERN, Christoph A. Procedural contracts in Germany. *In* CABRAL, Antonio do Passo. NOGUEIRA, Pedro Henrique. *Grandes temas do novo CPC*, vol. 1, Salvador : Juspodivm, 2015.

LEITE, Carlos Henrique Bezerra. *Curso de direito processual do trabalho*, 12ª ed., São Paulo : LTr, 2014.

LESSA NETO, João Luiz. O novo CPC adotou o modelo multiportas!!! E agora?!, *Revista de Processo*, vol. 244, p. 427-441, jun.2015.

LIMA, Luis César Cunha. A justiça desportiva no ordenamento jurídico brasileiro, *Revista Brasileira de Direito Desportivo*, vol. 10, p. 130-185, Dez.2006.

LOPES, João Batista. *A prova do direito processual civil*, 3ª ed., rev., atual. e ampl., São Paulo : Editora Revista dos Tribunais, 2007.

MACIEL, Marco. Exposição de motivos da lei de arbitragem: justificação, *Revista de Arbitragem e Mediação*, vol. 9, p. 317, Abr.2006.

____. O ônus da prova, *Doutrinas Essenciais de Direito Civil*, vol. 5, p. 1035, Out.2010.

MANCUSO, Rodolfo de Camargo. *Ação civil pública : em defesa do meio ambiente, do patrimônio cultural e dos consumidores : Lei 7.347/1985 e legislação complementar*, 11ª ed. rev. e atual., São Paulo : Ed. Revista dos Tribunais, 2009.

____. *Acesso à justiça : condicionantes legítimas e ilegítimas*, São Paulo : Editora Revista dos Tribunais, 2011.

MARINONI, Luiz Guilherme. *Teoria geral do processo*, 8ª ed., rev. e atual., São Paulo: Editora Revista dos Tribunais, 2014.

____. *Antecipação de tutela*, 11ª ed., rev. e atual., São Paulo : Editora Revista dos Tribunais, 2009.

____, ARENHART, Sérgio Cruz. *Processo de conhecimento*, 12ª ed., São Paulo : Editora Revista dos Tribunais, 2014.

____, ARENHART, Sérgio Cruz. MITIDIERO, Daniel. *Novo curso de processo civil : teoria do processo civil*, vol. 1, São Paulo : Editora Revista dos Tribunais, 2015.

MARMELSTEIN, George. *Curso de direitos fundamentais*, 5ª ed., São Paulo: Atlas, 2014.

MARQUES, José Frederico. *Instituições de Direito Processual Civil*, vol. I, 1ª ed. atual., Campinas : Editora Millennium, 2000.

MARTINS, Samir José Caetano. Execuções extrajudiciais de créditos imobiliários: o debate sobre sua constitucionalidade, *Revista de Processo*, vol. 196, p. 21-64, Jun.2011.

MARTINS, Sandro Gilbert. Princípio da inafastabilidade (CF/1988, art. 5.º, XXXV) e a classificação das sentenças. In FUX, Luiz, NERY JR., Nelson, WAMBIER, Teresa Arruda Alvim. *Processo e Constituição: estudos em homenagem ao professor José Carlos Barbosa Moreira*, São Paulo : Editora Revista dos Tribunais, 2006.

MAZZILLI, Hugo Nigro. *A defesa dos interesses difusos em juízo: meio ambiente, consumidor, patrimônio cultural, patrimônio público e outros interesses*, 26 ed., rev., ampl. e atual., São Paulo : Saraiva, 2013.

MEDINA, José Miguel Garcia. *Novo Código de Processo Civil comentado : com remissões e notas comparativas ao CPC/1973*, São Paulo : Editora Revista dos Tribunais, 2015.

____, ARAÚJO, Fábio Caldas de, GAJARDONI, Fernando de Fonseca. *Procedimentos cautelares e especiais : ações coletivas, ações constitucionais, jurisdição...*, 4ª ed. rev., atual. e ampl., São Paulo : Editora Revista dos Tribunais, 2013.

MEIRELES, Edilton. Duração razoável do processo e os prazos processuais no projeto do código de processo civil, *Revista de Processo*, vol. 207, p. 199, Mai.2012.

MELO, Gustavo de Medeiros. O acesso adequado à justiça na perspectiva do justo processo. In FUX, Luiz, NERY JR., Nelson, WAMBIER, Teresa Arruda Alvim. *Processo e Constituição: estudos em homenagem ao professor José Carlos Barbosa Moreira*, São Paulo : Editora Revista dos Tribunais, 2006.

MELLO, Celso Antônio Bandeira de. *Curso de direito administrativo*, 30ª ed. rev. e atual., São Paulo : Malheiros Editores, 2013.

____. *Discricionariedade e controle jurisdicional*, 2ª ed., São Paulo : Malheiros Editores, 2010.

MELLO, Rogério Licastro Torres. Ponderações sobre a motivação das decisões judiciais, *Revista de Processo*, vol. 111, p. 273, Jul.2003.

MENDES, Aluisio Gonçalves de Castro. *Ações coletivas e meios de resolução coletiva de conflitos no direito comparado e nacional*, 3ª ed. rev., atual. e ampl., São Paulo : Editora Revista dos Tribunais, 2012.

MENDES, Gilmar Ferreira, BRANCO, Paulo Gustavo Gonet. *Curso de direito constitucional*. 9ª ed. rev. e atual., São Paulo : Saraiva, 2014.

MENKE, Fabiano. A interpretação das cláusulas gerais: a subsunção e a concreção dos conceitos, *Revista de Direito do Consumidor*, vol. 50, p. 9, Abr. 2004.

MIRANDA, Pontes de. *Tratado das ações – Tomo I: Ação, classificação e eficácia*, São Paulo : Editora Revista dos Tribunais, 1970.

MITIDIERO, Daniel. *Colaboração no processo civil : pressupostos sociais, lógicos e éticos*, 3ª ed. rev., atual., e ampl. de acordo com o novo código de processo civil, São Paulo : Revista dos Tribunais, 2015.

____. Fundamentação e precedente - dois discursos a partir da decisão judicial, *Revista de Processo*, vol. 206, p. 61, Abr.2012.

MIRRA, Álvaro Luiz Valery. Ação civil pública em defesa do meio ambiente: a representatividade adequada dos entes intermediários legitimados para a causa. In MILARÉ, Édis [coord.]. *A ação civil pública após 20 anos: efetividade e desafios*, São Paulo : Editora Revista dos Tribunais, 2005.

MORAES, Alexandre de. *Direito constitucional*, 18ª ed., São Paulo : Atlas, 2005.

____. Improbidade administrativa e a questão do princípio do juiz natural como garantia constitucional, *Revista dos Tribunais*, vol. 822, p. 52, Abr.2004.

MOREIRA, José Carlos Barbosa. A função social do processo civil moderno e o papel do juiz e das partes na direção e na instrução do processo, *Revista de Processo*, vol. 37, Jan-Mar.1985.

____. *O novo processo civil brasileiro: exposição sistemática do procedimento*, 11ª ed. rev. e atual., Rio de Janeiro : Forense, 1992.

____. *Temas de direito processual : segunda série*, 2ª ed., São Paulo : Saraiva, 1988.

____. *Temas de direito processual : terceira série*, São Paulo : Saraiva, 1984.

____. *Temas de direito processual : sexta série*, São Paulo : Saraiva, 1997.

MÜLLER, Friedrich. *Teoria estruturante do direito*, tradução de Peter Naumann e Eurides Avance de Souza, 3ª ed. rev. e atual., São Paulo : Editora Revista dos Tribunais, 2011.

NERY JÚNIOR, Nelson. *Princípios do processo na Constituição Federal : (processo civil, penal e administrativo)*, 11ª ed. rev., ampl. e atual., São Paulo : Editora Revista dos Tribunais, 2013.

____, NERY, Rosa Maria de Andrade. *Código de processo civil comentado e legislação extravagante*, 14ª ed. rev., ampl. e atual, São Paulo : Editora Revista dos Tribunais, 2014.

NEVES, Daniel Amorim Assumpção. *Manual de direito processual civil*, 5ª ed. rev., atual. e ampl., Rio de Janeiro : Forense; São Paulo : Método, 2013.

NOGUEIRA, Pedro Henrique. *Negócios jurídicos processuais*, Salvador : Juspodivm, 2016.

NUNES, Dierle. TEIXEIRA, Ludmila. Por um acesso à justiça democrático: primeiros apontamentos, *Revista de Processo*, vol. 217, p. 75, Mar.2013.

OLIVA, Andrés de la. FERNÁNDEZ, Miguel Angel. *Derecho procesal civil*, vol. 1, Madrid : Editorial Centro de Estudios Ramon Areces, 1990.

OLIVEIRA, Bruno Silveira de. Os princípios constitucionais, a instrumentalidade do processo e a técnica processual, *Revista de Processo*, vol. 146, p. 321, Abr.2007.

OLIVEIRA, Vallisney de Souza. Expressões do devido processo legal, *Revista de Processo*, vol. 106, p. 297, Abr.2002.

OLIVEIRA, Vivian Von Hertwig Fernandes de. A distribuição do ônus da prova no processo civil brasileiro: a teoria da distribuição dinâmica, *Revista de Processo*, vol. 231, p. 13-35, Mai.2014.

PEREIRA, Hugo Filardi. *Motivação das decisões judiciais e o Estado constitucional: alternativa para legitimação dos provimentos decisórios através do convencimento dos jurisdicionados. Adoção no âmbito processual da democracia participativa*, Dissertação de Mestrado em Direito, 2010, 200 p, São Paulo, Pontifícia Universidade Católica de São Paulo.

PEYRANO, Jorge W. La regla de la carga de la prueba enfocada como norma de clausura del sistema, *Doutrinas Essenciais de Processo Civil*, vol. 4, p. 901, Out.2011.

PINTO, Rafael de Arruda Alvim. A usucapião extrajudicial no Novo Código de Processo Civil, *Instituto de Direito Contemporâneo*. Disponível em: <http://www.cpcnovo.com.br/blog/2015/04/23/a-usucapiao-extrajudicial-no-novo-codigo-de-processo-civil/>. Acesso em: 5.set.2015.

PIZZOL, Patrícia Miranda. A tutela antecipada nas ações coletivas como instrumento de acesso à justiça. In FUX, Luiz, NERY JR., Nelson, WAMBIER, Teresa Arruda Alvim. *Processo e Constituição: estudos em homenagem ao professor José Carlos Barbosa Moreira*, São Paulo : Editora Revista dos Tribunais, 2006.

PORTANOVA, Rui. *Princípios do processo civil*, 6ª ed., Porto Alegre : Livraria do Advogado Ed., 2005.

QUADROS, Alexandre Hellender. Justiça desportiva vs. Poder Judiciário: um conflito constitucional aparente, *Revista Brasileira de Direito Desportivo*, vol. 4, p. 168-193, Dez. 2003.

QUEIROZ, Odete Novais Carneiro. O devido processo legal, *Revista dos Tribunais*, vol. 748, p. 47, Fev.1998.

RAMOS, Rafael Teixeira. Autonomia e independência da justiça desportiva brasileira, *Revista Brasileira de Direito Desportivo*, vol. 14, p. 68-75, Dez.2008.

REALE, Miguel. Crise da justiça e arbitragem, *Doutrinas Essenciais Arbitragem e Mediação*, vol. 1, p. 603, Set.2014.

____. *Lições preliminares de direito*. 27ª ed. ajustada ao novo código civil, São Paulo : Saraiva, 2007.

REICHELT, Luis Alberto, O direito fundamental das partes à imparcialidade do juiz no direito processual civil, *Revista de Processo*, vol. 227, p. 105, Jan.2014.

RIBEIRO, Benedito Silvério. *Tratado de usucapião*, vol. 2, 8ª ed. rev. e atual. com a usucapião familiar, São Paulo : Saraiva, 2012.

RIBEIRO, Flávia Pereira. Desapego à tradicional visão da "jurisdição" e da "inafastabilidade do controle jurisdicional", In AURELLI, Arlete Inês [coord.] et al, *O Direito de estar em juízo e a coisa julgada : estudos em homenagem a Thereza Alvim*, São Paulo : Editora Revista dos Tribunais, 2014.

RIBEIRO, Leonardo Ferres da Silva. Prestação jurisdicional efetiva: uma garantia constitucional. In FUX, Luiz, NERY JR., Nelson, WAMBIER, Teresa Arruda Alvim. *Processo e Constituição: estudos em homenagem ao professor José Carlos Barbosa Moreira*, São Paulo : Editora Revista dos Tribunais, 2006.

ROQUE, Sebastião José. A arbitragem implanta-se enfim no Brasil, *Doutrinas Essenciais Arbitragem e Mediação*, vol. 1, p. 1215, Set.2014.

SALLES, Carlos Alberto de. Mecanismos alternativos de solução de controvérsias e acesso à justiça: a inafastabilidade da tutela jurisdicional recolocada. In FUX, Luiz, NERY JR., Nelson, WAMBIER, Teresa Arruda Alvim. *Processo e Constituição: estudos em homenagem ao professor José Carlos Barbosa Moreira*, São Paulo : Editora Revista dos Tribunais, 2006.

SARLET, Ingo Wolfgang. *A eficácia dos direitos fundamentais: uma teoria geral dos direitos fundamentais na perspectiva constitucional*, 11ª ed. rev., atual., Porto Alegre : Livraria do Advogado Editora, 2012.

SARLET, Ingo Wolfgang, MARINONI, Luiz Guilherme, MITIDIERO, Daniel. *Curso de direito constitucional*, 2ª ed., São Paulo : Editora Revista dos Tribunais, 2014.

SARMENTO, Daniel. *Direitos fundamentais e relações privadas*, 2ª ed., Rio de Janeiro : Lumen Juris, 2010.

SCAVONE JUNIOR, Luiz Antonio. *Manual de arbitragem*, 5ª ed. rev., atual. e ampl., Rio de Janeiro : Forense, 2014.

SILVA, Bruno Campos. O direito fundamental de estar e cooperar em juízo, In AURELLI, Arlete Inês [coord.] et al, *O Direito de estar em juízo e a coisa julgada : estudos em homenagem a Thereza Alvim*, São Paulo : Editora Revista dos Tribunais, 2014.

SILVA, De Plácido e. *Vocabulário jurídico*, atualizadores Nagib Slaibi Filho e Priscila Pereira Vasques Gomes, 3ª ed., Rio de Janeiro : Forense, 2013.

SILVA, José Afonso da. *Curso de direito constitucional positivo*, 36ª ed. rev. e atual., São Paulo : Malheiros Editores, 2013.

SILVA NETO, Francisco de Barros e. Dinamização do ônus da prova no novo código de processo civil, *Revista de Processo*, vol. 239/2015, p. 407-418, Jan.2015.

SOUSA, Miguel Teixeira de. *Estudos sobre o novo processo civil*, 2ª ed., Lisboa : Lex, 1997.

SOUZA, Daniel Adensohn de. Reflexões sobre o princípio da motivação das decisões judiciais no processo civil brasileiro, *Revista de Processo*, vol. 167, p. 132, Jan.2009.

SOUZA, Motauri Ciochetti de. *Ação civil pública e inquérito civil*, 5ª ed. atualizada de acordo com as Leis federais n. 12.651/2012 e 12.727/2012 (novo Código Florestal), São Paulo : Saraiva, 2013.

STRECK, Lênio Luiz. *Jurisdição constitucional e decisão jurídica*, 4ª ed., São Paulo : Editora Revista dos Tribunais, 2014.

TAKOI, Sérgio Massaru. A luta pela razoável duração do processo (efetivação do art. 5.º, LXXVIII, da CF/1988), *Revista de Direito Constitucional e Internacional*, vol. 70, p. 225, Jan.2010.

TARTUCE, Flávio. *O novo CPC e o Direito Civil*, Rio de Janeiro : Forense; São Paulo : Método, 2015.

TAVARES, André Ramos. *Curso de direito constitucional*, 11ª ed. rev. e atual., São Paulo : Saraiva, 2013.

TEIXEIRA, Wendel de Brito Lemos. O princípio da imparcialidade do julgador como garantia fundamental e seus efeitos no processo, *Revista de Processo*, vol. 186, p. 333, Ago.2010.

TEPEDINO, Gustavo. Introdução: Crise de fontes normativas e técnica legislativa na Parte Geral do Código Civil de 2002. In TEPEDINO, Gustavo [coord.]. *O código civil na perspectiva civil-constitucional*, Rio de Janeiro : Renovar, 2013.

TERHORST, Danyelle Bezerra. *O acesso à justiça e o poder judiciário*, Trabalho publicado nos Anais do XVIII Congresso Nacional do CONPEDI, realizado em São Paulo – SP nos dias 04, 05, 06 e 07 de novembro de 2009.

TESHEINER, José Maria Rosa, THAMAY, Rennan Faria Krüger. *Teoria geral do processo: em conformidade com o Novo CPC*, 2ª ed., rev., atual. e ampl., Rio de Janeiro: Forense, 2016.

THEODORO JÚNIOR, Humberto. *Curso de Direito Processual Civil – Teoria geral do direito processual civil, processo de conhecimento e procedimento comum – vol. I*, 56. ed. rev., atual. e ampl., Rio de Janeiro : Forense, 2015.

____, NUNES, Dierle, BAHIA, Alexandre Melo Franco, PEDRON, Flávio Quinaud. *Novo CPC – Fundamentos e sistematização*, 2ª ed. rev., atual. e ampl., Rio de Janeiro : Forense, 2015.

TUCCI, José Rogério Cruz e. *A motivação da sentença no processo civil*, São Paulo : Saraiva, 1987.

____. Garantias constitucionais da duração razoável e da economia processual no projeto do código de processo civil, *Revista de Processo*, vol. 192, p. 193, Fev. 2011.

TUCCI, Rogério Lauria. Jurisdição, ação e processo civil (subsídios para a teoria geral do processo civil), *Revista de Processo*, vol. 52, p. 7, Out.1988.

WAMBIER, Luiz Rodrigues. Anotações sobre o princípio do devido processo legal, *Revista de Processo*, vol. 63, p. 54, Jul.1991.

____, TALAMINI, Eduardo. *Curso avançado de processo civil : teoria geral do processo e processo de conhecimento*, vol. 1, 14ª ed. rev. e atual., São Paulo : Editora Revista dos Tribunais, 2014.

WAMBIER, Teresa Arruda Alvim. *Nulidades do processo e da sentença*, 7ª ed. rev., ampl. e atual., São Paulo : Editora Revista dos Tribunais, 2014.

YARSHELL, Flávio Luiz. Convenção das partes em matéria processual: rumo a uma nova era?. *In* CABRAL, Antonio do Passo. NOGUEIRA, Pedro Henrique. *Grandes temas do novo CPC*, vol. 1, Salvador : Juspodivm, 2015.

____. *Curso de direito processual civil*, 1ª ed., São Paulo : Marcial Pons, 2014.

ZANETI JÚNIOR, Hermes. *A constitucionalização do processo: o modelo constitucional da justiça brasileira e as relações entre processo e constituição*, 2ª ed. rev., ampl. e alterada, São Paulo : Atlas, 2014.

ZAVASCKI, Teori Albino. *Antecipação da tutela*, 7ª ed., São Paulo : Saraiva, 2009.

____. Eficácia social da prestação jurisdicional, *Revista de Informação Legislativa*, vol. 122, p. 293, Mai/Jul.1994.

____. *Processo coletivo : tutela de direitos coletivos e tutela coletiva de direitos*, 6ª ed. rev., atual. e ampl., São Paulo : Editora Revista dos Tribunais, 2014.